상

시장실패 정부실패

정부가 꼭 **해야 할** 일들과 **해서는 안 될** 일들

| **박도준** 지음 |

KYOWOOSA 교우사

머리말

세계의 모든 나라들 가운데 잘 사는 나라들에서는 누구나 상품의 생산과 소비를 자유롭게 할 수 있다. 또한 모든 사람들은 시장에서 자신이 원하는 상품들을 자유롭게 거래할 수 있다. 이러한 시장경제와 달리 계획경제에서는 모든 상품을 국가에서 계획하고 통제하여 생산하고 배급한다. 하지만 계획경제 하의 공산주의체제는 완전히 실패작이었음을 지난 세기에서 각국의 결과가 분명히 드러내어주었다. 러시아와 중국도 지금은 시장경제체제 아래에 있다. 반면 선진국들을 포함한 많은 나라들이 비록 시장경제체제를 채택하고 있지만, 아직도 그것이 가장 효율적인 시장경제라 하기는 어렵다. 갖가지 이유로 시장에 대한 정부의 간섭은 나라마다 차이가 있을지라도 계속 되어오고 있다. 특별한 몇몇 분야에서는 시장에 대한 국가의 간여가 오히려 더 나은 결과를 가져다주므로 정당화되기도 한다. 하지만 그 외 대부분의 분야에서는 국가가 시장에 간여할수록 비효율을 발생시키며 보다 못한 결과를 초래한다. 제1부에서는 왜 시장경제가 효율적이며 최선의 결과를 가져다주는지, 또한 국가가 간여해야 더 효율적인 분야가 무엇인지 살펴볼 것이다.

우리나라의 부동산 시장 등에서 무슨 일만 있으면, 정부는 너무 쉽게 수요와 공급에 대한 제한이나 부양책을 내어 놓는다. 만일 관료, 공무원, 정치인들은 물론 일반 국민들이 사유재가 거래되는 민간시장에 대해서는 정부가 간섭을 하지 않는 것이 최선이라는 원리를 알고 있으면, 불필요하고 오히려 시장과 경제전체에 독이 되는 수많은 정책들은 시행되지 않을 것이다. 이때 정부는 많은 수고와 짐을 덜 수 있다. 그리고 정부는 정말 해야 될 일에 전념하고, 사회전체의 후생은 가장 바람직한 수준을 유지할 수 있을 것이다. 이 책은 왜 기본적으로 정부의 규제가 없는 시장거래가 최선의 결과를 가져오는지와 시장거래가 최대의 후생달성에 실패하는 특별한 경우는 어떤 것들인지 알아보려고 한다. 그리고 경제, 산업, 사회부문 등에서 정부의 정책들이 어떻게 도움을 주거나 어떻게 해악을 끼치는지 살펴보려고 한다. 기본적으로 정부의 간섭이 없는 자유로운 시장이 최선의 결과를 가져다주지만, 몇 가지 경우에서는 자유로운 시장에만 맡겨놓았을 때 최대후생의 달성에 실패하는 경우가 있는데, 이를 **시장실패**(Market failure)라 한다. 그리고 자유로운 시장체제가 최선인 경우에 정부가 간여하여 최대후생의 달성에 실패하는 경우가 있는데, 이를 **정부실패**(Government failure)라 한다. 이 책은 이러한 시장실패와 정부실패에 대한 원인을 살펴보고, 그를 토대로 경제, 사회, 문화, 정부 등 각 분야에서 시장실패와 정부실패가 어떻게 발생하는지 조명해 나갈 것이다. 그래서 우리에게 가장 좋은 결과를 가져올 수 있는 길을 비추어주고 그 길로 갈 수 있게 해 줄 것이다.

1부의 1장과 2장에서는 모든 현상을 분석하는데 필요한 경제학의 가장 기본적인 이론과 틀이 정확한 논리를 갖추면서도 쉽게 풀어 설명되어 있어서, 경제학의 예비지식이 없어도 누구나 이해할 수 있을 것이다. 1장과 2장의 내용은 이 책의 전체 내용과 논의를 전개해나가는데 기초가 된다. 2~4부를 읽을 때, 필요할 때는 언제든지 1~2장에서 필요한 내용을 다시 참조해도 될 것이다. 2부는 나라경제, 산업, 부동산 등 돈과 경제에 관련된 주제들을 다루고 있으며, 잘못된 정책들을 살펴보고 보다 개선된 방향을 제시하려고 한다. 3부는 사회와 문화부문에서 보다 나은 길을 경제의 기본원리에 비추어보기도 하면서 모색해보려고 한다. 4부는 정부와 국방 등 주로 정부와 관련된 분야에 대해 개선방향을 제시해보려고 한다.

이 책이 이 시대를 살아가는 모든 사람들이 보다 현명하고 효율적인 선택을 하는데 좋은 길잡이가 되기를 간절히 바란다. 특히 정치인, 관료, 공무원들이라면, 책꽂이에 꽂아두고 수시로 참고하기를 희망한다.

2014년 6월

박도준

감사의 글

이 책이 나오기까지 여러 분들의 도움이 있었다. 경제학을 공부하면서 여러 스승님들에게 배운 것이 많지만, 특히 한 때 저자의 논문지도교수였었고 지금은 고인이 되신 아키라 타카야마(Akira Takayama) 석좌교수님께 받은 (혹독한[1]) 트레이닝은 저자의 경제적 분석력과 지평을 크게 성장시키고 확대시켜 주었다. 학위논문이 거의 끝나갈 무렵 교수님의 지병으로 인한 갑작스런 유고 후 기꺼이 지도교수를 자청해주신 당시 JET(Journal of Economic Theory)의 편집장이자 학과장님이셨던 대니얼 프리몬트(Daniel Primont) 교수님께도 항상 고마운 마음을 간직하고 있다. 또한 세법에 관한 내용을 감수해 주신 웅지세무대학의 세법 담당 김성주 교수님께도 감사를 드린다. 그리고 복잡한 현행 세법에 관한 질문과 상담에 응해주신 정부부처와 지방자치단체의 모든 분들께도 감사를 드리고 싶다.

수년 동안 여러 가지 경제, 사회, 문화적 이슈들을 경제학적 틀에 비추어 분석해보고 생각해보면서 틈틈이 메모를 해놓았었던 것이 신실한 출판사인 교우사와의 만남을 계기로 책으로 빛을 보게 되었다. 출판계에서의 오랜 경험으로 본서의 편집에 관해 보다 향상된 큰 틀을 제시해주신 교우사의 오판근 대표님과 처음부터 편집에 참여하여 모든 수고를 아끼지 않았

1) 박사과정의 학과목 과정(Coursework)을 마친 후 5년이 넘게 당시 교수님의 유일한 논문지도학생으로 있으면서, 교수님께서 지정해주신 논문들을 읽은 후 생략된 모든 수식들을 유도하고 요약한 것을 주중 거의 매일 저녁시간에 빈 강의실의 칠판 앞에서 일대일 개인세미나 형식으로 펼쳐 보이면서, 교수님의 질의에 대답해야 하는 등 상당히 힘든 시간들을 보내어야 했다. 그리고 교수님은 논문의 숨은 의미, 오류, 강점과 약점 같은 것들을 자주 물어보셨는데, 처음에는 그러한 질문들에 대한 대답을 생각해내는 것이 상당히 힘겨웠었다. 하지만 결국 오랜 시간의 그런 경험들이 복잡한 경제현상의 본질을 꿰뚫어 보는 능력을 배양시키는데 큰 도움을 준 것을 부인할 수 없을 것 같다. 논문지도학생이 된 첫날 교수님을 대면했을 때, 교수님께서 저자에게 하신 말씀이 아직도 생각난다. "You must know how to read papers to write a paper."

던 교우사 편집부의 모든 팀원 분들께도 감사를 드린다.

경제학의 시초가 된 아담 스미스는 오래 전인 1776년 당시 그의 놀라운 통찰력으로 시장경제의 중요성을 꿰뚫어 보았다. 이후 한계(Marginal)의 개념을 도입한 왈라스 등 신고전학파 학자들, 혁신의 중요성을 설파한 슘페터, 불황에 대한 해법을 제시하면서 거시경제학의 시초가 된 케인즈, 경제학의 분석을 더욱 정교하게 함과 동시에 놀라운 통찰력을 보여주었던 새뮤얼슨, 애로우, 솔로우, 루카스와 같은 학자들은 물론 오늘날 폴 크루그먼과 같은 학자는 경제를 분석하고 이해하고 우리 사회의 경제문제들에 대한 해법을 모색하는데 큰 기여를 하였다. 인간은 때때로 겉으로는 그럴 듯해 보이지만, 바람직한 방향과는 완전히 반대로 정책결정을 내릴 수 있다. 하지만 여러 천재적인 경제학자들의 통찰력으로 인해 오늘날 거의 모든 국가들은 시장경제를 지켜올 수 있었고, 과거의 어느 때보다 큰 후생을 누릴 수 있게 된 것이다. 경제학을 공부할수록, 앞서 길을 열어준 많은 경제학자들에게 감사하는 마음을 가지게 된다. 미국에서 대학원 과정에 있을 때, 우연히 크루그먼 교수가 TV의 화상대담에 나온 것을 본 적이 있다. 케인즈학파에 가깝다고 여겨지는 그였지만, 사회자가 "왜 미국의 대일본 무역수지 적자가 오랜 기간 지속되는가?"라는 질문을 던졌을 때, 그는 딱 한 문장으로 그에 대한 대답을 해주었다. "Why don't you let the exchange rate adjust itself?"

▌차례(상)

1부 이해를 위한 기본틀

2부 경제, 산업, 부동산

차례(하)

3부 교육, 사회, 문화

4부 정치, 국방, 정부

1부 이해를 위한 기본틀

1장 왜 시장경제인가?

1-1 시장과 가격

우리 주위에는 시장(Market)이 있어서 필요한 물건이나 서비스를 구매하며 살아간다.[2] 그래서 시장은 너무나 당연한 것이고 마치 숨쉬는 공기와 같이 중요한 기능을 하지만, 별로 그 중요성을 의식하지 못할 때가 많다. 어떤 사람이든지 혼자서 자신에게 필요한 모든 물건이나 서비스를 다 생산하는 것보다, 자신이 생산할 수 있는 것만 생산하여 얻은 소득으로 필요한 물건이나 서비스를 시장에서 구입하는 것이 훨씬 효율적이다. 물론 자신이 원하거나 필요한 모든 재화나 서비스를 혼자서 다 생산하는 것도 불가능할 것이다. 따라서 시장은 우리에게 엄청나게 큰 효용과 이익을 가져다준다. 그러한 이익이 보다 구체적으로 어떤 것이며, 시장의 기능이 상실되거나 왜곡되었을 때 어떤 손실이 초래되는지 살펴보기로 하자.

■ 경제적 잉여

우리는 눈에 보이는 물건들을 구매하여 소비하기도 하지만, 구체적으로 눈에 보이지 않는 것을 서비스라는 형태로 소비하기도 한다. 예를 들어, 이발, 미용, 수영장이용, 펜션이나 호텔 등의 서비스를 이용할 때는 구체적으로 눈에 보이는 물건을 사서 가지고 가기보다는 우리가 서비스 자체

2) 여기서 시장이라 함은 재화나 서비스가 매매되는 물리적 공간뿐만 아니라 우편주문이나 인터넷 거래 등에서 보듯이 가상공간을 포함하여 매매가 이루어지는 모든 대상을 포함한다.

의 효용(즉, 즐거움)을 느끼려고 돈을 지불한다. 그러면 이러한 구매행위를 통해 소비자는 얼마만큼의 이익이나 즐거움을 얻게 될까? 이를 가장 잘 설명해주는 것이 바로 경제적 **잉여**(Surplus)[3]라는 개념이다.

어떤 사람이 더운 여름에 갈증을 느껴 시원한 콜라를 사서 마시기를 원한다고 해보자. 아래 그림은 콜라 한 잔씩에 대해 이 사람이 최대로 지불할 용의가 있는 금액을 보여주고 있다. 이 사람은 첫 번째 잔에 대하여 최대 1,000원까지 지불할 용의가 있다. 즉, 첫 번째 잔에 대해 1,000원만큼의 가치를 느낀다는 것이다. 첫 번째 잔을 마신 후에는 어느 정도 갈증이 해소되었기 때문에, 두 번째 잔과 세 번째 잔에 대해서는 그보다 낮게 각각 최대 700원과 400원까지 지불할 용의가 있다. 콜라 1잔 가격이 500원이라 하자. 이 사람은 첫 번째 잔을 사서 마실 때, 지불할 용의가 있는 금액인 1,000원이 아니라 500원만 지불하면 되기 때문에 500원만큼 이익이다. 즉, 500원만큼 잉여를 누린다. 마찬가지로 두 번째 잔을 사서 마시면, 추가로 200원의 잉여를 얻게 된다. 세 번째 잔은 지불하려는 금액이 콜라가격보다 낮으므로 구매하지 않을 것이다. 결국 이 사람은 콜라 2잔을 소비할 것이고, 총잉여는 700원(=500원 + 200원)이 된다. 아래 그림에서 보면, 이 소비자의 콜라 소비로 생기는 잉여는 그림에서 음영이 칠해진 부분의 면적과 같다.

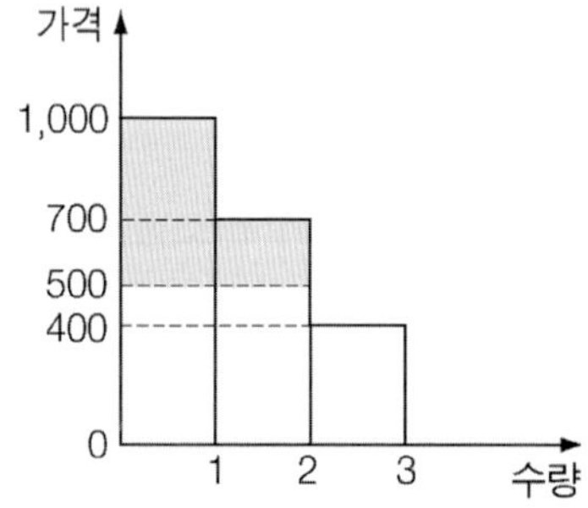

개인의 콜라소비에 따른 잉여

3) 잉여란 더 남아돌거나 초과한다는 의미이다.

이번에는 한 사람의 생산자나 공급자 입장에서 잉여를 생각해보자. 어떤 사람이 다른 사람의 집 잔디를 깎아주는데 한집 당 1시간이 걸린다고 해 보자. 처음 한 집의 잔디를 깎아주려면 아래 그림에서처럼 최소 만원을 받기 원한다. 그 후 계속해서 두 번째와 세 번째 집의 잔디를 깎으려면 처음보다 가중된 피로를 느끼면서 점점 더 힘이 들 것이다. 뿐만 아니라 잔디 깎는 시간이 길어질수록 필요한 일생생활이나 여가시간에 할애하는 시간을 점점 더 쪼개어 써야하기 때문에, 잔디 깎는 시간에 대한 보상을 더 많이 요구할 것이다. 그래서 잔디 깎는 서비스에 대해 이 사람이 요구하는 최소한의 가격은 아래 그림과 같이 잔디 깎는 시간이 늘수록 점점 증가하게 된다. 잔디 깎는 서비스에 대한 시장가격이 3만 원이라고 하자. 이 사람은 1만 원만 받아도 첫 번째 집의 잔디를 깎아줄 용의가 있으나 실제로 받는 금액은 3만 원이기 때문에, 첫 번째 집의 잔디를 깎아주고 나면 2만 원만큼의 잉여가 생긴다. 마찬가지로 두 번째 집의 잔디를 깎아주면, 1만 원의 잉여가 더 생긴다. 세 번째 집의 잔디를 깎아주려면 최소한 4만 원을 받기 원하므로, 더 이상 잔디 깎는 서비스를 제공하지 않을 것이다. 이때 이 사람의 총잉여는 3만 원(=2만 원+1만 원)이 된다.

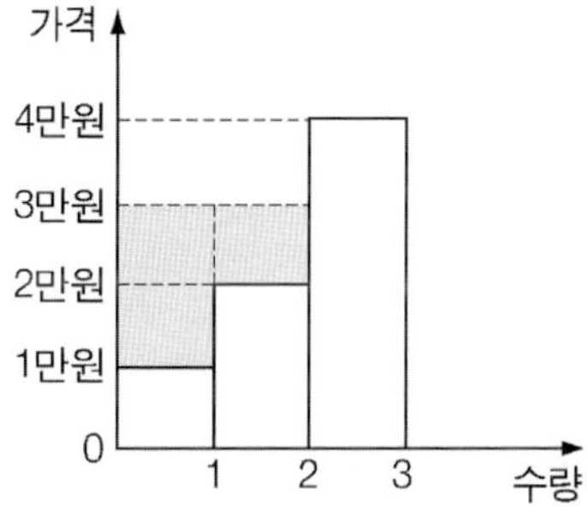

개인의 잔디 깎는 서비스에 따른 잉여

앞의 소비자와 생산자 두 개인의 예에서 볼 수 있듯이 시장을 통한 매매 행위는 소비자와 생산자 모두에게 이익이 되는 잉여를 발생시킨다. 실제로 시장에서는 수많은 소비자와 생산자가 거래를 한다. 그래서 시장에서의 거래를 통해 발생하는 잉여의 총합은 소비자 쪽에서 보면 모든 소비자들의 잉여의 합과 같고, 생산자 쪽에서 보면 모든 생산자들의 잉여의 합과 같다. 소비자들의 잉여의 합을 **소비자잉여**(Consumer surplus)라 하고 생산자들의 잉여의 합을 **생산자잉여**(Producer surplus)라 한다.[4] 그리고 특정 제품에 대한 시장 전체의 잉여는 소비자잉여와 생산자잉여를 합친 것이다.

아래 그림은 앞에서 콜라를 소비하는 한 개인의 잉여를 설명하기 위해 봤던 그림을 다시 옮겨 놓은 것이다. 만일 시장가격이 1,000원 아래로 떨어지기 시작하면, 이 소비자는 콜라 1잔을 소비하려고 할 것이다. 만일 시장가격이 700원 아래로 떨어지기 시작하면, 2잔을 소비하려고 할 것이다. 만일 콜라가격이 400원 아래로 떨어지기 시작하면, 3잔까지 소비하려고 할 것이다. 이렇게 볼 때 아래 그림에서 굵은 선으로 표시한 부분은 각 시장가격이 주어졌을 때 이 소비자가 소비하려는 콜라의 수량을 나타내어 준다. 그림의 굵은 선과 같이 시장에서 주어진 각 가격에서 개별소비자가 구매하기를 원하는 수량들을 연결한 선을 그 소비자의 **수요곡선**(Demand curve)이라 부른다.

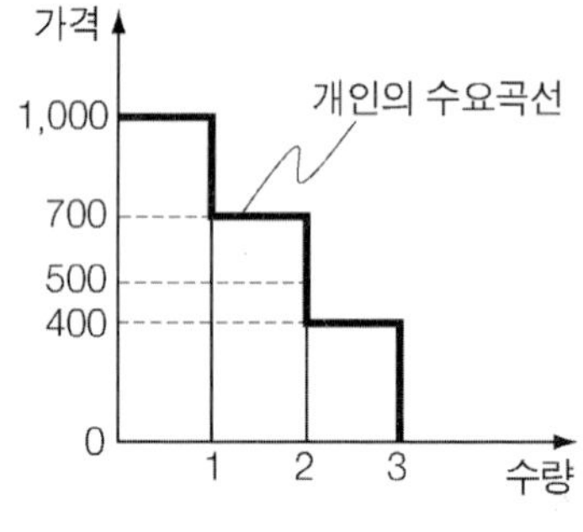

콜라에 대한 개인의 수요곡선

4) 소비자잉여를 수요자잉여(Demander surplus), 생산자잉여를 공급자잉여(Supplier surplus)라 부르기도 한다. 만일 생산자와 공급자가 서로 다른 주체이면 생산자잉여와 공급자잉여를 구분해야 하지만, 동일한 주체라면 이 둘은 같은 의미를 지닌다. 이 책에서는 편의상 생산자와 공급자를 동일한 주체로 간주한다.

마찬가지로 아래 그림에서 굵은 선은 개별생산자의 **공급곡선**(Supply curve)이라 할 수 있다. 즉, 개별생산자의 공급곡선은 제품의 시장가격이 주어졌을 때 그 생산자가 공급하려는 수량을 나타낸다. 또한 생산자가 어떤 물건이나 서비스를 제공할 때, 마지막 1단위를 공급하기 위해서는 적어도 자신이 들인 비용[5]만큼은 받고자 할 것이다. 왜냐하면 제품의 가격이 적

5) 비용에는 제품을 생산하기 위한 도구나 재료와 같은 것은 물론 자신의 노력 등도 포함된다. 보다 엄밀히 말하면, 경제적 비용에는 이러한 명시적인 비용뿐만 아니라, 그 제품을 생산하는 시간 동안 다른 일을 하지 못해서 생기는 잠재적인 손실인 잠재적 비용까지 포함한다. 만일 1시간 동안 잔디를 깎는 대신 자신이 다른 곳에서 1시간 동안 가장 많이 벌 수 있는 일이 가게점원 일이며, 가게점원의 급료가 시간당 4천 원이라 해보자. 이때 잔디 깎는 일을 하면 잠재적 비용 4천 원이 추가로 발생한다. 경제학에서는 이와 같이 명시적 비용과 잠재적 비용을 모두 합쳐 **기회비용**(Opportunity cost) 또는 **경제적 비용**(Economic cost)이라 한다. 만일 어떤 사람이 1시간 동안 잔디 깎는 서비스를 제공하는데 최소한 1만 원을 받으려고 한다면, 명시적 비용 6천 원과 잠재적 비용 4천 원을 합친 것이라 할 수 있다. 경제적 비용은 명시적 비용만을 포함하는 회계적 비용(Accounting cost)과는 구분되며, 경제적 의사결정을 하는데 중요한 기준이 된다.

예를 들어, 오늘 3시간 동안 데이트를 하는데 5만원을 지출하였는데, 그 시간 동안 데이트 하지 않고 공부했을 때 얻을 수 있었던 잠재적 가치가 4만원(공부하는데 드는 수고를 편의상 무시하면), 또는 가게점원을 해서 벌 수 있었던 돈이 3만 원이라면, 데이트의 기회비용은 얼마일까? 물론 9만 원(=명시적 비용 5만 원+잠재적 비용 4만 원)이 된다. (데이트 대신 공부와 점원 일을 동시에 할 수는 없으므로, 이 둘 중 가장 가치가 큰 공부를 못해서 발생하는 비용이 잠재적 비용이라 할 수 있다.)

3시간의 데이트로부터 느끼는 만족감이 20만 원의 가치로 환산된다면, 당연히 공부대신 데이트를 선택할 것이다. 왜냐하면 데이트를 하면 20만 원만큼의 만족감에서 기회비용 9만 원을 뺀 11만 원만큼의 이익을 얻을 수 있지만, 공부를 하면 가치증가분 4만 원에서 데이트를 못해 생기는 기회비용 20만 원을 뺀 16만 원의 손해를 보기 때문이다. 그런데 만일 가게주인인 친척이 꼭 믿을 만한 사람을 긴급하게 써야할 일이 있어서, 특별히 3시간 동안만 100만 원의 급료를 지급한다고 해보자. 이때 데이트의 기회비용은 직접비용 5만 원과 잠재비용 100만 원을 합쳐 105만 원으로 증가해 버린다. 이런 상황이라면, 당연히 데이트 대신 가게 점원 일을 선택해버릴 것이다. (가게 점원 일을 하면 100만 원의 수입에서 데이트를 못한 기회비용 20만 원을 뺀 80만 원의 이익을 얻게 된다.)

즉, 직접 지출하는 명시적인 비용과 다를지라도, 기회비용은 선택이나 의사결정 시 결정적인 역할을 하게 된다. 경제학은 주어진 상황에서 최선의 선택을 찾는 “선택의 학문”이라 한다. 따라서 경제학에서 비용이라 함은 주로 기회비용을 일컫는다.

어도 그만큼 되지 않으면, 마지막 1단위를 굳이 생산하여 공급하려고 하지 않을 것이기 때문이다. 그렇기 때문에 공급곡선은 다른 각도에서 보면, 생산자가 제품의 마지막 1단위를 더 생산하기 위해 추가로 들인 비용이라고 할 수 있다. 제품의 마지막 한 단위를 더 생산하기 위해 추가로 들인 비용을 경제학에서는 **한계비용**(Marginal cost)이라 한다.

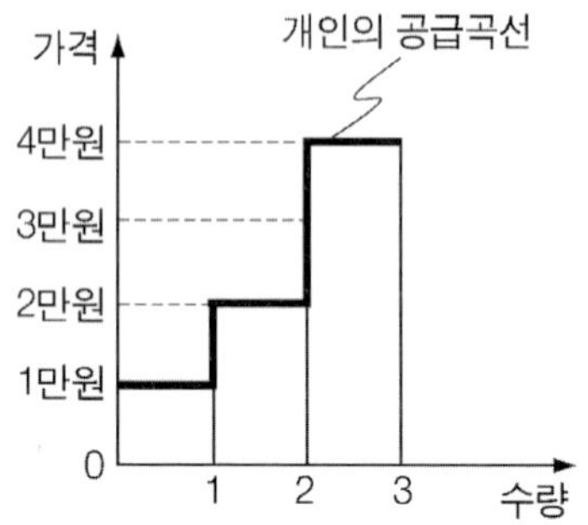

잔디 깎는 서비스에 대한 개인의 공급곡선

■ 시장에서 가격의 기능

❖ 시장균형

수많은 소비자들이 존재하는 시장 전체의 수요곡선은 모든 개별소비자들의 수요곡선을 수평으로 합친 것이 된다. 예를 들어, 콜라 가격이 500원일 때, 한 소비자의 수요량이 2잔이고, 그 다음 소비자의 수요량이 3잔, 그 다음 소비자의 수요량이 1잔 등등이라면, 가격이 500원일 때 **시장수요**(Market demand)량은 "2 + 3 + 1 + ⋯"이 된다. 마찬가지로 주어진 가격에서 개별공급자들의 공급량을 모두 합치면 **시장공급**(Market supply)량이 된다. 비록 각 개인의 수요곡선은 앞의 그림과 같이 각진 부분이 생길 수 있지만, 수많은 소비자들의 수요량을 합쳐서 생긴 시장수요곡선은 아래 그림에서처럼 각진 부분 없이 부드러운 모양을 가지게 된다. 예를 들어, 콜라를 마시는 소비자가 수만 명 또는 수십만 명 이상이 있는 시장의 콜라 수요곡선을 그리면 아래의 그림에서처럼 부드러운 모양이 될 것이다. 시장전체의 공급곡선도 마찬가지로 부드러운 모양이 된다.

또한 가격이 하락할수록 높은 가격에서 잉여를 누릴 수 없었던 소비자들도 새로 잉여를 누릴 수 있기 때문에, 점점 수요량이 많아진다. 따라서 시장에서의 수요곡선은 아래 그림에서처럼 음(−)의 기울기를 가지게 된다. 또한 가격이 상승할수록 낮은 가격에서 잉여를 누릴 수 없었던 공급자들도 새로 잉여를 누릴 수 있기 때문에, 점점 공급량이 많아진다. 따라서 시장 전체의 공급곡선은 양(+)의 기울기를 가진다. 즉, 가격이 하락하면 수요량(즉, 구매하려는 양)이 증가하고, 가격이 상승하면 공급량(즉, 판매하려는 양)이 증가한다. 이때 아래그림의 P_0의 가격에서 공급량과 수요량이 Q_0로 같게 된다. 이러한 P_0를 **시장균형가격**(Market equilibrium price) 또는 균형가격이라 하고, Q_0를 **균형거래량**이라 한다.[6)]

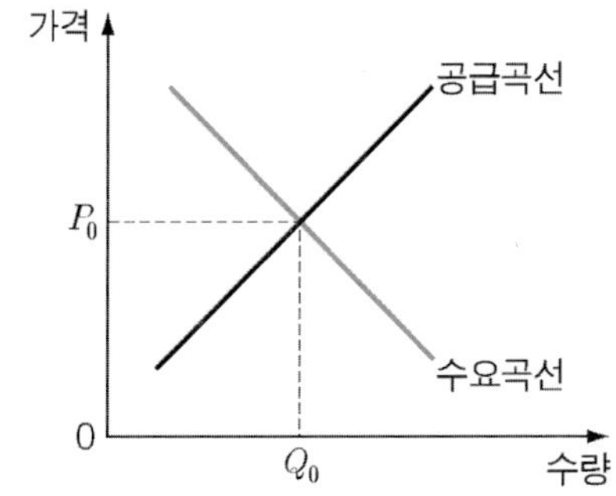

시장의 수요곡선과 공급곡선

❖ 시장균형의 안정성

만일 제품가격이 균형가격보다 높으면, 판매하려는 양이 구매하려는 양보다 많기 때문에, 판매자들은 가격을 낮추어 서로 판매하려고 경쟁할 것이다. 그 결과 균형가격에 이를 때까지 가격이 하락하게 된다. 가격이 하

6) 균형이란 별다른 외부의 충격이 없는 한 현 상태를 유지하는 것을 말한다.

락하는 과정에서 공급량은 점차 줄고, 수요량은 점차 늘다가 균형점에 이르렀을 때 수요량과 공급량이 같아지면서 더 이상 가격이 변하지 않는다. 마찬가지로 제품가격이 균형가격보다 낮으면, 구매하려는 양이 판매하려는 양보다 많기 때문에, 구매자들은 서로 구매하려고 경쟁하게 되므로 가격이 상승하게 된다. 이때 균형점에 이를 때까지 공급량은 점차 늘고, 수요량은 점차 줄다가 균형점에 이르렀을 때 수요량과 공급량이 같아지면서 더 이상 가격이 변하지 않는다.

아래 그림에서 만일 가격이 P_1이면, 공급이 수요를 초과하는 공급초과 상태가 되어 가격이 균형가격 P_0까지 하락한다. 만일 가격이 P_2라면, 수요초과 상태가 되어 가격이 균형가격 P_0까지 상승한다. 균형점인 E 점에 이르면, 더 이상 가격이 변하지 않는다. 이처럼 시장은 가격이 자유롭게 움직임으로써, 제품이 부족하거나 남아돌지 않고 공급량과 수요량이 일치할 수 있도록 해준다.[7] 또한 시장이 균형을 벗어나더라도, 가격이 자유롭게 움직임으로써 저절로 균형이 회복된다.

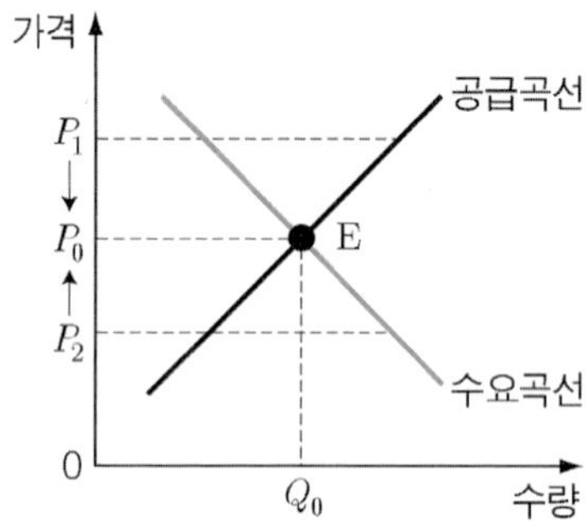

안정적인 시장균형

7) 이러한 가격의 기능을 경제학의 창시자라 할 수 있는 아담 스미스(Adam Smith)는 1776년 그의 저서 국부론(The Wealth of Nations)에서 보이지 않는 손(Invisible hand)이라 불렀다. 마치 보이지 않는 조정자가 있어서 제품의 과부족을 파악하고 조절하여 항상 균형을 유지할 수 있게 해 준다는 것과 같다는 것이다.

■ 시장에서의 잉여

앞에서 소비자 또는 생산자 개인의 잉여가 무엇인지 알아보았다. 이제 이러한 소비자들과 생산자들이 함께 모여 있는 시장에서 소비자 전체와 생산자 전체의 잉여가 얼마나 되는지 살펴보자. 한 제품의 시장에서 소비자 잉여는 각 소비자가 제품에 대해 지불하려는 금액(즉 수요곡선이 나타내는 금액)이 실제로 지불하는 시장가격(P_0)을 초과하는 부분을 모두 합친 것이다. 따라서 소비자잉여는 아래 그림에서 삼각형 AEP_0의 면적이 된다. 또한 생산자잉여는 각 생산자가 실제로 제품을 판매하고 받는 시장가격(P_0)이 그 제품에 대해 받기를 원하는 금액(즉 공급곡선이 나타내는 금액)을 초과하는 부분을 모두 합친 것이다. 따라서 생산자잉여는 아래 그림에서 삼각형 BEP_0의 면적이 된다.[8] 그러므로 한 제품 시장의 전체잉여는 소비자잉여와 생산자잉여를 합친 삼각형 AEB의 면적이 된다. (그림에서 음영이 칠해진 부분) 이 면적은 제품의 거래로 생기는 후생(Welfare)수준과 같다.

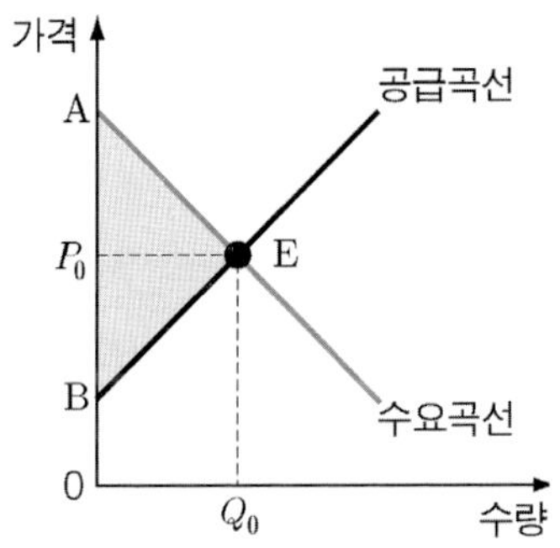

시장에서의 잉여

8) 소비자잉여는 수요곡선 아래와 가격을 나타내는 수평선 사이의 면적이 되며, 생산자잉여는 가격을 나타내는 수평선과 공급곡선 사이의 면적이 된다.

또한 시장에서 전체 잉여의 합이 최대가 되는 거래량은 수요량과 공급량이 일치하는 균형거래량(Q_0)이다. 만일 거래량이 Q_0와 다르면, 어떻게 될까? 시장에서의 거래량이 아래 그림에서처럼 균형거래량(Q_0)에 미치지 못하는 Q_1이라 해보자. 이 거래량에서는 수요곡선을 따라 제품 당 기꺼이 P_1만큼 지불하려는 소비자가 있으며, 공급곡선을 따라 제품 당 P_2를 받고 공급하려는 생산자가 있게 된다. 이때 거래량을 1단위 더 늘려서 P_0 가격에서 교환하면, 소비자잉여는 $(P_1 - P_0)$만큼 증가하고, 생산자잉여는 $(P_0 - P_2)$ 증가하므로, 시장전체로 보면 $(P_1 - P_2)$만큼 잉여가 증가한다. 이런 식으로 Q_0까지 거래량을 증가시켜나가면 음영을 칠한 삼각형의 면적만큼 잉여를 증가시킬 수 있다. 따라서 시장에서 거래량이 균형거래량보다 적으면, 그만큼 잉여의 손실이 발생한다. 이를 **사중손실**(Deadweight loss) 또는 **자중손실**이라 부른다.[9] 사중손실이 발생한다는 것은 그만큼 비효율이 존재하고 있다는 사실을 말해준다. 따라서 사중손실이 생기면, 그만큼 후생이 낮아지며 개선의 여지가 있게 된다.

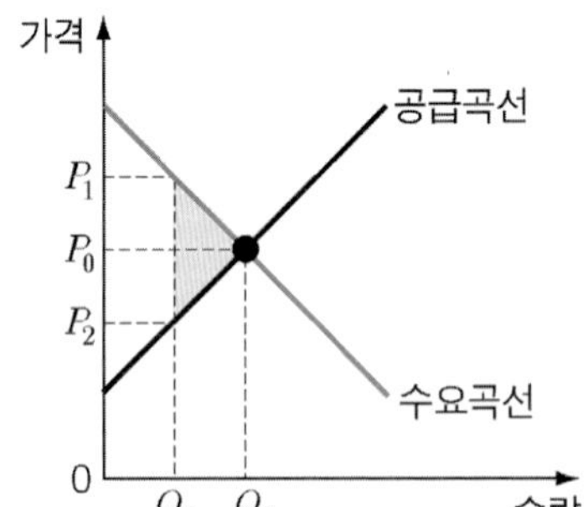

거래량이 균형거래량보다 적은 경우 후생의 손실

---

9) 사중손실이라는 용어는 선박용량을 표시할 때 쓰인다. 예를 들어, 용량 100톤 선박의 선체무게가 10톤이라면 실제로 적재할 수 있는 화물의 용량은 90톤이 된다. 이때 선체무게 10톤을 사중손실이라 한다.

만일 시장에서의 거래량이 아래 그림에서처럼 균형거래량(Q_0)보다 많은 Q_1이라 해보자. 이 거래량에서 소비자는 제품당 P_2만큼 지불하려고 하지만, 생산자는 적어도 P_1만큼 받으려고 할 것이다. 즉, 마지막 1단위를 추가로 생산하는데 드는 비용(P_1)이 소비자가 느끼는 가치(P_2)를 초과하고 있다. 이때 거래량을 1단위 줄이면, 1단위 덜 생산함으로써 절약되는 비용이 1단위 덜 소비함으로써 줄어드는 가치보다 크다. 따라서 시장에서의 잉여는 ($P_1 - P_2$)만큼 증가한다. 이런 식으로 Q_0까지 거래량을 줄여나가면 음영을 칠한 삼각형의 면적만큼 잉여를 증가시킬 수 있다. 따라서 시장에서의 거래량이 균형거래량보다 많으면 사중손실이 생긴다. 즉, 후생의 손실이 발생한다.

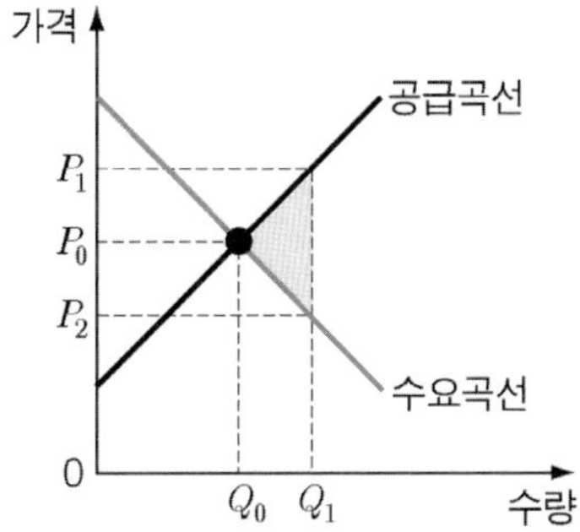

거래량이 균형거래량보다 많은 경우 후생의 손실

시장에서 발생하는 잉여는 어떤 경제적 상태나 정책을 평가하는데 있어서 가장 중요한 잣대가 된다. 모든 경제적 행위나 국가의 정책은 결국 인간의 행복을 증가시키기 위해 시행된다. 경제학에서는 행복감이나 만족감을 효용(Utility) 또는 후생(Welfare)이라 부른다. 그리고 잉여는 효용을 나타내어준다. 그래서 어떤 정책이 잉여의 증가를 가져다주면 좋은 정책이 되지만, 오히려 잉여를 감소시킨다면 나쁜 정책이 된다. 왜냐하면 어떤 정책이 구성원들의 잉여를 감소시킨다면, 그 정책으로 말미암아 구성

원들의 후생이 감소해버리기 때문이다. 지금까지의 잉여에 관한 것들을 종합하면 다음과 같이 요약할 수 있다:

> 시장에서의 거래는 소비자와 생산자에게 잉여를 발생시키고, 이 잉여는 후생수준을 가늠하는 기준이 된다. 또한 수요량과 공급량이 불일치하면 가격이 신속히 움직여 균형을 회복한다. 수요량과 공급량이 같아지는 균형가격과 균형거래량에서 해당 제품으로 발생하는 잉여, 즉 후생이 최대가 된다.

1-2 시장에 인위적인 간섭을 하면 어떤 일이 생길까?

앞서 보았듯이 가격의 움직임으로 달성되는 균형점에서 시장은 우리에게 최대의 후생을 가져다준다. 그래서 시장에서 균형이 이루어질 수 있도록, 외부의 간섭이 없이 시장 스스로 가격과 거래량을 정하도록 하는 것이 최선이다. 그럼에도 불구하고 정부가 시장에 간여하면 어떤 일이 벌어질까? 정부가 주로 쓰거나 쓰려는 유혹을 가장 많이 받는 몇 가지 시장간섭의 사례들을 살펴보자.

■ 최고가격제

흔히 가격상한제라고도 하는 최고가격제는 제품의 가격이 높을 때 소비자에게 지나친 부담이 될까봐 정부가 생산자나 판매자가 일정 수준 이상의 가격을 받지 못하게 하는 것이다. 이는 단순히 행정지도나 권고사항일 때도 있지만, 가격통제의 지침을 따르지 않는 기업의 행동을 불법으로 간주하거나 그 기업에게 불이익을 주는 경우도 있다. 만일 균형가격보다 낮은 수준에서 가격통제를 실시함으로써 최고가격이 실제로 효력을 발휘하게 되면, 시장에 어떤 영향을 줄지 살펴보자.

아래 그림에서 시장균형가격(P_0)보다 낮은 가격에서 최고가격(P_{max})을 부과하면, 기업은 P_{max}보다 높은 가격으로 판매할 수 없게 된다. 정부의 간섭이 없다면 기업은 당연히 균형점 E에서 P_0의 가격으로 판매할 것이고, 제품의 거래량은 Q_0가 될 것이다. 하지만 정부의 통제로 말미암아 P_0보다 낮은 가격인 P_{max}에서 판매해야 된다면, 공급량은 궁극적으로 Q_1으로 감소할 것이다. 또한 P_{max}의 가격에서 수요량은 Q_2로 증가한다. 이때 시장에서는 $(Q_2 - Q_1)$만큼 초과수요가 발생한다. 즉, 구매하고자 하나 구매할 수 없는 소비자들이 생겨난다.

어떤 제품이 꼭 필요해서 사야하는데 시장에서 그 제품을 살 수가 없으면, 소비자들은 어떻게 할까? 앞에서 수요곡선은 시장에서 해당제품에 대해 소비자들이 지불하고자 하는 최대금액을 표시해준다는 것을 보았다. 현재 주어진 공급량이 Q_1밖에 되지 않기 때문에, 소비자들 중 누군가는 P_1만큼 지불하려 할 것이다. 즉, Q_1만큼 공급된 제품을 P_{max}의 가격으로 이미 구입한 소비자들은 최고가격제로 말미암아 이익을 얻었지만, 그렇지 못한 소비자들은 P_1에서 제품을 구입해야 하므로 최고가격제 때문에 오히려 손해를 보게 된다.[10)]

그렇다면 소비자전체로 보면 어떨까? 최고가격제 시행 전 소비자들의 총잉여는 삼각형 AEP_0의 면적과 같지만, 최고가격제 시행 후에는 사다리꼴 $AA'B'P_{max}$의 면적으로 변한다. (이는 P_{max}에서 거래한 양 Q_1에 해당하는 소비자잉여이다.) P_{max}의 가격에서 Q_1만큼 구매한 소비자들의 잉여는 최고가격제 시행 전보다 더 커졌다. 하지만 이것이 이야기의 끝은 아니다. 왜냐하면 최고가격제 시행 전보다 거래량이 $(Q_0 - Q_1)$만큼 줄어버렸으며, 제품을 구입하지 못한 소비자들의 잉여는 0이 되어버리고 말기

---

10) 최고가격제 시행 후 균형가격보다 높은 가격으로 거래하는 시장을 암시장(Black market)이라 한다. 이는 원래의 시장에서 구입하지 못해 생기는 '2차 시장'이라 할 수 있다. 흔히 신규분양 아파트 가격이 균형가격 이하로 통제되면, 처음에 아파트를 구입하지 못한 수요자는 아파트를 구입한 사람으로부터 P_1의 가격으로 구입할 수밖에 없다. 이때 $(P_1 - P_{max})$를 흔히 프리미엄(premium)이라 부른다.

때문이다. 따라서 원래의 소비자잉여(AEP_0의 면적)와 최고가격제 시행 후의 소비자잉여(AA′B′P_{max}의 면적)를 비교하여 어느 쪽이 더 큰지 봐야만, 소비자 전체의 잉여가 증가하는지 알 수 있다. (물론, 보다 구체적으로 공급곡선과 수요곡선의 식이 주어지면 정확한 판단을 내릴 수 있지만, 일반적인 경우 항상 소비자잉여가 증가할 것이라는 보장은 없다.)

반면에 생산자잉여는 삼각형 BEP_0의 면적에서 삼각형 BB′P_{max}의 면적으로 줄어버린다. 생산자들의 경우 최고가격제로 말미암아 제품가격이 P_{max}로 하락하고, 판매량은 Q_1으로 줄어버렸기 때문이다.

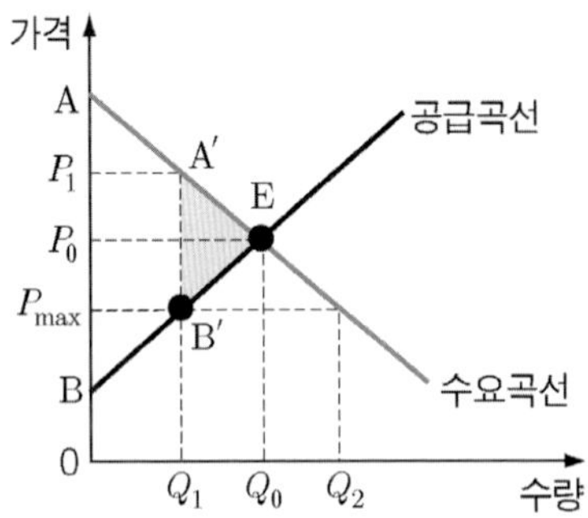

최고가격제

(최고가격제 실시 전) 가격: P_0, 거래량: Q_0
(최고가격제 실시 후) 가격: P_{max}, 암시장 가격: P_1,
거래량: Q_1, 사중손실: ΔA′EB′

최고가격제 이전에는 시장의 총잉여가 소비자잉여와 생산자잉여를 합친 삼각형 AEB의 면적과 같았으나, 최고가격제 후에는 사다리꼴 AA′B′B의 면적으로 줄어들어 버린다. 따라서 시장전체로 봐서 음영이 칠해진 삼각형 A′EB′의 면적에 해당하는 만큼 잉여의 손실이 발생하였다. 즉, 사중손실이 발생하였다. 따라서 가격상한제는 후생의 손실을 초래하는 비효율적인 정책이다.

위에서 봤듯이 제품의 균형가격보다 낮은 수준에서 가격상한을 정할 경우 사중손실만큼 후생의 손실이 발생하므로, 오늘날 선진국들은 특별한 경우를 제외하고는 제품에 대해 최고가격제를 실시하지 않는다.[11]

혹자는 소비자들을 위해 최고가격제를 실시하여 생산자잉여의 일부를 소비자잉여로 전환시키기를 바랄지도 모른다. 그럴지라도 최고가격제는 최선의 선택이 아니다. 왜냐하면 생산자로부터 소비자에게로 잉여의 재분배만을 목적으로 한다면, 최고가격제를 실시하지 않고 그냥 생산자로부터 판매량과 관계없이 일정액의 세금을 거두어 해당 제품의 구매자들에게 골고루 나누어 주는 것이 더 낫다. 그렇게 하면, 적어도 사중손실은 발생하지 않는다. 왜냐하면 판매량과 관계없이 정액세를 부과하더라도 제품의 가격이나 거래량이 변할 이유가 없기 때문에, 제품의 가격은 여전히 균형가격인 P_0이고, 거래량은 Q_0이기 때문이다.[12] 따라서 차라리 정액세를 통한 잉여의 재분배방식이 최고가격제보다 우월하다고 할 수 있다. 즉, 굳이 생산자로부터 소비자에게로 잉여의 재분배를 실시하려고 할 때마저도 최고가격제는 비효율적이라는 것이다. 여기서 잠깐 **경제적 효율성**(Economic efficiency)이 무엇인지 살펴보고 넘어가자.

☞ 경제적 효율성

경제적 효율은 경제학자 파레토(Pareto)의 이름을 따 **파레토 효율**(Pareto efficiency)이라고도 한다. 다른 구성원 모두에게

11) 빈곤층에게 정부가 공급하는 임대주택 등에 대해서는 가격상한제를 실시하는 경우가 있으나, 민간의 제품에 대해서는 가격통제를 하지 않는 것이 일반적이다.

12) 반면에 제품 1개당 부과하는 물품세는 균형가격과 거래량을 변화시킨다. 예를 들어, 제품가격 100원에서 백만 개를 공급하는 공급곡선을 생각해보자. 이때 제품 1개당 10원씩의 물품세를 생산자에게 부과하면, 생산자는 제품당 110원을 받아야 백만 개를 공급하려고 할 것이다. 왜냐하면 110원에서 물품세 10원을 빼면 100원이 되어, 제품 1개당 수입이 세금 부과 전과 같아지기 때문이다. 따라서 공급곡선은 10만큼 위로 이동한다. 공급곡선이 위로 이동하면, 균형가격은 상승하고, 거래량은 감소한다.

손해를 끼치지 않고 어떤 구성원에게 이익을 주는 것을 **파레토 개선**(Pareto improvement)이라고 한다. 파레토 효율이란 파레토 개선의 여지가 더 이상 없는 상태를 말한다. 간단한 예를 하나 들어보자. 두 사람이 있는데 한 사람은 배를 가지고 있으나 사과를 더 좋아하고, 다른 한 사람은 사과를 가지고 있으나 배를 더 좋아한다고 해보자. 이때 두 사람이 사과와 배를 서로 교환하면 아무도 손해 보지 않고 이익을 보는 사람이 생긴다. 즉, 파레토 개선이 된다. 따라서 처음의 분배 상태는 파레토 효율이 아니었음을 알 수 있다.

특히 물가상승률이 높은 시기에 정부는 몇몇 제품에 대해 가격을 통제하거나, 기업에게 제품가격인상을 자제하도록 권고하려는 유혹을 종종 받는다. 이는 가격상승을 억제하고 소비자를 보호하기 위한 선의에서 비롯되지만, 그 결과는 오히려 전체적으로 후생의 손실이라는 비효율을 초래한다. 어떤 제품의 물가가 아무리 많이 오른다고 해도, 정부가 할 수 있는 최선의 선택은 어떠한 물가억제정책도 실시하지 말고 수요와 공급에 의해서 가격이 정해지도록 그냥 시장에 맡겨놓는 것이다. 물가는, 뒤에서 설명하고 있듯이, 여러 가지 이유 때문에 상승한다. 특히 정부가 경제성장률보다 훨씬 더 높은 통화량증가율을 유지하면, 전체 물가는 상승할 수밖에 없다. 그렇다면 정부는 통화량증가율을 정상수준으로 회복시키는 것이 낫다. 이와 같이 통화량증가 때문에 발생하는 전반적인 물가상승은 정부가 통화량을 조절하여 대응할 수 있지만, 개별 제품의 가격상승은 정부가 어떻게 해볼 수 있는 대상이 아니다.

■ 최저가격제

최저가격제는 최저임금제라는 형태로 주로 노동시장에서 실시되는 정책이다. 노동의 공급자인 근로자들에게 일정수준 이상의 후생을 보장해주기 위해, 최저임금보다 낮은 임금을 금지하는 것이다. 이러한 최저임금제의 효과는 어떤지 살펴보자.

아래 그림은 노동에 대한 수요곡선과 공급곡선을 보여주고 있다. 일반적으로 임금이 상승하면, 더 많은 근로자들이 더 많은 시간동안 일하기를 원하기 때문에 노동의 공급량(즉, 모든 근로자들의 근로시간을 합친 양)이 증가한다. 따라서 노동공급곡선의 기울기는 양(+)이다. 또한 임금이 하락하면, 그만큼 생산비용이 낮아져서 노동의 수요자인 기업들의 이익이 더 커지므로 노동에 대한 수요가 증가한다. 따라서 노동수요곡선의 기울기는 음(−)이다.

만일 현재의 균형임금수준(w_0)이 최저생계수준보다 지나치게 낮다면, 정부는 $w_{\min}$ 수준에서 최저임금제를 실시할 수 있다.[13] 이때 노동의 수요자인 기업은 고용량을 원래의 L_0에서 L_1으로 줄여버릴 것이다. 이에 따라 기업의 잉여는 삼각형 $\mathrm{AE}w_0$의 면적에서 삼각형 $\mathrm{AA}'w_{\min}$의 면적으로 줄어든다. 또한 근로자들이 누리는 생산자잉여는 삼각형 $\mathrm{BE}w_0$의 면적에서 사다리꼴 $\mathrm{BB}'\mathrm{A}'w_{\min}$의 면적으로 변한다. 최저임금제에 따른 임금상승은 계속 취업상태로 남아있는 노동자들에게는 반가운 일일 것이나, 임금인상으로 인해 일자리를 잃은 노동자들의 잉여는 0이 된다.[14] 따라서 최저임금제 때문에 전체 노동자가 누리는 잉여의 합이 반드시 증가한다는 보장은 없다. 소비자잉여와 생산자잉여를 합친 총잉여는 원래 삼각형 AEB의 면적이었으나, 최저임금제가 실시되면 사다리꼴 AA′B′B의 면적으로 줄어든다. 즉, 최저임금제는 삼각형 A′EB′의 면적 만큼의 사중손실을 발생시킨다. 따라서 최저가격제도는 그 자체만 놓고 보면 비효율적이다.

---

13) 임금은 노동 1단위에 대해 노동의 수요자인 기업이 지불하는 가격이다.

14) 노조가 임금인상을 요구하는 모습을 뉴스를 통해 지켜보는 구직자들은 두 가지 다른 시각을 가질 것이다. 취업에 확신이 서 있는 자들은 그것을 반길 것이고, 취업에 확신이 안 서는 자들은 일자리가 더욱 줄어들기 때문에 그것에 반기를 들 것이다.

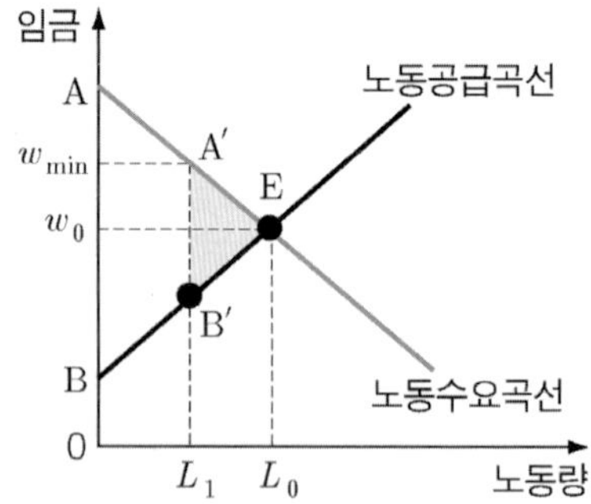

최저임금제

(최저임금제 실시 전) 임금: w_0, 고용량: L_0

(최저임금제 실시 후) 임금: w_{min}, 고용량: L_1, 사중손실: $\Delta A'EB'$

그렇지만 가격상한제와는 달리 최저임금제는 거의 모든 선진국에서 실시하고 있다. 최저임금제는 노동시장에서 사중손실을 발생시키지만, "저 정도밖에 안 되는 임금을 받고 어떻게 생활할 수 있지? 너무 가련하다."와 같은 측은한 감정이 유발한 소득재분배의 일환으로 실시된다. (소득재분배의 기능에 대해서는 2장에서 따로 살펴보기로 하자.)

■ 조세

조세(Tax)의 종류는 근로자의 소득에 대해 부과하는 소득세와 제품에 대해 부과하는 물품세로 나누어 볼 수 있다. 또한 과세대상의 총가치에 따라 부과하는 종가세와 수량에 따라 부과하는 종량세로 분류하기도 한다. 소득세는 종가세이며, 직접 소득당사자가 납부하는 직접세이기도 하다. 우리가 물건을 살 때 내는 물품세인 부가가치세는 종가세인 동시에 물건의 구매당사자가 돈을 지불하지만 판매자가 납부하는 간접세이다. 여기서는 물품세의 후생에 대한 효과에 대해 살펴보자. 물품세는 편의상 제품 1개당 t원씩이 부과 되는 종량세라 하자.[15)]

물품세는 판매자가 납부할 수도, 구매자가 납부할 수도 있다. 먼저 우리가 물건을 구매할 때 대부분 그러하듯이 판매자가 물품세를 납부하는 경우를 살펴보자. 예를 들어, 시장가격 100원에 거래량이 백만 개인 제품에 대해 개당 10원의 물품세를 공급자에게 부과하면, 공급곡선이 아래 그림에서처럼 위로 10원만큼 이동한다. 왜냐하면 물품세 부과 후 (세금이 포함된) 판매가격이 110원이 되어야, 공급자들이 10원의 세금을 내고난 후 예전처럼 100원을 받게 되므로 여전히 백만 개를 공급하려 할 것이기 때문이다. 반면에 소비자에게 1개당 10원의 물품세를 부과하면,[16] 수요곡선이 아래로 10원만큼 이동한다. 물품세 부과 후 제품가격이 90원이 되어야, 소비자들이 10원의 세금을 내고 총 100원을 실제로 지출하기 때문에 여전히 백만 개를 구매하려고 할 것이다.

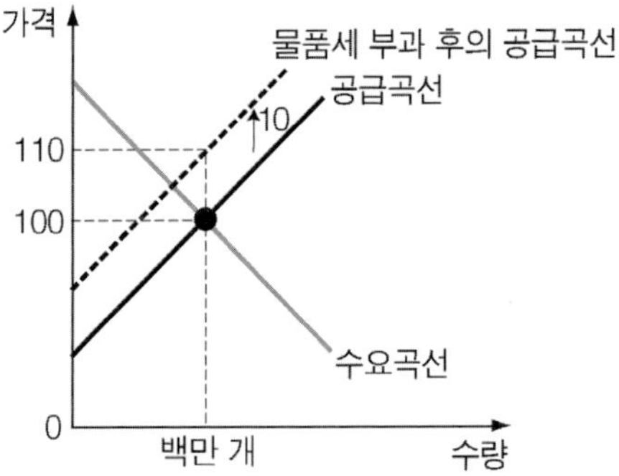

물품세 (공급자 납부)

15) 우리나라에서 제품 판매 시 판매액에 10%를 부과하는 종가세인 부가가치세는 제품 1개당 일정액의 세금을 부과하는 종량세인 물품세와 본질적으로 같은 성격을 가진다. 예를 들어, P원의 가격에서 거래량이 Q인 제품 1개당 t원씩의 물품세가 부과되면, 총세액은 tQ가 된다. 또한 판매액(PQ)에 대해 세율이 τ인 부가가치세의 총세액은 τPQ이다. 이때 $t=\tau P$가 되도록 t와 τ를 정하면, 종량세인 물품세와 종가세인 부가가치세로부터의 총세액이 같게 된다. 예를 들어, $P=100$, $Q=50$이라 해보자. 이때 제품 한 개당 10원씩 물품세를 부과하면 총세액이 $500(=10\times 50)$원이 된다. 또한 부가가치세율이 10%라면, 부가가치세의 총세액 역시 $500(=0.1\times 100\times 50)$원으로 동일하다.

16) 우리나라에서 자동차나 주택을 구입하면, 물품세를 취득세의 형태로 구매자가 직접 납부해야 한다.

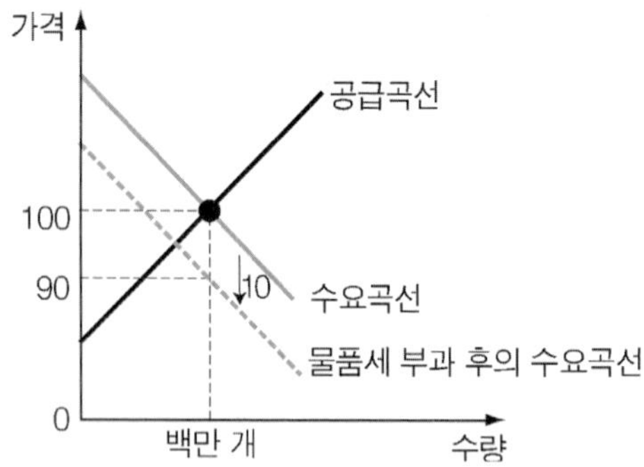

물품세 (수요자 납부)

❖ 생산자에게 물품세를 부과하는 경우 후생의 변화

제품 1개당 t원의 물품세를 생산자가 납부하게 되면, 아래 그림에서처럼 공급곡선이 t원만큼 위로 이동한다. 이때 균형점은 E에서 A′으로 변한다. (공급자들이 공급에 관한 의사결정을 할 때 당연히 자신이 납부하는 물품세까지 고려하므로, 의사결정은 물품세 부과 후의 새로운 공급곡선을 가지고 한다.) 이때 생산자들은 P_1의 가격(세금을 포함한 가격)에서 제품을 판매하나 t원($= P_1 - P_2$)만큼 물품세를 내고 나면, 실제로 제품 1개당 받는 금액은 P_2가 된다. 또한 거래량은 Q_1으로 줄어든다.

이에 따라 소비자잉여는 삼각형 A E P_0의 면적에서 삼각형 A A′ P_1의 면적으로 줄어들고, 생산자잉여는 삼각형 B E P_0의 면적에서 삼각형 B B′ P_2의 면적으로 줄어든다. 또한 정부의 잉여에 해당하는 조세수입은 제품 1개당 조세액($P_1 - P_2$)와 거래량 Q_1을 곱한 사각형 P_1A′B′P_2의 면적과 같다. 따라서 조세부과 후의 총잉여는 사다리꼴 AA′B′B의 면적이 된다. 조세 부과 전 총잉여의 크기는 삼각형 AEB의 면적이었으므로, 조세부과로 인해 총잉여는 삼각형 A′EB′의 면적만큼 줄어든다. 즉, 물품세는 사중손실을 발생시키므로, 그만큼 후생의 손실과 비효율을 발생시킨다.

이러한 후생의 손실은 물품세로 말미암아 거래량이 줄어듦으로써, 줄어든 거래량만큼의 잉여가 사라지기 때문에 생긴다.

물품세 이후의 균형점 A′에서 후생수준이 원래의 균형점 E에서보다 떨어진다는 것은 다음과 같이 살펴볼 수도 있다. Q_1보다 조금 더 생산하면, 수요곡선이 나타내는 가치의 증가분이 공급곡선이 나타내는 비용의 증가분보다 크다. (잉여를 따질 때는 원래의 수요곡선과 공급곡선으로 한다. 물건의 본질적 가치는 조세부과와는 아무 상관이 없다.) 즉, Q_1보다 생산량을 조금 더 늘리면, 잉여가 증가한다. 이는 생산량이 Q_0에 도달할 때까지 계속된다. 따라서 A′점에서의 총후생은 E점에서보다 삼각형 A′EB′의 면적만큼 작다.

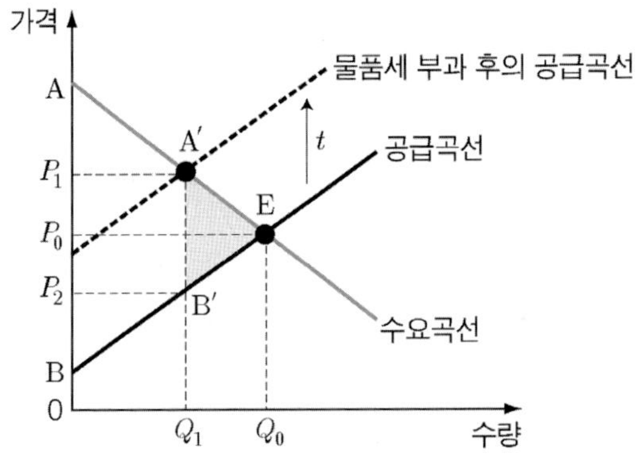

물품세 (공급자 납부)

(물품세 부과 전) 균형점: E, 거래가격: P_0, 거래량: Q_0
(물품세 부과 후) 균형점: A′, 거래가격: P_1, 생산자의 제품 1개당 실제수입: P_2, 거래량: Q_1, 사중손실: ΔA′EB′

❖ 소비자에게 물품세를 부과하는 경우 후생의 변화

제품 1개당 t원의 물품세를 소비자가 납부하게 되면, 아래 그림에서처럼 수요곡선이 t원만큼 아래로 이동한다. 이때 균형점은 E에서 B′으로 변한다. (소비자들이 구매량에 관한 의사결정을 할 때 당연히 자신이 납부하는 물품세까지 고려하므로, 의사결정은 물품세 부과 후의 새로운 수요곡선을 가지고 한다.) 이때 소비자들은 P_2의 가격에서 제품을 구입하나 t원$(= P_1 - P_2)$만큼 물품세를 내고 나면, 실제로 제품 1개당 지불하는 금액은 P_1이 된다.

이에 따라 소비자잉여는 삼각형 AEP_0의 면적에서 삼각형 AA′P_1의 면적으로 줄어들고,[17] 생산자잉여는 삼각형 BEP_0의 면적에서 삼각형 BB′P_2의 면적으로 줄어든다. 또한 정부의 조세수입은 제품 1개당 조세액 $(P_1 - P_2)$와 거래량 Q_1을 곱한 사각형 P_1A′B′P_2의 면적과 같다. 따라서 조세부과 후의 총잉여는 사다리꼴 AA′B′B의 면적이 된다. 조세 부과

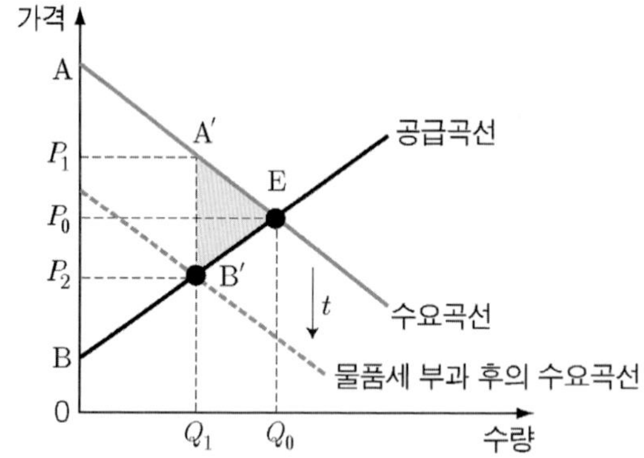

물품세 (수요자 납부)

(물품세 부과 전) 균형점: E, 거래가격: P_0, 거래량: Q_0

(물품세 부과 후) 균형점: B′, 거래가격: P_2, 소비자의 제품 1개당 실제 지출액: P_1, 거래량: Q_1, 사중손실: ΔA′EB′

17) 소비자들이 제품에 대해 느끼는 가치는 제품자체의 성질로 인한 것이기 때문에, 물품세와는 상관이 없다. 따라서 소비자잉여는 원래의 수요곡선과 물품세 부과 후 제품 1개당 실제로 지불하는 금액으로 결정된다.

전 총잉여는 삼각형 AEB의 면적이므로, 조세부과로 인해 총잉여의 크기는 삼각형 A'EB'의 면적만큼 줄어든다. 즉, 물품세는 사중손실을 발생시켜 그만큼 후생의 손실과 비효율을 발생시킨다.

물품세를 생산자에게 부과하든지 소비자에게 부과하든지, 생산자잉여나 소비자잉여의 변화량에는 차이가 없다. 따라서 누구에게 부과하든지 사중손실의 크기도 차이가 없다. 그리고 균형거래량, 제품 1개당 공급자가 실제로 받는 금액, 소비자가 실제로 지불하는 금액, 정부의 조세수입도 납부의 주체가 누가 되든 차이가 없다. 단지 세전가격만 공급자 납부의 경우 P_1이 되어 소비자 납부의 경우인 P_2에 비해 t원만큼 더 높을 뿐이다.

❖ 조세의 전가

물품세가 부과될 때 생산자와 소비자의 제품 1개당 손실액은 얼마가 될까? 이는 아래 그림에서 간단하게 살펴볼 수 있다. 얼핏 보기에 물품세가 생산자에게 부과되면 생산자가 조세를 100% 다 부담하고, 소비자에게 부과되면 소비자가 100% 다 부담하는 것 같지만, 실제로는 누구에게 부과하든지 상관없이 각각 일정한 양의 조세를 나누어 부담하게 된다. 아래 그림에서처럼 물품세가 생산자에게 부과되면, 새로운 균형점은 A'이 된다. 이때 소비자는 물품세 부과 전과 비교하면 제품 1개당 $(P_1 - P_0)$만큼 더 지불하게 되며, 이것이 소비자에게 전가되는 조세부담의 크기가 된다. 또한 생산자는 물품세 부과 전에 비해 제품 1개당 $(P_0 - P_2)$만큼 수입이 줄어들며, 이것이 생산자에게 전가되는 조세부담의 크기가 된다. 또한 물품세가 소비자에게 부과되면, 새로운 균형점은 B'이 된다. 이때 소비자와 생산자의 조세부담은 생산자에게 부과하는 경우와 마찬가지로 각각 $(P_1 - P_0)$와 $(P_0 - P_2)$가 된다. 그러므로 생산자와 소비자 중 누구에게 조세를 부과하든지 상관없이 생산자와 소비자가 부담하는 크기는 달라지지 않는다.[18)]

18) 만일 정부나 특정 정치인이 유권자를 의식하여 신규아파트에 대한 물품세인

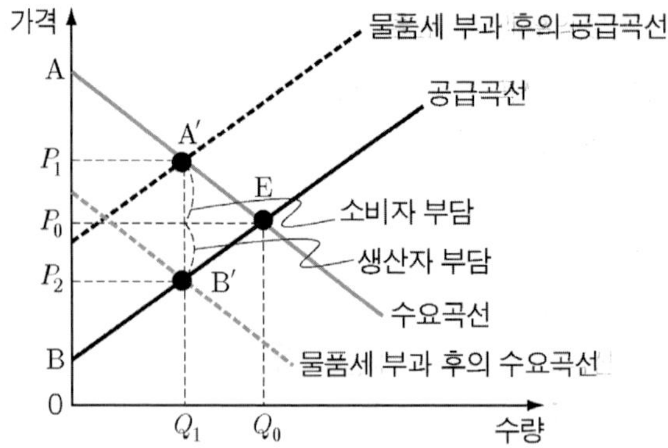

조세의 전가

❖ 이윤세의 효과

만일 제품의 판매량이나 판매액이 아닌 기업의 이윤에 대해 조세를 부과하면 어떻게 될까? 즉, 기업의 당기순이익에 부과하는 법인세의 경우 그 효과는 어떨까? 기업의 이윤(π)은 판매수입(R)에서 비용(C)을 뺀 $\pi = R - C$로 표현된다. 만일 이윤에 대해 20%의 법인세를 부과하면, 기업의 이윤은 단순히 $\pi = 0.8(R - C)$가 된다. 따라서 이윤세를 부과하면 기업의 이윤은 감소하지만, 기업은 법인세 부과 전과 비교해 공급량을 변화시키지 않는다. 왜냐하면 $(R - C)$가 최대가 되는 생산량과 $0.8(R - C)$가 최대가 되는 생산량은 동일하기 때문이다. 왜냐하면 어떤 생산량에서 $(R - C)$가 최대가 되면, $0.8(R - C)$ 역시 최대가 되고, 반대로 어떤 생산량에서 $0.8(R - C)$가 최대가 되면 $(R - C)$ 역시 최대가 되기 때문이다. 따라서 법인세는 균형거래량을 감소시키지 않는다. 그러므로 법인세는 기업의 이윤 일부를 정부로 이전하지만, 시장에서 사중손실은 발생시키지 않는다.[19)]

취득세를 입주자가 아닌 건설사에게 부과하도록 변경하겠다고 공약하면, 유권자들은 어떤 판단을 해야 할까? 물론 위에서 보았듯이 잉여나 조세부담 면에서 변하는 것이 없으므로, 달라지는 것이 아무것도 없다.

19) 지나치게 높은 법인세가 기업의 생산과 투자의욕을 떨어뜨리는 문제는 여기서 논외로 한다.

위에서 물품세와 같은 조세는 그 자체가 사중손실을 발생시키는 등 후생을 떨어뜨리고 비효율을 초래함을 살펴보았다. 그런데 왜 각 나라는 조세를 부과할까? 가장 중요한 이유는 공공재(Public goods)를 생산하기 위해서이다. 또 다른 이유는 제품생산 시 공해 때문에 사회적으로 비효율이 발생할 때, 생산에 대한 세금으로 비효율을 제거하는 것이다. (이에 대한 보다 자세한 내용은 2장에 설명되어 있다.)

■ 보조금

여태까지는 조세부과로 인한 후생의 변화를 살펴보았다. 조세와 반대로 정부가 제품 1개당 일정액의 보조금(Subsidy)을 지급하면 후생에 어떤 영향을 줄까? 보조금은 소비자들의 후생을 증가시키기 위해 소비자에게 지급할 수도 있고,[20] 생산을 장려하기 위해 생산자에게 지급할 수도 있다.

❖ 소비자에게 보조금을 지급하는 경우 후생의 변화

제품 1개를 구입할 때마다 정부가 일정액의 보조금을 소비자에게 지급하면, 수요곡선이 위로 이동한다. 그 이유는 조세의 경우와 흡사하다. 예를 들어, 현재 제품가격이 100원이고 제품 1개를 구입할 때마다 10원씩의 보조금을 지급받는다고 하자. 이때 제품가격이 110원이 되어야 보조금을 받기 전과 비교하여 제품 1개당 자신이 실제로 지불하는 금액이 이전과 마찬가지로 100원이 된다. 따라서 가격이 110원이면서 제품 1개당 보조금 10원을 받을 때의 수요량은 보조금 없이 가격이 100원일 때와 동일하다. 즉, 소비자에게 1개당 10원의 보조금을 지급하면, 수요곡선은 위로 10만큼 이동한다.

제품 1개당 s원의 보조금을 소비자에게 지급하면, 아래 그림에서 보듯이 수요곡선이 위로 s만큼 이동한다. 그 결과 균형점이 E점에서 A′점으로

---

20) 미국에서는 저소득층에게 특정상표의 식료품과 교환할 수 있는 쿠폰인 푸드 스탬프(Food stamp)를 정기적으로 지급한다.

이동한다. 따라서 가격은 P_1으로 상승하고, 거래량은 Q_1으로 증가한다. 이때 소비자잉여는 사다리꼴 B′EP_0P_2의 면적만큼 증가한다. (새로운 균형가격은 P_1이지만, 보조금을 받는 소비자들이 제품 1개당 실제로 지불하는 금액은 P_2이다. 따라서 보조금으로 말미암아 소비자잉여는 삼각형 AEP_0의 면적에서 삼각형 AB′P_2의 면적으로 증가한다.) 또한 생산자잉여는 사다리꼴 A′EP_0P_1의 면적만큼 증가한다. (생산자잉여는 삼각형 BEP_0의 면적에서 삼각형 BA′P_1의 면적으로 증가한다.) 정부는 사각형 A′B′P_2P_1의 면적에 해당하는 만큼 보조금을 지급해야하므로, 그만큼 정부잉여의 손실이 발생한다. 그러므로 음영이 칠해진 삼각형 A′EB′만큼 사중손실이 발생한다.

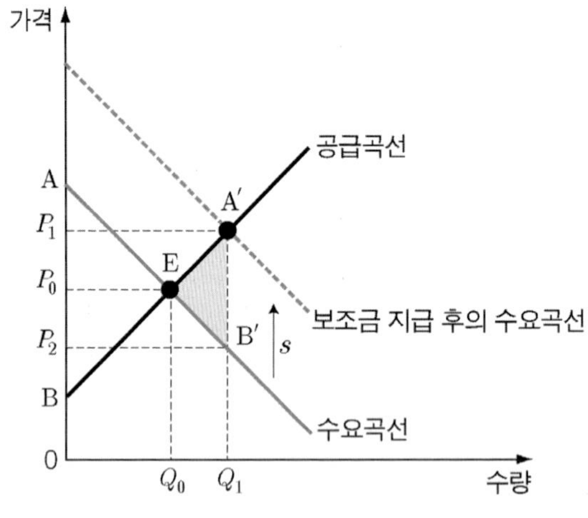

소비자 보조금

(보조금 지급 전) 균형점: E, 거래가격: P_0, 거래량: Q_0

(보조금 지급 후) 균형점: A′, 거래가격: P_1, 소비자의 제품 1개당 실제 지출액: P_2, 거래량: Q_1, 사중손실: ΔA′EB′

소비자에게 주는 보조금이 사중손실을 발생시킨다는 것은 다음과 같이 살펴볼 수도 있다. 원래의 균형점 E에서 조금 더 생산하면, 공급곡선이 나타낸 비용의 증가분이 수요곡선이 나타낸 가치의 증가분을 초과한다. (잉여를 따질 때는 원래의 수요곡선으로 한다.) 즉, Q_0보다 생산량을 조금 더 늘리면, 총잉여가 감소한다. 이는 보조금 후의 새로운 균형생산량 Q_1에 도달할 때까지 계속된다. 따라서 A′점에서의 총잉여는 E점에서보다 삼각형 A′EB′의 면적만큼 작다.

❖ 생산자에게 보조금을 지급하는 경우 후생의 변화

제품 1개당 s원의 보조금을 생산자에게 지급하면, 아래 그림에서 보듯이 공급곡선이 아래로 s만큼 이동한다. 그 결과 균형점이 E점에서 B′점으로 이동한다. 따라서 가격은 P_2로 하락하고, 거래량은 Q_1으로 증가한다. 이때 소비자잉여는 사다리꼴 B′EP_0P_2의 면적만큼 증가한다. (소비자잉여는 삼각형 AEP_0의 면적에서 삼각형 AB′P_2의 면적으로 증가한다.) 또한 생산자잉여는 사다리꼴 A′EP_0P_1의 면적만큼 증가한다. (새로운 균형가격은 P_2이지만, 보조금을 받는 생산자들이 제품 1개당 실제로 받는 금액은 P_1이다. 따라서 생산자잉여는 삼각형 BEP_0의 면적에서 삼각형 BA′P_1의 면적으로 증가한다.) 정부는 사각형 A′B′P_2P_1의 면적에 해당하는 만큼 보조금을 지급해야하므로, 그만큼 정부잉여의 손실이 발생한다. 그러므로 음영이 칠해진 삼각형 A′EB′만큼 사중손실이 발생한다.

생산자에게 주는 보조금이 사중손실을 발생시킨다는 것은 다음과 같이 살펴볼 수도 있다. 원래의 균형점 E에서 조금 더 생산하면, 공급곡선이 나타낸 비용의 증가분이 수요곡선이 나타낸 가치의 증가분을 초과한다. (잉여를 따질 때는 원래의 공급곡선으로 한다.) 즉, Q_0보다 생산량을 조금 더 늘리면, 총잉여가 감소한다. 이는 보조금 후의 새로운 균형생산량 Q_1에 도달할 때까지 계속된다. 따라서 B′점에서의 총잉여는 E점에서보다 삼각형 A′EB′의 면적만큼 작다.

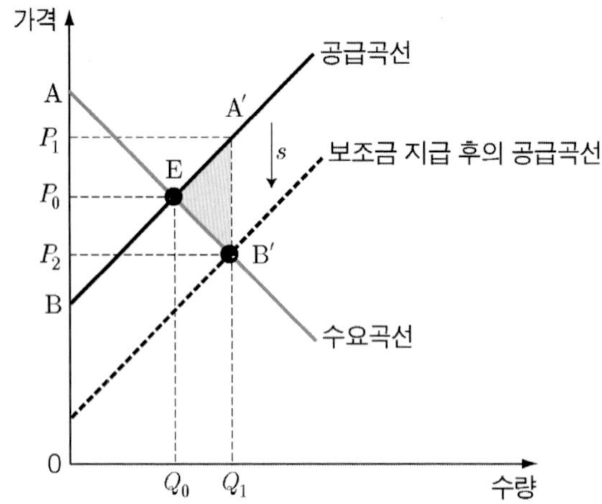

생산자 보조금

(보조금 지급 전) 균형점: E, 거래가격: P_0, 거래량: Q_0

(보조금 지급 후) 균형점: B′, 거래가격: P_2, 생산자의 제품 1개당 실제 수령액: P_1, 거래량: Q_1, 사중손실: $\Delta A'EB'$

이상의 논의에서 보았듯이 보조금은 소득재분배의 기능을 하지만, 근본적으로 사중손실을 발생시키는 등 비효율과 후생의 손실을 초래한다.

1-3 왜 시간이 지날수록 시장간섭의 부작용이 커질까?

이 지구상에서 자본주의 체제를 채택하고 있는 나라들은 정도의 차이는 있지만 되도록 수요와 공급을 시장과 가격의 기능에 맡겨두고 있다. 이를 **시장경제**라 일컫는다. 반면 공산주의 또는 사회주의 체제 하의 나라들은 수요와 공급을 시장에 맡겨두지 않고 국가나 중앙계획기구에서 담당한다. 즉, 그러한 체제 아래서는 각 생산자가 자신이 원하는 대로 제품을 만

들어 자신이 원하는 또는 시장에서 주어진 가격으로 마음껏 판매할 수 없다. 또한 소비자들은 시장에서 원하는 만큼 자유롭게 제품을 구매하는 것이 원칙적으로 금지되어 있다. 그 대신 국가가 모든 제품에 대한 소비량을 파악하여 생산한 후 필요한 양만큼 각 개인에게 분배한다. 이러한 체제를 **계획경제**라 일컫는다.

물론 세계의 각국을 비교하면, 국가의 시장간여 정도에서 약간씩의 차이를 보이기도 한다. 어느 나라는 보다 시장경제에 가까운 반면, 어느 나라는 시장경제화 정도가 덜한 곳도 있다. 하지만 OECD 회원국인 선진국들을 보면, 공공재와 같은 몇몇 특별한 경우를 빼고는 기본적으로 제품의 수요와 공급을 시장에 맡겨놓는 등 시장경제화가 상당히 이루어져 있다. 1990년대 냉전종식과 함께 아주 예외적인 몇 나라들만 제외하고 거의 모든 공산주의나 사회주의 국가들은 적어도 경제 분야에서는 시장경제로 전환하였으며, 기존의 자본주의국가들과 마찬가지로 기본적으로 제품의 수요와 공급을 시장에 맡겨두고 있다.

우리나라는 건국 이래로 시장경제를 근간으로 하는 자본주의를 택하고 있었으므로, 계획경제에 비하면 시장간섭의 폐해가 적다. 그렇다 하더라도 우리나라는 물론 시장경제를 채택하고 있는 세계의 각 나라들이 시장간섭의 폐해로부터 완전히 자유롭지는 않은 듯 하다. 기본적으로 시장경제라 할 수 있는 대부분의 국가들에서도 크고 작은 정부의 간섭들이 때때로 시행되어 왔다.

이러한 정부의 간섭이 어떤 효력을 가질까? 제품의 수급이나 가격을 시장에 맡겨놓지 않고 정부가 간여하는 것이 효율성을 더 제고시키는 특별한 경우들도 있기는 하다. (이러한 경우들은 다음 장에서 다루고 있다.) 여기서는 그러한 경우를 제외하고, 일반적인 경우에 정부가 시장에 간여할 때 나타나는 비효율성과 폐단에 대해 좀 더 살펴보기로 하자.

■ 제품의 과부족이 없도록 조정해주는 가격

앞서 살펴보았듯이 시장에서 초과수요나 초과공급이 발생하면, 가격이 신속하게 움직여서 다시 균형을 회복시킨다. 그래서 가격은 재화나 서비스의 수요와 공급의 과부족이 없도록 조절해 주는 기능을 가지고 있다.

❖ 농산물 시장

농산물과 같이 특별한 경우, 가격이 상승해도 공급량이 증가하려면 수개월 이상이 소요된다. 그렇다고 시장균형을 회복시키는 가격의 기능이 없어지는 것은 아니다. 농산물의 경우는 단기적으로는 가격에 따라 공급량이 변하지 않으므로 단기 공급곡선은 아래 그림에서처럼 수직선의 모양을 가진다. 현재 시장이 E_0점에서 균형을 이루고 있다면, 현재의 단기 공급곡선(S_0)과 수요곡선에 의해 가격은 P_0, 거래량은 Q_0로 정해진다.

만일 기상악화로 농산물의 공급량이 줄어들었다고 해보자. 이때 단기 공급곡선은 그림에서처럼 왼쪽으로 이동하여, 새로운 단기 공급곡선은 S_1이 된다. 만일 가격이 변하지 않고 P_0에 머물러있으면, $(Q_0 - Q_1)$만큼의 초과수요가 발생한다. 초과수요가 발생함에 따라 가격은 P_1을 향해 상승하면서 점차 수요량이 감소한다. 새로운 균형점 E_1에 이르면, P_1의 가격에서 수요량과 공급량이 모두 Q_1으로 같아지게 된다. 반대로 농산물 풍년이 들어 공급량이 증가되었다고 해보자. 이때 단기 공급곡선은 오른쪽으로 이동하여, 새로운 단기 공급곡선은 S_2가 된다. 만일 가격이 변하지 않고 P_0에 머물러있으면, $(Q_2 - Q_0)$만큼의 초과공급이 발생한다. 이때 가격은 P_2를 향해 하락하면서 점차 수요량이 증가한다. 새로운 균형점 E_2에 이르면, 초과공급은 사라진다. 공급량이 단기간 내에 가격의 변화에 신속하게 대응하지 못하더라도, 수요량이 가격의 변화에 신속하게 적응하여 단기에서의 균형이 신속하게 회복된다.

장기적으로 가격의 변화에 따라 공급량이 어떻게 변하는지도 함께 살펴보자. 농산물 파동으로 농산물 공급량이 Q_1으로 감소하고 가격이 P_1까지 상승하면, 농민들은 가격상승으로 인한 이윤증가를 바라고 다음 수확 때까지 농산물을 더 많이 재배하여 공급하려 할 것이다. 그 결과 다음 기간에 전체 농민들의 공급량이 Q_2로 증가하여 단기 공급곡선이 S_2로 이동하였다고 해보자. 이때 P_1의 가격에서는 $(Q_2 - Q_1)$만큼의 초과공급이 발생하므로, 새로운 균형점 E_2에 이를 때까지 가격이 하락하여 결국 P_2가 된다. 가격이 하락하면, 농민들은 다음 기의 수확량을 줄이려 하므로, 다음 기의 공급곡선이 다시 왼쪽으로 이동하게 된다. (편의상 그 때의 전체 공급량을 Q_1이라 해보자.) 즉, 장기적으로 보면 농민들은 P_1의 가격에서 Q_2만큼 공급하려 하고, P_2에서 Q_1만큼 공급하려할 것이다. 이러한 점들을 모두 이어놓은 것이 장기 공급곡선이 된다. 즉, 단기 공급곡선이 수직선의 모양을 가질지라도, 장기 공급곡선의 기울기는 양(+)이 됨을 알 수 있다.[21)]

---

21) 실제로 장기 공급곡선의 기울기가 얼마나 가파를지는 기상과 같은 외부요인은 물론, 가격변화에 대한 농민들의 다음 기 공급량변화 정도에 달려있다. 만일 농작물 재배기간별로 기상 등 외부요인의 변화가 비교적 규칙적이고 예상이 쉬우면, 미리 시장수급상황을 예측하여 거기에 맞게 생산량을 조절할 수 있으므로 기간별로 지나친 공급량의 변동은 없을 것이다. 하지만 외부요인의 변동이 불규칙적이고 예상이 어려운 동시에, 가격변화에 대한 농민들의 다음 기 수확량이 지나치게 민감하게 반응하면, 기간별 농산물 공급량의 변동이 심할 수 있다.

이때 기간별 농산물가격의 심한 변동이 생산자나 소비자 모두에게 지나치게 부담이 된다고 판단되면, 정부가 부족한 농산물에 대해 해외로부터의 수입을 권장하거나 도모하기도 하고, 어떤 때는 과잉 공급된 농산물을 수매하여 P_0 근방으로 가격을 안정시키려 할 수도 있다. 즉, 가격이 지나치게 오르면 정부가 비축농산물을 방출하거나 농산물수입량을 늘리고(즉, 공급량을 늘리고), 가격이 지나치게 하락하면 정부가 농산물을 수매한다.(즉, 공급량을 줄인다.) 이와 같은 정부의 간여로 농산물의 단기공급량을 변화시킬 수 있다면, 민간시장에서 농산물의 단기 공급곡선 기울기도 양(+)이 될 것이다. 그럴 경우, 기간별 작황의 변화로 인해 위 그림의 경우와 동일한 거리만큼 단기 공급곡선이 수평이동해도, 가격의 변동폭이 훨씬 작아짐을 그림을 그려보면 쉽게 확인해 볼 수 있다.

즉, 농산물의 경우 가격변동이 타 제품보다 심한 것은 단기적으로 공급량이 고정되어 있어서 가격에 따른 공급량의 신속한 변화가 제한되어 있기 때문이다. 정부의 농산물 수매정책은 농산물 매입자금이나 보관비용이 들지만,

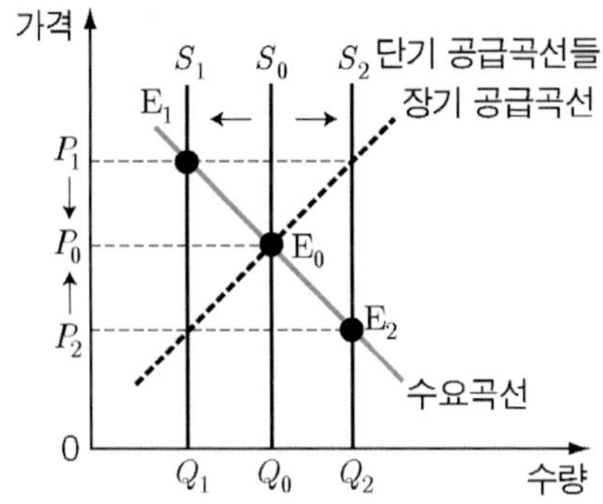

농산물 시장

❖ 가격통제의 비효율성

계획경제에서는 시장의 가격기능이 발휘되지 않기 때문에 제품의 수급에 많은 문제가 생긴다. 과거 소련이나 동구권 등 공산주의 계획경제 하의 국가들에서는 여러 가지 상품들의 가격을 균형가격보다 훨씬 낮게 배급하는 경우가 많았다. (배급제를 실시하면서도, 어떤 제품들은 국가가 정한 가격으로 구매하는 것을 허용하기도 하였는데, 이 경우 시장균형가격보다 훨씬 낮은 가격을 책정한 경우가 많았다.) 물론 그것은 국민을 위한다는 명분에서였다. 앞서 최고가격제의 경우에서 보았듯이, 균형가격보다 낮은 가격에서는 당연히 초과수요가 발생하고, 균형가격보다 더 높은 가격으로 제품이 거래되는 암시장도 생겨난다. 또한 균형가격 아래로 가격을 통제하는 모든 제품시장에서는 사중손실이라는 후생의 손실과 비효율이 발생한다. 실제로 구소련이나 동구권 등지에서는 거의 모든 생필품의 공급이 수요에 비해 항상 부족하였었다. 예를 들어, 국영제과점에서 판매되는 빵이 순식간이 동이 나버리기 때문에, 빵 하나를 사려고 아침

그러한 비용이 심한 가격변동으로 인한 불편을 상쇄한다고 판단하기 때문에 시행된다고 할 수 있다. 하지만 수요와 공급이 단기에서도 가격의 변화에 신속하게 반응하는 일반제품에 대해서는 이러한 정부의 시장간여가 오히려 후생손실만 초래하기 때문에, 정부의 개입이 불필요하다.

일찍부터 한 겨울 추운 거리에서 30분이 넘게 줄을 서는 광경도 흔히 볼 수 있었다. 국가가 국민들의 후생을 향상시키기 위해 가격통제를 하였지만, 결국은 국민들에게 엄청난 불편과 손실을 안겨준 셈이 되었다.

비슷한 용도의 A와 B라는 두 제품이 있는데, 사람들이 A에서 더 큰 효용을 얻는다고 해보자. 사람들은 당연히 A를 더 찾을 것이고 A에 대한 수요가 더 커진다. 시장이 제대로 작동하면, 수요가 큰 A의 가격이 더 비싸게 되고, 이때 생산자들은 더 큰 이윤을 얻기 위해 노동이나 자본을 A에 더 많이 투입하여 A를 더 많이 생산할 것이다. (궁극적으로 A의 공급량이 증가하면서 가격이 하락하면, A를 소비하는 모든 국민들의 후생도 더욱 증가한다.)

이러한 과정은 누구의 감시나 조정도 없이 시장에서 가격을 매개로 저절로 이루어진다. 만일 그러한 시장의 기능이 없다면, 정부의 관료들이 직접 A와 B의 공급량과 수요량은 물론, 경우에 따라서는 타 제품과의 교환비율(즉, 가격)까지 직접 정해야만 한다. 물론 이 두 가지 상품의 수요량을 파악하는 것이 절대 쉬운 일이 아니며, 제대로 파악하려면 많은 노력과 비용이 들게 된다. 그것이 번거로워 그냥 대충 짐작으로 정할 수밖에 없다면, 수요량의 정확한 파악이 매우 힘들게 될 것이다. 또한 가격을 정하는 것도 매우 어려운 일이다. 이 또한 번거로워 제대로 된 방법을 쓰지 않거나 그냥 마음 가는대로 정한다면, 시장균형가격과의 괴리가 커질 수밖에 없다.

그냥 시장에 맡겨두면, 그러한 노력이나 비용을 들이지 않고도 시장이 알아서 국민들의 후생을 극대화시키는 가격과 최적 공급량을 정해줄 것이다. 하지만 계획경제에서는 제품의 균형가격과 수요량의 파악이 어렵기 때문에, 막상 국민들이 B보다 A를 더 원해도 계속해서 B를 더 많이 생산하는 일이 생길 수 있다. 시장경제에서라면 있을 수 없는 일이다. 하물며 제품의 종류가 수천, 수만 가지 이상이라면, 시장에 의존하지 않고는 모든 제품의 균형가격과 수요량을 파악한다는 것이 거의 불가능해진다. 그것을 파악하느라 투입되는 관료들의 엄청난 인력과 시간이 낭비되거나, 균형과 거리가 먼 잘못된 가격과 수요량을 가지고 분배를 결정해 버리고 말게 된다.

■ 신호역할을 하는 가격

가격은 재화나 서비스에 대한 가치를 표시해준다. 제품의 가격이 높은 것은 그만큼 그 제품에 대해 가치를 크게 느끼고 높은 가격을 지불하려는 수요자들이 있기 때문이다. 그러한 제품일수록 공급자들은 더 많이 공급하려고 할 것이므로, 생산요소는 소비자들에게 가치가 큰 상품을 생산하는 쪽으로 이동하게 된다. 이와 같이 시장경제는 가격을 매개로 생산자원이 가장 효율적으로 배분되어, 가장 가치 있는 제품이 생산되게 해줌으로써 사람들에게 최상의 결과를 안겨다준다.

시장은 위와 같이 현재 시점에서 본 정태적(Static) 관점에서 자원배분의 효율성을 보장해준다. 또한 시간의 흐름을 고려한 동태적(Dynamic) 관점에서 보면 시장은 더욱 큰 위력을 발휘한다. 예를 들어, 과거에는 다이얼을 돌리는 전화기를 사용하였었다. 다이얼 대신 버튼을 누르는 전화기가 나오자 많은 사람들이 더 편리한 버튼식 전화기를 찾게 되고, 시장에서 다이얼 전화기에 대한 수요가 급감하고 가격이 큰 폭으로 하락하면서 더 이상 다이얼 전화기가 생산되지 않게 되었다. 이와 같은 가격하락은 생산자들에게 더 이상 다이얼 전화기를 생산하지 말라는 분명한 신호(Signal)를 주는 것과 같다. 그 후 삐삐(Beeper)가 등장하였고, 그 다음 핸드폰이 등장하였는데, 핸드폰이 등장한 후 삐삐는 재빨리 시장에서 자취를 감추어 버렸다. 최근에는 스마트폰이 등장하는 등 시장경제에서는 제품의 진보가 계속되어 왔다. 이와 같이 시장경제는 소비자들이 가치를 더 느끼는 제품의 개발과 기술발전이 지속적으로 이루어지게 해준다.

생산자들이 자신의 이윤을 추구하려면, 소비자들이 원하는 것을 잘 파악하고 거기에 맞는 제품을 내놓거나 새로 개발해야 한다. 이러한 식으로 시장경제체제에서는 새로운 제품의 개발과 혁신이 끊임없이 일어나게 된다. 시장은 소비자와 생산자가 자신을 위한 가치를 추구하는 가운데, 정태적으로만이 아니라 동태적으로도 모두에게 최선의 결과를 가져다주는 효율성을 보장해준다.

이와 같이 시장경제에서는 국가가 지시하지 않아도, 생산자들이 자신의 이윤을 추구하다 보면, 소비자들에게 가장 가치 있는 제품들을 생산하여 공급하게 된다. 즉, 유인체계(Incentive system)가 가장 효율적으로 구축된다. 시장경제에서 끊임없이 등장하는 신제품과 기술발전은 모든 사람들로 하여금 과거보다 훨씬 큰 잉여를 누리게 해준다. 반면에 국가가 가격과 생산량을 정해버리는 계획경제에서는 가격기능도 없고 효율적인 유인체계 구축도 어렵다. 가격기능을 무시하는 계획경제는 정태적 비효율뿐만 아니라, 시간이 갈수록 동태적 비효율의 폐단은 상상을 초월할 정도로 커진다. 과거 계획경제 국가들을 보면, 국민들은 시대에 한참 뒤떨어진 상품들을 계속 사용하거나, 그 마저도 모자라 충분하게 사용하지 못하는 경우가 많았었다. 즉, 국민들의 후생이 크게 뒤처져 있었다. 반면에 오늘날 시장경제 하의 국가들은 수많은 다양한 제품들을 소비하며 과거와 비교할 수 없을 정도로 큰 후생을 누리고 있다.[22)]

또한 계획경제는 체제의 특성상 외부세계의 정보를 차단하는 경우가 많기 때문에, 수많은 상품들에 관련된 기술발전이나 혁신의 정보를 접하기가 쉽지 않고, 얻는 속도도 매우 느리다. 평범한 크기의 한 나라가 종이, 컴퓨터, 시계, 자동차, 비행기, 가전제품, 가정의 집기들, 페니실린을 포함한 의약품과 의료기술 등 수많은 재화와 서비스를 처음부터 모두 혼자서

22) 미국에서 대학원 과정을 밟고 있을 때 폴란드에서 유학 온 학생이 한 명 있었는데, 대화 중에 우연히 경제학자 밀튼 프리드먼(Milton Friedman)의 유명한 저서인 "Free to Choose"(선택의 자유)를 언급하였더니, 그가 말하길 자신의 조국에서는 "Freedom from Choice"(선택으로부터의 자유)가 있었단다.
오늘날 시장경제체제 하에 있는 나라의 마트에 가면, 칫솔이나 비누만 하더라도 수십 종류가 진열되어 있어 어떤 브랜드를 고를까 고민이 될 정도이다. 하지만 과거 공산주의 국가에서는 국가가 정한 배급만 받으면 되며, 상점에 가도 고를 물건이 별로 없음을 빗대어 조크를 한 것이다.

발명하고 발전시켜야 한다고 생각해보라. 거의 불가능에 가깝다는 것을 알 수 있을 것이다.

시장경제를 채택하고 있는 각국은 자신이 보다 잘할 수 있는, 즉 비교우위가 있는 제품들을 더 많이 생산하고, 세계 각국과의 정보교환과 무역을 통해 자유롭고 신속하게 필요한 것들과 새로운 것들을 받아들이고 발전해 나간다. 모든 국민이 외부세계와 자유롭게 통신하고, 접촉하고, 왕래하면서 새로운 정보, 상품, 기술과 지식을 교환하고 받아들이는 시장경제체제의 국가들에 비하면, 외부세계와의 통신과 접촉특권을 가진 몇몇 인사들에 의해 신상품이나 기술이 도입되고 소개되는 통제체제하 계획경제의 진보속도는 상대적으로 크게 느려질 수밖에 없다.

■ 시장경제의 요건

시장경제가 잘 발휘되려면 제품의 가격, 생산, 소비 등을 모두 시장이 자유롭게 정하도록 맡겨두어야 한다. 인위적이고 불필요한 정부의 시장간섭은 정태적으로 보면 비효율과 후생의 손실을 초래하지만, 동태적으로 보면 혁신과 발전을 저해한다는 면에서 더 심각한 문제를 야기한다.

가격이 자유롭게 움직이는 시장과 함께 또 한 가지 중요한 것은 개인의 소유권이다. 만일 개인의 소유권과 재산권이 잘 보호되지 않으면, 생산하여 부를 쌓아도 어차피 자기 것이 되지 않기 때문에 애써 기술을 개발하고 제품을 생산하려고 하지 않을 것이다. 그래서 선진국들일수록 보다 나은 국방, 치안, 법률의 정비 등을 통해 개인의 소유권과 재산권을 잘 보호해 준다. 국가에 의한 부당한 착취나 도둑, 강도, 사기꾼들이 들끓는 나라에서는 생산이나 기술발전을 위한 동기가 미약해질 수밖에 없다.

과거 궁핍했던 시절에서 출발하여 세계 각국의 경제가 지속적으로 성장해올 수 있었던 수많은 요인들 중에서 **시장과 개인의 소유권**이 가장 중요한 역할을 해왔다는 사실에 오늘날 많은 경제학자들이 공감하고 있다. 그런 면에서 볼 때, 개인의 재산을 몰수해 버리는 전체주의는 경제적 효율, 후생, 경제발전 면에서 볼 때 최악의 선택이라고 볼 수 있다. 그리고 오늘날 시장경제를 채택하고 있는 국가들도 무슨 일만 생기면 때때로 시장에 간여하거나 여러 가지 명목으로 개인의 소유권을 침해하려는 유혹을 받기가 쉽다. 하지만 이는 궁극적으로 보면 결코 경제와 발전을 이롭게 하는 행위가 아니라는 것을 명심할 필요가 있다.

시장경제는 개인 각자가 자신의 이익을 좇아 생산하거나 소비할 제품의 종류와 양을 정한다.[23] 즉, 각 자가 주인이 되는 것이다. 반면 계획경제에서는 국가가 그러한 것을 다 정해주므로, 각 개인은 자신을 국가의 결정에 예속시키는 노예와 같다. 각 자가 주인이 되는 주인국가에서는 각 자가 스스로 자신의 일을 최대한 찾아서 한다. 반면에 노예국가에서는 시키는 일만 한다. 그리고 계획경제에서는 체제의 유지를 위해 개인의 소유권은 물론, 직업선택의 자유, 거주와 이전의 자유, 여행의 자유, 언론의 자유, 신앙의 자유 등 많은 기본권을 제한한다. 계획경제를 시작할 때는 보다 나은 삶을 위해 이와 같이 인간의 행복에 꼭 필요한 기본권을 유보하고 제한한 것인데, 그러한 것들을 모두 자유롭게 누리는 시장경제보다 경제적 삶이 오히려 더 못해진다면, 계획경제는 국민들에게 이중의 고통을 안겨주는 셈이 된다. 자유로운 시장경제는 인간의 행복을 위한 기본권을 모두 누리게 하면서도, 가장 효율적인 최상의 생산과 소비를 달성하게 해준다.

23) 아담 스미스는 "빵이 내 식탁이 오를 수 있는 것은 누군가가 자신의 이익을 좇아 열심히 밀농사를 지었고, 또 누군가는 자신의 이익을 좇아 열심히 빵을 만들어 판 덕분이다."라고 하였다. 즉, 각 개인들은 자신의 이익을 위해 생산하지만, 이렇게 생산되어 시장에서 거래된 것은 궁극적으로 타인의 잉여를 증가시키므로, 타인에게도 이익을 준다는 점을 간파하였던 것이다. (말만으로 남을 위해 산다고 하는 사람들보다, 그런 말을 하지는 않지만 열심히 자신을 위해 일하는 사람들이 진정으로 남을 돕고 있는 것이다.)

2장 시장이 실패할 때는 언제인가?

1장에서 살펴보았듯이 시장은 외부의 간섭이 없는 균형상태에서 최대의 후생을 가져다준다. 즉, 그러한 균형상태에서 효율성이 달성된다. 따라서 시장균형을 벗어난 생산자원이나 제품의 배분은 언제나 시장균형에서보다 낮은 후생수준을 초래한다. 시장에서 생산자들과 소비자들이 각각 자신들에게 가장 이익이 되도록 합리적인 결정을 하면, 그 결과로 언제나 가장 효율적인 생산자원과 제품의 분배가 이루어지게 된다. 그런데 이와 같은 일반적인 경우와는 달리 시장에만 맡겨놓았을 때 최대의 후생을 얻는데 실패하는 특별한 경우들이 있다. 즉, 시장에서 수요와 공급에 의해 결정되는 균형거래량이 사회전체의 후생 면에서 최적수준이 되지 못하고 사중손실을 발생시키는 경우들이 있다는 것이다. 이와 같이 민간의 시장이 최대의 후생을 가져다주는데 실패하는 경우를 **시장실패**(Market failure)라고 한다. 그러한 경우가 어떤 경우인지 하나씩 살펴보기로 하자.

2-1 독과점

시장은 제품의 생산자 수에 따라 경쟁시장, 과점시장, 독점시장 등으로 나눈다. 경쟁시장에는 수많은 생산자들이 있으며, 과점시장에는 두 명에서 대여섯 정도 소수의 생산자들이 있으며, 독점시장에는 단 하나의 생산자만 있다. 과점시장과 독점시장을 함께 독과점시장이라고도 부른다. 각 시장의 균형점이 최대의 후생을 달성하는 효율적 균형이 되는지의 여부는 이와 같은 시장의 형태에 좌우되기도 한다. 과점시장의 효율성은 독점시장과 유사한 방법으로 살펴볼 수 있으므로, 여기서는 경쟁시장과 독점시장만 살펴보기로 하자.

■ 경쟁시장

수많은 공급자와 수요자가 있는 시장을 **경쟁시장**(Competitive market)이라 한다. 경쟁시장에서는 공급자나 수요자 혼자서 시장가격을 바꾸지 못하고, 시장에서 결정된 균형가격을 주어진 것으로 받아들인다. 만일 개인생산자가 동일한 제품에 대해 균형가격보다 더 높은 가격을 책정하면 제품을 판매할 수 없게 된다. 또한 개인생산자는 생산한 제품을 균형가격에서 전부 판매할 수 있으므로, 구태여 균형가격보다 더 낮게 받을 필요도 없다. 예를 들어, 시장의 균형거래량이 1억 개라 하자. 이때 개인생산자가 생산량을 1,000개에서 2,000개로 늘리더라도, 모두 시장에서 판매할 수 있으며, 시장가격에 별 다른 영향을 주지 못한다.[1)] 그 결과 개인생산자가 느끼는 자신의 제품에 대한 수요곡선은 수평선이 되어버린다. 즉, 정해진 시장균형가격에서 얼마든지 판매할 수 있다.

아래 그림을 보면 우선 수많은 생산자들과 소비자들이 모인 시장에서 균형가격(P_0)과 균형거래량(Q_0)이 정해지면, 개인생산자는 P_0의 가격을 그대로 받아들이고 자신의 이윤이 최대가 되는 양을 생산한다. 개인생산자

1) 현재 시장가격이 100원이라 하자. 개인생산자가 공급량을 1,000개 더 늘리면 시장공급량이 그 만큼 더 증가하므로, 엄밀하게 수학적인 관점에서 보면 시장균형가격이 아주 미세하게 하락하게 될 것이다. 즉, 99.99999원이 될 수도 있다. 하지만 현실의 시장에서 이러한 가격표를 붙여놓는 판매자는 없을 것이다. 따라서 상당수의 개인생산자들이 함께 공급량을 변화시키지 않는 한, 한 개인생산자의 공급량 변경만으로는 시장균형가격을 변화시킬 수 없다.

가 1단위 더 생산하는데 추가로 소요되는 경제적 비용을 **한계비용**(Marginal cost)이라 하며, 1단위 더 생산하여 판매할 때 추가로 들어오는 수입을 **한계수입**(Marginal revenue)이라 한다. 최대의 이윤을 달성하려면, 생산자는 항상 한계수입과 한계비용이 같아질 때까지 생산하여야 한다.[2)]

아래 그림에서 개인생산자의 한계수입은 시장가격과 같은 P_0로 생산량에 관계없이 일정하며, 한계비용은 생산량이 증가할수록 점차 증가한다. 이 생산자는 한계수입과 한계비용이 같아지는 q_0만큼 생산할 것이다. 만일 제품의 시장가격이 올라가면, 개인생산자의 수요곡선이 위로 올라가기 때문에 개인생산자는 한계비용곡선을 따라 생산량과 공급량을 증가시킬 것이다. 개인생산자들의 공급량은 이와 같이 각자의 한계비용곡선을 따라 결정되므로, 개인생산자의 한계비용곡선은 바로 그들의 공급곡선이 된다. 주어진 가격에서 시장 전체의 공급량은 개인생산자들의 공급량을 모두 합친 것이므로, 아래의 오른쪽 그림에 표시된 시장의 공급곡선은 개인의 공급곡선(한계비용곡선)들을 수평으로 합친 것이다.

시장 전체에서 균형가격(P_0)과 균형거래량(Q_0)은 이와 같은 공급곡선과 수요곡선이 만나는 E점에서 결정된다. 그리고 이러한 균형점에서 시장은 최대의 후생을 가져다준다.[3)] 따라서 일반적으로 경쟁시장의 균형은 가장 효율적이다.

---

2) 일반적으로, 한계비용은 생산량이 증가할수록 궁극적으로 점차 증가한다. (그 이유는 1장에서 생산자잉여를 설명할 때 보았던 잔디 깎는 서비스의 예에서 살펴보았다.) 만일 현재 생산수준에서 한계수입이 한계비용보다 크다면, 1단위 더 생산할 때 들어오는 추가수입이 추가비용보다 크므로 그만큼 이윤이 증가한다. 반대로 한계수입이 한계비용보다 작으면, 1단위 덜 생산할 때 수입의 감소보다 비용의 절약이 더 크므로 역시 이윤이 증가한다.

3) 시장균형점인 E점에서는 1장에서 보았듯이 사중손실이 생기지 않기 때문에 효율적이라고 할 수 있다. E점이 효율적인 점이라는 것을 다른 각도에서 다음과 같이 살펴볼 수도 있다. 만일 Q_0보다 적게 생산하고 있는 경우에는 생산량 1단위를 더 생산할 때 생기는 추가가치(수요곡선이 결정)가 추가비용(공급곡선이 결정)보다 크다. 따라서 1단위 더 생산하면, 후생이 증가한다. 반면에 Q_0보다 많게 생산하고 있는 경우에는 1단위 덜 생산할 때 절약되는 추가비용(공급곡선이 결정)이 감소하는 추가가치(수요곡선이 결정)보다 크다. 따라서 1단위 덜 생산하면, 후생이 증가한다. 즉, 후생이 최대가 되는 생산량은 Q_0이다.

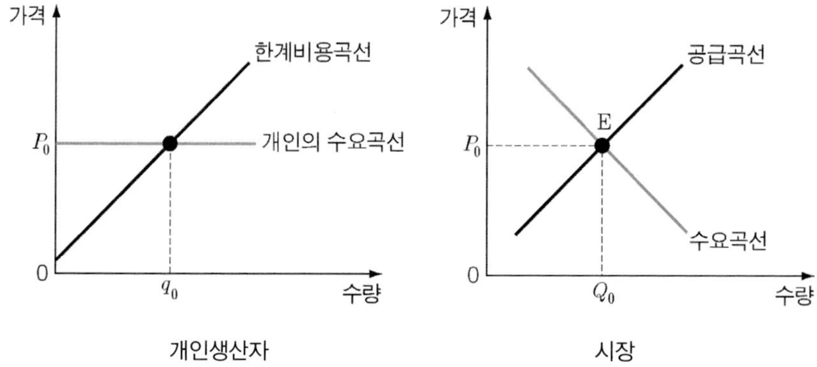

경쟁시장

■ 독점시장

공급자가 하나뿐인 시장을 **독점시장**(Monopoly market)이라 한다. 독점생산자는 혼자서 시장의 수요를 독차지하므로 독점생산자의 수요곡선은 바로 시장의 수요곡선이다. 따라서 경쟁시장에서와는 달리 독점생산자가 공급량을 늘리면 수요곡선을 따라 가격이 하락한다. 따라서 제품을 1개 더 판매하려면 추가판매 제품만이 아니라 전체 판매제품에 대해서도 가격을 낮추어야 한다. 그 결과 제품 1단위 추가공급으로 생기는 추가수입인 한계수입은 가격보다 작아진다.[4] 그러므로 독점기업의 한계수입곡선은 아래 그림에서처럼 수요곡선 아래에 위치하게 된다. 최대의 이윤을 얻기 위해 한계수입과 한계비용이 같아지는 A 점에서 생산해야 하므로, 독점기업은 Q_1만큼 생산한다. 이때 제품의 가격은 P_1이 된다.

---

4) 예를 들어, 수요곡선을 $P=100-Q$라 해보자. 현재 판매량(Q)이 30개이면, 가격(P)은 70원이 된다. 그리고 총수입은 2,100(=30×70)원이 된다. 판매량이 31개로 증가하면, 가격이 69원이 된다. 이때 총수입은 2,139(=31×69)원이 되며, 한계수입은 39(=2,139−2,100)원이 된다. 즉, 한계수입이 가격보다 작음을 알 수 있다. 제품을 1개 더 판매하기 위해서는 추가적인 1개의 제품뿐만 아니라 판매하는 제품 전체의 가격을 70원에서 69원으로 낮추어야 하기 때문에, 1개 더 판매할 때의 추가수입은 제품의 가격보다 작아진다.

만일 이 제품의 시장이 독점이 아닌 경쟁시장이라면 어떻게 될까? 앞서 경쟁시장에서 개인생산자의 한계비용곡선은 개인생산자의 공급곡선이 됨을 보았다. 그리고 개인의 공급곡선들을 수평으로 합치면, 시장의 공급곡선이 된다. 역으로 이렇게 생각해보자. 독점기업을 많은 수의 작은 기업들로 나눈다고 해보자. Q_0에서 독점기업의 한계비용은 P_0이며, 나누어진 경쟁기업들의 P_0에서의 생산량을 모두 합치면 Q_0가 된다. 이는 모든 가격에서 성립한다. 즉, 나누어진 경쟁기업들의 한계비용곡선들(즉, 공급곡선들)을 수평으로 합치면, 다시 독점기업의 한계비용곡선이 된다. 따라서 경쟁시장의 시장공급곡선은 바로 독점기업의 한계비용곡선과 같은 곡선임을 알 수 있다. 그러므로 이 제품시장이 독점시장이 아니라 경쟁시장이라면, 시장의 공급곡선과 수요곡선이 만나는 E 점에서 균형이 이루어질 것이다. 이때 생산량은 Q_0, 가격은 P_0가 된다. 물론 E 점에서 후생이 최대가 됨은 이미 살펴보았다.

그런데 독점시장에서는 경쟁시장에 비해 생산량은 Q_0에서 Q_1으로 줄고, 가격은 P_0에서 P_1으로 높아진다. 이에 따라 음영을 칠한 삼각형의 면적만큼 사중손실이 발생한다. 독점기업의 사중손실은 효율성이 보장되는

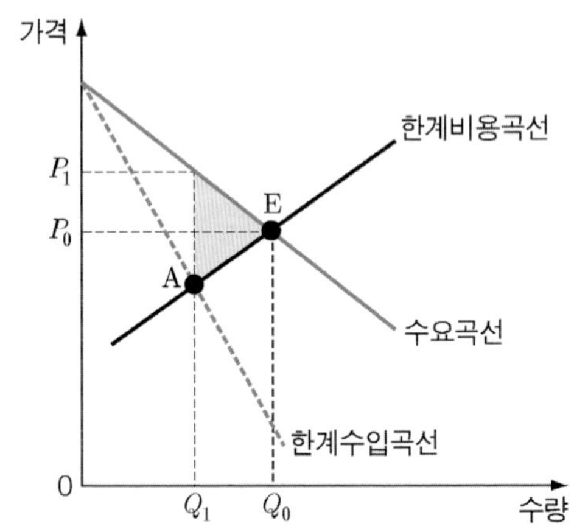

독점의 비효율성

경쟁시장 균형점인 E점에 비해 과소생산이 되기 때문에 발생한다. Q_1보다 생산량을 1단위 더 늘리면, 추가로 얻는 제품의 가치(수요곡선이 결정)가 추가비용(한계비용곡선이 결정)보다 크므로, 잉여가 증가함을 알 수 있다.

❖ 독점시장의 효율성을 높이기 위한 방안들

독점기업은 이와 같은 후생의 손실과 비효율을 발생시키기 때문에 많은 나라에서는 독과점금지법(Antitrust law)과 같은 독점제한정책을 실시하고 있다. 이 법으로 정부는 제품 시장에서 가능하면 많은 기업들이 서로 경쟁하는 것을 장려하는 동시에, 몇 개의 기업들이 서로 담합하여 마치 하나의 기업이 된 것처럼 가격과 공급량을 조정하는 것에 대해서는 과징금 부과 등의 벌칙을 가하기도 한다.

담합은 정부가 탐지하기 힘들뿐 아니라 감시비용이 든다. 또한 기업의 생산공정 특성 상, 하나의 기업을 강제로 여러 개의 기업으로 쪼개기 힘든 경우도 있다. 이때 정부가 바람직한 균형점 E로 독점기업을 유도하려면 어떻게 해야 할까? 한 가지 방법은 앞에 나온 그림의 P_0 수준에서 가격상한제를 실시하는 것이다. 즉, 제품가격을 그 이상으로 받는 것을 금지해 버리는 것이다. 그렇게 되면, 생산량이 Q_0에 이를 때까지는 독점기업이 P_0보다 높은 수요곡선 상의 가격을 받기 원하나, 그럴 수가 없게 된다. Q_0에 이르기 전까지 받을 수 있는 최고의 가격은 P_0이므로, 한계수입은 일정하게 P_0로 결정되어 버린다. (물론 Q_0보다 많은 생산량에서는 독점기업이 수요곡선 상에서 P_0보다 낮은 가격을 받기 원하므로, 가격상한제는 더 이상 구속력이 없다.) 따라서 가격상한제는 독점기업의 한계수입곡선을 위 그림에서 직선 P_0E로 바꾸어 버린다. 이때 독점기업은 새로운 한계수입곡선인 직선 P_0E와 한계비용곡선이 만나는 E점에서 생산하게 된다. 그 결과 가격과 생산량이 경쟁시장의 경우와 같게 된다. 이때 사중손실은 없어지고 효율성이 회복된다.

이와 같은 독점기업에 대한 가격통제정책은 이론적으로 보면 상당히 바람직한 결과를 가져온다. 그런데 막상 이러한 정책을 시행하려 할 때는 몇 가지 문제점에 봉착하게 된다. 우선 독점기업의 한계비용곡선을 정부가 알아내는 것이 쉽지 않다. 물론 정부가 기업에 대해 비용공개를 요구할 수도 있다. 이때 기업이 비용공개 시 비용을 부풀려버린다면, 부풀려진 한계비용곡선이 위로 이동하게 된다.[5] 이때 정부는 경쟁시장 균형가격을 잘못 파악하여 P_0보다 높게 책정된 가격으로 가격상한제를 실시하려 할 것이다. 그리고 기업은 그러한 가격상한이 최대한 현재의 제품가격 P_1에 가까워지도록 비용을 부풀리려 할 것이다. 이렇게 되면, 가격상한제의 실효성이 떨어지게 된다.

또 한 가지 보다 큰 문제점은 수요곡선을 파악하기가 매우 어렵다는 것이다. 이는 해당기업도 마찬가지다. 적지 않은 비용을 들여 시장조사를 제대로 실시해야 겨우 알아낼 수 있는 것이 수요곡선이다. (실제로는 시장조사를 한다 해도 부정확하게 파악된 수요곡선이나 잘못된 수요예측으로 말미암아, 독점기업이 자신에게 최적이 되는 것과 많이 다른 가격과 생산량을 책정하고 있는 경우도 종종 있을 것이다.) 그리고 제품에 대한 수요곡선은 소비자들의 기호변화, 소득변화, 다른 제품의 품질이나 가격변화 등에 따라 이동한다. 예를 들어, 제품에 대한 기호가 커지거나 소득이 증가하면, 동일한 가격에서 수요량이 증가하므로 수요곡선은 오른쪽으로 이동해버린다. 또한 소고기 가격이 상승하면 대신 생선에 대한 수요가 증가하듯이, 대체관계에 있는 제품의 가격변동에 따라 수요곡선이 이동하기도 한다. 만일 아이스크림을 독점 생산하는 기업이 있다고 해보자. 아이스크림에 대한 수요는 계절과 날씨에 따라 항상 변할 것이며, 각종 청량음료나 주스 등의 품질이나 가격변동에도 영향을 받을 것이므로, 한 시점에서 정확한 수요곡선을 파악하는 데는 상당한 제약이 따른다.

---

5) 업종에 따라 차이는 있겠지만, 마음만 먹으면 충분히 비용을 부풀리는 것이 가능할 수도 있다. 때로는 사실과 다르게 불법적으로 비용을 부풀리는 경우도 있겠지만, 보다 합법적인 범위 내에서 비용을 부풀리는 방법도 충분히 가능할 것이다.

잘못된 파악된 수요곡선을 근거로 독점제품에 대해 가격상한제를 실시하면, 어떻게 될지 보자. 만일 수요곡선을 아래 그림에서처럼 잘못 파악했다면, 정부는 E 점 대신 B 점이 효율적인 점이라 생각하여 제품의 상한가격을 P_2로 정해버리게 된다. 그렇게 되면, 독점기업은 원래의 A 점보다 더 왼쪽에 있는 B 점에서 생산을 하게 된다. 그 결과 생산량은 가격상한제 실시 전의 Q_1보다 더 적은 Q_2가 되어 버린다. 이때 사중손실은 삼각형 AEA′의 면적에서 삼각형 BEB′의 면적으로 더욱 확대되어 버린다. 즉, 보다 후생을 증가시키고 효율성을 제고하기 위한 정부의 정책이 오히려 후생과 효율성을 더 떨어뜨리는 결과를 낳고 말았다. 이와 같이, 정부의 잘못된 정책으로 후생이나 효율성을 더욱 떨어뜨려서 상황을 더욱 악화시키거나 경제를 망쳐놓는 것을 **정부실패**(Government failure)라 한다. (또한 아래 그림에서 잘못 파악된 수요곡선이 A 점보다 오른쪽에서 한계비용곡선과 만나게 되면, 정책의 효과가 줄어들거나 아예 없게 될 수 있음도 쉽게 확인할 수 있다.)

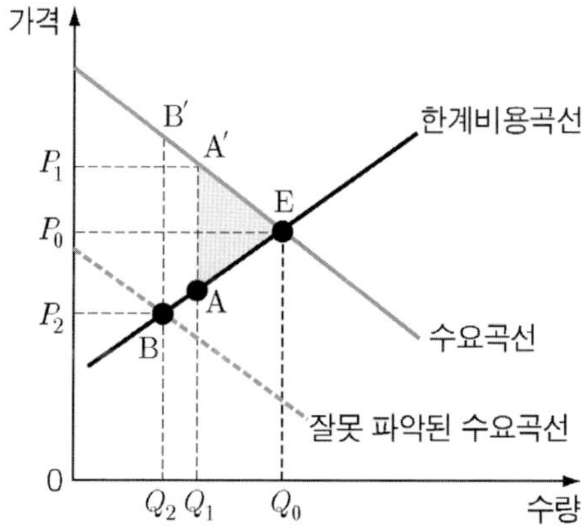

잘못된 독점가격 정책으로 증가된 비효율

효율성을 제고시키기 위한 독점품목에 대한 가격통제가 쉽지 않으며, 오히려 효율성을 더 떨어뜨릴 위험마저 있다는 것을 알았다. 그럼 어떤 방법이 가격통제보다 더 효과적일까? 오늘날과 같은 개방경제에서는 자국시장에서 독점적 지위를 가지는 제품일지라도 수입품과 경쟁을 해야 되는 경우를 종종 본다. 어차피 기업들이나 제품간의 경쟁을 통해 효율성과 후생이 증대되는 것이라면, 위와 같은 강제적인 제품가격통제보다는 국제화를 통해 경쟁을 제고시키는 것이 부작용도 작고 보다 효과적일 수 있다.

❖ 독점기업의 동태적 효율성

현재 시점만 놓고 본다면, 독점시장이 경쟁시장에 비해 후생의 크기가 더 작고 비효율이 발생하는 것이 사실이다. 그런데 미래까지 포함한 긴 시간을 놓고 보면, 즉 동태적(Dynamic) 관점에서 보면, 독점기업은 효율성 면에서 어떠할까? 한 예로, 반도체 시장을 들여다보자. 최근 반도체 산업은 가파른 기술발전과 혁신을 이루어오고 있다. 반도체의 용량만 하더라도 수년마다 수 배씩 증가하고 있다. 우리나라 반도체 산업은 독점시장에 가까운 반면, 대만의 반도체 산업은 많은 작은 규모의 기업들이 경쟁하는 경쟁시장에 가깝다. 우리나라의 반도체 기업은 자본이나 고급연구인력의 질이나 규모가 전 세계의 초일류 다국적기업에 견주어도 손색이 없고 오히려 더 뛰어날 정도이다. 그래서 큰 자본과 고도의 지식의 요구되는 반도체 산업의 혁신을 수행하기에 매우 유리하다. 반면 작게 쪼개진 기업들은 (물론 수많은 작은 규모의 기술개발 면에서 나름대로 유리한 점도 있지만) 이 같이 핵심적이고 큰 스케일의 혁신을 이루기에는 역부족이다. 그래서 독점기업이 장기적으로 보면 인류의 후생에 더 크게 기여한다는 견해도 있다. 즉, 산업에 따라서는, 인력과 자본을 수많은 조그만 기업들에게 배분하는 것보다 독점기업에 배분하는 것이 궁극적으로 더 크게 후생을 증가시키고 효율적이라는 것이다. 독점기업의 정태적 비효율성과 동태적 효율성 중 어느 것이 더 크냐에 대한 논쟁은 아직도 진행 중이며, 산업의 종류나 발전과정에 따라 결과가 달라질 수도 있기 때문에 명확한 결론이 나지 않았다.

■ 자연독점

독점은 독자적인 생산기술, 특허권이나 인허가권, 원료 등 생산요소의 배타적 이용권 등 여러 가지 원인으로 생겨난다. 그렇지만 큰 규모의 초기 투자자본이 요구되는 산업에서는 시간이 흐르면서 자연적으로 시장이 독점화 (또는 과점화) 될 수밖에 없는 경우도 있다. 이렇게 생긴 독점을 **자연독점**(Natural monopoly)이라 한다. 전기, 통신, 상수도, 철도, 공항, 항만과 같은 사업은 초기에 막대한 자본이 투자된다. 따라서 시장이 요구하는 웬만한 생산량 수준에서는, 생산량이 증가할수록 (자본비용이라 할 수 있는) 제품당 평균고정비용이 크게 감소하기 때문에, 원료나 노동비용 등의 가변비용이 증가함에도 불구하고, 제품당 소요되는 평균비용[6]이 지속적으로 감소하게 된다. (즉, 아래 그림에서처럼 평균비용곡선의 최저점이 수요곡선의 오른쪽에 있게 된다.) 이와 같이 평균비용이 하락하면, 제품 1개를 추가로 생산하는데 드는 한계비용은 평균비용보다 작게 된다.[7] 즉, 아래 그림에서처럼 평균비용곡선의 기울기가 음(−)인 구간에서는 한계비용곡선이 평균비용곡선 아래에 위치하게 된다.

만일 이 산업이 경쟁시장이라면, 시장의 공급곡선이라 할 수 있는 한계비용곡선[8]과 시장의 수요곡선이 만나는 E_0점에서 Q_0만큼의 균형생산량과

---

6) "총비용 = 고정비용 + 가변비용"이므로, "평균비용 = 평균고정비용 + 평균가변비용"이다.

7) 예를 들어, 어떤 농구팀 5명의 평균신장이 190cm라 해보자. 이때 6번째 신규멤버의 신장이 180cm라면(즉, 한계가 평균보다 작으면), 팀의 평균신장이 더 작아질 것이다. 반대로 신규멤버의 신장이 2m라면(즉, 한계가 평균보다 크면), 팀의 평균신장이 더 커질 것이다. 마찬가지로 비용에 있어서도, "(한계비용 < 평균비용) ⇔ 평균비용감소" 또는 "(한계비용 >평균비용) ⇔ 평균비용증가"의 관계가 성립한다. 따라서 한계비용곡선이 평균곡선비용보다 아래에 있으면 평균비용곡선의 기울기가 음(−)이고, 한계비용곡선이 평균곡선비용보다 위에 있으면, 평균비용곡선의 기울기가 양(+)이 된다. 이때 한계비용곡선은 평균비용곡선의 최저점을 아래에서부터 위로 통과한다.

8) 경쟁시장에서 개별기업의 한계비용곡선들을 수평으로 합치면, 시장의 공급곡선이 됨을 앞서 살펴보았다.

거래량이 결정될 것이다. 이때 평균비용이 제품의 가격(P_0)을 초과하게 되므로, 기업들은 손실을 입게 된다. 따라서 기업들은 궁극적으로 존립이 어려워진다. 그래서 이러한 '평균비용체감산업'에서는 시장이 점차 독점화되어 간다.

독점기업은 최대이윤을 위해 제품 1단위를 추가로 공급할 때 생기는 한계수입과 한계비용이 같은 지점까지 생산하므로,[9] E_1 점에서 Q_1만큼 생산할 것이다. 이때 제품의 가격(P_1)이 평균비용을 초과하여 이윤을 얻는 것이 가능해진다. 따라서 고정투자자본의 규모가 커서 평균비용이 지속적으로 감소하는 산업은 독과점기업만이 생존할 수 있다. 경쟁시장균형점인 E_0 점에서는 효율성이 달성되는데 비해, 독점시장의 E_1 점에서는 음영을 칠한 면적만큼 사중손실이 발생한다. 따라서 비용체감산업에서 독점기업(또는 과점기업)은 생존이 가능하나, 사회전체로 보면 후생의 손실이라는 사중손실을 발생시킨다. 즉 비효율성이 생긴다.

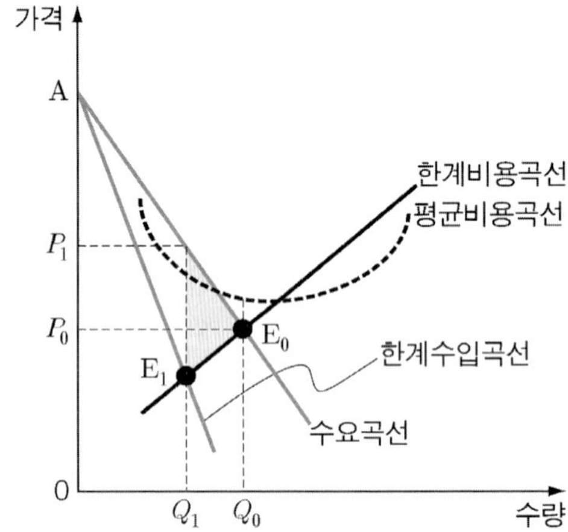

자연독점

9) 독점기업의 경우 "한계수입 > 한계비용"이면 생산량을 늘림으로써, 반대로 "한계수입 < 한계비용"이면 생산량을 줄임으로써 이윤을 증가시킬 수 있다.

❖ 자연독점의 비효율 해결 방안

자연독점에서 발생하는 비효율을 제거하기 위해 몇 가지 방안들이 제시된 바 있다. 첫째, 자연독점기업을 국가가 직접 운영하는 것이다. 그럴 경우 앞의 그림에서 제품가격을 P_0로 정하고 E_0점에 이를 때까지 생산하여 사중손실을 없애는 것이 가능하다. 단, 이때 생기는 손실은 세금으로 메워야 한다. 또는 민간의 자연독점기업으로 하여금 P_0 가격에서 Q_0만큼 공급하게 하되, 손실을 국가가 메워주면 된다. 단, 이 두 방법은 본질상으로 동일하며 효율성을 달성하지만, 정부가 재정적인 부담을 떠안아야 한다는 단점이 있다.

둘째, 그냥 자연독점기업이 별다른 규제 없이 독점시장에서 사업을 하게 하는 것이다. 이때 기업은 스스로 생존이 가능하므로, 국가가 보조금을 줄 필요가 없다. 하지만 생산량이 Q_1으로 줄어들고, 가격이 P_1으로 상승하여,[10] 사중손실이 발생하게 된다. 또한 가격이 지나게 오르면, 오지나 소외된 지역에까지 제품이나 서비스의 혜택이 골고루 미치기 어렵게 된다.

셋째, 자연독점기업이 운영하되, 가격을 평균비용과 같은 수준이 되도록 국가가 정하는 것이다. 이때 생산량은 수요곡선과 평균비용곡선이 만나는 지점에서 결정되므로, Q_1과 Q_0 사이가 된다. 이렇게 되면, 기업의 손실은 0이 되고 기업은 독립채산재가 가능해지므로, 정부의 재정부담을 덜어버릴 수 있다. 이때 가격규제 없이 자연독점기업에 시장을 완전히 맡겨두는 경우보다 사중손실이 줄어들기는 하지만, 사중손실을 완전히 없앨 수는 없다. 이 방법은 앞의 두 방법을 절충한 것이라 할 수 있다.

넷째, 민간의 자연독점기업이 생산하되 제품가격을 기본요금과 사용량에 따른 가변요금으로 이원화하는 이부가격제(Two-tiered pricing)를 실시하

10) 실제로 전기, 철도, 통신사업 등을 자연독점기업에 일임한 국가들에서는 전기료, 철도운임, 통신료가 크게 상승하였다.

게 하는 것이다. (단, 가변요금은 제품 1단위당 P_0가 되게 한다.) 위의 그림에서 가장 효율적인 Q_0의 거래량에서는 소비자잉여가 삼각형 AE_0P_0의 면적과 같다. 이론적으로는 최대 이만큼의 기본요금을 소비자들에게 부과하는 것이 가능하다. 그렇게 되면 생산자잉여만 지나치게 커질 수가 있으므로, 소비자잉여 중 일부만 기본요금으로 정하여 총소비자수대로 나누어 부과하게 해도 기업의 손실을 없애는 것이 가능할 수 있다. 이부가격제는 정부의 재정부담 없이 E_0점의 효율성을 달성하는 방법이 될 수 있다.[11)]

■ 수요독점시장

수요독점(Monopsony)이란 수요자가 한 명뿐인 경우를 말한다. 만일 노동시장에서 특정한 노동을 구매하는 기업이 하나밖에 없을 때, 그 노동시장은 수요독점시장이 된다. 예를 들어, 특정기술을 가진 노동자를 고용하는 기업이 하나뿐일 경우 그 노동시장은 수요독점이 된다. 또는 다른 지역과 멀리 떨어져 왕래가 쉽지 않은 지역에 기업이 하나뿐인 경우에도 수요독점이 되기 쉽다.

수요독점기업은 해당 제품을 생산하기 위한 근로자들의 **노동공급곡선**을 한 기업이 홀로 차지하게 된다. (생산물시장에서 독점기업이 시장수요곡선을 혼자서 독차지하는 경우와 유사하다.) 이때 노동 1단위를[12)] 더 고용할 때 드는 추가비용을 **한계요소비용**(Marginal factor cost)이라 한다. 대개의 경우 임금이 상승하면, 근로자들은 더 많은 시간을 일하려 할 것이다.

---

11) 자연독과점시장이라 할 수 있는 우리나라의 이동통신사업자들은 실제로 이부가격제를 실시하고 있다. 지나친 생산자잉여를 줄이고 소비자잉여를 늘리기 위해, 기본요금을 비롯한 통신요금을 낮추도록 때때로 정부가 민간사업자들에게 요구하기도 한다.

12) 노동의 단위는 시간, 일, 주, 월 등으로 정할 수 있다. 여기서는 노동 1단위를 1시간이라 하기로 하자. 그때 임금은 시간당 임금이 된다.

또한 임금이 상승할수록 취업할 의사가 없던 자들도 생각을 바꿀 수 있다. 따라서 일반적으로 노동공급곡선은 양(+)의 기울기를 가진다.[13] 즉, 노동 1단위를 더 고용하려면, 노동공급곡선을 따라 더 높은 임금을 지불해야 한다. 그런데 새로 추가하는 노동뿐만 아니라 기존에 고용하고 있던 모든 노동에 대해서도 동일한 임금을 지불해야 한다. 따라서 노동 1단위를 추가로 고용하는 데는 현재의 임금보다 더 많은 추가비용이 든다. 따라서 한계요소비용은 임금보다 크게 된다. 즉, 수요독점시장에서는 한계요소비용곡선이 노동공급곡선보다 위쪽에 위치한다. (노동공급곡선 상의 임금은 노동 1단위당 평균요소비용과 같다. 평균이 증가하면, "한계 > 평균"이 된다는 점을 떠올려 보라.)

임금이 하락할수록 생산비용이 하락하여 이윤이 더 커지므로, 노동의 수요자인 기업은 더 많은 노동을 고용하려 할 것이다. 따라서 기업의 노동수요곡선은 음(−)의 기울기를 가진다.[14] 아래 그림에서 노동시장이 수요

13) 노동공급곡선은 어떠한 단위만큼의 노동을 공급하기 위해 근로자들이 받기를 원하는 최소한의 임금을 나타낸다.

14) 노동수요곡선이 음(−)의 기울기를 가지는 이유를 보다 자세하게 다음과 같이 설명할 수도 있다. 기업이 노동 1단위를 더 고용할 때 추가로 생기는 수입을 **한계수입생산**(Marginal revenue product)이라 한다. (이는 생산물 1단위를 더 생산할 때 생기는 추가수입인 한계생산의 개념과 유사하다.)

공장의 규모나 생산설비가 일정하게 주어진 상태에서 노동의 고용량을 점점 늘리면, 처음에는 근로자들끼리의 협업이나 분업을 통해 생산성이 증가하지만, 나중에는 근로자 한 명이 사용할 수 있는 생산설비의 양이 점차 줄어들기 때문에 생산성이 하락한다. 따라서 추가로 고용된 노동 1단위가 추가로 생산하는 제품의 양이 결국은 점차 감소하게 된다. 따라서 노동 1단위를 추가할 때 생기는 추가수입도 점차 감소한다. 즉, 한계수입생산곡선은 음(−)의 기울기를 가진다.

기업의 노동수요곡선은 바로 한계수입생산곡선과 같다. 왜 그렇게 되는지는 다음의 예를 통해 살펴보자. 현재 임금이 1만 원이라 해보자. 만일 한계수입생산이 3만 원이라면, 기업은 노동을 더 고용하려 할 것이다. 왜냐하면 노동 1단위를 더 고용할 때 추가로 생기는 수입이 3만 원이지만 추가로 드는 비용은 1만 원이므로 2만 원의 추가이윤을 얻을 수 있기 때문이다. 또한 한계수입생산이 5천 원이라면, 기업은 오히려 고용량을 줄여버릴 것이다. 따라서 기업은 임금과 한계수입생산이 일치하는 지점까지 노동을 고용하려 할 것이다. 즉, 한계수입생산곡선이 기업의 노동수요곡선이 된다. 따라서 노동수요

독점이 아닌 경쟁시장이라면, 노동의 공급곡선과 수요곡선이 만나는 E 점에서 균형임금(w_0)과 균형고용량(L_0)이 결정될 것이다.

그런데 수요독점기업은 노동 1단위를 더 고용할 때 생기는 추가수입인 한계수입생산이 노동 1단위를 더 고용할 때 드는 추가비용인 한계요소비용과 같아지는 점까지 고용한다. 즉, 노동수요곡선과 한계요소비용곡선이 만나는 지점인 A 점에서 L_1만큼만 고용한다. (만일 L_1보다 덜 고용하고 있다면 추가수입이 추가비용을 초과하므로, 노동을 더 고용하는 것이 더 이익이다. 또한 L_1보다 더 고용하고 있으면 추가수입이 추가비용보다 작으므로 노동을 덜 고용하는 것이 더 이익이다.) 이때 임금은 노동공급곡선을 따라 w_1에서 결정된다.

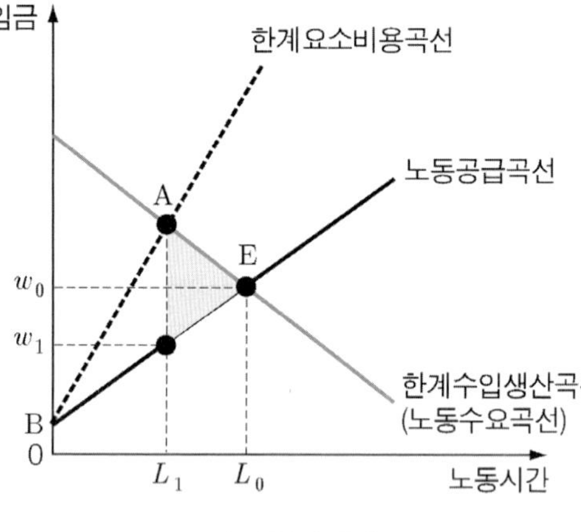

수요독점시장

노동시장이 수요독점시장이 되면 경쟁시장에 비해 노동의 고용량은 줄고, 임금은 낮아진다는 것을 알 수 있다. 앞에서 나왔던 제품시장의 경우 경쟁시장에서의 균형가격과 균형거래량이 최대의 후생과 효율성이 가져다줌을 확인한 바 있다. 임금은 노동의 가격에 해당한다. 따라서 노동시장

곡선은 한계수입생산곡선과 마찬가지로의 음(−)의 기울기를 가진다.

에서도 경쟁시장 균형점인 E점에서 후생이 최대가 된다. 노동시장이 수요독점시장이면, 노동의 거래량이 줄어들기 때문에 음영이 칠해진 삼각형의 면적만큼 사중손실이 발생한다.

이때 정부는 고용량을 L_0까지 유도하기 위해 w_0에서 최저임금제를 실시하려고 할 것이다. 그렇게 되면, 고용량이 L_0가 될 때까지 최저임금인 w_0를 지불해야만 된다. 따라서 고용량이 L_0가 될 때까지는 노동을 1단위 더 고용할 때 드는 한계요소비용은 w_0로 일정하게 된다. 즉 E점보다 왼쪽에서는 한계요소비용곡선이 w_0를 잇는 수평선이 되어버린다. 이때 한계수입생산곡선(즉, 노동수요곡선)과 한계요소비용곡선이 만나는 점에서 고용량을 결정하는 수요독점기업은 정부의 의도대로 L_0까지 고용하려 할 것이다. 물론 이러한 정부의 정책은 노동공급곡선과 노동수요곡선의 정확한 파악을 전제로 한다. 그에 관한 어려움은 이미 "독점시장의 효율성을 높이기 위한 방안들"에서 살펴보았다.

2-2 외부성

외부성(Externalities)이란 어떤 소비나 생산이 다른 사람의 소비나 생산에 이득이나 피해를 주는 것을 말한다. 이득을 주는 외부성을 **긍정적 외부성**(Positive externality) 또는 **외부경제**(External economies)라 하고, 피해를 주는 외부성을 **부정적 외부성**(Negative externality) 또는 **외부비경제**(External diseconomies)라 부른다. 외부성은 소비부문에서 발생하기도 하고, 생산부문에서 발생하기도 한다. 예를 들어, 공공장소에서 담배를 피우거나 한밤중에 요란한 음악을 틀어놓는 것은 타인에게 피해를 주므로 소비부문에서의 외부비경제라 할 수 있다. 반면에 전원주택의 정원을 아름답게 잘 가꾸어 놓아 지나가는 사람들에게 즐거움을 선사하는 것은 소비부문에서의 외부경제라 할 수 있다. 강의 상류에 위치한 공장으로부터 흘러온 폐수가 강 하구에 있는 양식장에 피해를 주는 것은 생산부문의 외부비경제라 할 수 있다. 반면에 양봉업자가 근처 과수원의 과일들이 결실은 맺는데 도움을 주고, 과수원이 양봉업자의 꿀 생산을 도우는 것은 생산부문의 외부경제라 할 수 있다. 이와 같은 외부성이 존재하는 부문의 시장균형에서는 비효율이 발생할 소지가 있다.

■ 외부경제

외부경제가 존재하면, 재화나 서비스의 소비나 생산이 소비자나 생산자 당사자에 주는 사적가치(Private value)보다 사회전체에 주는 사회적 가치(Social value)가 더 크게 된다. 예를 들어, 집 앞에 정원을 잘 가꾸어 놓으면 집주인이 느끼는 즐거움이 한 달에 50만 원만큼의 가치와 같고, 집 앞을 지나는 이웃 사람들은 한 달 동안 한 사람당 1,000원만큼 가치를 느끼며 300명의 이웃 주민이 그 정원 앞을 지나다닌다고 해보자. 이때 그 정원이 한 달 동안 생성시키는 사적 가치는 50만 원이지만, 사회적 가치는 외부효과 30만 원(=1,000원×300명)을 더해서 80만 원이 된다. 또한 양봉업자가 꿀 생산으로 한 달에 500만 원만큼의 꿀을 생산하며, 근처 과수원은 야생벌 외에 양봉업자에게서 날아온 벌 때문에 한 달 동안 300만 원만큼의 과일을 더 생산한다고 해보자. 이때 꿀 생산의 사적가치는 500만 원이지만, 사회적 가치는 외부효과 300만 원을 더해서 800만 원이 된다.

이와 같이 외부경제가 존재하면, 어떤 제품을 소비하거나 생산할 때 사회적 가치가 사적 가치보다 크게 된다. 아래 그림은 생산부문에서 외부경제가 존재하는 경우를 보여준다. 제품에 대한 소비자의 사적 가치를 나타내는 선은 바로 수요곡선이라는 것을 앞에서 보았었다. (수요곡선은 그 제품에 대해 소비자들이 기꺼이 지불하려는 금액을 나타내므로, 그 제품의 소비자들이 느끼는 사적 가치가 된다.) 그냥 시장에 맡겨두면, 생산자는 제품 1단위 추가생산으로 생기는 추가적 사적 가치와 추가비용(즉, 한계비용)이 같아지는 점에서 생산량을 결정해버린다. 제품의 사적 가치를 나타내는 선이 수요곡선이고, 한계비용을 나타내는 선이 공급곡선이므로[15], 생산자는 아래 그림에서처럼 E점의 균형점에서 생산량을 결정한다. 이때 생산량은 Q_0가 된다. 하지만 사회적인 최적생산량은 제품 1 단위를 더 생산할 때 증가하는 사회적 가치와 추가비용(즉, 한계비용)이 같아지는 점에서이다. 즉 사회적 가치를 나타내는 곡선과 공급곡선이 만나는 지점에서이다. 즉, 사회적 최적생산량은 Q_1이 된다. 따라서 생산자는 사회적으로 가장 바람직한 양보다 적은 양을 생산한다.

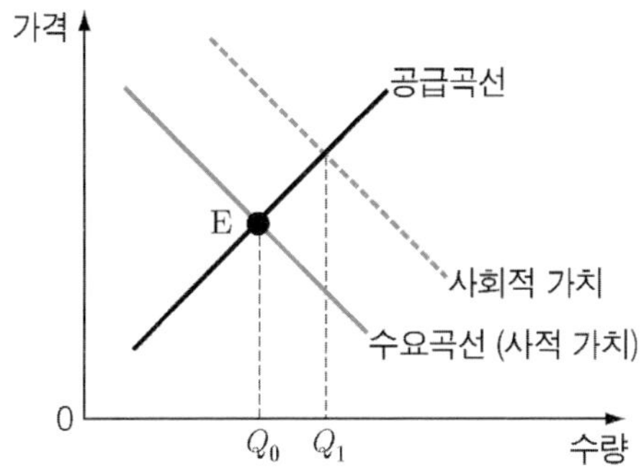

외부경제와 사회적 가치

❖ 외부경제 하에서 효율성을 달성하는 방법

외부경제가 존재할 때 사적 균형생산량 Q_0보다 조금 더 생산하면, 추가로 생기는 사회적 가치가 추가비용보다 크다. 따라서 시장균형인 E점에서는 음영을 칠한 삼각형만큼의 사중손실이 발생한다. 따라서 사중손실을 없애고 사회전체의 후생을 극대화시키려면, 생산자가 Q_1만큼 생산할

15) 추가제품 1단위로 인한 추가가치를 한계편익(Marginal benefit)이라고도 부른다. 따라서 수요곡선은 한계편익을 나타내고, 공급곡선은 한계비용(Marginal cost)을 나타낸다고 할 수 있다. (공급곡선이 한계비용곡선이라는 것은 앞에서 살펴보았다.)

수 있도록 유도하여야 한다. 정부가 제품 1개당 s원만큼의 생산보조금을 지급하면, 생산자의 비용이 그만큼 하락하는 것과 같으므로 공급곡선이 아래로 이동한다. 이때 생산자는 새로운 공급곡선과 수요곡선이 만나는 E′점에서 생산하려 할 것이다. 따라서 보조금을 지급하면 생산자가 선택하는 생산량과 사회적 최적생산량을 일치시킬 수 있다. 이때 사중손실이 사라지고, 사회적 최적상태를 달성할 수 있다.

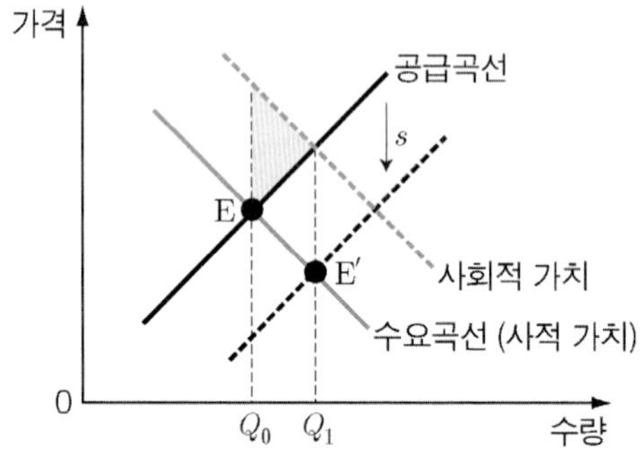

외부경제에 대한 보조금

■ 외부비경제

외부비경제가 존재하면, 제품생산의 사회적 가치가 사적가치보다 작게 되거나, 사회적 비용(Social cost)이 사적비용(Private cost)을 초과하게 된다. 예를 들어, 강 상류의 페인트 공장에서 한달에 10억 원만큼의 페인트를 생산하는데, 거기서 나온 폐수가 강 하구 양식업자들의 수산물 수확을 매월 2억 원만큼 감소시킨다고 하자. 이때 페인트 생산의 사적가치는 10억 원이지만, 사회적 가치는 2억 원을 뺀 8억 원이 된다. 이때 양식업자들의 생산에 피해가 가지 않도록 매월 1억 원의 비용을 들여 폐수를 완전히 정화시키는 것이 가능하면, 사회적 비용이 1억 원만큼 상승하는 셈이지만, 페인트생산의 사적 가치와 사회적 가치는 같아진다. 반면에 폐수정화 비용이 3억 원이라면, 사회적으로도 그냥 수확물의 감소를 감내하는 편이

났다. (이때 사회적 비용과 사적비용은 동일하나, 사회적 가치가 사적가치보다 작게 된다.) 즉, 폐수로 인한 양식업자의 손해액과 폐수정화비용의 상대적인 크기에 따라 사회적 가치 또는 사회적 비용이 변하게 된다.[16]

아래 그림은 부정적인 외부성의 존재가 생산의 사회적 가치를 하락시킨 경우를 보여주고 있다. 생산자는 아래 그림에서처럼 E점의 균형점에서 생산량을 결정한다. 이때 생산량은 Q_0가 된다. 하지만 사회적 최적생산량은 사회적 가치를 나타내는 곡선과 공급곡선이 만나는 지점에서 결정되므로, Q_1이 된다. 따라서 생산자는 사회적으로 가장 바람직한 양(Q_1)보다 많은 양을 생산한다. 음영이 칠해진 삼각형은 사중손실을 보여주고 있다.

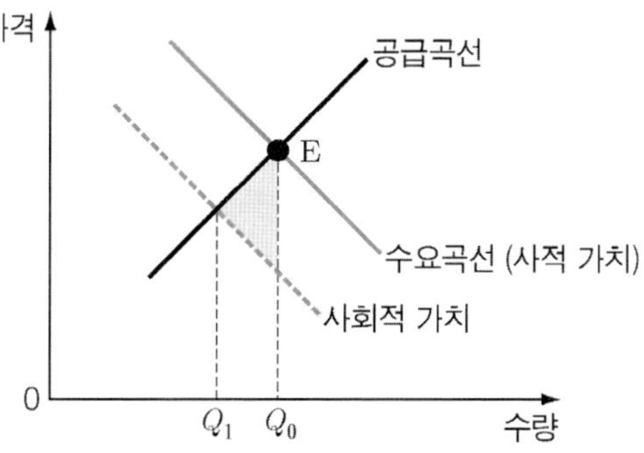

외부비경제와 사회적 가치

만일 부정적인 외부성의 존재가 생산의 사회적 비용을 증가시키면, 사회적 비용을 나타내는 곡선은 (사적 한계비용곡선인) 공급곡선 위에 위치한다. 생산자는 아래 그림에서처럼 E점의 균형점에서 Q_0만큼 생산한다. 하지만 사회적 최적생산량은 수요곡선과 사회적 비용곡선이 만나는 지점에서 결정되므로, Q_1이 된다. 따라서 생산자는 사회적 최적생산량(Q_1)보다

16) 만일 강에 조금이라도 폐수를 흘려보내는 것이 불법이라면, 양식업자들이 법에 호소하여 해결하면 된다.

많은 양을 생산한다. 음영이 칠해진 삼각형은 사중손실을 보여주고 있다.

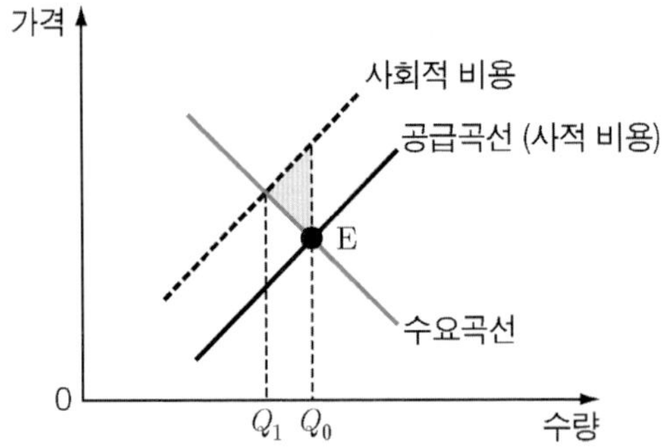

외부비경제와 사회적 비용

❖ 외부비경제 하에서 효율성을 달성하는 방법

아래 그림들은 외부경제가 사회적 가치를 감소시켰을 때와 사회적 비용을 증가시켰을 때의 경우를 각각 보여준다. 사중손실을 없애고 사회전체의 후생을 극대화시키는 효율을 달성하려면, Q_0에서 Q_1으로 생산량을 줄이도록 유도하여야 한다.[17] 정부가 제품 1개당 t원만큼의 공해관련 세금을 부과하면[18], 생산자의 비용이 그만큼 상승하는 것과 같으므로 공급곡선이 위로 이동한다. 이때 개인생산자는 새로운 공급곡선과 수요곡선이 만나는 E′점에서 생산하려 할 것이다. 따라서 이와 같은 세금을 부과하면, 생산자가 선택하는 생산량과 사회적 최적생산량을 일치시킬 수 있다. 각각의 경우에서 부정적인 외부성에 대한 세금으로 사중손실을 없애고 사회적 최적상태에 도달할 수 있다.

---

17) 공해를 배출하는 제품의 생산을 완전히 막는 것은 비효율적이다. 그러한 제품일지라도 일정수준의 생산량에 이를 때까지는 제품 1단위의 추가적인 사회적 가치가 추가적인 사회적 비용을 초과할 수 있기 때문이다.

18) 외부비경제를 해결하기 위한 이와 같은 세금을 경제학자 피구(Pigou)의 이름을 따서 피구세라 부른다.

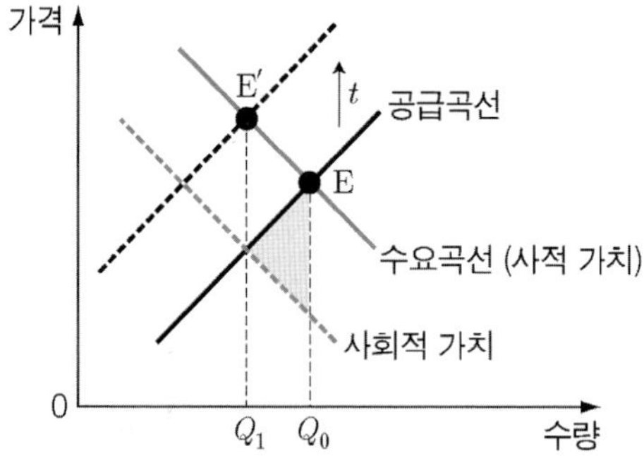

외부비경제에 대한 세금
(외부비경제가 사회적 가치를 감소시켰을 때)

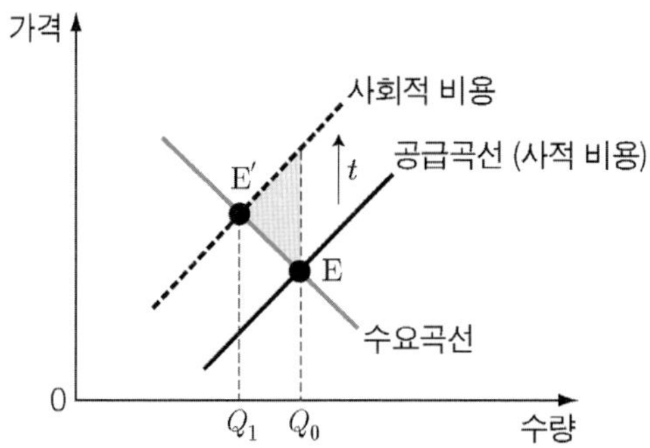

외부비경제에 대한 세금
(외부비경제가 사회적 비용을 증가시켰을 때)

■ 공유자원과 외부성

누구나 이용할 수 있는 공동자원은 부정적인 외부성에 노출되기가 쉽다. 예를 들어, 산림자원이나 수산자원을 공동으로 이용할 경우 과도한 벌목이나 수산자원의 남획으로 산림자원이나 수산자원이 고갈되어버리기 쉽다. 어차피 내가 이용하지 않으면 남이 이용한다는 생각에 마구잡이로 벌목하거나 어린 물고기마저 다 싹쓸이 해 버리면, 긴 시간을 놓고 볼 때 자원을 효율적으로 이용할 수가 없게 된다.

이와 같은 외부성의 문제를 해결하기 위해 여러 가지 방안이 제시되고, 시행되고 있다. 그러한 방안 중 가장 효과적인 것에 속하는 것이 사유화(Privatization)이다. 만일 산림자원이 공동자원이 아니라 구획별로 개인에게 속한 것이라면, 각 개인들은 자신의 임야를 무차별 벌목하지 않고, 장기적으로 효율적인 계획에 따라 일정량을 벌목하고 그 자리에 묘목을 심는 등 체계적인 관리를 할 것이다.[19] 바다와 같이 개인소유권 설정이 어려운 경우에는 기간별로 일정량만의 수산자원만 채취할 수 있는 어획량 쿼터를 실시하거나 그물코의 크기를 제한하여 치어를 보호하기도 한다. 즉, 정부가 강제적인 수단을 써서 간여하기도 한다.

흔히 일상생활에서도 공유자원의 문제가 등장하기도 한다. 예를 들어, 공중화장실은 자기집 화장실보다 더러워지기 쉽다. 금연구역임에도 불구하

---

19) 이러한 사유화는 아프리카 몇몇 국가들에서 야생동물에 대해 시행하여 성공을 거둔 방법이기도 하다. 한동안 아프리카에서 코끼리의 개체 수가 상아채취로 말미암아 급격하게 줄자, 케냐 등 몇몇 국가의 정부는 코끼리의 수렵은 물론 상아의 수출과 거래를 금지시켰지만 별 효과를 보지 못하고 있었다. 아무리 감시를 하여도 드넓은 초원을 주야로 지킨다는 것은 제한된 감시인력으로는 매우 어려운 일이었다. 하지만 짐바브웨 등 몇몇 국가의 정부는 코끼리가 서식하는 초원을 구획별로 나누어 소유권을 민간에게 넘겨버렸다. 자신의 구획에서는 마음대로 수렵과 상아채취를 할 수 있도록 허락하였던 것이다. 그 결과는 어땠을까? 코끼리의 수렵과 상아채취를 금지시킨 나라에서는 코끼리의 개체수가 급격히 줄어든 반면, 코끼리 서식지를 민영화 한 후 자신이 소유한 장소에서 수렵과 상아채취를 허용한 나라에서는 코끼리의 개체수가 점점 증가하였다. 자신이 소유한 코끼리들은 장기적인 계획아래 체계적인 관리와 보호가 이루어지고 있었기 때문이다.

이러한 사유화에 관한 보다 극명한 사례는 야생소의 일종인 버팔로(Buffalo)와 가축으로 기르는 소의 개체 수에서 볼 수 있다. 한 때 북미대륙에서 엄청난 개체수를 자랑하던 버팔로는 수세기 동안의 무차별적인 포획으로 개체수가 엄청나게 줄어, 최근에는 버팔로에 대한 보호정책에도 불구하고 멸종이 염려될 정도이다. 반면에 개인소유의 가축으로 남은 소는 마음대로 도축이 허용됨에도 불구하고 오늘날 개체수가 점점 증가하여, 어떤 국가들에서는 전체 인구수와 비슷한 경우도 있다.

고 변기칸막이 뒤에 숨어 담배를 피워 공기를 오염시키기도 하고, 담배꽁초를 버린다든지, 변기에 소변 등이 묻어도 그냥 놔두고 나오는 경우가 종종 있다. 이렇게 되면, 화장실이 제공하는 서비스를 소비하는 행위가 다른 이용자들에게 피해를 주게 되는 부정적인 외부성을 발생시키게 된다. 물론 자기집 화장실이라면 깨끗이 이용하고 담배꽁초도 버리지 않을 것이다. 이러한 문제를 해결하기 위해, 정부는 학교교육이나 매스컴 등을 통한 시민정신의 함양을 꾀하기도 한다. 최근에 보고 된 사례에 의하면, 공중화장실이 호사스러움(Luxury)을 갖추고 있으면서 지나칠 정도로 청결하면(Super clean), 이용자가 청결에 매우 세심한 주의를 기울이는 성향을 보인다고 한다. (화장실의 호사스러움이나 청결함에 비례하여, 사용자가 죄의식을 느낄 수 있는 더럽힘에 대한 기준이 보다 높고 엄격해지기 때문에 그런 결과가 나오는 것 같다.) 매우 흥미로운 사례라 하겠다.

■ 정부의 간여 없이 외부성 해결하기

외부경제나 외부비경제와 같은 외부성의 문제가 있을 때, 정부가 간여하여 사회적 최적상태에 도달할 수 있음을 살펴보았다. 그러나 외부성이 존재해도 정부의 간여 없이 민간 스스로 최적상태에 도달할 수 있다는 것이 코즈(Coase)에 의해 제기된 바 있다. 만일 외부성에 대한 권리와 효과를 잘 파악할 수 있고, 외부성 해결을 위한 거래비용이 크지 않다면, 당사자끼리의 자발적인 매매를 통해 사회적 최적상태에 도달할 수 있다는 것이다.[20]

예를 들어, 과수원주인이 양봉업자로부터 얻는 이익의 규모를 정확하게 산출할 수 있으면, 양봉업자에게 벌을 좀 더 많이 치도록 일정액을 지원해 주고자 할 것이다. 이때 양봉업자를 설득하는데 따른 시간이나 절차상의 번거로움이나 비용이 지나치게 크다면, 이러한 해결책이 어려워질 수

20) 이를 코즈의 정리(Coase theorem)라 한다.

있다. 또한 강 상류의 페인트 공장이 일정량의 폐수를 방류할 수 있는 권리를 가지고 있으며, 강 하구 양식장에서 폐수로 말미암아 발생하는 피해규모를 비교적 정확하게 산정할 수 있으면, 양식장은 피해한도 내에서 공해정화시설의 운영비를 페인트 공장에 지원하거나 얼마간의 보상을 해주면서 페인트 생산량을 줄일 것을 요구하려는 유인을 가지게 된다. 마치 양봉업자와 과수원이 (또는 페인트 공장과 양식장이) 하나의 기업이 된 것처럼 행동하면, 두 기업 모두를 위한 최적상태에 도달할 수 있게 된다. 이렇게 도달한 상태는 바로 사회적 최적상태와 같게 된다. 또는 그냥 두 기업을 합병하여 하나의 기업으로 만드는 수도 있다. 그러면 한 기업의 외부성이 다른 기업에게 주는 이익이나 손해를 기업의 생산결정에 반영할 수밖에 없다. 두 민간기업이 거래 또는 합병을 통해 외부성을 해결하는 방식은 외부성을 내부화함으로써 외부성을 극복하려는 것이라 할 수 있다.

만일 정부가 대기오염이나 폐수와 같은 오염의 전체배출량을 일정한 목표수준으로 줄이려고 할 때는 그냥 공장규모별로 허용된 공해배출량을 배분해줄 수도 있지만, 경제학자들은 이보다 효율적인 방법을 제시하기도 한다. 정부가 처음에 각 공장별로 공해배출 허용치를 배분해 준 후에, 각 공장들이 공해배출권을 서로 매매할 수 있도록 허용하는 것이다. 각 공장들은 공해배출량을 허용된 양으로 줄여야만 하는데, 어떤 공장들은 보다 저렴한 비용으로 효과적으로 공해를 줄일 수 있는 반면, 어떤 공장들은 그렇지 못하고 보다 큰 비용이 들 수도 있다. 이때 공해를 줄이는데 큰 비용이 드는 공장이 효과적으로 공해를 줄일 수 있는 기업으로부터 일정량의 공해배출권을 사들이는 것이다. 이렇게 하면, 공해의 양을 줄이는 일은 주로 비용이 적게 드는 공장들이 담당할 것이다. 이런 식의 자발적인 시장매매를 통해 사회전체로 보면 보다 작은 비용으로 정부의 공해목표량을 달성할 수 있다. 즉, 공해배출권의 시장거래를 허용하면, 사회전체의 효율성을 높일 수 있다.

2-3 공공재

■ 공공재란 무엇인가?

우리가 흔히 시장에서 구입해서 소비하는 사유재(Private good)와 달리 **공공재**(Public good)는 **비배제성**(Nonexcludability)과 **비경합성**(Nonrivalry)의 성질을 가진 재화나 서비스이다. 비배제성은 누구나 자유롭게 이용할 수 있으며, 그 누구의 소비도 막을 수 없다는 뜻이다. 비경합성이란 한 사람이 소비해도, 다른 사람이 소비할 수 있는 양이 줄어들지 않는다는 뜻이다. 즉, 서로 차지하려고 경합을 벌일 필요가 없다는 것이다. 이때 다른 사람이 소비해도 양이 줄지 않으니, 한 사람당 소비하는 양은 누구에게나 동일하게 된다.

국방이나 치안 서비스는 공공재의 대표적인 예이다. 일단 국방이나 치안 서비스가 시행되면, 같은 영토나 구역 내의 모든 소비자들은 그러한 서비스에서 제외시킬 수도 없으며, 모두가 동일한 양만큼 서비스를 누리게 된다. 예를 들어, "평소에 전투기 1,000대가 국민들의 안전을 위해 나라를 지켜주지만, 당신은 평소에 세금도 성실하게 납부하지 않고 애국심도 없으니 국방의 서비스를 누리지 말라."든가, "전투기 200대만 지키는 서비스를 받으라."와 같은 말은 성립되지 않는다. 시민들이 무료로 이용할 수 있는 한적한 공원도 공공재의 예가 된다. 우리가 마시는 신선한 공기나 아름다운 산과 바다도 마찬가지로 공공재라 할 수 있다. 자동차도로, 자전거도로나, 최근에 지어지고 있는 산책길인 둘레길 등도 크게 붐비는 길이 아니라면 공공재라 할 수 있다.[21)]

21) 만일 자동차도로 등이 크게 붐빈다면, 비경합성이 성립되지 않으므로 완전한 공공재라 할 수가 없다. 또한 유료도로의 경우도 통행료를 내지 않으면 자유롭게 이용할 수 없기 때문에, 비배제성이 성립되지 않는다.

■ 공공재의 특성

사유재의 경우 시장수요는 각 개인들의 수요를 수평으로 합한 것임을 보았다. 이와 달리 공공재의 시장수요는 비경합성으로 인해 개별수요의 수평합이라 할 수 없다. 공공재는 돈을 더 지불하면 더 소비할 수 있는 것이 아니라, 기본적으로 누구나 동일한 양을 소비하게 된다.[22] 이때 특정한 양의 공공재를 생산하기 위해 드는 비용은 시민 각자가 나누어 분담하면 된다.

예를 들어, 두 사람만 사는 곳에 공원을 짓는다고 해보자. 각 개인이 공원의 추가면적에 대해 느끼는 가치를 나타내는 곡선이 개인의 공원에 대한 수요곡선이 된다. 두 사람의 수요곡선이 아래 그림과 같을 때, 시장전체의 수요곡선은 두 사람의 수요곡선을 수직으로 합한 것이 된다. (공공재는 일단 공급되면 모든 사람이 소비하는 양이 같음을 다시 한번 상기해보라!) 또한 추가면적당 추가비용인 한계비용곡선이 공공재의 공급곡선이 된다. (즉, 공급곡선은 공급자가 추가면적당 최소한 받으려고 하는 금액을 나타낸다.)

사회적으로 최적인 공급량은 공공재의 공급곡선과 시장수요곡선이 만나는 E점에서이다. 따라서 공공재의 최적공급량은 공공재의 마지막 1단위가 국민들에게 주는 추가적인 후생이 1단위를 더 공급하기 위해 추가되

22) 여기서 동일한 양을 소비한 한다 함은 어떤 공공재인가에 따라 해석을 달리해 볼 수 있다. 국방이나 치안은 당연히 누구나 동일한 양을 소비한다고 간주할 수 있을 것이다. 시민공원 같은 경우는 실제로 공원을 이용하는 사람과 그렇지 않은 사람이 있을 수 있다. 이 경우는 다음과 같이 비유하면, 이해하기가 쉽다. 쌀을 사서 집에 두고 그것을 전부 먹든지, 일단 밥을 하고 보니 입맛이 없어 그냥 버리든지, 창고에 놔두고 잊어버린 채 방치해두든지 상관없이, 마트에서 구매하는 순간 일단 소비한 것으로 간주할 수 있다.

시민공원의 경우도 공원이 지어질 당시 모든 시민들이 공원을 구매한 것으로 간주할 수 있다. 그 후 누구나 마음만 먹으면 자유롭게 공원을 이용할 수 있는데, 실제로 공원에 가느냐는 보관 중인 쌀을 실제로 먹느냐에 비유할 수 있다. 넓고 한적하고 아름다운 공원이 내가 사는 주위 곳곳에 있어서 언제라도 쉽게 찾아갈 수 있는 도시에 사는 사람의 마음과 주위에 공원 하나 없는 삭막한 도시에 사는 사람의 마음을 (그 사람이 실제로 공원에 가느냐의 여부를 떠나) 한번 비교해보라.

는 세금으로 인한 국민들의 후생손실과 같아지는 점에서 결정된다고 할 수 있다. 이때 공원의 사회적 최적면적은 Q_0가 된다. 공원의 면적당 공급가격은 P_0가 되며, 개인 A와 B가 각각 P_A와 P_B만큼 나누어 분담하면 된다. (공공재의 시장수요곡선은 개인수요곡선들의 수직합이므로, $P_0 = P_A + P_B$임을 쉽게 알 수 있다.)

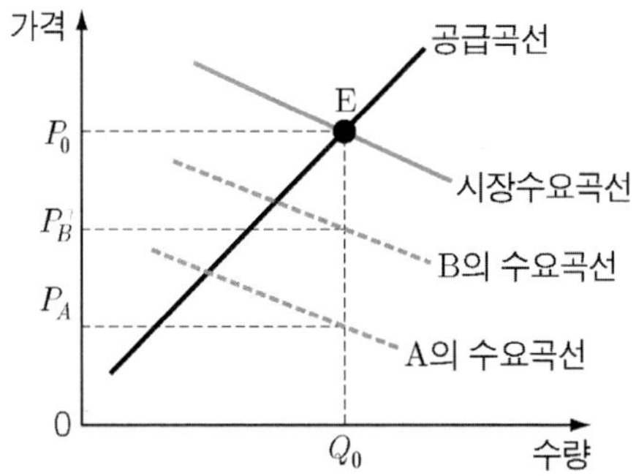

공공재의 최적공급량

■ 공공재의 공급을 시장에 맡겨둘 수 없는 이유

공공재는 일단 생산되어 공급되면, 공공재 생산비용을 지불했던 하지 않았던 상관없이 누구나 동일한 양을 자유롭게 사용할 수 있다. 따라서 개인들은 공공재 생산비용을 내지 않거나 내더라도 아주 적게 내려는 유인을 가질 수 있다. 공원의 최적생산량을 결정하기 위해 수요조사를 할 때, 각 개인은 자신의 비용분담을 작게 하려고 공원에 흥미가 없는 척 하거나 공원에 대한 자신의 효용을 매우 낮추어 응답할 것이다. 그 결과 각 개인의 수요함수가 실제보다 아래로 이동해 나타날 것이고, 그것을 기반으로 조사된 시장수요도 실제보다 아래로 이동할 것이다. 이때 공공재는 아래 그림의 E′점에서 Q_1만큼만 생산되고 공급될 것이다. 따라서 음영이 칠해진 삼각형의 면적만큼 사중손실이 발생하게 된다. 만일 E′점 오른쪽으로 공공재의 공급량을 조금만 늘려보면, 그것으로 인한 추가적 사회가치(시장수요곡선이 나타내는 가치)가 추가적 비용(공급곡선이 나타내는 비용)보다 크므로, 그만큼 후생이 증가한다.

공공재에서는 이와 같이 공급비용을 되도록 부담하지 않으면서 남들이 비용을 부담하여 공급한 것을 공짜로 이용하려는 **무임승차**(Free ride)문제가 생긴다. 따라서 공공재의 공급을 시장에만 맡겨놓으면, 과소생산되어 큰 후생손실을 가져온다.

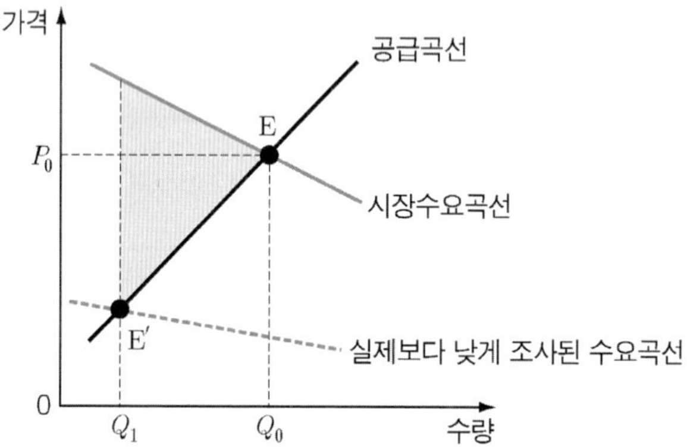

무임승차로 인한 비효율적인 공공재 공급량

이와 같은 이유 때문에 공공재는 주로 정부가 세금으로부터 조달한 재원으로 공급하게 된다.[23] 앞서 우리는 세금이 사중손실이라는 비효율을 발생시킨다는 것을 보았다. 그럼에도 불고하고 국가가 세금을 거두는 것은 공공재를 공급하기 위함이다. 국방, 치안, 외교, 도로, 공원, 자연보호, 문화재 관리 등 공공재의 성격을 가지는 재화나 서비스가 충분히 제공되지 않으면, 국민들은 충분한 후생을 누릴 수가 없게 된다.

23) 미국 등의 선진국에서는 도시계획 초기단계서부터 정부나 지방자치단체가 주관하여 전체 면적의 15% 이상을 공원 등 녹지공간으로 확보하는 것이 일반화되어 있다.

2-4 정보비대칭

공급자와 수요자간에 제품이나 시장에 대한 정보의 양이나 질이 틀린 경우를 **정보비대칭**(Asymmetry of information)이라 한다. 정보비대칭은 시장균형이 효율성을 달성하는데 실패하는 원인이 될 수 있다. 최근에는 정보자체가 가치를 지니고 있고, 정보를 얻는 데는 비용이 든다는 점이 인식되는 등 정보의 중요성이 점점 부각되고 있다. 예를 들어, 주택을 구입할 때 사려고 하는 주택들에 대해 실제로 몇 년을 살아본 것처럼 보다 많은 정보를 가지고 있다면, 보다 나은 선택이 가능할 것이다. 만일 기업이 채용 시 지원자들에 대해 겉으로 드러나는 모습 외에 그들의 자질을 정확하게 알 수 있으면, 보다 기업에 맞는 인재들을 선발할 수 있을 것이다.

주택에 관한 정확한 정보를 얻기 위해서는 본인이 그 분야 관해 공부하고 발품을 팔든지 전문가에게 자문을 구하든지 해야 할 것이다. 또한 보다 적합한 인재를 선발하기 위해서는 공신력 있는 적성검사를 실시하든지 후보자들을 일정기간 인턴사원으로 선발하여 훈련시키며 지켜보든지 해야 할 것이다. 이와 같이 보다 양질의 정보를 얻으려고 할수록, 보다 많은 비용을 지출하여야 한다. 이러한 정보들이 양과 질 면에서 공급자와 수요자간에 비대칭적일 때, 시장에서 역선택 또는 도덕적 해이와 같은 문제들이 발생한다.

■ 역선택

역선택(Adverse selection)이란 정보가 적은 자가 정보가 많은 자와 거래할 때, 개인 또는 사회적으로 덜 바람직한 결과를 얻게 되는 것을 말한다. 예를 들어, 중고차에 대한 정보가 부족한 소비자들은 중고차시장에서 겉은 멀쩡해도 속이 형편없는 고물차를 구입할 가능성이 있다.[24] 그러한 차에

24) 속이 형편없는 고물차를 미국에서는 속어로 레몬(Lemon)이라 부른다. 레몬의 겉은 오렌지와 비슷해 보이나, 막상 한입 베어 물면 매우 신맛이 난다.

대해 정확한 정보가 있었더라면, 소비자들은 그러한 차를 구입하지 않았을 것이다. 역선택에 관한 몇 가지 사례들을 살펴보자.

❖ 중고차시장

중고차 시장에서 양질의 중고차 소유자들은 500만 원을 받기 원하고, 저질의 중고차 소유자들은 100만 원을 받기 원한다. 반면에 중고차 구매자들은 양질의 차에 대해서는 600만 원까지 지불할 용의가 있고, 저질의 차에 대해서는 200만 원까지 지불할 용의가 있다. 겉으로 봐서는 양질의 차인지 저질의 차인지 잘 알 수가 없으며, 양질의 차와 저질의 차가 시장에 각각 반반씩 있다고 해보자. 정보가 부족한 구매자들은 자신이 구매하는 중고차로부터 기대할 수 있는 가치만큼 지불하려 할 것이다. 즉, 가치의 기댓값인 400만 원($=600\times0.5+200\times0.5$)만큼만 지불하려 할 것이다. 이때 적어도 500만 원을 받기 원하는 양질의 중고차 소유자들은 점차 시장을 떠나버릴 것이다.

양질의 차가 사라짐에 따라 구매자들의 중고차에 대한 기대가치도 점점 낮아질 것이다. 시간이 지나면서 중고차시장은 저질의 차만 남게 되며, 저질의 차는 100만 원과 200만 원 사이의 가격에서 거래될 것이다. 양질의 차가 시장에서 사라지는 과정에서 거래량이 대폭 줄면서, 큰 사중손실이 발생하게 된다.[25)]

---

25) 우리나라는 1970년대와 80년대의 부동산가격 상승기에 재테크를 통해 자산을 축적한 부모들이 꽤 있다. 그들의 자녀들이 성인이 되어 사회에 진출한 후에도 집을 구하거나 차를 살 때 금전적인 지원을 해주는 경우가 오늘날에도 적지 않다. 하지만 지금의 젊은 세대가 부모님세대가 되어서도 그것이 가능할지는 의문이 든다.

현재는 과거와 같은 부동산가격 폭등현상을 보기 힘들고 주택가격이 안정기에 들어서있다. (왜 그런지는 뒤에서 살펴보기로 하자.) 따라서 현재 젊은 세대의 자녀들이 성인이 되어 사회에 진출할 때 주택이나 자동차의 구입을 도와주려면, 대부분 그동안 저축해놓은 근로소득에 의존하는 수밖에 없다. 그렇기 때문에 지금과 같은 정도로 자녀들에게 도움을 주기는 쉽지 않을 것이다.

미국의 경우 많은 중산층의 자녀들이 사회에 진출할 때 일단 중고차부터 구입하는 이유도 대부분 근로소득에 의존하는 그들의 부모들이 도와주기가

	양질의 차	저질의 차
판매자	500만 원	100만 원
구매자	600만 원	200만 원

저질의 차가 평균적인 중고차 품질에 대한 소비자들의 인식에 악영향을 주기 때문에, 저질의 차는 시장에서 양질의 차에게 피해를 주는 부정적인 외부성을 가진다고 할 수 있다. 즉, 중고차시장에서 발생하는 역선택의 문제는 이와 같은 외부비경제 문제에 기인한다고 할 수 있다.

❖ 의료보험

만일 의료보험을 국가가 주관하지 않고, 시장을 통한 민간의료보험만 공급된다면 어떻게 될까? 민간의료보험은 구입하든지 구입하지 않든지 시장에서 자유롭게 선택할 수 있다. 이렇게 되면, 보험회사로부터 기대되는 보험지급액이 납부할 보험료 총액보다 클 가능성이 많은 병약자들만 보험에 가입하고, 건강에 자신이 있는 자들은 보험에 가입하려 하지 않을 것이다. 특히 납부할 보험료가 만만치 않을수록 더욱 그럴 것이다. 하지만 보험사는 가입자 개개인의 건강상태에 대한 정보가 부족할 수 있다. 그 결과 민간의료보험사는 손실을 입게 되고 궁극적으로 존립이 어

어렵기 때문이다. 미국부모들은 자녀들의 독립심을 키워주기 위해 일부러 성인이 된 자녀들에게 자동차 등을 안 사준다는 말을 우리나라 사람들이 하는 것을 종종 들은 적이 있다. 물론 초중고의 어린 자녀들에게 간단한 집안일을 시키고 용돈을 주는 것은 그러한 면이 있다. 그러나 자동차 없이 어디 가기조차도 불편한 대부분의 미국지역에서 정작 사회초년생들인 자녀들에게 정말 절실히 필요한 자동차의 구입에 대해 도움을 줄 수 없는 것은 독립심 함양 등의 이유라기보다는 빠듯한 재정상태에 기인하는 면이 더 크다는 것이 대학원공부를 하느라 오랫동안 미국에 거주하면서 느꼈던 바이다. 실제로 미국에서 상위 몇 퍼센트에 속하는 부자부모를 둔 자녀들이 대학신입생 때부터 고급스런 오픈카(Convertible)를 구입하여 대학캠퍼스를 누비는 경우도 종종 보았다.

우리나라도 대부분의 사회초년생들이 처음에는 어쩔 수 없이 중고차를 구입해야만 되는 시기가 도래하게 된다면, 양질의 중고차 거래가 위축되는 것은 큰 불편과 후생의 손실을 초래할 것이다.

렵게 된다. 의료보험시장이 사라지면, 엄청난 후생의 손실이 뒤따르게 된다.

❖ 자동차보험

운전자들이 자유롭게 자동차보험의 구매여부를 결정할 수 있다면, 어떻게 될까? 운전횟수가 많거나 사고위험이 높아서 보험료보다 사고 시 받게 될 보험금이 더 클 것이라고 기대되는 운전자들은 점점 더 많이 가입하게 되고, 운전하는 횟수가 적거나 안전한 운전을 하며 운전에 자신이 있는 사람들은 점점 보험가입에 소극적이 될 것이다. 또한 사고위험이 낮은 자들은 할 수만 있다면 아주 낮은 보험료만 내고 최소한의 보험에만 가입하려 할 것이다. 이렇게 되면 자동차보험회사들은 손익을 맞추기가 점점 어려워지고 궁극적으로 존립 자체가 위협받을 수 있다. 자동차보험이 사라진다면, 크나큰 후생의 손실을 감수하여야 할 것이다.

❖ 취업시장

우리나라의 경우 직업군에 따라 정년이 법적으로 보장되는 경우도 있지만, 그렇지 않더라도 정규직에 대해서는 해고가 자유롭지 않다. (물론 사적인 감정 등으로 부당하게 해고하는 것은 막아야겠지만, 근무능력이 떨어지는데다가 매우 불성실하고 정직하지 못한 습성마저 가지고 있는 자라면 당연히 해고하는 것이 바람직할 것이다.) 한편 신입사원들은 입사면접 시 누구나 말쑥한 차림으로 이 세상에서 가장 성실하고 능력 있는 사람처럼 보이려고 할 것이다. 그래서 누가 진정한 자질과 성실성을 갖추고 있는지 한번 봐서 판단하기가 힘들 수 있다.

이와 같이 취업지원자들의 자질이나 성실성에 대한 정확한 정보가 부족한 기업(수요자)과 누구보다도 자신을 잘 알고 있는 취업지원자(공급자)간에 정보비대칭의 문제가 발생한다. 해고가 어려운 기업일수록 잘못 뽑을 경우 큰 낭패를 당하기 때문에, 신규채용에 지나치게 신중하게 된다. 그리고 채용규모도 해고가 자유로운 경우보다 훨씬 줄어들 수 있다.

이럴 경우 취업자수(즉, 노동의 거래량)가 줄어들면서, 큰 사중손실이 발생할 수 있다.

❖ 역선택의 해결책

첫째, 중고차의 경우 판매자가 엔진 등 주요부분에 대하여 (예컨대, 1~2년 정도) 일정기간 동안의 무상수리 보증(Warranty[26])을 제공하면, 소비자들에게 구입하려는 중고차가 양질의 차라는 **신호**(Signal)를 주는 것과 같다. 저질의 차에게 보증을 해주었다가는 수리비용의 뒷감당을 할 수가 없을 것이다. 이때 양질의 차를 구입하려는 사람들은 위의 예에서와 같이 600만원을 지급할 것이므로, 양질의 중고차시장이 사라지지 않고 지속될 수 있다.

둘째, 민간의료보험의 경우 보험회사가 보험가입 희망자에게 건강기록이나 신체검사를 요구함으로써, 고비용 환자들을 미리 가려내어 가입을 거절하거나 더 높은 보험료를 요구할 수 있다. 또한 자동차보험의 경우에도 성별, 나이, 운전용도, 운전위반 정도, 사고경력 등으로 보험가입자들을 구분한 후, 그에 따라 다양한 보험료를 적용하거나 가입을 거절하기도 한다. 민간의료보험이나 민간자동차보험에서 이와 같이 가입자들을 걸러내는 것을 **선별**(Screening)이라 한다.

셋째, 자동차보험이나 의료보험의 경우, 최소한의 기본적인 보험을 강제로 가입하게 하는 **강제보험**(Mandatory insurance)의 방식을 쓰기도 한다. 자동차보험의 경우, 자신의 과실로 입은 상대방의 피해액을 물어주는 책임보험(Liability)에는 모든 운전자들이 법에 의해 예외 없이 가입해야 한다. 대신 자신의 과실로 망가진 자신의 차에 대한 배상이나 기타의 이유때문에 생긴 피해까지 보상해주는 종합보험(Comprehensive insurance)에

26) 애프터서비스(After service)를 뜻하는 A/S가 콩글리쉬(Konglish)라는 것은 알만한 사람들은 다 알고 있다. 물론 콩글리쉬도 오래 써서 그것이 편하면, 표준외래어로 인정되어 정착될 수도 있다.

대해서는 더 높은 보험료를 내고 선택할 수 있다. 의료보험의 경우, 특정 범위의 질병이나 상해 등에 대한 보험을 모든 국민이 가입하게 하는 등 국가가 공공건강보험(Public health insurance)을 시행하기도 한다.

넷째, 취업시장에서는 취업희망자가 학교졸업장, 학교성적, 추천서, 각종 자격증 등으로 자신이 능력 있고 성실한 사람이라는 신호를 보내려 하며, 기업들은 그러한 것들을 선별을 위한 자료로 삼으려 한다.[27] 우리나라에서 근래에 들어 시행되는 인턴사원제는 수개월 정도의 기간동안 취업희망자가 자신의 참모습을 증명할 수 있는 신호의 역할을 하는 동시에, 기업이 취업희망자의 참모습을 파악할 수 있는 선별의 기능을 가지고 있다.

---

27) 기업이 채용을 할 때 학교졸업장 등의 자료를 받는 것을 금지시키고 오로지 능력으로만 선발하게 해야 한다고 주장하는 경우가 간혹 있다.

그런데 기업이 졸업장 등의 자료를 요구하는 것은 취업희망자의 능력을 정확하게 파악하는데 시간과 비용이 너무 많이 들기 때문에 그냥 간편하게 서류상의 선별방법으로 쓰려고 하는 것이다. 각 기업에 대해 채용 시 컨설팅회사를 통하든지 자체적으로 개발한 방법을 쓰든지 큰 비용과 시간이 들더라도 정확하게 지원자의 자질과 성실성을 가려낼 수 있도록 강제하지도 않은 상황에서, 무조건 기업의 간편한 선별기능만 금지하는 것은 위에서 본 바와 같이 오히려 취업시장의 사중손실을 더욱 크게 만들 수 있다.

물론 이와 같이 몇 가지 서류와 짧은 면접에만 의존하는 간편한 선별 자체가 취업희망자를 정확히 파악하는 데는 오차와 한계가 있기 때문에, 무조건 그런 방법에만 의존하는 기업은 그만큼 바라는 자질의 인재를 뽑는데 위험(Risk)을 감수할 수밖에 없다. 바라는 자질의 인재가 기업에 끼치는 영향이 크다고 기대되는 기업일수록, 그리고 보다 정확한 선별에 자신이 있거나 거기에 투자할 시간과 돈을 충분히 감당할 수 있다고 생각하는 기업일수록, 취업희망자들의 보다 많은 면들을 꼼꼼하게 고려할 것이다.

채용 시 어느 정도 수준과 강도의 선별을 선택하느냐는 이처럼 선별수준과 강도별 기대효과와 비용을 고려하여 각 기업의 사정에 따라 자유롭게 선택하게 하는 것이 낫다. 그렇게 해야 취업시장에서 사회적 최적상태에 도달할 수 있다.

한일 월드컵 당시 히딩크 감독은 선수를 보는 예리한 눈과 능력을 소유하고 있었고, 외압을 받지 않고 직접 오랜 시간을 국내외 경기장을 돌며 발품을 판 덕분에, 당시 축구명문대학 출신이라는 서류상의 선별에만 의존하지 않고 몇몇 탁월한 선수들을 발굴해 낼 수 있었다.

■ 도덕적 해이

도덕적 해이(Moral hazard)란 정보가 많은 쪽에서 느슨하게 주의를 덜 기울이거나 바람직하지 못한 행동을 하는 것을 말한다. 보험가입자들은 그들의 행동을 일일이 관측하기 힘든 보험회사보다 자신들의 행동에 대한 정보를 더 많이 가진 쪽이 된다. 일단 보험에 가입한 자들은 보험으로부터 받을 보상을 믿고 사고예방을 위한 주의를 덜 기울일 수 있다. 보험의 보상액이 충분할수록 그러한 유인이 더 커진다. 그렇게 되면, 전체적으로 사고의 확률이 높아지므로, 사회적 효율성을 높인다는 보험 본연의 취지를 퇴색시킬 수 있다. 도덕적 해이에 관한 몇 가지 구체적인 예를 들어보자.

❖ 자동차보험과 화재보험

자동차보험에 가입한 후에 운전자는 안전운전에 대한 주의를 덜 기울일 수 있다. 예를 들어, 자동차보험에 전혀 가입이 되어 있으면 않으면, 과속을 덜하거나 운전 직전에는 어떤 일이 있어도 술을 입에도 대지 않을 사람이 자동차보험에 가입되어 있으면, 사고에 대한 경각심이 은연중에 떨어져 주의를 덜 기울일 수도 있다. 또한 화재보험에 가입된 빌딩주인이 소화기점검을 형식적으로 대충하거나 최신형 화재진압용 스프링클러 시스템에 관심을 덜 보인다면, 이는 화재피해에 대한 보상에 기대어 화재예방에 대한 주의가 느슨해졌기 때문이라고 할 수 있다. 이와 같이 보험가입 후에는 보험가입자들의 안전의식이 떨어지거나 주의를 덜 기울이므로, 사회적 손실이 증가할 수 있다.

❖ 주인과 대리인 문제

주인과 대리인 문제(Principal-agent problem)는 주인과 주인으로부터 일을 위임 받은 대리인 사이의 정보비대칭으로 말미암아 발생한다. 주인은 일을 위임하는 대리인의 업무능력, 충성심, 성실성, 정직성 등에 대한 정보를 완벽하게 얻기가 힘들고, 대리인의 행동을 일일이 감시하기가 힘든 경우가 많다. 이때 대리인은 맡은 일을 덜 성실하게 하거나 느슨하게 할 유인을 가질 수 있다. 주주들이 회사경영을 위해 사장을 고용하면, 사장은 회사의 이익보다는 회사로부터 얻을 수 있는 자신의 이득에만 신경을 쓰려는 유혹에 빠질 수 있다. 사장직 계약갱신에만 신경 쓰는 고용사장들은 회사에 장기적으로 큰 이익을 가져다 줄 프로젝트보다는 단기적인 성과만 올릴 수 있는 프로젝트를 선택하려는 유인을 가지게 될 것이다. 마찬가지로 기업주가 고용한 일반종업원들도 드러나지 않는 부분에서는 근무를 태만하게 할 수 있다. 국민의 대리인인 정치인들의 경우도 일단 당선되면, 지역구나 국민을 위하기보다는 자신의 이익과 당리당략에 따라 행동할 수 있다.

이와 같이 일정기간 동안의 고용계약을 하거나 일자리를 위임 받은 후에는, 그 기간동안 일자리를 보장받을 수 있으므로 보험에 가입한 것과 마찬가지인 셈이다. 이때 대리인들은 보험가입자처럼 행동이나 주의가 느슨해질 수 있다.

❖ 도덕적 해이의 해결책

보험가입자들의 도덕적 해이 문제를 해결하기 위해, 자동차보험이나 화재보험의 경우 사고 시 손실액의 일부만 지급하고 나머지는 본인부담으로 돌리는 **공제금액**(Deductible) 조항을 넣기도 한다. 예를 들어, 자동차 사고 시 수리비 중 50만원은 본인이 부담하게 한다든지, 사고가 잦은 보험가입자의 보험료를 인상하기도 한다. 이때 보험가입자들은 사고예방에 주의를 더 기울이게 될 것이다. 즉, 피해액 보상에 대한 책임을 보험사와 보험가입자가 공동으로 짐으로써, 보험가입자의 사고예방에 대한 태도가 해이해지는 것을 막고자하는 것이다.

고용사장이나 종업원들에게는 스톡옵션[28] 등을 실시하여 회사가 더욱 성

---

28) 스톡옵션(Stock option)이란 자신이 속한 회사의 주식 일정량을 미리 정해놓은 가격으로 수년 정도 후에 시작되는 옵션 행사기간 동안 살 수 있는 선택

장하고 보다 큰 이윤을 올리는데 노력하도록 성취동기를 부여하기도 한다. 또한 지역주민과 국민보다는 자신의 이익과 당리당략에 따라 움직이는 국회의원들을 지연이나 학연에 관계없이 다음 선거에서 절대 뽑지 않음으로써, 정치인들의 목표가 국민의 후생 쪽으로 향할 수 있도록 강한 동기를 부여하면 된다. 이와 같은 **유인체계**(Incentive system)는 도덕적 해이로 비롯된 비효율을 줄이는데 큰 힘을 발휘하기도 한다.

권(Option)을 주는 것을 말한다. 예를 들어, 현재의 주가가 10,000원인데, 2년 후의 행사기간동안 12,000원에 2만 주를 구매할 수 있는 스톡옵션을 부여받았다고 하자. 만일 2년 후 주가가 22,000원이 되면, 스톡옵션소유자는 회사로부터 주식을 사는 옵션을 행사한 후 증권시장에서 되팔아 2억 원[=(22,000원−12,000원)×2만 주]의 이익을 챙길 수 있다. 대개의 경우 스톡옵션으로부터의 이익은 실제로 주식을 사고팔지 않고 회사 내에서 현금정산을 해준다. 만일 2년 후 주가가 12,000원에 못 미치면, 스톡옵션은 휴지조각이 되어버린다.

2부 경제, 산업, 부동산

3장 경제

3-1 경기부양정책과 물가정책

정부는 경기불황 시에는 경기를 부양하는 정책을 쓰고, 지나친 호황으로 경기가 과열되면 경기를 진정시키는 정책을 쓰곤 한다.[1] 경기변동의 폭을 줄이기 위한 이러한 정부정책이 어떤 효과를 가지는지 살펴보자.

■ 불경기 시 경기부양정책을 쓰는 것이 나을까?

경기불황 때 정부가 쓸 수 있는 정책은 재정정책과 금융정책으로 나눌 수 있다. 재정정책은 정부가 도로 등에 대한 사회간접자본투자를 늘리거나, 실업수당을 주거나, 세금을 인하하는 등 직접적으로 경제 전체의 총수요

---

1) 아담 스미스 이래로 계승되어온 경제학파인 고전학파와 신고전학파에 의하면, 시장경제의 균형이 모든 것을 최적상태로 유지해준다. 1920 ~ 30년대에 대공황이 발생하자, 케인즈(Keynes)는 대공황의 원인이 경직된 가격과 수요부족에 있으므로 정부가 재정지출을 늘리는 등 적극적인 역할을 해야 한다고 주장하였다. 경제학은 크게 미시경제학(Microeconomics)과 거시경제학(Macroeconomics)으로 나눌 수 있다.

미시경제학은 개인의 효용극대화, 기업의 이윤극대화, 제품시장과 같이 개별 경제주체나 개별 시장을 주로 다룬다. 반면에 거시경제학은 국민소득, 물가, 실업, 국제수지, 경제성장 등과 같이 나라 전체의 경제현상을 다룬다. 케인즈의 경제이론은 국민소득 등 나라 전체의 총량변수들을 다루고 있다. 거시경제학은 대공황을 계기로 케인즈의 이론에 의해 탄생되었다.

를 늘리려는 정책이다. 금융정책은 이자율을 낮추거나, 통화량을 늘리거나, 금융권의 대출조건을 완화해줌으로써 민간투자 등을 증가시켜 총수요를 늘리려는 정책이다. 정부지출의 증가나 감세를 결정하고 승인하기까지는 절차상 시간이 걸리지만, 재정정책이 일단 시행되면 곧바로 총수요에 영향을 준다. 반면에 금융정책은 중앙은행에서 독립적으로 시행하며, 다른 기관의 동의를 얻지 않아도 된다. 따라서 금융정책을 시행하기까지는 시간이 오래 걸리지 않지만, 시행 후 경제에 효력이 나타나기까지는 시간이 걸릴 수 있다. 금융정책으로 이자율이 낮아지더라도, 기업들의 투자심리가 너무 위축되어 있으면, 금융정책의 효과가 잘 나타나지 않거나 나타나더라도 오랜 시간이 걸릴 수 있다.

불황 시에 재정정책이나 금융정책과 같은 총수요정책은 나라 전체의 총수요를 자극하여 총생산을 늘리고 실업률을 줄이기 위해 시행된다. 이러한 총수요정책의 효과에 대해 고전학파 지지자들과 케인즈학파 지지자들의 견해가 엇갈린다. 고전학파(또는 오늘날의 새고전학파)를 지지하는 학자들이나 관료들은 총수요정책이 효과가 없다고 주장하는 반면, 케인즈학파(또는 오늘날의 새케인즈학파)를 지지하는 학자들이나 관료들은 총수요정책이 효과가 있다고 주장한다.

❖ 경기부양정책에 대한 고전학파와 케인즈학파의 견해

아래 그림은 나라 전체의 총수요곡선과 총공급곡선을 그린 것이다.[2] 케인즈학파에 의하면, 단기에서 가격경직성으로 말미암아 물가가 고정되어 있으므로, 단기 총공급곡선은 수평선의 모양을 가진다. 현재 균형점 E_0에서 정상적인 생산량(Y_0)과 완전고용을 달성하고 있다고 해보자. 총수요가 위축되어 경기불황이 발생하면, 총수요곡선이 왼쪽으로 이동한다.

---

2) 이는 미시경제학에서의 수요곡선, 공급곡선과 유사하다. 단, 주요 변수는 제품의 가격과 수량 대신 나라 전체의 물가와 국민소득이 된다. 물가는 모든 제품의 가격을 가중평균한 것이고, 국민소득은 모든 제품의 생산량을 다 포함하는 총생산량과 같다. (여기서 생산량은 명목생산량이 아닌 실질생산량이다.)

이때 경제는 단기 총공급곡선을 따라 E_0점에서 E_1점으로 이동한다. 따라서 $(Y_0 - Y_1)$만큼 총수요가 부족하게 되고, 물건이 팔리지 않아 재고가 증가한다. 그 결과 실업률이 상승하고, 생산량과 국민소득은 Y_1으로 감소한다. 이때 정부가 총수요확대정책을 쓰면, 총수요곡선이 다시 오른쪽으로 움직여 원래의 균형점(E_0)으로 복귀할 수 있다.

따라서 케인즈학파에 의하면, 경기불황의 가장 중요한 원인은 총수요 부족이며, 이러한 불황은 총수요를 확대하는 정책으로 타개할 수 있다는 것이다.

최근에 등장한 새케인즈학파는 메뉴비용[3] 등 여러 가지 가설을 가지고 가격경직성에 대한 설명을 시도하였으며, 본질적으로는 이전의 케인즈학파 이론을 계승하고 있다.

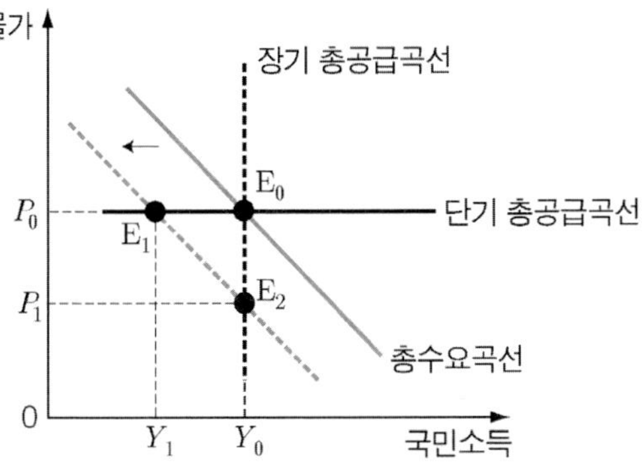

총수요 감소로 인한 불황

고전학파는 가격과 물가의 신축성을 강조한다. 또한 고전학파에 의하면, 생산량이나 국민소득은 궁극적으로 생산부문에서 노동과 자본의 투입량에 의해 결정된다. 즉, 통화량 증감 등에 따른 물가의 변화는 궁극적으로

3) 메뉴비용이론은 생산자들이 가격인상 요인이 있더라도 메뉴, 가격표, 카탈로그 등을 바꾸는 비용이 가격인상으로 인한 추가수입보다 크면, 일정 기간 동안 가격을 올리지 않는다는 것이다.

생산량에 아무런 변화를 주지 못한다는 것이다. 따라서 고전학파에 의하면, (물가가 충분히 적응하게 되는 장기에서는) 총공급곡선이 위 그림에서 수직선이 되어버린다. 따라서 총수요가 감소하면, 궁극적으로 물가만 P_1으로 하락할 뿐 생산량과 국민소득은 변하지 않는다.[4)]

최근에 등장한 새고전학파에 의하면, 경제주체들은 경제상황과 경제정책에 따른 경제변수들의 변화를 합리적으로 예측한다.[5)] 예를 들어, 정부가 통화량을 추가로 5% 증가시킨다고 발표하는 순간, 경제주체들은 5%의 물가인상을 예측하고, 정책이 시행되면 5%의 임금인상을 요구한다는 것이다. 즉, 총수요정책으로 물가가 변하면, 경제주체들은 그것에 신속하게 반응한다는 것이다. 따라서 총공급곡선은 단기에서도 수직선이 되어 버린다.

그러므로 총수요 감소 시 고전학파는 장기적으로 E_2점으로 도달한다고 하였으나, 새고전학파는 단기에서도 신속하게 E_2점으로 도달한다고 하였다. 결국 고전학파나 새고전학파에 의하면, 총수요부족이 불황의 원인이 될 수 없다는 것이다. (고전학파는 장기적인 관점에서, 새고전학파는 단기에서도 그렇다는 것이다.)

새고전학파에 의하면, 불황은 주로 공급부문의 충격으로 발생한다. 예를 들어, 국제유가나 원자재 가격이 상승하면, 생산비용이 상승하므로 생산자들은 고용량과 생산량을 줄여버린다. 이때 총공급곡선은 아래 그림에서처럼 왼쪽으로 이동한다. (새고전학파에 의하면, 단기 총공급곡선이 수직선이다.) 이때 경제는 E_0점에서 E_1점으로 이동한다. 이때 물가는 P_1으로 상승하고, 생산량과 국민소득은 Y_1으로 감소한다. 즉, 물가와 실업률이 동시에 상승한다. 이러한 현상을 스태그플레이션(Stagflation)이라 한다.[6)]

---

4) 케인즈학파는 단기분석에 치중하는 반면, 고전학파는 장기적인 관점을 더 중시한다.

5) 이를 합리적 기대(Rational expectations) 가설이라고 한다.

6) 스태그플레이션은 정체를 뜻하는 Stagnation과 물가상승을 뜻하는 Inflation의 합성어이다.

이와 같이 공급부문이 유발한 불황이 발생하면, 정부는 그냥 가만히 있는 것이 최선이다. 만일 불황에 대응해 총수요 확대정책을 써서 총수요곡선을 오른쪽으로 이동시키면, 생산량과 국민소득은 Y_1수준에서 변하지 않고, 물가만 상승하게 된다.

스태그플레이션에 대한 총수요정책의 부작용에 대해서는 오늘날 대부분의 경제학자들이나 관료들이 공감대를 이루고 있다. 따라서 오늘날 거의 대부분 국가들에서는 공급부문이 유발한 불황에 대해서는 그냥 감내할 수밖에 없다는 입장을 취한다. (물론 장기적으로는 기술발전, 생산성 향상, 노동시장의 유연성 등 공급부문에서의 노력을 통해 경기를 부양시킬 수 있다.)

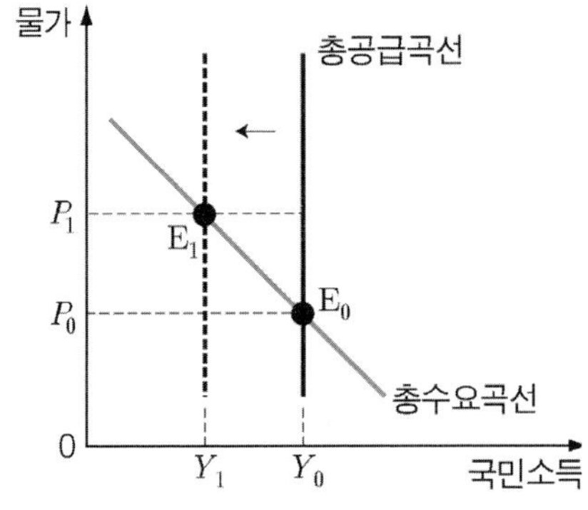

공급부문 충격으로 인한 불황

총수요 감소가 실제로 불황을 유발하는지에 대해서는 고전학파(새고전학파)와 케인즈학파(새케인즈학파)간에 의견이 엇갈리고 있다. 만일 총수요 감소가 불황을 일으킨다면, 케인즈학파나 새케인즈학파의 주장처럼 정부지출을 늘리거나 금리를 인하하는 등의 총수요확대정책으로 경기를 부양시킬 수 있다. 하지만 고전학파나 새고전학파의 주장처럼 수요부문의 변화는 불황을 일으킬 수 없고, 불황은 공급부문의 충격에서 비롯된 것이라면, 정부의 총수요확대정책은 물가상승이라는 부작용만 일으킨다.

수요부문의 충격이 불황을 일으키는지의 열쇠는 가격경직성이 가지고 있다. (임금을 포함한) 가격이나 물가가 경직적이면, 앞서 보았듯이 총수요 감소는 불황을 일으킬 수 있다. 실제로 가격경직성에 대해서는 나라나 시점 별로 정도의 차이가 있을 수 있기 때문에, 특정시점에서 가격경직성 여부를 정확하게 판단하는 것이 불황에 대해 보다 올바른 처방을 내릴 수 있는 키포인트가 된다.

❖ 새고전학파의 동태적 비일관성 이론

새고전학파는 경제정책이 시점에 따라 다르게 평가될 수 있다는 동태적 비일관성(Dynamic inconsistency) 또는 시간 비일관성(Time inconsistency)[7] 문제를 제기하였다.

경제정책에서의 동태적 비일관성은 한 시점에서 최선의 정책이 시점이 바뀌면서 최선이 아니게 되는 경우에 발생한다. 예를 들어, 현재 물가상승률이 0%, 실업률이 7%라 가정해보자. 정부가 0%의 물가상승률을 고수하면, 생산자들이나 근로자들이 가격을 올리거나 임금인상을 요구하지 않고 물가상승률도 계속 0%가 될 것이다. 그러나 실업률만 줄어든다면 3% 정도의 물가상승률은 참을만하다고 생각한 정부가 총수요확대정책을 쓰면, 단기적으로는 실업률을 떨어뜨릴 수 있을지도 모른다. (단기적으로 근로자들이 높아진 물가상승률을 깨닫지 못하고 명목임금 인상을 요구하지 않으면, 실질임금은 물가상승률만큼 감소한다. 실질임금이 감소하면,

---

7) 시간비일관성 문제를 테러리스트나 신약개발의 예로 살펴보자. 장기적으로 테러를 예방하기 위한 가장 좋은 방법은 테러리스트와의 협상 절대불가라는 원칙을 지키는 것이다. 하지만 막상 납치사건이 발생했을 때, 인질석방이라는 단기목표에만 집착하여 테러리스트의 요구를 들어주면, 장기적으로는 오히려 테러를 부추기는 셈이 되어버릴 것이다.

신약개발을 촉진시키기 위해 신약 특허권을 약속한 정부가 막상 신약이 개발되고 나면, 가격을 낮추기 위해 특허권을 주지 않고 누구나 생산하게 하면 어떻게 될까? 단기적으로 보면, 많은 사람들이 저렴한 가격에 신약을 구입할 수 있게 되어 정부의 결정이 괜찮은 것처럼 보인다. 하지만 앞으로 신약개발이 상당히 위축될 것이다. 즉, 시간이 지나고 보면, 오히려 더 안 좋은 결과를 초래한다.

기업은 더 많이 고용하고 생산량은 증가한다.) 하지만 시간이 지나 결국 모든 경제주체들이 3%의 물가상승률을 알아차리고, 가격과 명목임금을 똑같이 3% 인상해버리면, 실질임금과 고용은 예전의 수준으로 돌아와 버린다. 즉, 시간이 지나고 보면, 실업률은 여전히 7%이고, 물가상승률만 3%가 되어버렸다. 따라서 처음 시행 당시에는 바람직해 보였던 정책이 시간이 지나고 나면 더 나쁜 정책이 되어버린 것이다.

동태적 비일관성 문제를 해결하기 위한 방법으로 중앙은행의 독립을 들 수 있다. 통화량 증가율이나 금리를 정하는 권한을 중앙은행에 주고, 총수요정책을 시행하는 정부부서로부터 독립시키는 것이다. 그 결과 중앙은행은 외부간섭 없이 독자적으로 일관성 있게 통화정책에 관한 원칙을 지킬 수 있게 된다. 또한 재정지출의 자의적 확대를 방지하기 위해 시행규정을 명확하게 하거나 꼼꼼한 검증을 거치게 하는 등 허가절차를 까다롭게 하는 방법도 있다. 따라서 동태적 비일관성 문제는 경기부양을 위한 재량적인 정부정책에 반대하는 새고전학파의 주장에 더 무게를 실어준다. 금융정책이나 재정정책에 관한 동태적 비일관성 문제는 최근 들어 선진 각국에서 실제 정부정책에 반영되는 등 많은 주목을 받고 있다.[8)]

❖ 새케인즈학파의 조정실패 이론

새케인즈학파는 기업들이 바람직한 균형과 바람직하지 못한 두 개의 균형 중 하나를 택할 수 있으며, 그중 어느 쪽을 택할지는 다른 기업의 선택에 영향을 받으며, 이 과정에서 비효율적인 선택을 할 수 있다는 조정실패(Failure of coordination) 이론을 제시하였다. 예를 들어, 경기불황기에 어느 한 기업만 투자를 늘리면, 수요가 부족한 상황에서 과잉설비가 되어 큰 손해를 보게 된다. 하지만 모든 기업들이 함께 투자를 늘리면, 경제전체의 경기가 살아나 모든 기업들의 이윤이 증가할 수 있다. 즉, 어느 한 기업의 투자효과는 다른 기업들의 투자결정 여부에 달려있게 된다. (이는

8) 프레스콧(Prescott)과 키들랜드(Kydland)는 동태적 비일관성 이론으로 2004년 노벨경제학상을 공동수상하였다.

어느 한 기업의 행동이 다른 기업의 득실에 영향을 주는 외부성의 경우에 해당한다.)

불황기에는 미래에 대한 비관적인 전망으로 인해 대부분의 기업들이 새로운 투자를 꺼리게 되며, 다른 기업들이 투자를 하지 않는 상황에서 어느 기업도 혼자 투자를 하기가 어려워진다. 모든 기업들이 투자를 주저하면, 수요회복의 속도가 느려지고 불황이 장기화될 수 있다. 즉, 모든 기업들이 함께 투자하여 불황을 벗어나는 바람직한 균형이 아닌, 불황이라는 바람직하지 못한 균형이 지속된다는 것이다.

이와 같은 조정실패가 발생할 경우, 정부는 총수요확대정책으로 경기회복에 대한 자신감을 심어주거나, 투자에 대한 불필요한 규제를 없애고 투자절차를 간소화 하는 등의 투자촉진 정책으로 바람직한 균형에 도달하게 할 수 있다는 것이다. 조정실패 이론은 불황 시 정부의 총수요정책을 강조하는 새케인즈학파의 주장을 지지해주고 있다.

☞ 베이비시팅 회원들이 보여준 경기침체

1950년대 말 미국의 수도 워싱턴에서 저녁에 부모가 외출할 경우 자녀를 돌봐주기 위해 베이비시팅조합(Capitol Hill Baby-Sitting Co-op)이 생겨나 한 때는 수백 명의 회원들이 있었으며, 회원규모가 줄었지만 현재까지 존속하고 있다.

조합에 처음 가입하는 부모는 조합으로부터 20장의 표를 받았으며, 탈퇴할 때 20장을 반납해야 했다. 회원이 된 부모는 표 1장을 다른 회원에게 주고 그 회원으로부터 30분의 베이비시팅 서비스를 받을 수 있었다. 그런데 대부분의 부모들이 장시간의 외출에 대비해 처음 받은 20장보다 많은 표를 가지기 원했다. 그 결과 베이비시팅 서비스를 받으려는 부모들보다 베이비시팅 서비스를 제공하여 표를 모으려는 부모들이 훨씬 많게 되었다. 즉, 수요부족이 실업을 창출하는 케인즈적 불황이 발생하였다.

주: 위의 사례는 케인즈학파의 가격경직성을 가정하고 있다. 베이비시팅의 공급이 수요를 초과할 때 베이비시팅의 시간당 가격이 하락했다면(예를 들어, 원래 2시간당 표 4장이었지만, 2시간당 표 3장, 즉, 표 1장당 40분으로 변했다면), 수요량은 증가하고 공급량은 줄어들어 균형을 회복할 수도 있었을 것이다.

■ 인플레이션을 억제하기 위한 총수요정책은 효과적일까?

물가상승의 원인은 제품에 대한 기호증가, 소득증가, 정부의 총수요확대정책처럼 수요 쪽에 있거나, 국제유가나 원자재가격 상승처럼 공급 쪽에 있을 수 있다.

❖ 물가상승 유형에 따른 총수요정책

물가상승의 원인이 수요 쪽에 있는 수요견인(Demand-pull) 인플레이션이 발생하면, 아래 그림에서처럼 총수요곡선이 오른쪽으로 이동한다. 이때 물가는 P_0에서 P_1으로 상승한다.[9] (만일 물가상승요인이 지속되면, 물가뿐만 아니라 물가상승률도 증가한다. 예를 들어, 단 한번만 통화량을 증가시키는 것이 아니라 통화량증가율을 증가시켜버리면, 물가상승률도 증가한다.) 이때 정부는 총수요축소정책으로 총수요곡선을 왼쪽으로 이동시켜, 이전의 물가수준(P_0)으로 물가를 낮출 수 있다.

---

9) 케인즈학파에서와 같이 단기 총공급곡선이 수평선이면, 물가상승이 생길 수 없다. 이 그림에서는 케인즈학파와 고전학파를 절충하여 기울기가 양(+)인 총공급곡선을 그렸다. 만일 수직선인 고전학파의 총공급곡선을 그리면, 총수요 증가 시 마찬가지로 물가가 상승한다. 다만 상승폭이 더 커질 뿐이다.

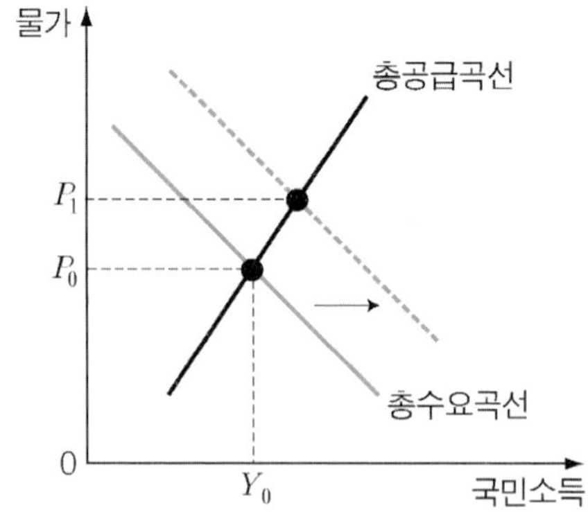

수요견인 인플레이션

만일 물가상승의 원인이 공급 쪽에 있는 비용인상(Cost-push) 인플레이션이 발생하면, 기업들은 생산비용 상승으로 인해 고용량과 생산량을 줄여버리기 때문에 아래 그림에서처럼 총공급곡선이 왼쪽으로 이동한다. 이때 물가는 P_0에서 P_1으로 상승한다. 또한 생산량과 국민소득은 Y_1으로 감소한다. 물가상승의 원인이 이처럼 공급 쪽에 있으면, 물가와 실업률이 동시에 상승하는 스태그플레이션이 발생한다.

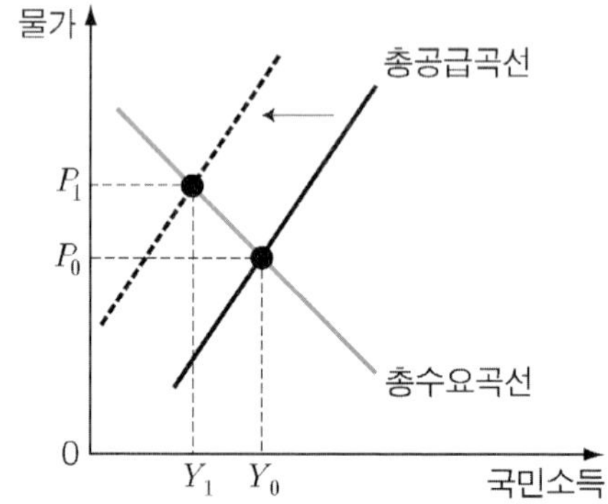

비용인상 인플레이션

비용인상 인플레이션이 발생한 경우 정부가 물가상승을 억제하기 위해 정부지출감소, 증세, 금리인상과 통화량감소 등 총수요 축소정책을 쓰면, 어떻게 될까? 총수요 축소정책으로 총수요곡선이 왼쪽으로 이동하면, 아래 그림에서 보듯이 비용인상 인플레이션 후 Y_1을 유지하던 국민소득이 Y_2까지 낮아져 버린다. 따라서 인플레이션의 원인이 공급 쪽에 있을 때, 물가상승을 억제하기 위한 총수요정책은 물가는 진정시킬지 몰라도 실업률을 더 상승시키는 등 불황을 더욱 심각하게 만들어버린다.

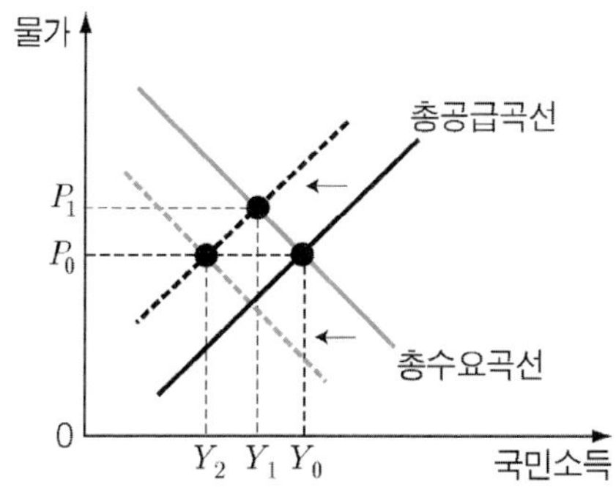

비용인상 인플레이션: 물가정책의 효과

비용인상 인플레이션이 발생한 경우 정부가 경기를 살리기 위해 정부지출증가, 감세, 금리인하와 통화량증가 등 총수요확대정책을 쓰면, 어떻게 될까? 아래 그림에서처럼 총수요곡선이 오른쪽으로 이동하고, 비용인상 인플레이션 후 P_1이었던 물가는 P_2까지 상승한다. 이때 근로자들은 총수요확대에 의한 물가상승과 비례하여 임금인상을 요구하고, 생산자들은 제품의 가격을 인상할 것이다. 그 결과 총공급곡선은 다시 왼쪽으로 이동하고, 물가수준은 P_3로 더욱 높아져버린다. 또한 총수요확대정책 후 일시적으로 Y_0까지 상승했던 국민소득은 다시 Y_1으로 하락해버린다. 결과적으로 총수요정책은 국민소득을 증가시키거나 실업률을 줄이지 못하고, 물가만 더욱 상승시켜 버린다.

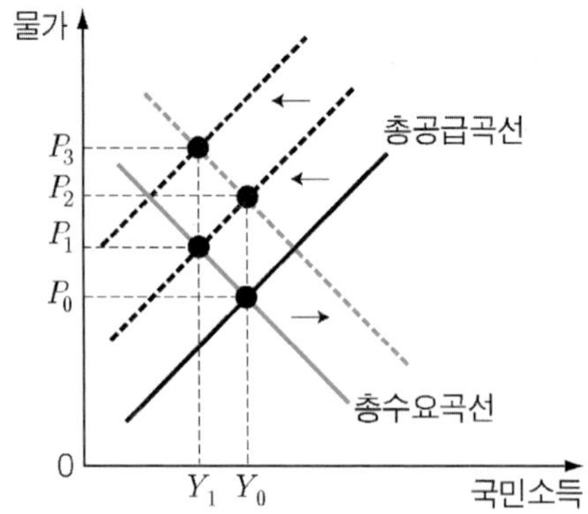

비용인상 인플레이션: 경기부양정책의 효과

인플레이션의 원인이 수요 쪽에 있다면 총수요축소정책으로 물가상승을 완화시킬 수 있지만, 인플레이션의 원인이 공급 쪽에 있으면, 물가를 억제시키거나 경기를 부양하기 위한 총수요정책은 보다 큰 부작용을 낳는다.[10] 따라서 국제유가나 원자재가격 인상과 같이 공급 쪽이 원인이 되어 발생한 인플레이션은 그냥 감내하는 것이 최선책이다. 그렇기 때문에, 오늘날 대부분의 선진국에서는 이와 같은 스태그플레이션에 대해서는 적극적인 총수요정책을 시행하지 않는다.

■ 인플레이션의 부정적인 효과

인플레이션은 다음과 같은 폐해들을 발생시킨다. 첫째, 화폐가치가 떨어지기 때문에, 화폐자산의 보유자가 손해를 본다. 또한 예상치 못한 인플레이션은 채권자로부터 채무자에게로 부를 재분배시킨다.[11] 즉, 개인의

10) 1974년과 1979년 두 차례의 국제유가상승 충격(Oil shock)을 겪은 미국은 불황을 극복하려고 통화량을 증가시켰다. 그 후 미국은 물가상승률이 1%대에서 9%대로 증가하였고, 실업률은 7% 이상을 기록하게 되었다.

11) 채권자들은 예상된 인플레이션에 대해서는 그만큼 명목이자율을 상승시켜 버릴 것이다.

소유권침해라는 불공정한 결과를 초래한다. 둘째, 실물자산의 명목가치가 상승하기 때문에 실물자산의 투자수익률이 증가하는 것 같은 착시현상이 생길 수 있다. 그 결과 부동산 등 실물자산에 대한 가수요까지 몰려 실물자산가격이 더욱 오를 수 있다. 이에 따라 자금이 생산적인 부문에서 이탈하여 부동산 등으로 흘러들어갈 수 있다. 또한 가치보존을 위해 화폐자산보다 실물자산 보유성향을 증가시켜, 원래의 투자자산 포트폴리오의 최적구성을 왜곡시킨다. 또한 보다 많은 실물자산을 보유하려면, 조사비용과 거래비용이 추가로 든다. 즉, 인플레이션으로 인한 손실을 회피하기 위한 헤지비용(Hedge cost)을 발생시킨다. 셋째, 자주 가격이 바뀌어 메뉴판 교체비용이나 화폐개혁 비용을 초래한다. 넷째, 물가상승률을 정확하게 예측하기가 매우 어렵기 때문에 정부예산, 기업재무, 투자 등에서 미래의 수익과 비용의 가치에 대한 불확실성을 증가시키고, 이에 따라 최적 프로젝트 선정이 더욱 힘들어진다. 다섯째, 누진세율이 적용되는 소득범위나 부동산 매매차익 계산 시 매입비용을 물가상승률에 연동시켜놓지 않으면, 실질소득이나 부동산의 실질매매차익에 비해 과도한 세금을 내게 된다. 이것도 정부가 사유재산권을 침해하는 불공정 사례가 된다. 이와 같이 인플레이션 때문에 내야 하는 세금을 인플레이션 세금(Inflation tax)이라고 한다. 인플레이션 세금은 개인의 소유권을 침해하며 근로의욕을 저하시키고, 포트폴리오 상의 자산구성비율을 왜곡시켜 자원배분의 비효율을 초래한다.

❖ 가장 이상적인 물가상승률은 어느 정도인가?

가장 이상적인 물가상승률 수준은 0%이다. 즉, 별다른 일이 없으면, 현재 10만 원으로 피자를 10판 사먹을 수 있으면, 1년 후나 10년 후에도 마찬가지로 10판 사먹을 수 있는 상태이다. 현재 집값이 3억 원이면, 1년 후나 10년 후에도 (감가상각을 무시하면) 마찬가지로 3억 원이라는 것이다. 즉, 화폐의 구매력이 전혀 변하지 않는 상태이다.

이렇게 되려면, 경제 전체의 통화량이 계속 일정하게 유지되어야 한다. 중앙은행이 통화량의 공급을 늘리면, 그만큼 물가가 상승하게 된다. (예를 들어, 경제전체의 생산량은 그대로인데, 정부가 갑자기 통화량을 2배로 늘렸다고 해보자. 이때 1만 원 하던 피자가격은 당연히 2만 원으로 올라버릴 것이다. 이때는 20만 원이 있어야 피자를 10판 살 수 있게 된다.) 즉, 물가상승률이 0%가 되려면, 통화량증가율도 0%가 되어야 한다. 경제가 성장을 하면, 통화량을 경제성장률과 같은 증가율로 증가시키면 된다. (예를 들어, 피자만 생산하는 나라에서 1년 후 피자 생산량이 2배가 될 때 통화량도 2배가 되면, 여전히 피자 한 판의 가격은 1만 원일 것이다.) 즉, 단순하게 말하면, "통화량증가율 = 경제성장률"이 황금률이라 할 수 있다.

그런데 현실적으로 경제성장률을 오차 없이 측정하기는 어렵고, 더구나 해당년도의 경제성장률을 미리 정확하게 예측한다는 것은 훨씬 힘이 든다. 만일 경제성장률을 실제보다 작게 예측하여, 통화량증가율이 경제성장률에 못 미치게 되면, 총수요가 감소하여 불황을 유발할 수도 있다. 따라서 각국은 경제성장률의 평균예측오차를 감안하여, 완충(Buffer)작용을 하게끔 통화량증가율을 경제성장률 예측치보다 몇 퍼센트 포인트 더 높게 정한다.

$$\text{통화량증가율} = \text{경제성장률} + \text{버퍼(Buffer) 값}$$

이때 버퍼 값이 물가상승률과 같아진다. 예를 들어, 경제성장률이 2%일 때 버퍼 값을 3%로 정하면(즉, 통화량증가율을 5%로 정하면), 연간 물가상승률은 3%가 된다.[12)] 우리나라는 최근 연간 물가상승률이 2~4% 정도이며, 미국을 비롯한 몇몇 선진국들은 1% 정도를 유지하고 있다. 일본은 오랫동안 1% 이하의 연간 물가상승률을 기록하고 있다. 결국 인플레이션은 화폐적인 현상이라고 할 수 있다.[13)] 우리나라의 경우도 경제성장률의 계측이나 예측이 보다 정확하고 정교해지면, 연간 물가상승률을 되도록

---

12) 실제로 물가는 경제성장률이나 통화량증가율 뿐만 아니라 소비자 취향의 변화, 국제유가 변화 등 많은 요인들에 의해 영향을 받는다. 위의 식은 이러한 모든 불규칙적인 요인들을 배제하고 단지 장기적인 추세를 반영한다.

13) 우리나라의 물가에 가장 큰 영향을 준다고 여겨지는 석유의 수입액(=원유수입액+석유제품 수입액)은 GDP의 1% 정도이다. 따라서 국제유가가 1년 동안 10% 또는 20% 상승하면, 우리나라의 연간 물가상승률은 각각 0.1% 포인트 또는 0.2% 포인트 상승한다.

1% 안쪽으로 유지하는 것이 바람직할 것이다.

정부는 어떤 경우에서도 기업에게 제품가격을 올리지 못하도록 강요하거나 권고하는 등 시장에 개입하지 말아야 한다. 공산주의 국가라면 그냥 국가가 모든 제품가격을 정하므로 아주 쉽게 물가상승률 0%도 달성할 수 있다. 그러나 균형가격을 벗어날 때 어떻게 사중손실이 발생하여 후생을 떨어뜨리는가는 이미 앞에서 보았었다. 시장에서 수요와 공급에 의해 정해지는 균형가격이 상승한다면, 어쩔 수 없는 일이다. 괜히 그것을 왜곡시켜보았자, 결국 전체적으로 손해가 더 크기 때문이다. 기상이변 등으로 특정 농작물 가격이 지나치게 올랐다고 판단되는 경우에도, 정부가 인위적으로 제한가격을 설정하기보다 수입농작물이나 정부비축 농작물의 방출을 통해 공급량을 늘리는 것이 낫다.

아래의 표는 0.5 ~ 20%의 범위에서 연간 물가상승률[14)]이 1 ~ 30년간 누적되었을 때 현재의 1원이 얼마가 되는지 보여준다. 예를 들어, 평균물가상승률이 0.5%이면, 30년 후에 1.161원이 된다. (이는 현재의 1원과 동일한 구매력을 가진다.) 즉, 30년간 누적물가상승률은 16.1%이다. 또한 5%의 물가상승률이라면, 10년 후 1.63원이 되어, 누적물가상승률은 63%가 된다. 현재 우리나라의 물가수준과 비슷한 3% 또는 4%의 물가상승률이 30년간 계속되면, 현재의 1원이 2.43원 또는 3.24원이 되므로, 누적물가상승률이 무려 143% 또는 224%가 되어버린다. 물가상승률이 0.5%를 유지하여, 현재의 1원이 30년 후에 16% 정도밖에 가치가 하락하지 않는다면, 얼마나 멋진 사회가 될까? 하다못해 최대 1%의 물가상승률이라도 유지하여, 30년 후 화폐가 가치가 35%보다 많이 떨어지지 않기를 간절히 바라는 마음이다.

---

14) TV의 경제뉴스 등에서 발표하는 물가상승률은 (수입소비재를 포함한) 소비재를 가지고 산출한 1년 동안의 소비자물가상승률이다. 그리고 매월 발표하는 물가상승률도 연간 물가상승률을 의미한다. 예를 들어, 이번 달에 소비자물가가 3% 상승했다는 것은 1개월 만에 그만큼 상승했다는 것이 아니라, 연단위로 환산했을 때 3%라는 것이다. 또는 전년 동월대비 3% 상승했다는 것이다. 따라서 실제로는 1개월 동안 대략 0.25%(=3%/12) 정도 상승한 셈이다.

누적물가

연수	0.5%	1%	2%	3%	4%	5%	7%	10%	20%
1	1.005	1.01	1.02	1.03	1.04	1.05	1.07	1.10	1.20
2	1.010	1.02	1.04	1.06	1.08	1.10	1.14	1.21	1.44
3	1.015	1.03	1.06	1.09	1.12	1.16	1.23	1.33	1.73
4	1.020	1.04	1.08	1.13	1.17	1.22	1.31	1.46	2.07
5	1.025	1.05	1.10	1.16	1.22	1.28	1.40	1.61	2.49
6	1.030	1.06	1.13	1.19	1.27	1.34	1.50	1.77	2.99
7	1.036	1.07	1.15	1.23	1.32	1.41	1.61	1.95	3.58
8	1.041	1.08	1.17	1.27	1.37	1.48	1.72	2.14	4.30
9	1.046	1.09	1.20	1.30	1.42	1.55	1.84	2.36	5.16
10	1.051	1.10	1.22	1.34	1.48	1.63	1.97	2.59	6.19
11	1.056	1.12	1.24	1.38	1.54	1.71	2.10	2.85	7.43
12	1.062	1.13	1.27	1.43	1.60	1.80	2.25	3.14	8.92
13	1.067	1.14	1.29	1.47	1.67	1.89	2.41	3.45	10.70
14	1.072	1.15	1.32	1.51	1.73	1.98	2.58	3.80	12.84
15	1.078	1.16	1.35	1.56	1.80	2.08	2.76	4.18	15.41
16	1.083	1.17	1.37	1.60	1.87	2.18	2.95	4.59	18.49
17	1.088	1.18	1.40	1.65	1.95	2.29	3.16	5.05	22.19
18	1.094	1.20	1.43	1.70	2.03	2.41	3.38	5.56	26.62
19	1.099	1.21	1.46	1.75	2.11	2.53	3.62	6.12	31.95
20	1.105	1.22	1.49	1.81	2.19	2.65	3.87	6.73	38.34
21	1.110	1.23	1.52	1.86	2.28	2.79	4.14	7.40	46.01
22	1.116	1.24	1.55	1.92	2.37	2.93	4.43	8.14	55.21
23	1.122	1.26	1.58	1.97	2.46	3.07	4.74	8.95	66.25
24	1.127	1.27	1.61	2.03	2.56	3.23	5.07	9.85	79.50
25	1.133	1.28	1.64	2.09	2.67	3.39	5.43	10.83	95.40
26	1.138	1.30	1.67	2.16	2.77	3.56	5.81	11.92	114.48
27	1.144	1.31	1.71	2.22	2.88	3.73	6.21	13.11	137.37
28	1.150	1.32	1.74	2.29	3.00	3.92	6.65	14.42	164.84
29	1.156	1.33	1.78	2.36	3.12	4.12	7.11	15.86	197.81
30	1.161	1.35	1.81	2.43	3.24	4.32	7.61	17.45	237.38

3-2 세금을 통한 재분배 정책에 대한 고찰

빈부격차를 줄이기 위한 방편으로 소득이 높을수록 세율이 높아지는 누진세와 일정 금액 이상의 상속에 대한 상속세가 있다. 이와 같은 소득이나 부의 재분배 정책이 경제적으로 어떤 결과를 낳는지 살펴보자.

■ 세금을 통한 재분배 정책

❖ 누진세

근로자의 총급여(상여금 포함)에서 근로소득공제, 국민연금(또는 공무원연금이나 사학연금) 납부금, 건강보험료, 인적공제 등을 제외한 것을 과세표준이라 한다.[15] 소득세는 과세표준에 세율을 곱한 것이며, 과세표준이 높아지면 세율도 함께 높아지는 누진세이다.[16] 이와 같은 누진세는 소

---

15) 근로소득공제란 과세표준을 구할 때 각 소득수준에서 일정액을 빼주는 액수를 말한다. 개인사업자의 소득세나 기업의 법인세는 매출액에서 비용을 뺀 이윤에 대해 부과한다. 마찬가지로 근로소득공제는 근로자들에게 근로를 위한 비용으로 쳐주는 부분이다. 근로소득 공제율은 연간 총급여 3천만 원~8천만 원에 대해 33~17% 정도이다. 그리고 총급여에 대한 국민연금(또는 공무원연금이나 사학연금)과 건강보험료의 공제율을 합하면, 대략 10% 정도가 된다. 또한 본인 150만 원과 부양가족 1인당 150만 원의 인적공제가 추가된다.
  따라서 총급여 3천만 원~8천만 원에서 과세표준은 1인 세대가 대략 총급여의 52~71%, 4인 세대가 30~63% 정도이다.

16) 2014년 현재 우리나라의 소득세율은 다음과 같다.

과세표준	세율	누진공제
~ 1,200만 원	6%	–
~ 4,600만 원	15%	108만 원
~ 8,800만 원	24%	522만 원
~ 1억 5천만 원	35%	1,490만 원
1억 5천만 원 초과	38%	1,940만 원

각 세율은 과세표준 초과분에 대해서 적용된다. 즉, 처음 1,200만 원에 대해

득재분배의 기능을 가진다.

우리나라의 경우 가장 많은 근로자들이 몰려 있는 소득 중위계층의 세전 연간급여를 3천만 원~8천만 원이라 한다면, 총급여에 대한 평균소득세율은 1인 세대가 대략 4.2%~10.5%, 4인 세대가 0~8.1% 정도이다. (이는 자동차보험료, 의료비, 교육비 등의 일정비율만큼 세금을 감면해주는 세액공제도 고려한 것이다.) 그리고 연간 수억 원 이상의 고소득자들은 평균세율이 30%를 넘어서며, 궁극적으로 38%에 가까워지게 된다. 소득세의 10%에 해당하는 만큼 지방소득세가 추가되므로, 최종 평균세율은 연봉 3천만 원~8천만 원의 중간계층의 경우 1인 세대가 4.6~11.6%, 4인 세대가 0~8.9% 정도이며, 최상위 계층이 41.8% 정도가 된다. 또한 연금과 건강보험료 납부액까지 포함하면, 총급여에서 빼는 비율은 연봉 3천만 원~8천만 원의 경우 1인 세대가 14.6%~21.6%, 4인 세대가 10~18.9% 정도이며, 최상위 계층이 51.8% 정도이다.

누진세는 이와 같이 계층간 소득의 재분배 기능을 가진다. 여기서 이와 같은 누진세의 재분배 기능 외에 경제적 기능을 함께 살펴보자.[17] 소득이

서는 6%, 1,200만 원을 초과하여 4,600만 원까지에 대해서는 15% 등과 같다. 예를 들어, 연봉이 7,000만 원인 사람의 과세표준이 5,000만 원이라 해보자. 이때 이 사람의 소득세는 678만 원[=1,200만 원×0.06+(4,600만 원−1,200만 원)×0.15+(5,000만 원−4,600만 원)×0.24]이 된다.

좀 더 간편하게 소득세를 계산하려면, 과세표준에 해당세율을 그냥 곱한 뒤 옆에 적힌 누진공제를 빼면 된다. 즉, 과세표준이 5,000만 원인 경우 마찬가지로 678만 원(=5,000만 원×0.24−522만 원)이 된다. 5,000만 원 전체에 대해 세율 24%를 적용하면, 처음 1,200백만 원에 대해 6%가 아닌 24%를 적용한 셈이 되며, 그 다음 4,600만 원까지 15%가 아닌 24%를 적용한 셈이 되어 버린다. 누진공제는 이와 같이 과잉 적용된 세율로 인한 소득세를 도로 빼주는 역할을 한다. 즉, 여기서 누진공제는 522만 원[=1,200만 원×(0.24−0.06)+(4,600만 원−1,200만 원)×(0.24−0.15)]이 되는 것이다.

17) 경제적 현상을 판단할 때 도덕이나 당위성이 개입되는 것을 규범경제학(Normative economics)이라 한다. 소득이나 부는 되도록 모든 사람에게 골고루 평등하게 분배될수록 낫다고 판단하는 것은 규범경제학에 속한다. 반면, 도덕이나 당위성을 배제하고 순수하게 경제의 법칙이나 현상만을 파악하는 것을 실증경제학(Positive economics)이라 한다. 가격이 하락하면 수요량이 증가한다는 법칙은 실증경제학에 속한다. 규범경제학은 인간의 판단이 개입되기 때문에 사

높은 가장 근본적인 이유는 그만큼 부가가치를 많이 창출했기 때문이다. 부가가치는 물건을 생산하여 창출하기도 하며, 자신이 소유하는 건물이나 주택(즉, 자본)을 임대하여 서비스라는 형태로 창출하기도 하는 등 다양한 방법으로 창출된다. 건물이 제공하는 사무공간이나 주택이 제공하는 주거공간도 일정기간 동안 공간이용이라는 부가가치를 창출한 것으로 볼 수 있다.

일정기간 창출되는 부가가치는 주로 노동과 자본의 투입량에 비례하지만, 지식이나 기술 등에 의해서도 크게 영향을 받는다. 그리고 어떤 특정 노동이나 자본이 생성하는 부가가치는 시대를 초월하는 본질적인 가치를 가진다고 생각하기 쉬운데, 반드시 그렇지만은 않다. 예를 들어, 과거 농경사회 때 농민이 쌀 한 가마니를 생산하면, 꽤 큰 부가가치를 생산한 것이었다. 하지만 요즘 우리나라와 같이 고기 등 다른 음식들이 점점 쌀을 대체해나가면, 쌀 한 가마니의 가치가 점점 떨어진다. 또한 수백만~수천만 달러의 연봉을 받는 미국 메이저리그의 투수들이 수백 년 전에 태어났더라면, 단순히 공을 빠르고 정확하게 던진다는 이유만으로 그만큼의 소득을 올리지는 못했을 것이다. 오늘날 정상급 투수들이 큰 연봉을 받는 것은 야구팬들이 직접 야구장에 가든지 TV를 통해서든지 (이 경우는 막대한 광고수입이 발생한다.) 그러한 투수들을 봄으로써 즐거워하기 때문이다. 즉, 그러한 투수들이 많은 팬들의 효용을 증가시키기 때문이다.

부가가치는 노동, 자본, 지식 등의 생산요소 뿐만 아니라 이와 같이 시장에서의 수요에 의해서 결정되는 비중이 매우 크다. 수요가 클수록 동일한 노동, 자본, 지식이 창출하는 부가가치가 크다는 것이다. 이는 경제적으로 매우 중요한 의미를 지닌다. 창출한 부가가치가 클수록 당연히 소득이 클 것이다. 따라서 큰 수요를 만족시키면, 소득이 크다는 것이다. 즉, 많은 사람들이 더 크게 바라는 바를 더 많이 충족시켜줄수록, 소득이 더 커진다는 것이다. 다시 말하면, 더 많은 사람들의 후생을 더 많이 증가시

람마다 기준이 다를 수 있는 등 주관적인 요소를 가지고 있으나, 실증경제학은 객관적인 법칙이나 현상만을 설명한다. 여기서 누진세의 경제적 기능을 살피는 것은 실증경제학에 속한다.

켜준 공로가 클수록, 더 많은 소득을 받는다는 것이다.[18] (이것이 바로 경제의 논리적이고 실증적인 귀결이다. 또한 이러한 실증적 귀결이 오히려 원초적으로 경제의 규범적 정의까지 실현해준다. 중과세라는 벌칙을 가하여 생산자에게 많이 빼앗아 생산하지 않은 다른 사람들에게 과실을 나누어주는 것을 근본적으로 정의라고 말할 수 있을까? 정부의 허가 없이 사적으로 이렇게 한다면, 우리는 그것을 도둑질이나 사기라고 표현하고, 그런 것을 행한 사람들을 형벌로 다스린다.)

한 생산요소의 부가가치는 몇 가지 요소에 의해 결정된다. 노동의 예를 들면, 사회가 원하는 것을 동일한 시간에 더 많이 생산할 수 있는 타고난 재능, 기술, 교육, 훈련 등이다. 또한 주어진 기간동안 투입하는 노동량도 부가가치의 양을 결정하는 요소가 된다. 그리고 자신이 소유한 자본의 양도 중요한 요소가 된다. 어떤 사람이 침대를 대량생산할 수 있는 기계가 있는 공장을 소유하고 있으면, 일일이 손으로 침대를 만들어 판매하는 사람보다 훨씬 큰 부가가치를 생산할 것이다.

또한 큰 빌딩이나 여러 채의 임대주택을 소유하고 있는 사람도 마찬가지로 이러한 사무용 또는 주거용 자본으로 말미암아 즉석에서 맨 땅을 다듬어 캠핑용지를 임대해주는 사람보다 훨씬 큰 부가가치를 다른 사람들에게 안겨줄 것이다. 또한 오랜 세월의 교육으로 많은 인적자본이 축적된 기업가, 과학자, 발명가, 의사, 투자전문가 등 전문직 종사자들도 보다 큰 부가가치를 창출할 수 있으므로, 높은 소득을 누릴 것이다. (이와 같이 자본에도 천연자원과 같은 자연자본, 기계/설비/건물과 같이 인간이 생산한 물적자본, 오랜 시간동안의 교육과 훈련으로 축적된 인적자본 등 여러 타입이 있다.)

요약하면, 노동이 생산하는 부가가치의 양은 노동투입시간, 지식과 재능, 자본량, 시장수요 등에 의해 결정된다.[19]

---

18) 여기서 소득은 자신이 창출한 부가가치의 반대급부로 받는 정당한 소득이다. 불법적인 제품을 생산하거나 정의롭지 못한 방법으로 번 불법적인 소득은 논의에서 제외한다.

누진세는 소득이 높을수록, 즉 생성한 부가가치가 클수록, 보다 높은 세율을 부과하기 때문에, 부가가치가 높은 사람들에게 일종의 벌칙(Penalty)을 가하는 것과 같다. 즉, 그것이 근로소득이라면 부지런함과 재능에 대한 벌칙이 되어 버린다.

한편 빌딩 소유자들이 편하게 임대수입을 버는 것에 대한 상대적 박탈감 때문에 누진세를 지지하는 마음이 생길 수도 있다. 빌딩이나 공장과 같은 자본재는 자신 또는 자신의 선조들이 과거에 큰 노력을 기울이고 재능을 발휘하여 생성한 것이다. 그렇게 축적된 자본으로 현재 수익을 올리는 것은 과거의 노력에 대한 대가인 것이다.

만일 어떤 사람이 큰 재능을 발휘하여 지금 당장 새로운 부가가치를 100억 원만큼 생성했다고 하자. (여기서 100억 원은 시장매매가격일 뿐이며, 시장에서 그러한 부가가치를 구매한 소비자들의 잉여까지 고려하면, 드러나게 보이지는 않지만 실제로 늘어난 사회전체의 후생은 100억을 훨씬 초과할 것이다.) 이 생산자가 자신의 재능을 발휘하기 위해 힘쓰지 않았더라면, 이처럼 큰 부의 생성과 소비자후생의 증가는 전혀 없었을 것이다. 만일 이 사람이 누진세가 아니라 그냥 평균정도의 세율로 세금을 내게 된다고 하더라도, (어차피 이 사람이 아니었더라면, 사회전체로 보아 100억 원을 훨씬 초과할 정도의 후생의 증가도 아예 없었을 것이므로) 대부분의 사람들은 건물 소유주의 경우에서와는 달리 크게 부당하다는 마음이 들지 않을 것이다. 그런데 이 사람이 순식간에 100억 원만큼의 부가가치를 창출한 후, 오랜 세월이 흐른 후에 이것을 시장에 공급한다고 해보자. 즉, 생산시점과 판매시점 사이에 긴 시차를 둔다고 해보자. 그렇더라도 여전히 대부분의 사람들은 이 사람은 자신이 생성하고 사회에 이바지한 것에 대한 당연한 보상을 받아야한다고 생각하기 때문에, 굳이 누진세가 아닌 평균세율만 적용받더라도 정서적으로 받아들이기 매우 어렵다

---

19) 물적자본이나 건물의 경우, 노동의 근로시간에 해당하는 것은 운영기간(임대기간)이 되고, 노동의 재능에 해당하는 것은 자본이 생산한 제품이나 건물의 품질이 된다. 또한 제품이나 건물이 사용자의 기대와 요구에 얼마나 부합하느냐에 따라 시장수요의 크기가 결정될 것이다.

고는 생각지 않을 것이다.

다시 건물 소유주의 경우로 돌아가 보자. 어떤 사람이 100억 원짜리 건물을 지어 향후 40년간 세를 받는다고 한다면, 그것은 판매시점을 생산시점(건물완공 시점) 이후 40년간으로 나누어 설정한 것과 같다. 즉, 지금 당장 부가가치를 생성하여 전부 판매하는 것이나, 부가가치를 생성하여 미래에 판매하는 것이나 본질적으로 아무런 차이가 없는 것이다.

또한 건물이 자신의 힘으로 생성한 것이 아니라, 자신의 아버지나 할아버지가 생성한 것이라 해보자. 건물의 생성이라는 부가가치를 건물을 생성한 아버지나 할아버지가 전부 누릴 수도 있지만(생전에 건물을 처분한 돈을 다 써버림으로써), 건물을 그대로 간직한 채 얼마만큼의 지분을 자신이 원하는 사람에게 주느냐는 전적으로 생산자의 선택일 뿐이다. 건물 생성자인 아버지나 할아버지가 그 혜택을 누리는 것은 괜찮지만, 자손들이 누리는 것은 불로소득이어서 부당하므로 중과세해야 한다고 생각할 수도 있다. 하지만 이는 부가가치를 생성한 생산자의 선택과 사유재산권을 간접적으로 침해하는 셈이 되어 버린다. (시장경제 체제가 유지되는 큰 두 축은 시장가격과 사유재산권의 보호라는 것을 앞서 살펴 본 바가 있다.)

그래서 어떤 경제학자들은 누진세를 폐지하고, 소득과 관계없이 동일한 세율을 부과하는 단일세율의 비례세(Proportional tax 또는 Flat tax)를 실시해야 한다고 주장하기도 한다.[20]

---

20) 납세자 입장에서는 꿈같은 이야기처럼 들릴 수도 있다. 보다 큰 꿈을 꾸어보자. 미래에 국민들이 신뢰와 정직성을 회복하고 모든 부패가 사라져, 그에 따른 사회적 비용이 없어진다고 해보자. 또한 전혀 국고를 낭비하지 않고, 모든 정책을 최적수준에서 수행하는 매우 효율적인 정부가 들어서서, 10%의 단일세율만으로도 충분히 정부를 꾸려갈 수 있게 된다면 어떻겠는가? 너무 좋을 것 같다.

성서에 의하면, 과거 12지파의 유대민족 중 제사장의 직분을 맡은 레위(Levi)지파는 농업이나 축산 같은 생산활동에 종사하지 않고 오로지 성전에 관련된 일과 제사장의 역할에만 전념하였다. 이때 다른 지파들이 생산한 것의 10분의 1을 레위지파에게 주는 율법이 지켜졌었다. 이를 십일조(Tithe)라 불렀으며, 오늘날 국가에 내는 세금과 같은 역할을 하였다.

누진세와 같은 소득재분배 정책은 단순하게 우리의 감정에만 비추어보면 타당한 것 같기도 하다. 하지만, 이와 같이 경제적 효율성이나 (경제적으로 보다 엄밀한 의미에서의) 도덕이나 정의에 비추어보면 보면, 오히려 타당하지 않을 수 있는 것이다. 그럼에도 불구하고 누진세가 실시되는 이유는 강제적인 소득재분배로 이 사회가 좀 더 나아진다는 기대감 때문이다. 즉, 보다 큰 부가가치를 창출한 사람들은 이러한 기대감충족에 대한 대가를 지불하고 있는 셈이다.[21] 그런데 이러한 기대감이 단지 기대감으로만 그칠 뿐 실제로 이 사회가 좀 더 나아지는 것이 아니라면, 누진세와 같은 소득재분배 정책은 그 근간이 뿌리째 흔들려버리고 정당성을 상실해버리고 말 것이다. 다음은 경제학자 애로우(Arrow)가 제시한 사회후생함수의 존재불가능에 대한 정리(Impossibility theorem)의 주요내용을 간추려 요약한 것이다. 그 전에 잠시 사회후생함수가 무엇인지 살펴보기로 하자.

☞ 사회후생함수

n 명의 구성원으로 이루어진 사회에서 각 구성원들의 효용수준이 $U_1, \cdots, U_n$일 때, 사회전체의 효용을 나타내는 함수 $W = W(U_1, \cdots, U_n)$를 사회후생함수(Social welfare function)라 한다. 물론 사회후생함수의 값이 클수록 사회적으로 더 바람직한 상태가 된다. 만일 단일세율 아래 각 구성원들의 효용을 $U_1^A, \cdots, U_n^A$, 누진세 아래 각 구성원들의 효용을 $U_1^B, \cdots, U_n^B$라 해보자. 이때 $W(U_1^B, \cdots, U_n^B) > W(U_1^A, \cdots, U_n^A)$가 된다면, 누진세가 정당화될 수 있다. (사유재산권 침해라는 부작용에도 불구하고, 정당화될 수 있다는 것이다.)

---

21) 어느 정도의 누진세율이 과도하게 사유재산권을 침해하지 않으면서, 어느 정도로 이러한 기대감을 충족시켜 주는지에 대해서는 보다 많은 연구와 고민을 해봐야 한다.

만일 사회후생함수가 존재할 수 없다면, 누진세가 더 낫다는 논의조차 불가능하게 된다. (따라서 사유권침해라는 부작용만 남게 된다.) 애로우의 불가능성 정리는 몇 가지의 기본적인 전제하에 이러한 사회후생함수가 존재할 수 없음을 증명해 준다.[22)]

☞ **불가능성 정리**

다음과 같이 선호에 관한 비독재성과 독립성을 동시에 만족시키는 사회후생함수는 존재하지 않는다.

비독재성: 선택 가능한 상태 A와 B 중에서 단 한 사람이 A를 선호할 때, 다른 사람들의 선호와 상관없이 사회적으로도 A를 선호하는 것을 독재성이라 한다. 사회후생함수는 이와 같은 독재성을 가져서는 안 된다는 것이다.

독립성: A보다 B를 선호하는 사람들은 A와 C 사이, B와 C 사이, 또는 C와 D 사이의 선호가 바뀌더라도, 여전히 A보다 B를 선호한다는 것이다. 즉, A, B와 직접적으로 관련이 없는 다른 선택들에 관한 선호의 변화가 A와 B 사이의 선호에 영향을 주지 않는다는 것이다. (독립성이 성립되지 않으면, A와 B 사이의 선호가 외부조건에 따라 왔다 갔다 할 수 있으므로, 이 둘 사이의 일관된 선호를 정하기가 어려워진다.)[23)]

---

22) 애로우는 1950년 발표된 이 이론으로 1972년 노벨경제학상을 수상하였다. 불가능성 정리는 당시 냉전 중 공산주의의 이론적 기반을 완전히 무너뜨려버렸다. 사유재산권의 몰수, 자유와 기본권의 박탈이라는 희생을 치르면서도, 오로지 평등한 소득재분배의 강제적 시행이 사회후생을 증가시킬 것이라는 기대 때문에 시행된 공산주의인데, 그러한 소득재분배가 사회후생을 증가시킨다는 것을 보장해 줄 이론적인 근거가 완전히 사라져버렸기 때문이다. (사회후생함수가 존재하려면, 독재자의 후생함수가 사회후생함수가 되어버리면 된다.)

23) 현재 경제학에서 선호(Preference)는 서수적 효용(Ordinal utility)이다. 서수적

(또한 "모든 사람들이 A보다 B를 선호하면, 사회적으로도 A보다 B를 선호한다."와 같이 명백해 보이는 몇 가지 가정들이 더 있으나, 생략하였다.)

즉, 누진세로 인한 소득재분배가 사회전체에서 볼 때 후생을 증가시켜준다는 아무런 이론적인 근거가 없다. 다만 사회구성원 중 일부가 그렇게 느끼거나 그렇게 되기를 바라고 있을 뿐이다. 누진세와 같은 소득재분배 정책은 사유재산권의 침해나 조세의 비효율성과 같은 부작용에도 불구하고, 그것이 보다 나은 사회를 만들어줄 것이라는 사회규범 측면에서 실시되는 것이다.

그런데 그러한 사회규범을 평가해 줄 아무런 이론적 근거가 없다. 즉, 소득재분배 정책이 보다 나은 사회라든지 사회정의를 구현해준다고 증명할 길이 없다. 다만, 소득재분배 정책은 사회구성원 중 소득재분배의 혜택을 받거나 그러한 아이디어를 좋아하는 계층의 연예나 여흥(Entertainment)에 지나지 않는 것이다. 냉철하게 말하면, 누진세와 같은 소득재분배 정책은 사유재산권의 침해나 고율의 세율로 인한 사중손실이라는 비용으로 일부계층의 유희를 충족시켜주는 셈이 되어버린다.[24]

효용에서는 여러 상태 중 더 좋아하는 것의 순서를 정할 수는 있지만, 어떤 것이 다른 것보다 정확히 몇 배 더 좋은지 파악할 수는 없다. 예를 들어, "나는 사과가 배보다 좋다."라는 것은 알 수 있지만, "사과가 배보다 3배 더 좋다."라고 말한다면, 매우 주관적일 수밖에 없다. 아직 현대의 과학이나 심리학 수준에서 인간의 효용을 그처럼 정확하게 측정할 수는 없기 때문이다.

만일 효용의 개념이 이러한 배수개념을 만족하면, 이를 기수적 효용(Cardinal utility)이라 한다. 제품생산의 경우에는 생산량을 셀 수 있기 때문에 기수성(Cardinality)이 만족된다.

미래에는 인간의 효용을 온도처럼 잴 수 있는 날이 올 것이라고 주장하는 학자들도 있다. 그런 날이 오면, 효용도 기수성을 만족할 수 있을 것이다. 그렇게 되면, 불가능성 정리의 전제 중 독립성이 타당성을 잃을 수 있다. 따라서 사회후생함수가 존재할 수 있게 된다.

24) 또한 높은 누진세율 때문에, 고부가가치를 창출하는 계층에서 노력을 덜 기울이거나 재능을 덜 발휘하려는 경향이 생길 수 있다. 이것이 초래할 생산활동이나 혁신의 위축으로 인한 사중손실은 위에서 언급한 사중손실보다 훨씬 더 심각할 수 있다. 즉, 시장경제에서의 유인체계를 심각하게 훼손한다.

❖ 사회후생함수가 존재한다고 가정하면, 일관된 소득재분배 정책이 존재하는가?

앞에서 애로우의 불가능성정리는 사회후생함수가 존재할 수 없음을 증명하고 있다. 그럼에도 불구하고 만일 사회후생함수가 존재한다면, 일관되고 좋은 소득재분배정책이 존재할 수 있는지 고찰해보자. 즉, 일관되게 사회전체의 후생을 최대로 해줄 수 있는 소득재분배 방법이 존재할까?

두 사람으로 구성된 사회의 개인 A와 B의 효용함수가 각각 $U_A = \sqrt{y_A}$, $U_B = 2\sqrt{y_B}$라 하자. 사회의 총생산 또는 총소득(y)를 두 사람에게 어떻게 분배해야 사회후생(U_S)이 최대가 될까?[25] 이를 위해 우선 사회후생함수의 형태가 정해져야 한다.

첫째, 벤담(Bentham)의 공리주의(Utilitarian)에 따르면, 최대다수의 최대행복이라는 구호에서처럼 개인들의 후생의 합이 사회후생(U_S)이 된다. 즉, $U_S = U_A + U_B$가 된다. 사회후생이 최대가 되려면, 두 사람의 한계효용(MU)이 같아야 한다. 즉, $MU_A = MU_B$가 되어야 한다.[26] 이때 A와 B의 소득분배비율은 1 : 4가 되어야 한다.[27] 만일 총소득이 100이라면, A가 20을 가지고 B가 80을 가질 때 사회후생이 최대가 된다.

둘째, 롤즈(Rawls)에 따르면, 최소최대(Maxmin) 또는 최약자보호의 구호

---

25) 여기서는 생산량이나 생산성에 따른 분배는 무시한다. 다만, 총생산량 또는 총소득이 이미 정해진 양으로 주어져 있으며, 오로지 어떻게 소비를 위해 분배하느냐에 초점을 맞추기로 한다.

26) 만일 $MU_A > MU_B$라 하자. 이때 B로부터 A에게로 소득 1단위를 재분배하면, 늘어나는 A의 효용이 줄어드는 B의 효용보다 크다. 즉, 사회전체의 효용이 증가한다. 반대의 경우도 마찬가지로 사회전체의 효용을 증가시킬 수 있다.

27) $MU_A = \frac{dU_A}{dy_A} = \frac{1}{2\sqrt{y_A}}$, $MU_B = \frac{dU_B}{dy_B} = \frac{1}{\sqrt{y_B}}$이므로, $MU_A = MU_B$의 조건으로부터 $\frac{y_A}{y_B} = \frac{1}{4}$이 된다.

에서처럼 가장 효용수준이 낮은 사람의 효용이 사회후생이 된다. 즉, $U_S = \min\{U_A, U_B\}$가 된다. 이때 사회후생이 최대가 되려면, 두 사람의 효용수준이 동일해야 한다. 즉, $U_A = U_B$가 되어야 한다. (만일 동일하지 않으면, 효용이 낮은 사람에게 소득을 조금 더 분배해주면, 사회전체의 후생이 더 높아진다.) 따라서 A와 B의 소득분배비율은 4 : 1이 되어야 한다.[28] 만일 총소득이 100이라면, A가 80을 가지고 B가 20을 가질 때 사회후생이 최대가 된다.

셋째, 롤즈처럼 극단적인 최소최대가 아니라, 효용이 낮은 자에게 단순히 더 높은 가중치를 부여하는 평등주의(Egalitarian)에 따르면, 사회후생함수는 $U_S = U_A U_B$와 같은 형태가 된다. 이때 U_B를 1만큼 증가시키면 U_S가 U_A만큼 증가하고, U_A를 1만큼 증가시키면 U_S가 U_B만큼 증가한다는 것을 알 수 있다. 만일 $U_A > U_B$라면, B의 효용을 증가시키는 것이 A의 효용을 증가시키는 것보다 사회후생을 더 많이 증가시킨다. 즉, B의 후생이 상대적으로 더 높은 가중치를 부여받는다. 이 경우에 사회후생이 최대가 되려면, A와 B의 소득분배비율을 1 : 1이 되어야 한다.[29] 만일 총소득이 100이라면, A가 50을 가지고 B가 50을 가질 때, 사회후생이

---

28) $U_A = U_B$의 조건으로부터 $\sqrt{y_A} = 2\sqrt{y_B}$가 되므로, $\frac{y_A}{y_B} = \frac{4}{1}$이 된다.

29) $U_S = U_A(y_A)U_B(y_B) = U_A(y_A)U_B(y - y_A)$가 최대가 되려면, $U_S' = U_A' U_B - U_A U_B' = 0$이 되어야 한다. (즉, 미분값이 0이 되어야 한다. 마치 함수 $y = -x^2 + 4x$의 경우, $y' = -2x + 4 = 0$으로부터 $x = 2$에서 최대값을 가지는 것처럼.) 따라서 $U_A' U_B = U_A U_B'$가 성립되어야 한다. (A의 소득이 1단위 증가하면, A의 효용은 U_A'만큼 증가하고, 이때 사회후생은 $U_A' U_B$만큼 증가한다. 마찬가지로 B의 소득이 1단위 증가하면, 사회후생은 $U_A U_B'$만큼 증가한다. 사회후생이 최대가 되려면, A나 B에게 소득 1단위를 더 분배해줄 때 증가하는 사회효용의 양이 동일해야 한다. 그렇지 않으면, 사회효용이 더 많이 증가하는 쪽으로 소득을 재분배해주면 된다.)

위에서 주어진 A와 B의 효용함수를 이 조건에 대입하면, $\frac{1}{2\sqrt{y_A}} \times 2\sqrt{y_B} = \sqrt{y_A} \times \frac{1}{\sqrt{y_B}}$가 된다. 즉, $\frac{y_A}{y_B} = 1$이 된다.

최대가 된다. 하지만 A의 효용수준은 B의 효용수준의 절반밖에 되지 않는다.

이와 같이 사회후생함수의 형태에 따라 사회후생을 최대로 하는 소득분배가 달라지거나 정반대가 되어버린다. 따라서 일관된 소득재분배방법이란 없다. 그럼에도 불구하고 공리주의, 롤즈, 평등주의 방식 중 어느 것이 더 나아 보이는가?

만일 동일한 소득을 분배받는다면, A보다 B의 효용이 더 크다. 이때 공리주의는 B에게 더 많은 소득을 분배하라는 것이고, 롤즈는 A에게 더 많은 소득을 분배하라는 것이다.

사람의 기호는 매우 다양하다. 어떤 사람은 사과를 더 좋아하고, 어떤 사람은 오렌지를 더 좋아한다. 어떤 사람은 물질적인 부가 자신의 효용을 크게 좌우하는 반면, 보리수 밑에서 알몸에 샅바 하나만 두른 채 수련하는 인도의 요가선생이나 구도자와 같은 사람은 정신세계가 중요하기 때문에 물질적 부가 자신의 효용을 크게 좌우하지 않을 것이다. 즉, 보리수 밑 요가선생의 효용함수는 B보다 A에 가까울 것이다. 이때 공리주의에 따르면, 당연히 대부분의 부를 B에게 몰아줘야 한다. (비록 두 사람의 효용이 크게 차이가 나더라도.) 반면, 롤즈에 따르면, (물질적 부가 자신의 효용에 조금씩밖에 영향을 주지 않는 요가선생 B의 효용이 A의 효용과 같아질 때까지 집, 자동차, 심지어 비행기 등 무엇이 되었든 퍼붓듯이) 대부분의 부를 B에게 몰아줘야 한다. 이때 롤즈 방식에 의한 재분배를 효율적이라고 생각하는 사람은 없을 것이다. 사과를 좋아하는 사람이 사과를 가지고, 오렌지를 좋아하는 사람이 오렌지를 가지는 것이 가장 효율적이다. 마찬가지로 물질적 부로부터 느끼는 기쁨이 큰 사람이 더 많은 물질을 가지는 것이 더 효율적이다. 즉, 물질적 부로부터 느끼는 기쁨이 작은 사람의 효용이 커지도록 하기 위해, 물질적 부로부터 느끼는 기쁨이 큰 사람으로부터 엄청난 양의 소득을 뺏음으로써 그 사람의 효용을 크게 떨어뜨리는 것이 효율적이지는 않을 것이다.

또한 평등주의 방식에 따라 모두에게 동일한 소득을 분배하더라도, 각자의 효용수준이 달라질 수 있다.[30] 평등주의자가 진정으로 바라는 것은 개인들의 효용수준이 동일한 수준이 되는 것이지, 소득수준 자체가 동일해지는 것은 아닐 것이다. 소득은 효용을 위한 수단에 불과할 뿐이며, 그 자체가 목적이 아니기 때문이다. 소득에 대해 느끼는 개인들의 효용이 천차만별일 때, 이와 같은 동일한 수준의 소득분배는 개인들간의 효용을 동일하게 하는 데 실패하게 된다.

개인 간 평등을 추구하는 것은 (보다 엄밀하게 표현한다면) 개인 간 효용의 평등을 추구하는 것일 것이다. 따라서 (과거 공산주의에서처럼) 단순히 개인 간 소득의 평등을 추구하는 것은 그 의미가 완전히 퇴색되어 버린다. [더구나 개인들마다 능력, (인적)자본, 노력이 다르다면, 더욱 그렇다.]

사회후생함수가 존재한다고 가정하더라도, 공리주의, 롤즈, 평등주의 등에 따라 사회후생함수의 형태가 달라진다. 이때 가장 바람직한 소득분배 형태를 일관성 있게 정할 수가 없다. 따라서 소득의 재분배는 항상 논란의 소지를 가질 수밖에 없다.

---

30) 물론 개인들의 효용함수가 완전히 동일하다면, 동일한 소득분배는 모든 사람들의 효용을 동일하게 해준다. 하지만 사람들의 기호가 모두 다르고, 동일한 양의 소비로부터 효용을 발생시키는 지각능력이나 예민함도 개인마다 천차만별이기 때문에, 개인들의 효용함수도 제각각이다. 또한 생산 면을 포함시키면, 더 많은 재능과 노력으로 더 많이 생산하고 생산성이 더 높은 사람이 더 큰 소득을 누리는 것이 당연하다. 따라서 완전히 평등한 소득분배는 소비에서의 분배자체는 물론, 생산 면에서 보면 더욱 큰 문제와 비효율을 노출시키며, 진정한 정의와도 거리가 멀다. (평등한 소득분배는 그냥 피상적으로 보기에 그럴듯하게 보일 뿐이다.) 만일 완전히 동일한 소득분배가 이루어지는 사회를 꿈꾸는 사람이 있다면, 그 사람은 단순히 무지하다고 할 수밖에 없는 순진한 몽상가일 뿐이다.

☞ 네 이웃을 네 자신같이 사랑하라

만일 성경말씀에서와 같이 "네 이웃을 네 자신같이 사랑하라."(Thou shalt love thy neighbour as thyself.) 또는 황금률(Golden rule)로 알려져 있는 "그러므로 무엇이든지 남에게 대접을 받고자 하는 대로 남을 대접하라."(Therefore all things whatsoever ye would that men should do to you, do ye even so to them.)에 따른다면,[31] A와 B의 효용함수가 각각 $U_A(y_A, y_B)$와 $U_B(y_A, y_B)$의 형태가 되어, 각 사람의 효용함수는 자신의 소득뿐만 아니라 다른 사람의 소득의 함수가 되어버린다. 예를 들어, $U_A = y_A + y_B$, $U_B = y_A + y_B$라 해보자. (즉, 나와 남을 완전히 동일하게 여긴다.) 이럴 경우, 소득을 어떻게 분배하든지, 두 사람의 효용은 변하지 않고 일정한 값을 가진다. 따라서 사회 전체의 후생도 변하지 않는다. 이와 같이 사회의 모든 구성원이 똑같이 이타적 성향을 보이면, 소득재분배가 사회 전체의 후생 면에서 별다른 의미를 가지지 못한다. (다만, 자신을 희생하여 남에게 사랑을 베푼다는 점에서는 의미를 가진다.)

또한 $U_A = y_B$, $U_B = y_A$라 해보자. (즉, 남을 위해 자신을 완전히 희생한다. 물론 자신도 어느 정도는 먹어야 생명을 유지할 수 있지만, 분석의 편의상 그것마저도 생략하자.) 이때 공리주의에 의하면, $U_S = U_A + U_B = y_A + y_B = y$가 된다. 따라서 소득재분배를 어떻게 하든지 사회전체의 후생은 일정한 값을 가지며, 소득재분배는 아무런 의미도 없다. 단, 롤즈나 평등주의에 의하면, $y_A = y_B$일 때 사회후생이 최대가 된다.[32] 이는 $U_A = y_A$, $U_B = y_B$인 경우와(즉, 남을

---

31) 한글성경 개역개정판과 영어성경 킹제임스판(King James version)의 마태(Matthew)복음 22:39와 7:12에서 인용하였음. 이 두 구절은 예수(Jesus)께서 직접 하신 말씀이며, 율법과 선지자의 모든 것이 이 구절에 달려있다고 언급하였다.

32) 만일 $U_A = y_B$, $U_B = 2y_A$이었다면, 최적소득배분($y_A : y_B$)은 공리주의, 롤즈,

전혀 고려하지 않는다.) 아무런 차이가 없다.

또한 $U_A = y_A + ay_B$, $U_B = by_A + y_B$ (단, $0 < a, b < 1$)라 해보자. (즉, 자신이 가장 중요하지만, 다른 사람의 효용도 어느 정도는 중요하게 여긴다.) 이때 공리주의에 의하면, $a > b$이면 소득의 전부를 B에게 분배하고, $a < b$이면 소득의 전부를 A에게 분배하는 것이 사회후생을 최대로 해준다.[33] 또한 롤즈에 의하면, $a > b$이면 B에게 더 많은 소득을 분배해주고, $a < b$이면 A에게 더 많은 소득을 분배해줄 때, 사회후생이 최대가 된다.[34] 평등주의에 의하면 사회후생이 최대가 되는 소득분배는 $a, b \le 0.5$인 경우에는 롤즈의 경우와 마찬가지로 $a > b$이면 B에게 더 많은 소득을 분배해주고, $a < b$이면 A에게 더 많은 소득을 분배해주면 된다. 하지만 $a > 0.5$ 또는 $b > 0.5$인 경우에는, a가 b에 비해 많이 크면 소득의 전부를 B에게 분배해주고, b가 a에 비해 많은 큰 경우에는 소득의 전부를 A에게 분배해주어야 한다.[35]

평등주의에서 각각 1:0, 1:2, 1:1이 된다. 또한 $U_A = y_A$, $U_B = 2y_B$이었다면, 최적소득배분은 공리주의, 롤즈, 평등주의에서 각각 0:1, 2:1, 1:1이 된다.

33) $U_S = (y_A + ay_B) + (by_A + y_B) = y_A + a(y - y_A) + by_A + (y - y_A) = (1+a)y + (b-a)y_A$가 된다. 이때 $a > b$이면, $y_A = 0$일 때 U_S가 최대가 된다. $a < b$이면, $y_A = y$일 때 U_S가 최대가 된다.

34) $y_A + ay_B = by_A + y_B$로부터, $\frac{y_A}{y_B} = \frac{1-a}{1-b}$가 된다.

35) 사회후생함수가 평등주의의 모양을 가지면, $\frac{y_A}{y_B} = \frac{1+ab-2a}{1+ab-2b}$가 된다. 이때 a나 b 어느 한쪽이 0.5를 초과하면서 상대적으로 큰 값을 가지면, $(1+ab-2a)$ 또는 $(1+ab-2b)$가 음수가 될 수 있다. 소득분배비율은 음수가 될 수 없기 때문에, 이때 소득분배비율은 0이 된다. 따라서 이때는 $y_A = 0$ 또는 $y_B = 0$이 된다.

❖ 누진세를 실시하지 않으면, 부자들은 어떻게 부를 재분배할 수 있나?

일년에 수십억 원을 벌든, 수천억 원 이상을 벌든, 부자들은 축적한 부와 자산을 다음과 같이 처리할 수밖에 없다. 자신이 소비하든지, 다른 사람들에게 주든지, 자본을 더 축적하든지, 아니면 그냥 남겨둔 채로 갑자기 세상을 떠나든지. 물론 맨 마지막 옵션은 대부분의 부자들이 가장 원하지 않을 것이다. 이를 제외한 앞의 세 가지 옵션의 경제적 의미를 살펴보자. 첫째, 자신의 소득을 자신이 전부 소비하는 경우를 살펴보자. 누구든지(부자가 아니더라도) 생활필수품만 소비해서는 소득의 전부를 다 쓸 수 없다. 필연적으로 사치재[36]를 소비할 수밖에 없다. 그 이유를 잠시 살펴보자. 어떤 사람이 소득(I)의 전부를 각각 x와 y만큼 두 재화를 소비하는데 쓴다고 해보자. 두 재화의 가격이 P_x와 P_y라면, 이 사람의 소비량 (x, y)은 $P_x \times x + P_y \times y = I$와 같은 예산식에 의해 제한된다. 이 식은 아래의 식으로 고칠 수 있다.[37]

---

36) 소득이 1% 변할 때, 수요량이 1%보다 작게 변하는 재화를 필수재(Necessary good)라 하고, 수요량이 1%보다 많이 변하는 재화를 사치재(Luxury good)라 한다. 쌀의 경우는 소득이 절반으로 줄었다고 소비량을 절반으로 줄이거나, 소득이 2배가 되었다고 소비량을 2배까지 늘리지는 않는다. 즉, 쌀은 필수재라 할 수 있다. 이에 반해 향수는 소득에 따라 소비량의 변화가 심한 사치재의 예가 된다.

소득 1%의 변화에 대한 수요량의 변화정도, 즉 수요량변화율/소득변화율 비율을 소득탄력성(Income elasticity)이라 한다. 소득탄력성을 소득(I)과 소비량(x)으로 표시하면, $\frac{\Delta x / x}{\Delta I / I}$ 또는 $\frac{\Delta x}{\Delta I}\frac{I}{x}$가 된다. 필수재는 소득탄력성이 1보다 작으며, 사치재는 소득탄력성이 1보다 크다.

37) 두 재화의 가격이 변하지 않는다고 하자. 이때 소득이 변할 때 각 재화의 소비량이 변한다면, 예산식은 $P_x \times \Delta x + P_y \times \Delta y = \Delta I$로 변한다. 양변을 ΔI로 나누면, $P_x \times \frac{\Delta x}{\Delta I} + P_y \times \frac{\Delta y}{\Delta I} = 1$이 된다. 등호 왼쪽 첫 번째 항의 분모와 분자에 각각 I와 x를, 두 번째 항의 분모와 분자에 각각 I와 y를 곱해준 뒤 다시 나누어주면, 다음과 같은 식을 얻을 수 있다.

$$\frac{P_x\, x}{I} \times \frac{\Delta x}{\Delta I}\frac{I}{x} + \frac{P_y\, y}{I} \times \frac{\Delta y}{\Delta I}\frac{I}{y} = 1$$

$$a \times \epsilon_x + (1-a) \times \epsilon_y = 1$$

(단, a: 소득에서 x재의 소비가 차지하는 비중,

ϵ_x: x재의 소득탄력성, ϵ_y: y재의 소득탄력성)

즉, 두 재화 소득탄력성의 가중치가 1이므로, 어느 한 재화의 소득탄력성이 1보다 작으면, 다른 재화의 소득탄력성은 1보다 클 수밖에 없다. 만일 x재가 필수재라면 (즉, $\epsilon_x < 1$), y재는 사치재가 될 수밖에 없다. (즉, $\epsilon_y > 1$) 따라서 주어진 소득을 땅에 묻어두거나 버리지 않고 궁극적으로 다 쓰는 한, 소득이 증가할수록 사치재를 소비하지 않는 것은 불가능하다. 그러므로 "사치재를 쓰지 맙시다."와 같은 캠페인은 성립될 수가 없다. (그럼에도 우리나라에서 과거에 이런 종류의 캠페인이 종종 등장했었다. 하지만 미국과 같은 나라에서는 이와 같은 캠페인을 볼 수가 없다.)

부자가 보석류든, 향수든, 고가의 옷이든, 고가의 자동차든, 요트든, 자가용비행기든, 고가의 저택이든, 사치품을 소비하면, 사치품 산업의 관련 종사자들은 그 만큼 소득이 증가한다. 이와 같이 자발적인 선택과 소비로 인한 소득재분배가 누진세와 같이 강제적이고 사유재산권의 침해라는 (비도덕적인) 소득재분배 방식보다 훨씬 더 나아보이다. 다만, 이러한 고급브랜드 산업에서 수익을 올리고 싶으면, 우리나라의 장인들이나 사업체가 어떻게 이러한 제품들을 개발하고 마케팅할 것인가에 대한 많은 노력과 고민을 해야 할 것이다.

둘째, 자신의 재산을 자식에게 물려주거나, 다른 사람들이나 단체에 기부하는 경우는, 재산을 증여받은 주체가 다시 위의 옵션 중에서 선택을 하게 된다. 단, 과학이나 기술혁신을 위한 단체나 연구기관, 자연과학이나 생명공학 등 공학에서의 특정연구 분야, 신 에너지, 우주개발, 특수 소재

여기서 $a = \dfrac{P_x x}{I}$, $\epsilon_x = \dfrac{\Delta x}{\Delta I}\dfrac{I}{x}$, $\epsilon_y = \dfrac{\Delta y}{\Delta I}\dfrac{I}{y}$로 놓으면, 위의 식은 $a \times \epsilon_x + (1-a) \times \epsilon_y = 1$이 된다.

분야, 또는 그 분야에서 뛰어난 재능을 가졌지만 경제적인 어려움을 겪고 있는 학생들을 위한 장학금 등으로 기부하면, 사회 전체에 큰 도움을 줄 수 있다. 그러한 분야들은 향후 큰 긍정적인 외부성을 가질 수 있기 때문이다.

셋째, 자신의 재산을 기계, 설비, 건물, 연구개발 등의 유무형의 자본을 늘리는데 사용한다면, 이는 미래의 재화나 서비스의 생산량을 더욱 늘리게 될 것이다.

어떤 부자가 두 번째 옵션을 택하되, 자신의 막대한 재산을 그냥 사회에 기부하는 경우를 생각해보자. 우선 매스컴 등으로부터 칭찬이 쏟아질 것이며, 많은 사람들이 흐뭇하게 생각할 것이다. 물론 많은 사람들의 마음이 훈훈해지는 측면을 부인할 수는 없다. 실제로 기부 받은 금액 중 일부는 사회의 소외계층에 도움을 주는 데 쓰이거나 기타 공익사업에 쓰일 수도 있다.[38] 그렇더라도 이와 같은 마음속의 여흥은 논외로 하고, 경제적

38) 우리나라에서 많은 일반 시민들이 가끔 자선단체로부터 돈을 기부하라는 연락을 받은 적이 있을 것이다. 그리고 TV 등을 통해 아프리카나 남미의 빈국 어린이들이 기아에 허덕이는 장면을 내보내면서 기부를 권하는 것을 본 적도 있을 것이다. 한국에서 그 장면을 TV에서 봤을 때 별로 낯설지가 않았다. 미국의 TV에서도 가끔 보던 장면이었기 때문이다.

당시 미국의 한 저널리스트가 특정 단체의 기부금이 실제로 어떻게 쓰이는지 광범위하게 추적하여 보도한 적이 있었다. 놀랍게도 실제로 빈국 등의 원조에 쓰인 액수는 전체 기부금액의 6%에 지나지 않았다. 나머지 94%는 자선단체의 운영, 건물유지, 직원급료, 보너스 등으로 쓰이고 있었다. 물론 사명감에서 정말 성실하게 자선활동을 하는 단체나 개인들도 있을 것이다.

시민들이나 정부는 무조건 기부금을 주고 잊어버리기보다, 정말 내가 낸 기부금이 어떻게 쓰이는지 (단순히 몇 가지 전시성 사례들이 아닌) 명확히 꼬리표라도 붙여 확인하는 것이 필요할 것 같다. 즉, 기부금을 내고 잊어버리는 것보다 기부금이 어떻게 쓰이는가를 확인하는 것이 빈국의 기아에 허덕이는 아동들을 구제하는데 훨씬 큰 도움을 줄 것이다.

매년 각국은 GDP 수준에 따라 일정액의 분담금을 UN 등 각종 국제기구에 출연금으로 내고 있다. 이러한 기부금 성격의 이전지출(Transfer payments)은 결코 적지 않은 액수인데, 왜 지구상에는 아직도 그렇게 기아에 허덕이는 아동들이 있는지 모르겠다. (다만, 사기성 집단이 돈을 갈취하기 위하여, 그러

인 효과를 살펴보자.

예를 들어, 삼성전자에서[39] 상당량의 재산을 (예를 들어 수십조 원)을 전부 자선단체나 공익사업에 기부한다고 해보자. 엄청난 부를 떠안은 자선단체나 공익단체는 그 많은 돈을 어떻게 쓸 것인가? 그렇게 받은 돈을 이용하여, 그 많은 부의 기회비용을 상쇄하고도 남을 만큼 사회후생을 증가시킬 자신이 있는가? 상당히 어려울 것이다. 왜냐하면, 삼성전자가 그만큼의 부를 쌓았고 또 쌓고 있다는 것은 엄청난 양의 부가가치를 창출하여 왔었고, 지금도 창출하고 있다는 증거이다. 만일 자선단체나 공익단체가 그처럼 엄청난 정도의 부가가치를 이 사회에 안겨주고 있거나 그럴 능력이 있다면, 시장에서 평가된 자선단체나 공익단체의 시가총액이 우리나라 기업들 중 최상위에 속해 있을 것이다.

또한 그처럼 막대한 돈이 (소위 눈먼 돈 운운하는) 공무원들의 손을 거쳐 간다면. 더 이상 생각하고 싶지도 않을 것이다. 삼성전자라면 차라리 기부하지 말고 보다 새로운 미래형 제품을 개발하거나 기존 제품을 개량하는 등 혁신(Innovation)을 위한 연구개발이나 자본을 생성하는데 투자하는 것이 사회 전체의 후생을 훨씬 더 크게 증가시켜줄 것이다. 그리고 새로운 제품과 시장이 개발되면 그만큼 일자리도 창출되기 때문에, 보다 많은 사람들이 혜택을 받게 될 것이다.

일류기업들이 고액의 연봉이나 보너스를 주면, 그만큼 사람들의 후생이 증가한다. 그렇지만 그처럼 막대한 돈이 부가가치의 생성이나 혁신과 아무 상관이 없는 곳에 맡겨져 버리면, 당장 특정 계층에게 물고기를 줄

한 소수의 장면을 물색하거나 조작하여 방송한 것이 아니기를 간절히 바라는 마음이다. 인간성이 그 정도까지 타락하였다면, 그건 매우 슬픈 일일 것이기 때문이다.)

물론 당장 굶고 있다면, 빵이라도 줘야할 것이다. 그렇더라도 이와 같이 그냥 물고기를 주는 방식은 궁극적으로 빈국에 큰 도움이 되지 않는다. 물고기를 잡는 방법을 가르쳐주는 것이 훨씬 더 효과적이다. 즉, 과학, 기술, 교육, 합리적이고 효과적인 사회시스템을 구축해주는데 보다 큰 관심을 기울여야 한다.

39) 삼성전자는 우리나라에서 시가총액이 가장 큰 대표적 기업 중의 하나이기 때문에 그냥 든 예이다.

수는 있지만, (일류기업들처럼 막대한 자금에 대한 효율적인 관리능력이나 투자능력이 없을 것이므로) 막대한 자금이 비효율적으로 소진되어버리기 쉽다. (일반국민들 중에는 공짜로 생긴 거액의 돈을 흥청망청 쓰다가 순식간에 동이 나버린 경험을 해본 사람들도 적지 않을 것이다.)

물론 누구든지 정신과 영적수준이 높은 경지에 이를수록, 남을 도와주거나 자신을 희생하는 행위가 마음 속 깊은 곳으로부터의 기쁨을 누리게 할 수 있다. 도움을 주는 행위는 그냥 무상으로 돈이나 물건을 주는 것도 있지만, 삼성전자의 예에서 보듯이 자신이 가장 잘 할 수 있는 혁신이나 생산활동에 자신의 모든 역량을 쏟아 부어 노력하는 것도 있다. 보다 냉철하게 경제적 판단을 해보면, 후자의 경우가 궁극적으로 사회 각 계층에 훨씬 큰 도움을 주게 됨을 알 수 있을 것이다.

보다 골고루 잘 살기 위한 소득재분배의 방식은 세금이나 기부금을 통한 단순한 방식도 있지만, 위에서 본 대로 남을 도와준다는 행위가 드러나게 눈에 띄지는 않더라도 (사치재를 포함한) 소비나 생산활동을 통한 훨씬 더 크고 효율적인 방법도 많이 있다. 국가는 어느 방법에 얼마나 의존하느냐의 여부를 정할 때, 위의 예에서 든 경우들을 포함하여 보다 철저하고 정확한 개념정리와 현상을 파악한 후 가장 합리적인 방법을 택해야 할 것이다.

❖ 상속세

상속세도 부의 재분배 정책 중의 하나이며, 누진세율이 적용된다.[40] 만일 어떤 사람이 평생 노력한 결과 100억 원 건물을 지었다고 하자. 이 사람이 자신의 아들에게 이 건물을 물려주면, 거의 50% 가까이(정확하게 누진세율을 적용하면, 45억 4천만 원) 상속세를 내야 한다. 즉, 건물 지분의 절반 정도가 국가의 소유가 되는 것이다. 손자 대에서는 국가의 지분이 거의

40) 세율은 10%(1억 원 이하), 20%(5억 원 이하), 30%(10억 원 이하), 40%(30억 원 이하), 50%(30억 원 초과)이다. 가족이나 친인척이 아닌 타인에게 재산을 줄 경우에 적용되는 증여세의 세율도 이와 동일하다.

75%에 이르게 되고, 건물이라는 부가가치를 새로 창출한 가족의 지분은 25% 정도밖에 되지 않는다. 몇 세대만 지나면, 건물지분의 거의 전부가 국가에 귀속된다. 그런데 100억 원에 해당하는 건물이라는 가치를 창출할 때, 가장 수고하고 노력한 사람은 누구인가? 국가가 그때 벽돌 한 장이라도 날랐는가? 상속세로 인해, 결국 개인의 사유재산을 몰수해버리는 공산주의에서와 같은 일이 일어난다. 다만 공산주의에서는 단번에 몰수해버리는 반면, 상속세는 시간을 두고 서서히 몰수해버린다.

상속세를 기업에 적용해보자. 시가총액 100조 원짜리 초일류기업이 있으며, 몇 명의 대주주들과 소액주주들이 지분을 나누어 가지고 있다고 해보자. 편의상 모든 대주주와 소액주주들이 비슷한 시기에 주식을 자식들에게 물려준다고 가정해보자. 상속이 되는 순간 국가는 50조원을 세금으로 가져가 버린다. 손자 대에 가서는 기업을 일군 주인들은 기업에 대해 25조 원의 소유권만 가지게 되고, 국가는 75조 원의 소유권을 가지게 된다. 그렇게 몇 세대를 지나면, 그 기업은 사실상 국유화되어 버리고 만다.

1장과 2장에서 우리는 공공재 등과 같은 시장실패의 경우를 제외한 민간부문에서는 국가의 간여 없이 민간이 스스로 시장에서 모든 결정을 하는 것이 최선임을 살펴보았다. 이런 기업이 초일류 기업이 되기까지는 수많은 연구진, 경영진, 근로자들이 자신들의 재능과 노력을 아낌없이 발휘하고 바쳤을 것이다. (국가가 직접 이 기업을 일군 것이 아니다.) 그리고 민간기업만이 가질 수 있는 창의성이나 다이내믹한 혁신의 능력을 국가가 가지기는 어렵다. 국가는 체제의 특성상 이윤추구보다는 사회전체의 후생이 기준이 되기 때문에, 민간기업과 같은 유인체계를 구축하기 어렵기 때문이다. (공산주의도 잘못 설계된 유인체계 때문에, 세월이 흐름에 따라 경제적인 파국을 맞게 되었다.) 그런 국가가 수십조 원 이상의 막대한 공짜 돈이 생기면, 어떻게 될까? 아마 그 뒤의 일은 별로 생각하고 싶지 않을 것이다. (최근 뉴스에서 몇몇 지방단체에서 재정이 어려운 가운데서도 호화청사 건립, 적자경영에 시달리고 있는 경전철, 낭비성 사업 등으로 큰 액수의 세금을 탕진한 사례들이 보도되고 있다. 항상 기억하

자. 어떤 공무원들에게는 이와 같이 쉽게 거둔 거액의 세금은 자신이 땀 흘려 번 돈이 아닌 눈먼 돈이라는 것을. 물론 정말 신실하고 뛰어난 업무 능력을 가진 공무원들을 폄하할 생각은 없다.)

시가총액 100조 원의 초일류기업이라면, 상속세를 내지 말고 기업의 모든 지분을 그냥 기업이 간직한 채, 계속 새로운 아이디어와 제품을 연구개발하거나 보다 효율적인 생산방법을 개발하는 등의 연구와 생산활동에 전념하는 편이 사회전체로 봐서도 훨씬 더 나을 것이다.

공무원들이 이러한 기업의 주인이 되는 것도 큰 문제지만, 만일 정부에서 상속세로 받은 기업의 지분을 다른 기업이나 사람들에게 매각하는 경우도 큰 문제가 될 수 있다. 우선 다른 기업에게 이와 같이 큰 지분을 매각할 때, 거래가격에 대한 평가를 제대로 내리기가 쉽지 않다. (이처럼 큰 지분의 매매는 주로 장외거래를 통해 이루어지며, 매각 시 가격이 크게 하락하는 경향이 있다.) 또한 정부는 신속하게 현금을 확보하기 위해 가격을 대폭할인해서라도 빨리 지분을 처분해버리려는 유혹에 빠지기 쉽다. 이렇게 되면, 이 기업의 가치에 대한 시장가격이 상당히 왜곡되기 때문에, 큰 비효율이 발생하게 된다.

또한 정부가 지분을 소유하고 있으면, 인사권을 포함하여 기업에 대한 경영권을 행사하려는 성향이 커진다. CEO 등 기업의 주요 의사결정권자를 정부가 정치적인 판단이나 정권창출의 배려 차원에서 임명할 수도 있다. 그렇게 되면, 시간이 흐를수록 기업의 경영과 경쟁력은 치명타를 입게 되기가 쉽다.

기업의 가치를 유지하고 그 가치를 성장시키는 일을 가장 잘 하는 것은 바로 기업 자신이다. 그 어느 누구도 이러한 기업의 기능과 역할에 끼어들거나 방해해서는 안 된다. 또한 무엇보다도 문제가 되는 것은 자신이 형성한 부를 세대가 바뀔 때마다 반 토막 내어 국가에서 몰수해버리는 것은 사유재산권이라는 시장경제의 기둥을 무너뜨린다는 것이다.

따라서 상속세는 마땅히 폐지되어야 한다. 기업주가 자손이 없거나, 타인이더라도 기업경영에 더 적합하고 뛰어난 재능을 가진 사람들이 있다면,

그들에게 지분을 물려주려할 수도 있다. 이 경우 증여세도 상속세와 같은 영향을 준다. 그러므로 증여세도 함께 폐지되어야 한다. 최근 독일에서 (기업의 고용을 그대로 승계하는 조건으로) 상속세를 폐지하였다.

❖ 그렇다면 소득재분배를 받아야 할 대상은 누구인가?

소득의 분배는 기본적으로 생산한 자에게 돌아가야 하며, 국가는 이러한 원칙이 보호받을 수 있도록 해야 한다. 정말 생산과 상관없이 소득재분배를 받아야 할 사람들은 어린 고아들, 돈 없고 의지할 데 없는 병약자나 노인들 등이다. 이들은 국가가 돌봐주지 않으면, 생존할 수가 없기 때문이다.

남이 생산해 놓은 것을 빼앗으려는 시도는 늘 있어왔으며, 그럴 때마다 그럴듯한 이유들을 갖다 붙인다. 그런 경우에 대해서도 국가는 정말 정의롭고 합리적인 것이 무엇인지 헤아려 항상 최적의 선택을 하여야 할 것이다.

☞ ATLAS SHRUGGED 저자: 아인 랜드(Ayn Rand) (1905 – 1982)

〈줄거리〉

러시아 태생 미국의 여류작가이자 사상가인 랜드가 1957년에 발표한 소설 "Atlas Shrugged"[41]는 전체주의 사회가 되어버린 가상의 미국을 배경으로 한다. 기업에 대한 정부의 통제가 점점 심해져 결국 기업들은 강제로 국유화되어 버리고,

41) 아틀라스(Atlas)는 그리스신화 속의 인물이며, 자신의 어깨에 지구를 떠받치고 있다. Shrug는 난처하거나 대답을 잘 모를 때 어깨를 으쓱거린다는 뜻을 가진 동사이다. 소설에서 구리광산업자인 프란시스코 댄코니아(Francisco d'Anconia)가 제철업자인 행크 리어던(Hank Rearden)에게 "떠받들고 있는 지구가 점점 더 무거워져 버티기 힘들게 되면, 아틀라스는 어떻게 할까?"라고 질문하자. 리어던은 잘 모르겠다고 대답한다. 이때 댄코니아는 그냥 "Shrug" 해버릴 거라고 말한다.

미국은 모든 것을 국가가 계획하고 통제하는 전체주의 사회가 되어버린다. 이 과정에서 소설의 주인공인 천재발명가 존 골트(John Galt)는 인적이 드문 콜로라도 산악지역에 자신들만의 유토피아를 건설한 후, 주요 기업가, 발명가, 예술가들을 빼내어 함께 잠적해버린다. 그리고 그들이 거주하는 장소는 비행기에서 내려다 봐도 알지 못하도록 전파를 이용한 위장막을 쳐버린다. 사회에서 가장 창의적이고 생산적인 사람들을 데리고 감으로써 잘못된 선택과 압제를 가하는 사회의 희생자가 되기를 거부하고, 세계의 원동기를 꺼버리려고(Stop the motor of the world) 했던 것이다.

한편 전체주의 체제 아래서 근로자들의 급료는 노력, 성과, 생산성과 상관없이, 오로지 도덕과 정의라는 미명 하에 각 자에게 필요한 만큼 분배되었다. 그 결과 근로자들의 자발적인 노력, 창의성, 생산성이 계속 떨어지고, 근로자들은 자신에게 필요한 생활비나 지출을 부풀려 더 많은 급료를 받으려 하였다. 시간이 지날수록 제품의 질이 저하되어 기업들은 파산하고, 미국은 점점 더 피폐해져 갔다.

책의 마지막 부분에서 존 골트는 국영 라디오방송망에 기술적으로 침투하여, 미국 전역에 생방송으로 수십 페이지에 이르는 장문의 연설을 한다. 이 연설은 "내가 나를 위해 생산할 수 있고, 이 사회가 내가 남을 위해 생산하도록 강요하지 않을 때, 내가 나 자신의 재능과 가치를 실현할 수 있고, 이 사회가 그것을 억압하지 않을 때, 우리는 다시 돌아올 것입니다."로 끝을 맺는다.

☞ 〈이 책이 전달하려는 의미〉

이 소설에 의하면, 사회에는 생산자(Producer), 약탈자(Looter), 구걸자(Beggar)라는 3종류의 사람들이 존재한다. 생산자들은 재화든 서비스든 가치를 창출하는 자들이다. 약탈자들은 힘에 의한 강제, 도둑질, 사기로 남이 생산해 놓은 것을 훔치거나 빼앗는 자들이다. 이들은 자신이 창출한 가치보다 더 큰 소득을 누리는 자들로서, 직접적으로 또는 자신의 지위나 사회의 시스템을 이용해서 간접적으로 남의 것을 약탈한다. 구걸자들은 가치를 창출하지 않고, 동정심, 공공의 이익, 사회정의라는 구실로 남이 생산해 놓은 것을 자신들의 필요에 따라 요구하는 자들이다.

소득이란 사회에 창출해준 가치에 따라오는 반대급부이다. 그렇기 때문에, (양쪽 모두의 효용을 증가시키는) 개인간의 자발적인 거래(Trade)가 최대의 선이며, 가치창출 없이 강제나 구걸에 의해 소득을 누리는 것을 가장 큰 죄악이라고 본다. 소득이 능력, 노력, 성과가 아닌 필요에 따라 분배될 때, 국가는 점점 몰락한다는 것을 보여준다.

(1991년 미국 국회도서관과 독서클럽 멤버들에게 일생동안 자신에게 가장 큰 영향을 준 서적에 대한 설문조사를 실시했을 때, 이 소설은 성경 다음으로 2위를 차지했다. 이 책은 출간 직후 비평가들의 부정적인 비평에도 불구하고 현재까지 전 세계에서 2천9백만 부가 판매되었다.)

3-3 세금의 형태에 대한 고찰

■ 소득세 또는 소비세?

우리가 물건을 구입할 때 구입가의 10%에 해당하는 부가가치세를 낸다. 소득세는 우리가 창출한 소득에 직접 부과하므로 직접세이며, 부가가치세처럼 물건을 구입할 때 부과되는 소비세는 구매자가 국가에 직접 내지 않고 주로 판매자가 세금을 받아 납부하는 간접세이다. 동일한 액수의 직접세와 간접세 중에 어느 것이 더 나을까? 이에 대한 대답을 하기 위해 소비자들이 어떻게 제품을 선택하는지 잠시 살펴보자.

❖ 소비자선택점

소비자가 일정한 소득(I)을 가지고 가격이 P_x와 P_y인 두 재화를 소비한다고 하자. 한 재화를 x만큼 소비하고, 다른 재화를 y만큼 소비할 때, 이 소비자의 예산식은 $P_x x + P_y y = I$이 된다. (즉, $y = -\frac{P_x}{P_y} x + \frac{I}{P_y}$가 된다.) 아래 그림은 소비자의 예산식을 가지고 예산선을 그린 것이다. 예산선은 A점과 B점을 지나는 직선이 된다. 예산선과 그 안쪽 삼각형 부분은 소비가 가능한 영역이다. 소득이 증가하면 예산선은 바깥쪽으로 평행이동하며 (예산선의 기울기는 그대로이고, x축과 y축의 절편만 커진다.), 소득이 감소하면, 예산선은 안쪽으로 평행이동한다. A점과 E점을 지나는 두 개의 곡선은 무차별곡선(Indifference curve)들이다. 무차별곡선의 모든 점들은 소비자에게 동일한 효용(Utility), 즉 동일한 만족감을 준다.[42)]

소비자의 효용이 최대가 되려면, 예산선과 무차별곡선이 서로 접하는 E점에서 소비해야 한다. A점이나 B점에서도 소비가 가능하지만, E점에서보다 효용이 작다. 따라서 이 소비자는 E점에서 각 재화를 x_0와 y_o만큼 소비할 것이다.

---

42) 어느 한 재화의 소비량을 늘리면, 효용이 증가한다. 이때 다른 재화의 소비량을 줄여야, 효용이 변하지 않는다. 따라서 무차별곡선의 기울기는 음(−)이 된다. 또한 원점에서 더 먼 무차별곡선일수록 더 큰 만족을 준다.

그리고 일반적으로 소비자들은 어느 한 재화에만 치우쳐 소비하는 것보다 여러 가지 재화를 골고루 소비하는 것을 더 선호한다. 즉, A점이나 B점보다 그 중간의 E점에서 더 큰 만족을 느낀다. 따라서 무차별곡선의 모양은 원점에 대해 볼록하다. (만일 E점에서 더 작은 만족을 느끼면, 무차별곡선은 원점에 대해 오목한 모양이 되어버린다.)

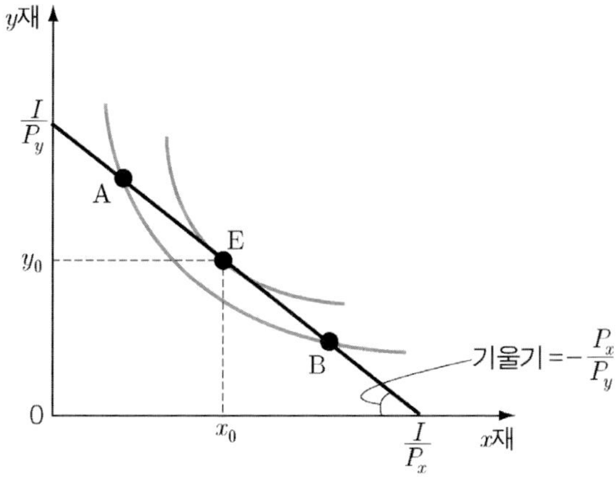

소비자선택점

❖ 소득세와 소비세 중 어느 것이 보다 효율적인가?

만일 x재에 대해서만 t의 세율로 소비세를 부과한다고 해보자. (부가가치세의 경우 $t = 0.1$이 된다.) 소비자들이 x재를 1개 구매할 때마다 tP_x만큼의 소비세를 내야 한다.[43] 이때 소비자의 예산식은 $(1+t)P_x x + P_y y = I$로 변한다. 세금부과 전 소비자는 아래그림의 E점에서 소비하고 있었다. x재에 대해 소비세를 부과하면, 예산선은 y축의 절편은 그대로인 채 E점을 지나는 직선에서 A점을 지나는 점선으로 바뀐다. A점은 x재에 대한 소비세 부과 후 소비자가 선택한 점이다. 즉, 소비세 부과 후, 두 재화를 각각 x_0와 y_0만큼 소비한다.

만일 소비세가 없었다면, 이 소비자는 E점을 지나는 예산선에서 소비가 가능했을 것이므로, x재를 x_0만큼 소비했다면, y재는 $(y_1 - y_0)$만큼 더 소비할 수 있었을 것이다. 즉, 소비세 때문에 $(y_1 - y_0)$만큼 덜 소비한 셈이 된다. 이때 $(y_1 - y_0)$는 y재 단위로 측정한 소비세 징수액이 된다. 만일

43) 우리나라에서는 대개 가격표에 이미 소비세가 포함되어 있으며, 미국에서는 대개 포함되어 있지 않아 구매 시 소비세를 추가로 지불한다.

이 소비자에게 소비세 대신 동일한 액수인 $(y_1 - y_0)$만큼의 소득세를 징수하였다면, 어땠을까? $(y_1 - y_0)$만큼 소득세를 징수하면, 새로운 예산선은 원래의 예산선으로부터 그 거리만큼 안쪽으로 평행이동하여, A 점과 B 점을 지나는 직선이 되어버린다. 이때 소비자는 B 점을 선택할 것이다.

소득세 부과 후의 소비점 B를 지나는 무차별곡선이 소비세 부과 후의 소비점 A를 지나는 무차별곡선보다 원점에서 더 멀리 떨어져 있다. 따라서 B 점에서의 효용이 A 점에서의 효용보다 크다. 즉, 세금을 부과하면, 원래의 소비점 E 점에 비해 효용이 감소하지만, 소비세보다는 동일한 액수의 소득세가 효용을 덜 감소시킨다. 따라서 소득세가 소비세보다 더 효율적이다.[44]

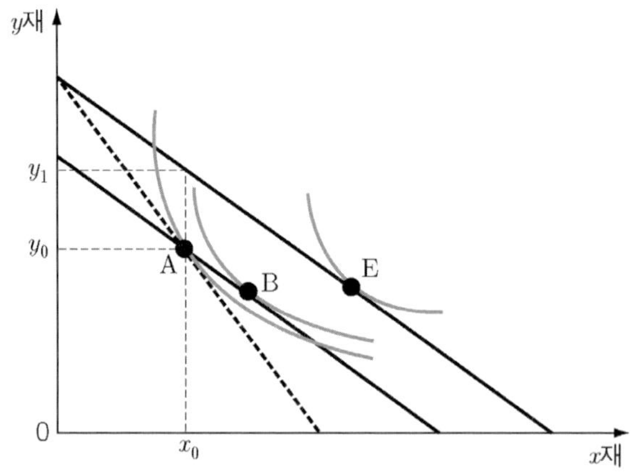

소득세와 소비세의 후생효과

간접세인 소비세가 왜 직접세인 소득세보다 후생을 더 많이 감소시키는지에 대한 보다 직관적인 설명도 가능하다. 소득세는 소득만 감소시킬

44) 그럼에도 불구하고, 왜 많은 나라들이 소비세를 부과할까? 소비세는 소득세에 비해 세원의 포착이 쉽고, 조세저항이 작아서 더 편리하기 때문이다. 하지만, 미래에 조세행정이 크게 발전하여 소득세의 징수가 매우 효과적이 되면, 굳이 소비세에 의존할 필요가 없게 될 것이다.

뿐, 재화들의 상대가격은 변화시키지 않는다. 하지만 소비세는 해당제품의 가격을 상대적으로 더 비싸게 만들어 버린다. 즉, 시장가격을 왜곡시켜 버린다. 이때 소비자들은 소비세가 부과되는 제품을 덜 소비할수록, 세금을 덜 내게 된다. 따라서 소비세는 소비자들에게 해당제품을 되도록 덜 소비하라는 제약을 하나 더 추가하는 것과 같다. 소비자들은 제약이 적을수록, 선택이 폭이 더 넓어지기 때문에 더 큰 만족을 느낄 수 있다. 그래서 더 많은 제약을 가할수록, 효용이 감소하기 쉽다. 그러므로 소비세는 소득세보다 소비자들에게 더 불리하다.

만일 소비자들이 구매하는 모든 품목에 똑같은 세율로 소비세를 부과하는 경우라면, 그 효과는 소득세와 같아진다. 왜냐하면 이때 예산선은 $(1+t)P_x x + (1+t)P_y y = I$, 즉 $P_x x + P_y y = \frac{I}{1+t}$가 되어버리므로, (소득만 감소시키는) 소득세의 경우와 동일한 형태이기 때문이다. 하지만 어떤 품목은 소비세를 부과하고 어떤 품목은 면제시켜주거나, 어떤 품목은 (예를 들어 사치재) 더 높은 세율의 소비세를 부과하는 등, 모든 품목에 동일한 세율을 적용하지 않는 경우라면, 소비세는 소득세에 비해 비효율적인 조세형태가 되어버린다.[45]

❖ 사치재에 대한 높은 세율은 효율적이라 할 수 있는가?

소비자들의 소득이 증가할 때 그 소득을 궁극적으로 남김없이 다 쓰는 한, 사치재를 전혀 쓰지 않을 수 없다는 것을 앞에서 예산식과 소득탄력성을 가지고 살펴보았다. 또한 부자들이 소득의 거의 전부를 자본투자나

45) 이와 같은 논의는 보조금에 대해서도 그대로 적용된다. 특정 제품의 소비에 대해 전액 또는 할인가격의 형태로 보조금을 지급해주는 것보다 일정한 소득의 형태로 보조금을 지급해주는 것이 소비자의 효용 면에서 더 낫다. 예를 들어, 시니어 시티즌에게 지하철 등 대중교통 무료이용이나 할인혜택을 주는 것보다 동일한 액수만큼의 현금보조를 해주는 것이 더 낫다. 지하철에 대한 요금보조는 시니어 시티즌들이 지하철을 더 이용하도록 선호를 왜곡시키는 반면, 현금보조는 모든 재화와 서비스 중 최상의 선택을 할 수 있게 하기 때문이다.

상속하는 데만 사용하지 않는 한, 사치재를 사용하게 될 것이며, 부자들이 사치재의 소비를 많이 할수록 계층간 부의 재분배에 도움을 준다는 것도 살펴보았다.[46]

현재 우리나라에서는 소비세와는 별도로 사치재에 대해 보다 높은 세율의 개별소비세를 부과하고 있다. 이러한 개별소비세의 세율은 품목마다 다르며, 최고 20%에 이른다.[47] 모든 품목의 소비세율이 동일하지 않으면, 소비세는 소득세보다 후생 면에서 불리함을 이미 살펴보았다. 사치재에 대한 높은 세율은 이 외에 또 다른 부작용을 낳을 수 있다.

미국에서도 한때 요트, 자가용 비행기, 모피, 보석류, 고급차 등에 대해 사치세(Luxury tax)를 부과한 적이 있었다. 고율의 사치세는 부자들의 가용소득을 낮추게 된다. 이때 소득탄력성이 큰 사치재의 특성으로 말미암아 사치재의 수요는 크게 감소하는 경향이 있다. 즉, 사치세로 인한 구매가격의 변화에 대해 사치재 수요량이 민감하게 반응하게 된다. 따라서 사치재 수요곡선의 기울기는 아래 그림에서와 같이 매우 완만하게 된다. (즉, 사치재 수요의 소득탄력성뿐만 아니라 가격탄력성도 매우 커진다.)

---

46) 한 개에 수백만 원, 수천만 원 하는 접시세트나 핸드백을 소비하는 부자들을 보면서, 어떤 사람들은 우울해할 수도 있을 것이다. 만일 그런 생각이 든다면, 부자들이 그렇게 소비함으로써, 다른 생산자들에게 부의 재분배가 이루어진다는 생각도 해보기 바란다.

고가의 브랜드를 주로 외국으로부터 수입하기 때문에 외화낭비를 걱정할 수도 있다. 그렇다면, 우리도 고가 명품브랜드를 개발하고 생산할 수 있는 기회가 되지 않겠는가?

그리고 나에게 무엇보다도 중요한 것은 나의 소득 범위 안에서 합리적으로 최적의 소비를 선택하는 것이다. 부자가 호화자가용요트를 타고 태평양을 누비든, 자가용 로켓을 타고 화성에 가든, 나의 행복은 내가 지금 먹고 있는 질 좋은 치즈가 듬뿍 뿌려진 피자 한 판이 결정한다고 생각하면, 인생이 그리 나쁘게만 보이지는 않을 것이다. (자가용 로켓을 개발하는 천문학적 비용은 과학자들, 기술자들, 우주행정가들, 부품생산업체의 직원들과 같은 수많은 사람들에게 골고루 소득으로 돌아갈 것이다.)

47) 이전에는 특별소비세라 불렸었다. 개별소비세율이 20%인 경우, 개별소비세를 더한 가격에 다시 부가가치세 10%가 부과되므로, 그 품목의 경우 소비세율은 32%가 된다. (즉, 1.2×1.1=1.32)

한편 그러한 사치재 생산관련 종사자들의 대부분은 중산층에 속하였다. 또한 사치재의 수요에 비해 공급은 가격에 그다지 민감한 편이 아니었다. 즉, 사치재 공급곡선의 기울기는 아래 그림에서와 같이 매우 가파르게 된다. (즉, 사치재 공급의 가격탄력성은 매우 작아진다.) 그 결과 사치세는 다음과 같은 조세전가의 문제점을 드러내었다.

사치세를 소비자들이 납부한다고 해보자. (생산자들이 납부해도 조세전가의 결과는 동일함을 2장에서 살펴보았다.) 이때 수요곡선은 2장에서 본 것처럼 제품당 사치세의 크기만큼 아래로 이동한다. 그 결과 아래 그림에서 균형점은 E 점에서 A 점으로 이동한다. 원래의 제품가격 P_0에 비해, 사치세 부과 후 소비자들의 제품당 부담액은 제품가격(P_2)과 사치세를 더하여 P_1이 되고, 생산자가 제품당 받는 금액은 P_2가 되어버린다. 이때 사치세 부과전의 가격 P_0에 비하면, 사치재의 소비자들은 제품당 추가로 $(P_1 - P_0)$만큼 부담하고, 생산자들은 $(P_0 - P_2)$만큼 부담하게 되어버린다. 그림에서 알 수 있듯이, 생산자부담액이 사치세의 대부분을 차지해버렸다. 이 때문에 사치세의 대부분은 중산층인 생산자들에게 전가되어버리고 말았다. 결국 미국은 1993년에 사치세를 폐지해버렸다.

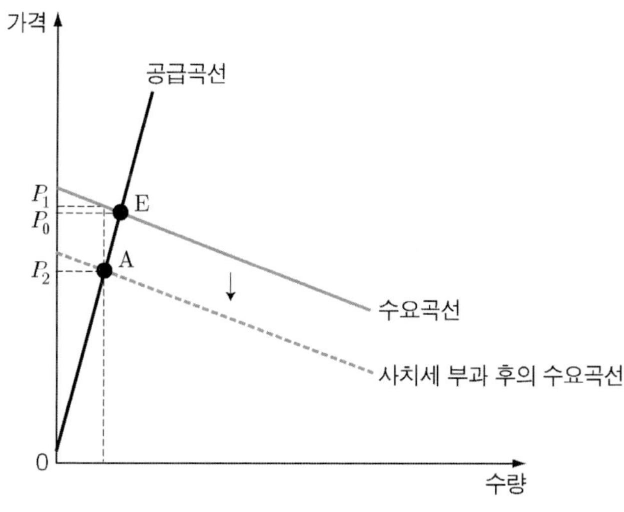

사치세의 조세전가

3-4 때때로 불거지는 금융위기

■ 우리나라의 IMF 외환위기

1997년 말 우리나라는 외환위기를 겪으면서 IMF 구제금융을 받게 되었다. 그 후 우리나라는 수년간 긴축과 구조조정을 거치면서 큰 시련과 위기를 극복하는 저력을 보였다. 그 과정에서 수많은 회사와 자영업들이 도산하거나 경영상의 어려움을 겪었었다. 우리나라에서 이와 같은 외환위기가 발생한 원인으로 여러 가지가 거론되었다. 대기업들이 수익률보다는 매출액이나 회사규모 같은 외형 부풀리기를 더 중시하다 보니, 해외로부터 과도한 차입에 의존했기 때문이라거나, 1996년 말 OECD 가입 이후 아직 충분한 경쟁력이 갖추어져 있지 않던 금융시장을 개방한 탓이라는 등의 이유들이 제기되기도 하였다. 여기서는 왜 외환위기를 겪게 되었는지 몇 가지 경제변수들을 가지고 보다 본질적인 시각에서 살펴보려 한다.

환율제도는 크게 고정환율제도와 변동환율제도로 나눈다. 고정환율제도에서는 정부가 환율을 정하고 그 수준에서 고정시키는 반면, 변동환율제도에서는 시장의 수요와 공급에 따라 자유롭게 환율이 결정된다. 변동환율제도를 채택하고 있으면서도, 환율의 지나친 변동이 있으면 국가가 시장에서 외환매매 통한 수급조절로 환율을 안정시키려는 경우도 많다. 오늘날 많은 국가들은 이와 같은 관리변동환율제도를 채택하고 있다. 지금은 주요국들 중 중국과 같이 고정환율제도를 채택하고 있는 나라도 있지만, 대부분의 선진국들을 변동환율제도를 채택하고 있다.

고정환율제도는 상당기간 동안 환율이 고정되어 있기 때문에 단기적인 외환투기나 무역거래에서의 환위험(Exchange risk)이 없는 장점이 있지만, 경상수지(무역수지와 소득수지의 합)의 적자가 지속될 경우 외환보유고가 바닥 나 외환위기가 초래될 수 있다. 예를 들어, 우리나라의 경상수지 적자가 지속되면, 수입이 수출을 초과하므로 달러의 수요가 공급을 초과하는 상태가 지속된다. 이때 외환시장에서 달러의 가격인 환율이 상승하려 할 것이다. 이때 고정환율제를 유지하려면, 정부가 외환시장에 계속 달러를 공급해주어야 한다. 즉, 정부는 시장에서 원화를 사들이고, 달러를 팔아야 한다. 따라서 고정환율제 아래에서 경상수지의 적자폭이 크거나 기간이 길어지면, 결국 정부의 외환보유고가 바닥나 더 이상의 대외결제가 불가능한 채무불이행(Default) 사태를 맞게 된다. 즉, 국가부도 사태를 맞는 것이다.

반면 변동환율제도는 단기 외환투기가 가능해지거나 수출입업자들이 환위험에 노출되는 것과 같은 단점에도 불구하고, 경상수지를 자동적으로 조절해주는 기능을 가진다. 예를 들어, 우리나라의 경상수지가 적자이면, 외환시장에서 달러의 초과수요가 발생하므로, 환율이 상승하게 된다. 환율이 상승하면, 달러로 표시한 우리나라 수출품의 가격이 하락한다. (또한 원화로 표시한 수입품 가격은 더 비싸지게 된다.) 즉, 우리나라 제품의 국제가격경쟁력이 향상된다. 이때 수출량은 늘고, 수입량은 줄게 된다. 수개월 이상의 기간이 지나면, 이러한 물량조정의 효과가 커져서 경상수지가 개선된다.[48)]

변동환율제 아래에서는 경상수지의 흑자나 적자에 따라 환율이 변동함으로써 시간이 지남에 따라 경상수지의 균형이 자동적으로 달성된다. 외환

---

48) 수출품의 원화표시 가격을 P, 수입품의 달러표시 가격을 P_f, 원/달러 환율을 e라 하고, 수출품과 수입품의 양을 각각 X, M이라 하자. 이때 달러로 표시한 경상수지는 $\frac{P}{e}X - P_f M$이 되며, 원화로 표시한 경상수지는 $PX - eP_f M$이 된다. 환율(e)이 상승하면, (달러표시 또는 원화표시에 상관없이) 경상수지가 일시적으로 악화된다. 하지만 약 3개월~6개월 정도의 시간이 흐르면, 수출량(X) 증가와 수입량(M) 감소의 효과가 압도하게 되어 결국 경상수지가 개선된다.

이와 같이 환율이 상승할 때 경상수지가 일시적으로 악화되었다가 결국 개선되는 현상을 (아래 그림에서 경상수지가 변하는 모양을 따라) "J-곡선 현상"이라 부른다. (아래 그림에서는 경상수지가 처음에 균형상태를 유지한다고 가정하였다.)

위기 당시 우리나라는 변동환율제도를 채택하고 있었는데, 왜 외환위기가 발생했을까? 1990년대에 들어서면서 우리나라의 경상수지는 적자를 기록하기 시작하여, 외환위기 전 해인 1996년에는 적자폭이 230억 달러에 달하였다. 특히 1994년을 기점으로 적자폭이 급격히 증가하기 시작하였다. 하지만 1995~1997년 사이의 달러당 연간환율은 771원, 805원, 954원으로 계속 증가하고 있었다.[49] (이 때문에 각종 언론에는 "환율과 경상수지 적자의 동반상승"이라는 기사가 등장하였고, 사람들은 왜 환율이 오르는데도 경상수지의 적자폭이 확대되는지에 대한 미스터리에 고개를 갸우뚱거리고 있었다.)

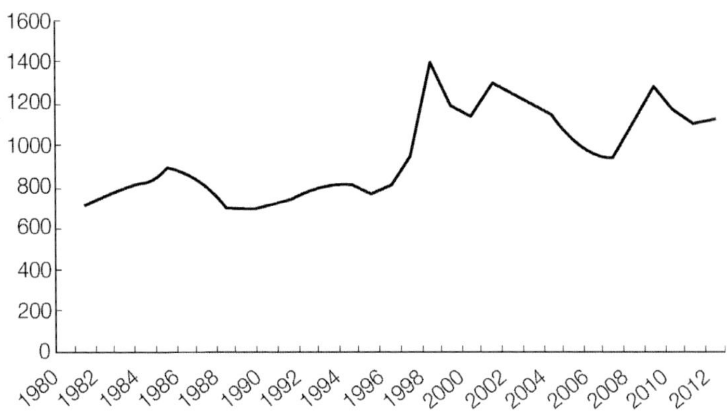

자료: 한국은행

환율

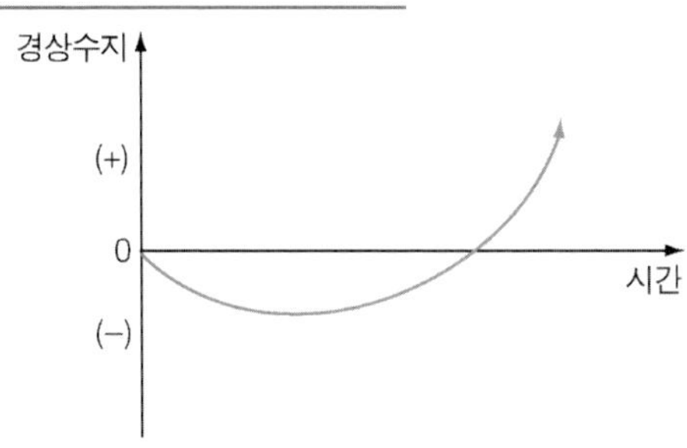

49) IMF 외환위기 때문에 1997년 12월의 평균환율이 1500원 가량으로 급등하였는데, 이를 제외한 11월까지 1997년도의 평균환율은 904원 정도였다.

위에서 환율상승이 경상수지를 개선시킨다는 것을 살펴보았는데, 여기에는 한 가지 잊지 말아야 할 전제가 있다. 즉, 수출재 가격(P)과 수입재 가격(P_f)이 고정되어 있다는 가정이다. 만일 우리나라의 물가와 국제물가(특히 미국물가)의 상승률 차이가 크면, 국제가격경쟁력은 환율뿐만 아니라 양국 물가의 영향도 받게 된다. 우리나라의 가격경쟁력은 보다 정확하게 $\frac{eP_f}{P}$로 나타낼 수 있으며, 이를 실질환율(Real exchange rate)이라 한다. 실질환율이 상승하면, 그만큼 우리나라 수출품의 가격이 상대적으로 저렴해지므로 국제가격경쟁력이 향상된다. 반면에 실질환율이 하락하면, 우리나라의 가격경쟁력이 악화된다. 아래 그림은 1980년대부터 우리나라의 실질환율과 경상수지가 어떻게 변화해왔는지 보여준다.[50)]

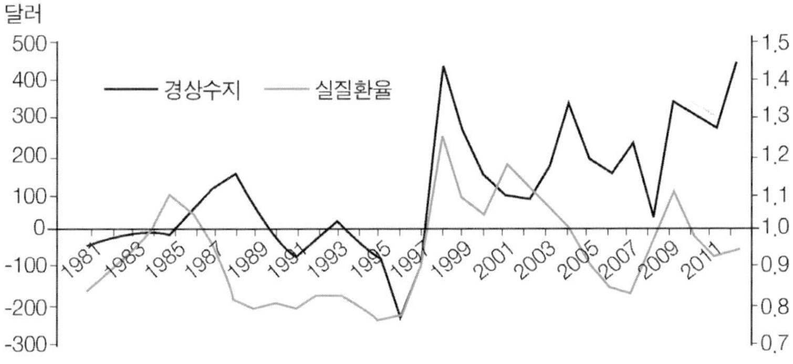

자료: 한국은행

실질환율과 경상수지

실질환율이 1이 되면, 경상수지가 균형에 도달할 것으로 기대된다. 외환위기 전 경상수지 적자가 심해질 무렵 우리나라의 실질환율은 1보다 한참 밑의 수준을 유지하고 있었음을 알 수 있다. 즉 그 무렵 환율이 상승하고

50) 실질환율은 원/달러 환율, 한국과 미국의 소비자물가지수를 이용해 도출하였다. 또한 실질환율은 경상수지가 거의 균형에 도달한 1984년에 1이 되도록 조정하였다.

있었음에도, 미국에 비해 상대적으로 높았던 한국의 물가상승률 때문에, 실질환율은 1을 회복한 것이 아니라 오히려 하락하기까지 하였다. 즉 외환위기 수년 전부터 우리나라 수출품의 가격경쟁력이 매우 악화된 상태를 지속하고 있었다. 경상수지의 적자폭이 확대되면, 외환시장의 균형을 회복하기 위해 환율은 급상승했어야 했다. 즉, 실질환율이 1이 되는 수준까지 환율이 상승했어야 했다. 그렇게 되었더라면, 그처럼 심한 경상수지 적자가 애초에 발생하지 않았을 것이고, 외환위기를 겪지 않아도 되었을 것이다. 그런데 왜 환율이 급등하지 않았을까?

우리나라의 1인당 국민소득은 1995년에 1만 달러를 돌파하였다. 만일 환율이 급등했었다면, 달러로 표시한 1인당 국민소득이 1만 달러 아래로 떨어져버렸을 것이다. 1인당 국민소득 1만 달러에 크게 고취되어 있었던 당시의 정부로서는 1인당 국민소득이 1만 달러 아래로 내려가는 것이 별로 달갑지 않았을 것이다.[51] 달러표시 국민소득이 떨어지지 않게 하려면, 정부가 외환시장에 개입하여 환율이 급등하지 않게 방어할 수밖에 없었다. 이 과정에서 우리나라의 (당장 쓸 수 있는) 가용 외환보유고가 점점 고갈되면서, IMF 구제금융 직전에는 70~80억 달러에 불과하여 단기외채를 상환하기도 어렵게 되어버렸다.

따라서 1997년 우리나라가 겪었던 외환위기와 IMF 구제금융은 정부의 잘못된 외환정책으로 인한 심각한 정부실패의 예라 할 수 있다. 1998년 환율이 급등해서 어려움을 겪은 사람들도 많았지만, 결국 그러한 환율의 급등을 정부가 용인함으로써 (물론 당시의 상황에서 정부가 외환보유고를 소진하면서 외환시장에 개입할 여력도 없었지만), 결국 큰 충격과 어려움 속에서도 비교적 짧은 기간에 외환위기를 극복하게 되었던 것이다. 이후 수년에 걸쳐 외환보유고는 다시 정상을 회복하였고, 현재는 3,000천억 달

51) 하지만 IMF 외환위기가 불거진 후 1998년에는 환율이 1,400원 근처까지 치솟으면서, 1인당 국민소득은 7,600달러로 떨어져버렸다. 이후 고환율이 가져온 경상수지의 개선과 국민들의 노력에 힘입어, 2000년에 환율이 1,100원 초반대로 떨어지면서, 1인당 국민소득은 1만 달러를 회복하였다.

러를 초과하여 외환을 어떻게 (투자와 포트폴리오의 관점에서) 관리해야 하는지 고민하기에 이르렀다.

여기서 우리는 중요한 교훈을 얻을 수 있다. 외환시장은 물론 어떠한 종류의 시장에서일지라도 외부의 충격으로 가격이 요동치는 한이 있더라도, 정부는 개입하지 않는 것이 최선이라는 것이다. 이때 정부는 시장에 개입하려는 유혹에 굴복하지 말고, 단기적인 여론이나 정치권의 압력에도 맞서서, 꿋꿋하게 시장 메커니즘을 지켜나가야 한다는 것이다. (국민, 관료, 정치권 등에서 경제법칙에 대한 이해가 커질수록, 이러한 유혹이나 압력은 훨씬 줄어들 것이다.) 외부의 충격이 올 때, 어느 정도의 풍파를 겪더라도 조금만 견디면 다시 훨씬 강한 경제체질로 회복되기 때문이다. 괜히 정부가 간여하면, 후생의 손실이 훨씬 크게 될 뿐만 아니라, 오히려 어려움이 더 가중되거나 어려운 기간이 더 오래 지속될 수도 있다. 올바르고 확고한 경제논리가 없으면, 누가 이렇게 말하면 우르르 이쪽으로 몰려갔다가, 또 누가 다른 말을 하면 우르르 저쪽으로 몰려다니기 쉽다. 하지만 확고한 경제논리가 서 있으면, 이러한 압력에 굴하지 않고 자신 있고 일관되게 (무식이나 잘못된 지식으로 아집과 고집에 사로잡히는 것이 아니라) 올바른 정책을 시행하거나, (정책을 시행해서는 안 될 경우에는) 시행하지 않는다는 판단을 내릴 수가 있다.

■ 미국의 2008년 금융위기

2008년에 미국에서 촉발된 금융위기는 전 세계의 금융시장에 충격을 안겨주었고, 여러 나라의 경기침체를 유발시켰다. 당시의 금융위기는 장기주택담보대출인 모기지(Mortgage)와 그것을 기초로 한 파생금융상품이 부실화되면서 발생하였다.

2000년대에 들어서 미국정부는 불황을 해소하고자 저금리정책을 유지하였고, 이는 저소득/저신용 계층에의 주택담보대출이라 할 수 있는 서브프라임 모기지론(Subprime mortgage loan)을 과도하게 확대시켰다. 주택관련

대출의 증가는 주택에 대한 수요를 증가시켜, 2000년대 초까지 지속된 IT 산업의 붐과 겹치면서, 주택가격의 거품형성을 부추겼다. 또한 투자은행 등의 금융기관들은 모기지론에 기초한 고수익/고위험의 파생금융상품들을 개발하고 공급하였다.[52] 이렇게 시장가격을 밑도는 이자율로 부추긴 주택가격의 거품은 IT거품이 꺼지고 경기가 위축되면서 결국 붕괴하게 되었다. 이때 모기지론에 기초한 채권 및 파생상품은 부실화되었고, 이를 떠안고 있던 금융기관들이 파산하거나 파산위기에 처하게 되었다. 이는 곧바로 신용경색으로 이어졌으며, 결국 2008년 미국과 전 세계에 금융위기를 초래하게 되었다. 결국 2008년에 겪었던 금융위기의 가장 근본적인 이유는 주택경기를 부양하기 위해 인위적으로 저금리를 유지하고자 금융시장에 개입했던 정부실패였다고 할 수 있다.

금융위기의 탓을 투자은행이나 파생상품 등으로 돌림으로써, 2008년의 금융위기가 마치 자본주의 시장경제의 치명적 결함을 드러내었다고 지적하는 시각도 있다. 물론 그러한 파생상품 등이 이미 곪아터져 버린 주택금융 문제를 더 증폭시킨 면은 있지만, 보다 근본적인 원인은 미국정부의 잘못된 주택금융정책이라는 것을 간과해서는 안 된다. 또한 파생상품 등을 통한 수익률이 커지면, 투자은행 등의 해당 직원들이 거액의 보너스를 챙기게 되므로, 무리하게 고위험/고수익 금융상품을 개발하고 취급하려는 유인이 컸을 것이다. 그럼에도 불구하고 같은 기업 내에서 그러한 위

52) 파생상품(Derivatives)이란 선물(Futures), 옵션(Option), 스왑(Swap) 등을 말한다. 미국인들은 주택을 구입할 때 보통 30년 정도의 장기주택담보대출인 모기지를 이용한다. 주택대출기관은 모기지 이용자들로부터 30년간 매월 일정한 금액의 원금과 이자를 받게 된다.

이러한 장기적인 현금흐름을 당장 유동화(즉, 현금화)하기 위해, 관련기관들은 모기지에 기초한 채권을 발행하여 팔고, 모기지로부터 들어오는 현금을 일정기간마다 채권구입자들에게 지급한다. 당시 옵션상품 중에는 그러한 모기지 채권이 부실화 될 경우, 옵션매입자가 손실액 전액에 대한 보상옵션을 행사할 수 있는 것도 있었다. 그런데 모기지 채권의 부실화 정도가 커지면서, 그러한 옵션도 함께 부실화되어 버렸다. 꼬리에 꼬리를 문 것처럼 서로 연계된 수많은 파생상품들이 함께 부실화되면서 금융시장에의 파급효과는 더욱 증폭되었다.

험관리(Risk management)를 제대로 해 줄 전문가나 직원들의 역할이 잘 발휘된 것 같지는 않아 보인다. 이렇게 볼 때, 당시 지나치게 큰 위험을 선택한 금융기관의 문제도 결국은 개별금융기관의 경영관리와 통제(Corporate governance)의 문제였다고 할 수 있다.[53)]

결국 미국정부는 2009년까지 1조 달러에 달하는 규모로 부실은행채권, 자산유동화증권(MBS: Mortgage backed securities), 국채(Treasury bond) 등을 사들이는 양적완화 정책을 시행하였으며, 2012년까지 추가로 6,000억 달러 규모의 국채를 매입하는 추가적인 양적완화를 시행하기에 이르렀다. 만일 미국이 이처럼 막대한 규모의 정부재정적자를 발생시키는 양적완화를 실시하지 않았더라면, 어땠을까? 그랬었다면, 물론 당시의 금융위기가 금융시장과 경제에 큰 파급효과를 미쳤을 것이다. 또한 미국정부로서는 악몽과도 같았던 1920~30년대의 대공황에 대한 두려움도 느꼈을 것이다. 하지만 일정기간 동안의 시련을 극복한 후의 미국의 금융과 경제는 더욱 탄탄한 체질로 거듭나지 않았을까? 또한 금융기관들과 기업들은 보다 발전되고 합리적인 경영관리와 통제(Corporate governance)방식을 추구하고

---

53) 'Corporate governance'는 주주들이나 (때로는 채권자, 소비자, 지역주민 등 비주주들을 포함한) 이해당사자들의 이익에 부합되도록 기업경영상의 지휘와 관리(Direction), 감시와 통제(Control), 소유와 지배구조(Ownership) 등을 설정한다는 의미를 가지고 있다.

이와 같은 경영관리와 통제에 부합하기 위해서는, 큰 리스크를 무릅쓰고 반짝 큰 수익을 올리는 직원에게 막대한 보너스를 주기보다는, 여러 해 동안의 투자운용실적(Track Record)과 위험률대비 수익률을 나타내는 수익률/위험비율을 고려한 평가를 해서 보너스를 주어야 한다. 1, 2년의 반짝 실적으로 막대한 보너스를 챙겼지만, 1, 2년 후 큰 손실을 입힐 경우 누가 책임을 지겠는가? 이와 같은 성과급의 리스크에 대한 비대칭 구조 때문에 투자담당자들은 무리하게 고위험/고수익 투자를 하려는 유인을 가질 수 있다.

이러한 문제를 해결하려면, 장기간의 트랙레코드와 함께 "수익률/위험(수익률의 표준편차 등)" 비율의 기준에 따라 성과급을 지급할 필요가 있다. 이는 펀드를 선택하는 개인투자자들도 마찬가지다. 어떤 펀드가 단기간 동안 반짝 실적을 올린 것인지, 장기간 동안 꾸준하면서 긍정적인 트랙레코드를 가지고 있는지 봐야 한다. 그리고 단순한 수익률이 아닌 "수익률/수익률의 표준편차"[이를 샤프(Sharpe)수익률지수라 한다.]가 높을 것으로 기대되는 펀드를 선택하는 것이 더 나을 수 있다.

만들어내지 않았을까?

☞ 우리는 99%다

2011년 8월에 뉴욕의 월스트리트 주변 거리에서 시작하여 미국의 주요 도심거리에서는 수많은 사람들이 "We are the 99%."(우리는 99%다.)라는 구호 아래 모여 거리를 행진하였다. 이는 우리나라의 TV뉴스에서도 보도하였다. (당시 미국의 경우 연소득이 약 34만 달러 이하인 사람이 전체의 99%이며, 상위 1%의 연평균소득은 백만 달러에 육박하였다.)

우리나라 사람들 중에는 그러한 시위가 자본주의의 모순을 표출시키고 자본주의에 반기를 드는 모습을 보여준다고 말하는 자들도 있었다. 하지만 정작 행진에 참여하였던 사람들이 문제 삼았던 것은 모기지대출 관련기관과 투자은행 등 1%의 잘못으로 벌이진 사태에 99%가 낸 세금을 쏟아 부어 수습해준다는 사실이었다. 이는 시위자들의 피켓에 적혀있었던 "The 99% paying for the 1%'s mistakes"(99%가 1%의 실수에 대한 대가를 지불함.), "Banks got bailed out, we got sold out."(은행들은 구제되고, 우리는 팔려지고.) 등의 구호에서도 알 수 있다. 그리고 자신들의 잘못으로 파산위기에 몰린 금융기관들을 정부가 공적자금으로 겨우 회생시켜 놓았는데, 그런 금융기관들이 일부 직원들에게 거액의 보너스를 지급했다는 보도가 시위사태를 촉발시켰다.

시위자들의 메시지는 차라리 실패한 금융기관들을 파산하도록 그냥 내버려두지 않고 수많은 국민들의 세금으로 구제해준 것도 부당한데, 그 세금으로 보너스 잔치까지 벌인 것에 대한 격분을 표출하고 있었다. 즉, 금융기관의 성과에 대한 책임은 해당 금융기관이 질 것이며, 정부가 간여하지 말라는 것으로 오히려 자본주의나 시장경제주의와 같은 것이었다.

■ 저축은행 부실화 문제

최근에 우리나라에서 불거진 저축은행의 부실화 문제도 기본적으로는 해당 금융기관들의 부실한 리스크관리에서 비롯되었다고 볼 수 있다. 아파트와 부동산 가격 상승기에 저축은행들이 아파트단지나 건물 등을 짓는데 대출함으로써 큰 수익을 올릴 수 있다는 기대감에서 그러한 프로젝트에 과도한 대출을 하게 되었다. 그러나 아파트와 부동산 가격의 거품이 꺼지는 동시에 미분양 아파트들이 속출하면서, 부동산 프로젝트 파이낸싱은 큰 손실을 입게 되었다.[54] 만일 아파트나 건물의 이론적 적정가격이나 경제추세 등에 대한 보다 철저한 분석과 검증이 있었거나, 투자 포트폴리오 상의 리스크관리가 보다 전문적이고 면밀하게 이루어졌었다면, 은행이 도산할 만큼의 리스크는 피할 수 있었을 것이다. 그런데도 무모하리만치 모험적인 마치 모 아니면 도와 같은 투자를 한 셈이다.[55] 이 역시 경영관리와 통제 문제에 기인했다고 할 수 있다.

정부가 매번 금융위기가 발생할 때마다 구제를 해준다면, 금융기관들은 일종의 손해보험에 가입한 꼴이 되어버리기 때문에 심각한 도덕적 해이가 생기게 된다. 그리고 금융감독원 등의 금융감독기관은 모든 금융기관들의 내부사정이나 동기(Motive)등을 전부 파악하는 것이 어렵기 때문에 정보비대칭의 문제가 생길 수밖에 없다. 또한 현대에 와서 새롭게 등장하는 금융상품이나 파생상품들에 대한 포괄적인 리스크를 모두 분석하고

---

54) 만일 정부가 아파트분양 등에 관해 처음부터 전혀 간여하지 않고, 시장에서 가격이 자유롭게 적응할 수 있는 토양을 배양했더라면, 거대한 부동산 거품은 생기지 않았을 것이다. 이때 프로젝트 파이낸싱이 약간의 손실을 입었을지는 몰라도, 자금의 회수가 어려워지고 저축은행이 도산하는 등과 같은 사태는 발생하지 않았을지도 모른다. 따라서 아파트 미분양으로 인한 저축은행 사태는 보다 근본적으로 보면 정부실패와 관련이 있다.

55) 당시 금융사들이 자신들이 진행한 프로젝트 파이낸싱의 리스크나 사업의 성격을 정확하게 인지하거나 실감하고 있었는지 의문이 들 정도이다. 그들이 그것을 알고서도 투자할 정도로 정말 위험애호가였다면, 그들은 경제적으로 매우 드문 성향을 지닌 자들이다. 아니면, 고객들의 돈만 리스크에 노출될 뿐이라는 생각을 했을 수도 있다.

대응책을 마련하는 것도 많은 시간과 전문성이 요구되는 등 만만한 작업이 아니다. 그렇기 때문에 정부는 모든 금융상품과 금융인들에 대해 일일이 감독하고 지시하려고 하기보다, 금융기관, 금융인, 고객들의 유인들이 서로 일치하고 조화될 수 있도록 기업경영, 관리, 통제 시스템을 기업 스스로 새로 만들고, 정비하고, 발전시켜나갈 수 있도록 해주고 장려해야 한다.

가능하면 금융기관들의 단기이익이나 목표가 중장기 이익이나 목표와 부합되도록 할 필요가 있다. 이를 위해 정부와 금융감독기관은 관리감독을 강화하기보다는 금융기관들이 보다 발전된 경영관리와 통제 시스템을 구축하는데 정보와 지식을 제공하는 것을 포함한 가능한 모든 지원을 해줘야 한다. 그리고 만일 금융기관이 잘못된 리스크관리로 인해 엄청난 손해를 입거나 파산하는 경우, 정부가 전혀 지원해주지 않을 것이라는 확고한 메시지를 줘야하고, 실제로 그와 같은 사태가 발생되었을 때 약속한 메시지를 확실하게 이행해야 한다.

또한 금융기관의 위기가 잘못된 리스크관리나 도덕적 해이에 기인한 경우에는 금융기관 소유자와 경영자들에게 철저히 책임을 물어야 할 것이다. 특히 소유주나 의사결정권을 가진 몇몇 경영진의 악의적인 사기수법에 기인한 사태에 대해서는 그들의 숨겨놓은 재산까지 집요하고 끝까지 추적하여 회수하여야 한다. 그래야 향후 그러한 사기행각을 벌일 유인을 차단할 수 있다.

만일 금융기관들이 고객들에게 위험한 금융상품의 리스크에 대해 분명한 설명을 하지 않았다면, 이는 일종의 기만과 사기에 해당될 수 있다. 그런 경우에는 정부는 빠른 시간 안에 소송 등의 법적절차를 통해 해결하도록 피해자들을 안내하고 도와서, 되도록 많은 선의의 피해자들이 가능한 많은 구제를 받을 수 있도록 해주어야 한다.

하지만 리스크에 대한 분명한 설명을 듣고 이를 잘 인지한 후, 자신의 수익률/리스크 선호에 따라 특정상품을 구입한 경우에는 정부가 개입하지 말아야 한다. 이런 경우까지 구제해주면, 투자자들은 일종의 손해보험에 가입한 것이 되어버리기 때문에 도덕적 해이의 문제가 생기게 된다. (저축은행의 예금은 일반은행의 예금보다 금리가 높았다. 높은 금리는 보다 높은 리스크를 반영한다는 것은 금융의 ABC에 해당한다. 하지만 그러한 기초적인 금융원리도 명확하게 인식하지 못하는 일반인들이 우리 주위에는 너무나도 많다. 그렇기 때문에 학생시절부터 기초적인 재무, 금융교육 정도는 받을 수 있게 하는 것이 바람직하다.)

■ 신용카드와 신용불량자

2000년대 들어 신용카드사들은 매출확대를 위해 일정한 소득이 없는 젊은이들이나 학생들에게까지도 무분별하게 카드발급을 해주었다. 길거리에서 지나가는 사람들을 붙잡고 신용카드 가입을 권유하는 광경도 자주 눈에 띄었었다.

소득이 없거나 소득에 비해 과도한 사용한도를 받은 카드가입자들 중 금융 마인드나 합리적 소비자세와 자제력이 떨어지는 사람들은 당장 현금을 지불하지 않아도 되기 때문에 뒷일을 생각하지 않고 무분별하게 카드로 소비하기도 하였다. 그 결과, 카드결제가 연체되어 신용불량자가 되어버리는 수가 많았다. 어떤 매체들은 이를 두고 카드대란이라는 표현을 쓰기도 하였다.

이런 사람들이 카드사용금액을 결제할 수 없게 될 것이라는 것을 신용카드사들이 몰랐을까? 여기서도 심각한 기업의 경영관리와 통제(Corporate governance)의 문제가 드러난다. 신용카드사의 영업담당 직원들은 신용카드발급과 매출만 극대화하면 자신의 보너스나 수익이 극대화되었으며, 그 위의 경영진이나 다른 부서의 직원들은 리스크관리에 대해 무심한 것처럼 보이기까지 하였다.

신용카드가 부실화되어 신용카드사에 어려움이 닥치면, 금융대란(?)을[56] 우려한 정부가 신용카드사들에게 구제금융(Bailout)을 해주게 된다.

---

56) 이 경우는 큰 의문표(Big question mark)를 붙여야 될 것 같다. 정부는 정부대

이런 구제금융은 결국 신용카드사들의 도덕적 해이만 생기게 할 뿐이다. 만일 또다시 부실한 리스크관리와 카드발급남발로 인해 이러한 사태를 초래하는 신용카드사들은 그냥 도산하게 하거나 헐값에 매각하여 새로운 주인을 맞게 해야 할 것이다. 향후에는 절대 구제금융이 없다는 메시지를 정부는 강하고 분명하게 주고, 이를 실행할 필요가 있다. 그러면, 신용카드사들은 경영관리와 통제에 관해 완전히 새 판을 짜야 될 것이다.[57)]

3-5 경제적 효율성을 향상시키는 변화들

최근 우리나라에서는 몇몇 분야에서 경제적인 효율성과 후생을 증가시키는 방향으로의 변화들이 일어나고 있다. 그 중 몇 가지만 살펴보자.

■ 무역자유화

북미자유무역지대(NAFTA), 유럽연합(EU)에서 보듯이 요즈음은 국가간의 교류와 무역에서 경제적 국경이 없어지고 있는 추세다. 우리나라도 미국, EU, 칠레 등과 자유무역협정을 맺고 교역제품에 대한 관세를 철폐하거나

로 어떤 경우에도 이해 당사자들의 정치적 로비(Lobby)에 흔들리지 않고, 최적의 경제적 결정을 할 수 있도록, 효과적인 정부관리와 통제(Government governance)라도 새로 만들어야 할 것 같다.

57) 미국에서 대학원 유학시절 때 신용카드를 발급받은 적이 있는데, 이는 조교를 하고 있었기 때문이었다. 대학원에서 강의조교(TA: Teaching assistant)나 연구조교(RA: Research assistant)를 하면 일단 학비가 면제되고, 매월 생활비로 장학금이 나온다. 학교가 있는 지역과 물가에 따라 금액이 차이가 나지만, 요즈음은 대략 월 1,000 ~ 2,000 달러 정도의 조교급료(Stipend)가 나온다.

미국에 있을 때, 대학생들이 일정수준의 소득이나 확실한 지원수단을 증명하지 않으면, 신용카드사로부터 신용카드발급이 거부되는 사례를 많이 보았다. 그리고 신용카드사들은 신용카드 사용한도액을 철저하게 사용자의 소득과 과거의 신용기록에 매치시켜 정하고 있는 것 같았다.

단계적으로 철폐할 예정이다. 이러한 무역자유화가 어떤 경제적 효과를 주는지 살펴보자. 우선 폐쇄경제에 비해 무역이 가지는 이점을 살펴본 후, 반대로 관세부과와 같은 보호무역이 어떤 효과를 주는지 살펴보자.

❖ 무역은 어떤 이득을 줄까?

무역에 관한 가장 고전적인 이론은 경제학자 리카도(Ricardo)가 제시한 비교우위론이다. 영국과 포르투갈이 옷과 와인을 생산하며, 각 상품을 1단위씩 생산하는데 드는 노동의 양이 아래의 표와 같다고 해보자.

	옷	와인
영국	1	2
포르투갈	6	3

영국은 옷과 와인 모두 포르투갈보다 생산성이 높다. 이러한 경우에도 무역은 두 나라 모두에게 이익을 가져다준다. 영국의 경우 와인 1단위를 생산하는데 드는 노동으로 옷을 2단위를 생산할 수 있다. 즉, 영국에서는 와인 1단위의 기회비용이 옷 2단위이다. 포르투갈에서는 와인 1단위의 기회비용이 옷 1/2단위이다. 따라서 와인생산의 기회비용은 포르투갈이 영국에 비해 더 싸다. 즉, 포르투갈이 와인생산에서 영국과 비교할 때 비교우위를 가진다. 반대로 영국은 옷의 생산에서 비교우위를 가진다. 이때 포르투갈이 와인만 생산하고, 영국이 옷만 생산하여 무역을 하면, 양국 모두에게 이득이 된다.

예를 들어, 영국은 3단위의 노동으로 옷과 와인을 각각 1단위씩을, 포르투갈은 9단위의 노동으로 옷과 와인을 각각 1단위씩을 생산하여 소비하고 있다고 하자. 이때 영국이 비교우위가 있는 옷만 생산하면, 옷 3단위를 생산할 수 있다. 반면 포르투갈이 와인만 생산하면 와인 3단위를 생산할 수 있다. 또한 영국과 포르투갈이 옷과 와인 한 단위씩을 1:1로 교환하면, 영국은 옷 2단위와 와인 1단위를 소비할 수 있고, 포르투갈은 옷 1단위와 와인 2단위를 소비할 수 있게 된다. 따라서 양국 모두 무역으로 인해 소비량이 증가한다. 즉, 각국이 상대적으로 더 잘할 수 있는 제품에 특화함으로써 국제적 분업이 일어나고, 파레토 개선을 할 수 있다.

❖ 국제무역과 부분특화

리카도의 비교우위론은 두 제품간의 기회비용이 생산량과 관계없이 고정된 것으로 가정했기 때문에, 비교우위제품만 생산하는 완전특화 모형이 되어버린다. 일반적으로 한 재화의 생산량이 늘수록 그 재화의 마지막 한 단위를 위해 포기해야 되는 다른 재화의 양, 즉 기회비용이 증가한다. (예를 들어, 일정한 면적의 경작지에 처음 인력과 장비를 투입할 때는 생산량이 크게 증가하지만, 생산량이 늘수록 동일한 인력과 장비를 추가로 투입할 때 추가생산량이 줄어들 것이다. 즉, 1단위의 농작물을 더 생산하기 위해 소요되는 인력과 장비의 양이 점점 더 증가하여, 그에 따라 포기해야 되는 공산품의 양이 점점 더 많아질 것이다. 다시 말하면, 농작물 1단위의 기회비용이 점점 증가할 것이다.)

아래 그림은 한 나라에서 자본과 노동 등 생산요소들의 양이 일정하게 주어졌을 때, 생산 가능한 두 재화의 양을 나타내는 생산가능곡선을 보여준다. 생산가능곡선의 점들과 그 안쪽영역은 이 나라에서 가능한 두 재화 생산량의 조합들이다. 또한 한 재화를 더 생산할 때 포기해야 되는 다른 재화의 양이 점점 많아지기 때문에, 생산가능곡선의 기울기 절대값은 점점 커진다. (즉, 생산가능곡선은 원점에 대해 오목한 모양을 가진다.) 폐쇄경제일 때는 생산가능곡선과 무차별곡선이 접하는 E_0점에서 생산과 소비를 한다. 무역을 하게 되면, 국제가격으로 얼마든지 교환이 가능하기 때문에, E_1점에서 생산하여, E_2점에서 소비할 것이다.[58] 이 나라는 x재

---

58) 두 재화의 국제상대가격$(P_x/P_y)_W$는 국제가격을 나타내는 선의 기울기 절대값이 된다. 무역 전 국내상대가격$(P_x/P_y)_D$는 국내균형점인 E_0점에서 생산가능곡선과 무차별곡선에 동시에 접하는 선의 기울기 절대값이 된다. 만일 E_0점에서 이와 같은 국내가격선을 그래보면 $(P_x/P_y)_D < (P_x/P_y)_W$가 됨을 알 수 있다.

를 $(x_1 - x_2)$만큼 수출하고, y재를 $(y_2 - y_1)$만큼 수입할 것이다. E_2점에서 국제가격선에 접하는 무차별곡선이 원래의 무차별곡선보다 원점으로부터 더 멀리 있다. 따라서 무역으로 인해 이 나라의 후생이 증가한다.

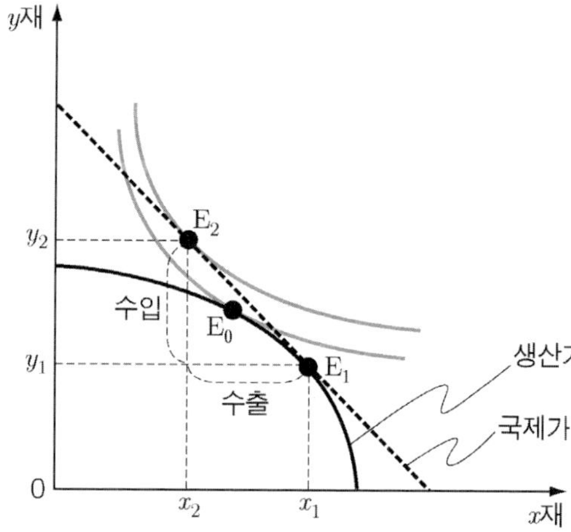

국제무역과 부분특화

리카도 모형에 비해 보다 현실적인 이와 같은 부분특화 모형에 의하면, 자유무역을 하더라도 비교열위 제품의 생산이 완전히 사라지는 것은 아니다. 세계의 어느 나라에서의 비교우위제품일지라도, 생산이 증가할수록 그 제품의 기회비용이 증가한다. 따라서 비교우위제품의 생산이 일정 수준을 넘으면, 비교열위제품을 생산하는 것이 더 효율적일 수 있다. 따라서 각국은 무역을 하더라도 비교열위 제품도 어느 정도는 계속 생산하게 된다. 우리나라의 경우 쌀을 비롯한 많은 농축산물들이 반도체나 전자제품 등에 비해 비교열위제품임에도 불구하고, 계속 생산을 하는 것도 비교우위제품들에 완전특화가 아닌 부분특화를 하기 때문이다.

따라서 이 나라의 원래 국내가격을 보면, 국제가격보다 상대적으로 x재가 더 싸고, y재가 더 비싸다. 따라서 이 나라는 비교우위가 있는 x재를 더 많이 생산하여 수출하게 된다.

❖ 무역으로 인한 잉여의 변화

무역은 비교우위제품에의 특화로 각국의 후생을 증가시킨다는 것을 리카도의 완전특화모형과 부분특화모형을 가지고 살펴보았다. 나라 전체로 보면 무역이 후생을 증가시키지만, 생산자와 소비자에게는 그 효과가 다르게 나타날 수 있다. 아래 그림에서 수입재의 경우 원래의 국내가격(P_0)보다 낮은 국제가격(P_w)이 새로운 국내가격이 되어버린다. 이때 생산량을 줄고 수요량은 늘어, 초과수요량만큼 수입할 것이다. 이때 소비자잉여는 $(\alpha+\beta)$만큼 증가하지만, 생산자잉여는 α만큼 감소한다. 따라서 경제전체의 잉여는 β만큼 증가한다. 수출재의 경우 생산자는 원래의 국내가격(P_0)보다 높은 국제가격(P_w)에서 판매할 수 있으므로, 국제가격이 새로운 국내가격이 되어버린다. 이때 생산량은 증가하고 수요량은 감소하여, 초과공급량만큼 수출할 것이다. 이때 생산자잉여는 $(\alpha+\beta)$만큼 증가하지만, 소비자잉여는 사다리꼴 α만큼 감소한다. 따라서 경제전체의 잉여는 β만큼 증가한다.

따라서 수입재와 수출재에서 모두 무역으로 시장전체의 후생이 증가한다. 이러한 논의는 폐쇄경제가 개방경제로 전환하여 무역을 할 때의 효과이지만, 관세 등의 보호무역을 시행하다가 관세를 축소하거나 철폐하는 경우에도 그대로 적용된다.

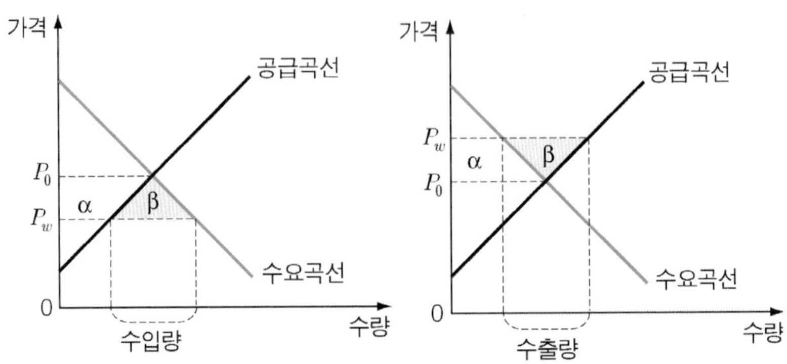

수입재 수출재

수입재의 경우 생산자들의 후생이 감소하므로, 생산자들은 자유무역을 반대하게 된다. 한미 FTA가 발효되면 국내의 농축산물가격이 하락하고 농축산물 생산자들의 잉여가 감소하기 때문에, 농축산업자들의 반대가 심했던 것이다. 반면에 반도체와 자동차 같은 공업제품 수출업자들의 잉여가 증가하므로, 공업제품 생산자들은 한미 FTA를 찬성했던 것이다. 수입재와 수출재에서 모두 전체잉여가 증가하기 때문에, 한미 FTA는 분명히 우리나라의 후생을 증가시킨다. 그럼에도 불구하고 수입재의 국내생산자들은 한미 FTA에 맹렬히 반대한 반면, 소비자들은 드러나게 지지를 나타내지는 않았다. 수입재의 생산자들은 각 개인의 손해액이 크고 보다 쉽게 정치세력화할 수 있는 반면, 전체적으로 더 큰 이익을 보는 수많은 소비자들은 모래알처럼 흩어져 있고 한 개인의 이익이 크게 드러나 보이지 않았기 때문이다.

만일 소비자잉여의 증가분 중 일부인 α만큼 정부가 농축산업자들에게 보상해준다면, 농축산업자들의 후생은 감소하지 않게 된다.[59] 결국 수입재는 우리나라 전체의 후생을 β만큼 증가시킨다. (어떤 상태의 변화로 이익을 보는 쪽의 이익이 손실을 입는 쪽의 손실보다 커서, 손실액을 보상해주고도 남음이 있으면, 전체의 후생이 증가될 수 있다. 이와 같은 상태의 변화를 잠재적 파레토개선이라 한다.)

---

59) 경제학자들에 따라서는 관세부과와 같은 보호무역을 비정상적인 상태, 자유무역을 정상적인 상태로 보기도 한다. 예를 들어, 학교에서 깡패가 학생들의 돈을 뺏고 있다고 해보자. 이때 선생님이 나서서 돈을 빼앗지 못하게 하면, 모든 것이 정상적인 상태가 된다. 관세와 같은 보호무역은 특정한 집단의 이익을 위해 수많은 소비자들의 손해를 강요하는 깡패로 비유되기도 한다. 따라서 관세 등의 보호무역을 철폐하는 것은 그러한 부당한 행위를 바로잡는 것과 같다는 것이다. 따라서 자유무역으로 손실을 보더라도 다른 사람들이 낸 세금으로 국가가 특별한 보상을 해주는 것이 부당하다는 것이다. 마치 전자계산기가 등장하면서 주판기능자들이 손실을 입거나, 자동차가 등장하면서 지게꾼이나 인력거꾼들이 손실을 입더라도, 어쩔 수 없이 겪어야 하는 변화의 일부로 보며, 국가가 보상을 해주지 않은 것처럼.

❖ 보호무역을 하려는 경우도 있을까?

관세 등을 통한 보호무역은 주로 다음과 같은 이유 때문에 실시된다. 첫째, 어떤 산업이 걸음마 단계에 있을 때, 그 산업을 키우기 위해 값이 저렴한 수입재와의 경쟁으로부터 일정기간 동안 보호해주려는 것이다. 즉, 유치산업을 보호하기 위해서이다. 둘째, 상대국의 보호무역에 대한 보복조치로 실시하는 경우도 있다. 셋째, 국가간 분쟁이 발생할 때 갑자기 농축산물 수출금지령이 내려지면, 농축산물 수입국은 곤란해지기 때문에, 자국의 농축산물 생산을 어느 정도 유지하려고 하는 것이다. 즉, 식량무기화에 대비하는 것이다. 하지만 오늘날 세계화된 경제에서는 여러 농축산물 수출국들과 거래하는 등 수입다변화를 꾀할 수 있으므로, 이와 같은 논지는 설득력이 떨어질 수도 있다. 넷째, 관세는 수입국 정부에 관세수입을 안겨준다. 하지만 관세자체가 무역을 위축시키고, 전체적인 후생을 감소시키므로, 오늘날 대부분의 국가들이 관세를 축소하거나 폐지하는 추세다. 따라서 네 번째의 논지는 가장 설득력이 떨어진다.

유치산업을 보호하기 위한 보호무역은 유치산업의 성장가능성과 보호무역 기간동안 잉여의 손실은 물론, 쌍무적인 무역관계에서 보호무역의 여파로 피해를 보게 될 다른 산업부문까지 고려해서 현명하게 결정해야 한다. (단, 자유무역협정으로 관세부과가 아예 불가능해질 수도 있다.) 별로 성장가능성이 없는 산업을 위한 보호무역 때문에 무역이 위축되고, 성장가능 한 타부문의 성장마저 방해받는 사례들이 과거 남미국가들에서 있었다. 특히 정부는 유치산업 보호를 위한 보호무역을 실시하기 전에, 보호무역의 대상이 되는 산업의 로비나 정치적 결정을 지양하고, 냉철한 산업측면의 분석과 경제측면의 분석에 입각해 일정기간 동안의 특정산업에 대한 보호무역 시행여부를 결정해야 한다.

❖ 관세부과 효과

자유롭게 무역을 하는 소국(Small country)은 국내가격이 국제가격(P_w)을 따르는 가격수용자이다. 소국의 경우 관세를 부과하면, 아래 그림에서처럼 잉여가 변한다. 관세부과 전 수입량은 $(Q_3 - Q_0)$와 같다. 제품당 t원만큼 관세를 부과하면, 국내가격은 $(P_w + t)$로 상승하고, 수입량은 $(Q_2 - Q_1)$으로 줄어든다. 관세부과로 말미암아 감소하는 소비자잉여는 $(\alpha + a + \beta + b)$만큼이며, 증가하는 생산자잉여는 α만큼이다. 그리고 β는 관세수입으로 정부로 귀속되는 정부잉여인 셈이다. 따라서 전체잉여는 $(a + b)$만큼 감소한다. 즉, 관세부과는 그만큼의 사중손실을 발생시킨다.

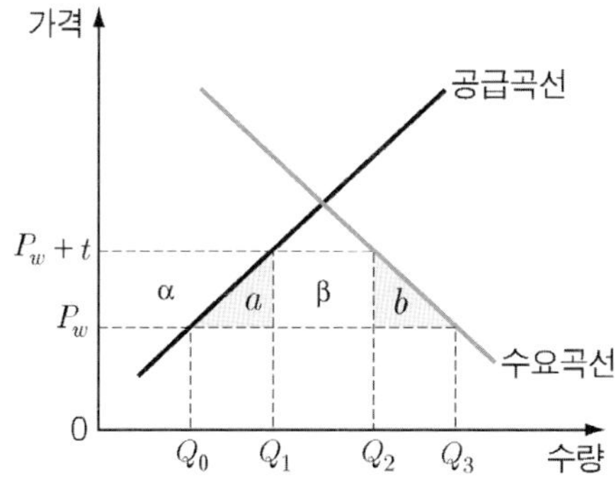

관세부과의 효과

보호무역의 가장 대표적인 수단은 관세이다. 수입할당(Quota)은 할당량을 관세부과 시의 수입량과 같게 정할 경우, 후생 면에서 관세와 동일한 효력을 가진다. 그밖에 비관세장벽(Non-tariff barriers)으로 까다로운 수입절차나 검역, 원산지규정, 배타적인 판매망 등이 있을 수 있다. 이러한 비관세장벽들도 무역을 위축시키므로 전체적인 잉여를 감소시킨다.

■ 노동시장의 효율성 향상

❖ 근무시간과 생산성

우리나라의 근로자들은 전 세계에서 1, 2위를 다툴 정도로 근무시간이 긴

데 비해, 시간당 생산성은 선진국에 비해 많이 떨어진다. 과거 수십 년간의 고도성장기간 동안 우리나라의 근로자들이 그토록 열심히 일한 덕분에 우리나라가 이만큼 발전했다는 것을 아무도 부인할 수 없을 것이다. 그러는 동안 우리나라는 농어업 사회에서 산업사회로, 산업사회에서 지식사회로 점차 산업기반을 넓혀오고 있다.

오늘날 각 산업분야를 좀 더 가까이서 들여다보면, 분야에 따라서는 아직도 근무문화가 비효율적이거나 생산성에 도움이 안 되는 경우가 많다. 예를 들어, 어떤 기업의 사무직을 보면, 정말 가치를 창출하는 생산적인 활동보다는 보고를 위한 보고서 작성이나 얼마 후에 곧 잊혀질 일들을 반복적으로 하느라 시간을 낭비하는 경우가 참 많은 것 같다. 그러면서도 가부장적 수직적 문화의 영향으로, 별 다른 업무가 없어도 자신의 상사가 퇴근할 때까지 책상에 앉아 밤늦게까지 근무하는 척하는 경우도 많다. 그래서 겉으로는 일일 근무시간이 9~10시간을 초과해도, 정말 생산적인 활동에 쏟아 부은 시간은 몇 시간도 안 되거나 아예 없는 경우도 많다. 좀 심한 경우에는, 사무자동화가 잘 되어있고 근무여건과 시간을 완전히 자유롭게 해준다면, 하루 10시간이 아닌 30분~1시간만 일해도 똑같은 수익을 회사에 안겨줄 수 있다고 말하는 사람들마저 있다.

이렇게 볼 때, 과거로부터 정석처럼 받아들여졌던 근로자들의 기계적 통제관리기법이 한계에 다다른 감이 있다. 누가 보더라도 열심히 일하고 있는 것 같지만, 하고 있는 일이 정말 생산적이거나 창의적인 것인지는 누구보다도 일하는 자신이 가장 잘 알고 있을 것이다. 즉, 정보비대칭의 문제를 피할 수가 없다. 그리고 아무리 비생산적인 일도 늘 회사에서 해오던 대로 계속 하고 있으면, 다른 사람이 봐도 열심히 일한다고 생각하지 어느 누구도 토를 달지 않을 것이다. 이의를 제기하려해도, 자신이 하는 일을 되돌아보면 다른 사람들에게 돌을 던질 처지가 아니기 때문이다. 그래서 적절히 타협해서 그대로 흘러가는 경우가 많다. 물론 영업직이라면, 매 기간 실적이 객관적으로 명확하게 드러나므로, 그런 문제가 덜 생긴다. 또한 판매직이나 카운터에서 고객을 맞이하는 직종도 일정시간 자리에서 대기하는 자체가 생산적 활동이라 할 수 있다. 하지만 일반기업의 사무직종이라면, 마냥 긴 근무시간만 채우려고 하기보다는, 짧은 시간을 일하더라도 지금보다 더 창의적이고 생산적인 활동을 하는데 초점을 맞추는 것이 커다란 파레토 개선을 가져올 수 있다.

근로자들이 짧은 시간이나마 확실하게 일하여 그날 목표를 달성한 후 전혀 다른 사람의 눈치를 보지 않고 퇴근할 수 있는 기업문화가 정착되면, 남는 시간 동안 휴식, 여가생활, 육아, 자기계발 등을 할 수가 있다. 그렇게 되면, 근로자들이 더욱 집중해서 일하며, 높은 생산성을 보여줄 것이다. 생산성이 높아지면, 결국 회사의 수익과도 직결된다. 어차피 저녁이 되어야 퇴근한다면, 근로자들은 업무를 길게 늘어뜨리려는 유인이 강해질 수밖에 없다. 그것을 막기 위해 위에서 특정한 것을 요구하면, 근로자들은 생산성과 상관없이 업무의 포커스를 그러한 요구에만 맞추어버리고 만다. 공산주의 체제에서 오랜 세월동안 근로자들에게 어떠한 수단과 통제를 다 가해보아도, 결국 시간이 지나면서 생산성이 피폐해진 것과 맥락을 같이한다. 따라서 근본적으로 근로자들이 보다 (시간만 많이 투입하는 것이 아니라) 창의적으로 되거나 생산성을 높일 수 있도록, 유인체계와 경영관리를 새로 구축하는 것에 대해 기업은 더 많은 고민을 해야 한다. (그날 목표업무가 끝나면 오전일지라도 곧바로 퇴근하게 하는 것도 생산성을 높이는 커다란 유인이 될 수 있다. 또는 일정 기간 생산목표를 정하되, 매일의 출퇴근 여부는 탄력적으로 할 수 있게 하는 것도 같은 효과를 낼 수 있다.)

기업의 생산성을 증가시키는 데는 개인의 노력, 자기계발, 창의성, 자본량, 지식 등 다양한 요인들이 작용한다. 예를 하나 들어보자. 만일 어떤 회사에 100만 명의 고객에 대한 신상과 취향 등을 기록한 고객카드가 있다고 해보자. 이때 상사가 자신의 직원들에게 고객의 나이와 소득별로 카드를 분류할 것을 지시했다고 하자. 아마 100만 장의 카드를 분류하느라, 수많은 직원들이 일주일간 야근도 불사하고 불철주야로 일해서 임무를 완수할 것이다. 일이 끝나는 날 모두들 뿌듯한 마음으로 피곤과 스트레스에 절은 몸을 이끌고 함께 사우나를 가고 회식도 할 것이다. 그리고 훗날

자손들에게 이렇게 말해줄 것이다. "우리는 누구보다도 치열하게 열심히 살았다."라고. 만일 고객정보가 카드가 아닌 컴퓨터에 저장되어 있었다면 어땠을까? 단 한명의 직원이 고객파일을 엑셀(Excel) 프로그램으로 연 뒤 정렬(Sort)이라는 기능을 수행하면, 컴퓨터는 전체고객의 나이와 소득에 따른 분류를 단 몇 초안에 끝내버린다.[60] 한 달 후에 상사가 다시 이번에는 성별, 지역별로 고객카드를 분류하라고 시킬 수도 있다. (우리나라 직장문화에서는 상사, 특히 회사의 회장이나 오너가 어떤 종류의 명령을 내리더라도, 곧바로 일사불란하게 해야 한다.)

이러한 예에서 보듯이, 무조건 근무시간만 길다고 생산성이 향상되거나 생산량이 많아지는 것은 아니다. 무엇보다도 지식이 중요해졌다. 현대에서는 기본적으로 일정한 노동량이 필요하기는 하지만, 어떤 종류의 자본, 지식, 아이디어들은 단순한 노동과는 비교조차도 안 되는 천문학적인 생산성, 생산량, 수익을 창출한다. (여기서 마이크로소프트와 엑셀 프로그램은 지식에 속하고, 그 프로그램을 수행하는 컴퓨터는 자본에 속한다.)

❖ 노동시장의 유연성

우리나라의 일자리는 정규직과 비정규직으로 나누어진다. 비정규직은 같은 일을 하더라도 정규직에 비해 시간당 임금이 더 낮고, 연금, 의료보험, 기타 여러 가지 혜택이 덜 주어진다. 또한 정규직은 별일이 없는 한 정년

---

60) 마이크로소프트(Microsoft)의 윈도우를 깔면, 마이크로소프트 오피스 안에 엑셀 프로그램이 깔려있다. 마이크로소프트의 창업자 빌 게이츠는 세상의 수많은 사람들에게 이와 같은 엄청난 편리함을 제공한 반대급부로 막대한 소득을 얻을 수 있었다. 지금은 개인소유 지분을 많이 줄였지만, 한때 그의 지분은 마이크로소프트의 주가에 따라 대략 50조 ~ 100조 원에 이를 정도였다. 이는 전 세계의 직장인들이 계속해서 수주일간 생고생하는 대신 엑셀 프로그램으로 단 몇 초 만에 작업을 끝내게 되어 엄청난 시간과 노력을 절약하게 된 반대급부이다.

이렇게 전 세계에서 절약된 시간과 노력을 오랜 세월동안 모두 더하여 돈으로 환산하면, 오히려 100조 원보다 훨씬 더 클 것이다. 즉, 소비자들은 프로그램 구입비 100조 원을 넘어 훨씬 더 큰 잉여를 누릴 수 있게 된 것이다. 따라서 정당한 생산활동으로 100조 원에 가까운 부를 축적했다는 것은 다른 사람들에게도 그 이상의 부를 가져다주었다는 의미가 된다.

을 보장받는 경우가 많다. 하지만 구조조정과 같은 사유가 발생하거나 육아 등 개인적인 일로 회사를 그만두면, 다음에 재취업이 쉽지가 않다. 회사로서는 일단 정규직을 채용을 하면 나중에 정리하기가 어렵기 때문에, 더욱 채용에 신중할 수밖에 없다. 그래서 근로자들은 특히 사무직일수록 한번 직장을 떠나게 되면 자신이 원하는 새로운 일자리를 구하기가 매우 어렵기 때문에, 현재의 자리를 고수하느라 많은 스트레스를 받게 된다.

반면 미국과 같은 곳은 회사가 정규직원을 쉽게 정리할 수 있고, 직원들도 보다 많은 보수와 나은 직장으로 자주 이동한다. 우리나라의 경우 직장에서의 안정성은 더 큰 반면 직장간 근로자들의 이동은 작기 때문에, 일단 직장을 떠나면 대체할 곳을 찾기가 어렵다. 또한 자신이 생산하는 가치만큼 대우를 받지 못해도, 직장간 이동이 쉽지 않다. 미국의 경우 직장에서의 안정성은 더 작지만, 직장간 근로자들의 이동이 더 활발하기 때문에 직장을 떠나도 대체할 곳을 찾기가 더 쉽다. 즉, 미국의 노동시장이 더 유연하다고 할 수 있다.

경제적 관점에서 보면, 자신의 능력과 가치에 합당한 보수를 받을 수 있고, 적성과 능력에 맞는 직장을 보다 잘 찾을 수 있는 미국의 노동시장이 더 효율적이라고 할 수 있다. (프로야구에서는 선수들의 트레이드가 직장간 이동에 해당한다고 할 수 있다. 간혹 뛰어난 실력의 자유계약선수가 팀을 옮기면서 대박을 터뜨리기도 한다.)

물론 한국의 노동시장은 근로자들의 심리적인 안정감, 장기적 소속감, 애사심에서 이점을 가지고 있다. 일본도 과거 평생직장 개념의 노동시장에서 경제성장을 일군 경험을 가지고 있다. 산업구조가 과거와는 많이 바뀐 요즈음, 어느 정도의 직장간 이동이 최적인가에 대한 논란은 계속될 수 있다. 여기에 대한 해법은 견해에 따라 여러 가지가 있을 수 있다. 이에 대해 가장 기본적인 입장에서 몇 가지만 거론해보기로 하자.

우선 기업은 정말 확실하고 장기적으로 입증된 큰 이유가 아니라면 되도록 해고하지 않는 편이 낫다. 조그만 일로 너무 자주 해고와 신규채용을 반복하다 보면, 신규채용자의 적응비용도 문제지만, 더 큰 문제는 직원들의 불안감을 부추기고, 애사심을 떨어뜨리고, 근로자들을 지나치게 민감하게 하여 협업에 악영향을 끼치고, 근로자들로 하여금 매사에 경제적 결정보다 정치적 결정을 더 하게 만들고, 회사의 장기적인 이익보다는 단기적인 이익만 추구하게 하고, 조금이라도 리스크가 가미된 일을 하기 어렵게 하는 등 많은 부작용이 생긴다. 다만 큰 능력을 발휘하거나 회사에 (특히 장기적인 관점에서) 큰 기여를 한 근로자들에 대해서는 합당한 보상을 해주어야 한다. 아니면, 그런 뛰어난 근로자들은 보다 적절한 보상을 받거나 자신의 능력을 더 잘 발휘할 수 있는 곳으로 옮기는 편이 더 효율적이다. 그 밖의 대부분의 근로자들은 직장간의 이동성보다 직장내에서의 안정성을 가지는 편이 더 나을 것 같다. 또한 인사평가를 지나치게 세분화하여 어떤 사람들에게 평상시의 급료보다 낮게 주는 것보다, 대체적으로 평상시의 급료를 유지하게 하되, 특별히 뛰어난 성과를 낸 근로자들에게 성과에 맞는 특급보너스를 급료에 더해주는 것이 바람직할 수 있다. (인사평가를 지나치게 세분화하면, 그것이 정확하게 사실을 반영하지 못할 위험이 커질 수 있다.)

그래서 우리나라 기업들의 경우, 아예 근로의욕이 없거나 불성실하고 부정직한 것이 확실한 근로자들은 자유롭게 정리하되, 성과가 뛰어난 근로자들은 따로 큰 보상을 해주고, 대다수의 평균적인 직원들에게는 직업의 안정성을 보장해주는 것이 황금률이 아닌가 싶다.

또한 근로자들이 일의 성격에 따라 업무관련 리스크를 어느 정도 추구할 수 있도록 해주는 것도 필요하다. 신제품을 개발하거나 새로운 시장을 개척하거나 새로운 프로젝트나 사업을 추구하는 일은 항상 리스크가 따르기 때문이다. 그리고 근로자들 중 일부는 거주지를 옮긴다든지 개인의 사정상 또는 취향 때문에 자주 일자리를 옮기고 싶어 할 수도 있다. 그러기 때문에 대다수를 차지하는 평균적인 근로자 그룹들도 직장간 이동과 관련하여 획일적으로 경직된 시스템 아래 놓이는 것보다, 그 중 일부분은 미국과 같이 높은 직장간 이동을 유지하는 것이 바람직하다. 이렇게 되면, 근로자들이 직업안정성과 직장간 이동에 대한 선택을 보다 자유롭게 할 수 있다. 또한 직장간 이동의 비율이 노동시장에 의해 자유롭게 결정되도록 함으로써, 보다 큰 효율성을 추구할 수 있다.

직장을 자주 바꾸는 성향을 가진 일정비율의 평균적인 근로자들이 자유롭게 직장을 자주 옮기면, 노동시장의 유연성이 그만큼 증가한다. 이때 기업은 수시로 일정비율만큼 신규채용하려는 수요가 생기게 되어, 현재의 직장을 떠나도 대체직장을 찾기가 보다 쉬워진다. 또한 기업들은 누가 직장을 자주 옮기느냐에 신경을 쓸 것이 아니라, 일정비율(예를 들어, 5%)의 근로자들은 항상 옮기는 것이 당연하다고 인정해줘야 한다. 그래야 기업이 구조조정을 하더라도, 재취업기회가 많기 때문에 근로자들의 저항을 덜 받는다. (그렇지 않으면 생존권 차원에서 근로자들은 목숨을 걸고 저항할 수밖에 없다.)

그리고 회식자리에 불참하거나 상사의 경조사에 불참했다고 불이익을 주거나 해고하는 것과 같은 부당대우에 대해서는 노동조합이 간여를 해야 한다. 그렇지만, 정당한 해고에 대해서는 간여를 해서는 안 된다. 직업간 이동이 많은 노동시장의 다른 장점 중의 하나는 적정임금을 받을 가능성이 많다는 것이다. 성과에 비추어 적정임금을 받지 못하면, 많은 수의 근로자들이 다른 회사로 가버리므로 그만큼 회사가 불안정해질 수밖에 없기 때문이다.[61] 적당한 정도의 직장간 이동이 활발해질수록, 노측과 사측 모두에게 극한대립과 같은 피곤한 일이 덜 생길 것이다.

---

61) 효율임금가설(Efficiency wage hypothesis)에 의하면, 시장균형임금보다 훨씬 높은 임금은 이직 시의 기회비용을 높게 만들기 때문에 이직률을 줄이고 더욱 열심히 일하게 하고 생산성을 높인다고 한다.

헨리 포드(Henry Ford)는 1914년에 자신의 자동차회사 근로자임금을 당시 시장임금보다 2배 이상 높은 일당 5달러로 인상해버렸다. 이에 대한 주위의 우려에도 불구하고, 새로운 기술자들이 몰려들고 기술자들의 이직률이 낮아진 동시에 생산성이 높아져 회사의 이윤이 더욱 증가하였다.

오늘날 기업주의 입장에서는 어느 정도의 임금이 적정임금인가에 대한 고민을 할 수 있다. 이때 효율임금가설을 참고하는 것도 도움이 될 수 있다. 특히 기업에 꼭 필요한 핵심멤버에 대해서는 더욱 그렇다.

3-6 경제성장

■ 경제성장을 결정하는 것은 무엇인가?

한 나라의 부를 결정하는 요소는 무엇인가? 크게 분류해보면, 노동(L), 자본(K), 인적자본(H), 천연자원(N)이라 할 수 있다. 한 나라의 생산함수는 이러한 생산요소들의 투입량과 생산량(Y)을 나타낸다. 아래의 생산함수에서 A는 생산계수(Production coefficient)이며, 생산계수가 클수록 동일한 생산요소를 투입할 때 생산량이 더 많아진다. 생산계수는 그 나라의 과학, 기술, 지식의 수준이 높을수록 커진다.

$$Y = AF(L,\ K,\ H,\ N)$$

생산을 하기 위한 기계나 설비 등은 물적자본(Physical capital) 또는 그냥 자본이라 한다. 교육을 통해 배우고 익혀서 사람에게 체화된 지식이나 생산숙련도 등은 인적자본(Human capital)이라 한다.[62] 1인당 생산량 또는 1인당 소득은 부국과 빈국을 구분하는 잣대가 된다. 위의 생산함수에서 규모수익이 일정(Constant returns to scale)하다고 가정하면, 총생산함수를 다음과 같이 1인당 생산함수로 바꿀 수 있다.[63] (편의상 인구와 노동자의

62) 생산계수를 결정하는 지식은 예전에 발견된 지식을 정리해 놓은 것이다. 이러한 지식이 교육을 통해 각 사람에게 흡수되면, 인적자본이 된다. 예를 들어, 특정 화학합성물의 이론과 생산방식에 관한 지식이 서적에 잘 정리가 되어있고, 몇 사람의 과학자와 기술자들이 숙지하고 있다고 해보자. 이러한 이론과 지식이 대학이나 생산현장에서의 교육을 통해 더 많은 사람들이 배워 익히면, 그만큼 인적자본이 증가한다.

63) 규모수익이 일정하다는 것은 각 생산요소의 양이 t배가 되면 생산량도 똑같이 t배가 된다는 뜻이다. 즉, $tY = AF(tL, tK, tH, tN)$이 된다는 것이다.
예를 들어, 어떤 빵집이 오븐(자본) 1개와 직원(노동) 2명으로 하루에 1,000개의 빵을 생산한다고 해보자. 옆 동네에 같은 빵집을 하나 더 오픈하면, 전체적으로 오븐 2개와 직원 4명으로 2,000개의 빵을 생산하게 될 것이다. 즉, 생산함수를 간단히 $Y = F(L, K)$라 하면, 빵집이 하나일 때는 $1{,}000 = F(2,\ 1)$이

수가 같다고 하자.)

$$y = Af\left(\frac{K}{L}, \frac{H}{L}, \frac{N}{L}\right)$$

즉, 한 나라의 1인당 생산량과 소득(y)은 그 나라의 1인당 자본량(K/L), 1인당 인적자본량(H/L), 1인당 천연자원량(N/L), 생산계수(A)에 의해 결정된다.

■ 부국과 빈국의 자본량 차이

세계은행(World Bank)이 최근 부국을 대표하는 OECD 국가들과 빈국들의 자본량을 조사하였다. 그에 따르면, 부국의 1인당 자본량은 평균 $440,000 정도였고, 빈국의 1인당 자본량은 평균 $7,216 정도였다. 1인당 자본량의 구성비를 보면, 부국은 천연자원 같은 자연자본(Natural capital)이 $10,000 (2.3%), 기계나 설비 같은 생산된 자본이 $76,000 (17.3%), 무형자본(Intangible capital)이 $354,000 (80.4%)이었다. 반면 빈국은 자연자본이 $2,075 (28.8%), 생산된 자본이 $1,150 (15.9%), 무형자본이 $3,991 (55.3%)이었다. 여기서 무형자본은 지식이나 인적자본(Human capital)뿐만 아니라, 사회구성원간의 신뢰(Trust), 효율적인 사법체계, 명확하게 준수되는 사유재산권, 효과적인 정부 등 여러 요소들을 포함한다. 여기서 주목할 점은 부국일수록 자연자본보다 생산된 자본의 비중이 크고, 무형자본의 비중이 80%에 이를 정도로 매우 높다는 것이다.

었으나, 둘이면 $2 \times 1{,}000 = F(2 \times 2, 2 \times 1)$이 된다. 즉, $2Y = F(2L, 2K)$가 성립하게 된다. 한 나라의 생산함수에서 각 생산요소를 $\frac{1}{L}$배하면, 생산함수는 $\frac{Y}{L} = AF\left(\frac{L}{L}, \frac{K}{L}, \frac{H}{L}, \frac{N}{L}\right)$, 즉 $\frac{Y}{L} = AF\left(1, \frac{K}{L}, \frac{H}{L}, \frac{N}{L}\right) = Af\left(\frac{K}{L}, \frac{H}{L}, \frac{N}{L}\right)$이 된다.

■ GDP와 후생

국내총생산(GDP: Gross National Product)은 1년 동안 국내에서 생산된 총 부가가치이다. 오늘날 GDP는 한 국가의 경제력을 나타내는 지표로 가장 널리 쓰이고 있다. 또한 1인당 GDP는 그 나라의 후생수준을 가늠할 수 있는 가장 중요한 지표이다. 각 나라들은 1인당 GDP의 수준에 따라 선진국이나 후진국으로 분류된다. GDP는 후생측정지표로서 몇 가지 단점을 가지고 있지만[64), 오늘날 그보다 더 나은 지표는 없다. 1인당 GDP는 삶의 질과 밀접한 관련이 있다. 예를 들어, 최근의 1인당 GDP/평균수명을 보면 선진국들인 미국이 약 5만 달러/79세, 일본이 4만 7천 달러/83세, 독일이 4만 2천 달러/81세인 반면, 빈국들인 인도가 약 1,500 달러/65세, 파키스탄이 1,300 달러/65세, 나이지리아가 약 1,600 달러/52세, 우간다가 547 달러/54세 등으로 평균수명과 1인당 GDP는 밀접한 관계를 보인다. 이 밖에 문맹률, 교육, 의료서비스 등 삶의 질을 나타내는 많은 지표들이 GDP와 큰 상관관계를 보인다.

경제성장은 1인당 GDP가 커지는 것을 의미한다. 즉, 경제성장은 삶의 질을 향상시켜준다고 할 수 있다. 간혹 1인당 소득과 행복은 별 상관이 없으며, 아프리카나 아시아 빈국의 사람들이 더 행복할 수도 있다는 말을 하는 사람들도 있다. 어떤 면만 단편적으로 보면, 수긍이 가는 말일 수도 있다. 왜냐하면 사람의 행복은 물질적인 풍요로움 외에도 다양한 요소들이 결정하기 때문이다. 그러나 인간이 자신의 잠재능력을 발휘하고, 자아를 실현하고, 발전해가는 데는 물질적인 풍요로움이 큰 도움을 줄 수 있다. 어떤 면에서는 물질적인 풍요가 뒷받침되는 것이 필수불가결한 경우

64) GDP는 시장거래품목을 측정대상으로 하기 때문에 가정주부의 육아나 가사노동은 포함되지 않는다. 하지만 최근에는 자가소비용 농산물 중 주요농산물을 GDP에 포함시키며, 자신의 주택일지라도 시장 임대료만큼 귀속임대료로 GDP에 포함시킨다. 또한 여가시간은 후생에 중요하지만 GDP에는 포함되지 않는다. 반면 치안이나 공해정화 서비스 등은 GDP에 포함시킨다. 또한 달러로 표시되는 GDP는 생산량과 상관없이 환율의 변동 때문에 변하기도 한다.

도 있다.

예를 들어, 어느 더운 나라에서 천으로 중요부위만 가리고 겨우 연명할 만큼만 먹으면서 오랜 세월 나무 밑에 앉아서 득도하는 것이 목표라면, 구태여 물질적인 풍요로움이 필요치 않을 것이다. (물론 그러다가 충치가 생겼는데, 나라가 낙후되어 치과 서비스를 제대로 받을 수 없다면, 좀 문제가 될 것 같기도 하다.) 그런데 클래식 음악에 재능이 있고 음악에서 크고 깊은 행복을 느낀다면, 피아노 등의 악기와 연습 또는 연주공간이 필요해진다. 음악수준이 높아질수록 더욱 완성된 소리를 내기 위해 고가의 스타인웨이 앤드 산즈(Steinway & Sons) 같은 그랜드 피아노나 스트라디바리우스(Stradivarius) 같은 바이올린이 필요하게 될 것이다.[65] 즉, 자신의 가치나 자아를 더 높이 실현해갈수록 물질적 풍요로움이 뒷받침되어야 하는 경우가 많다.

만일 수학이나 과학을 더 공부하고 연구해서 자아를 실현하고자 하는 경우에도 경제력이 뒷받침되어야 한다. 이는 실험실습자재나 연구실 등을 거론하지 않더라도 그렇다. 그냥 책만 있으면 되지 않느냐고 생각할지도 모른다. 그런데 빈국에서는 좋은 수학 또는 과학 책을 구하는 자체가 문제가 되어버린다. 선진국일수록 수많은 뛰어난 수학자들과 과학자들, 과학관련 방송관계자나 기자 등 저널리스트들, 저자, 출판사 등의 인프라가 잘 구축되어 있는 반면, 후진국일수록 그러한 인프라가 매우 열악하다. 또한 빈국의 부모들은 입에 풀칠하기 바쁜 상황에서 수학이나 과학에 아무리 뛰어난 재능을 타고난 자녀들이 있더라도 그것에 관심을 가지거나 관련된 서적을 자녀들이 어릴 때부터 사줄 수가 없다. 그리고 그러한 책을 사려해도 주위에 적합한 서점이 없거나, 서점이 있더라도 좋은 수학 또는 과학관련 서적이 아예 없을 수도 있다.

이 세상에서 자신의 재능을 꽃피우고 자아가치를 실현하려면 경제력이

---

65) 스타인웨이 그랜드 피아노는 전문연주가만 접할 수 있는 것이라고 생각할지도 모른다. 미국만 하더라도 중산층에 속하는 아마추어 일반인 또는 학생 애호가들도 스타인웨이 그랜드 피아노를 자신의 집에 가지고 있는 경우를 종종 볼 수 있다.

필수적으로 뒷받침되어야 하는 분야가 너무나도 많다.

이쯤에서 자신의 생을 한번 돌아보라. 만일 현대의학이 아니었다면, 어떻게 되었을까? 신경치료를 요하는 충치나 맹장염 등에도 많은 사람들이 생을 일찍 마감했거나 죽는 것보다 못한 삶을 살았을 수도 있었을 것이다. 이러한 점들을 생각하면, 차라리 빈국사람들이 더 행복할 것이라는 말은 지나치게 낭만적이고 몽상가적인 넋두리처럼 들린다. 가끔 TV에서 빈국주민들이나 오지의 원주민들이 아무것도 모른 채 씩 웃으며, 큰 탈 없이 살아가는 모습이 방영되기도 한다. 하지만 정말 그들의 삶에 깊이 관여하게 되면, 그들 나름대로 삶의 애환이 왜 없겠는가? 하지만 무엇보다도 그러한 사회에서는 과학, 기술, 문학, 예술, 스포츠 등을 통한 보다 깊고 풍요로운 삶과 자아실현은 불가능하다.

■ 자본과 경제성장: 솔로우의 경제성장 모형

앞에서 우리는 1인당 GDP가 삶의 질에 결정적 역할을 하며, 1인당 GDP를 결정하는 것은 1인당 물적자본, 1인당 인적자본, 1인당 자연자원, 그리고 기술수준임을 보았다. 경제학자 솔로우(Solow)[66]는 기계, 생산설비 같은 물적자본을 중심으로 경제성장이론을 제시하였다.

솔로우의 성장모형은 생산요소를 노동(L)과 자본(K)으로 한정시켜, 생산함수를 $Y = F(K, L)$로 표현한다. (솔로우 모형은 기술수준을 주어진 것으로 보았으며, 편의상 인구와 노동자수가 같다고 가정한다.) 또한 규모수익이 일정하다고 가정하여, 1인당 생산함수를 $\frac{Y}{L} = f(\frac{K}{L})$로 표현한다. 이 식은 다시 $y = f(k)$로 표현된다. 즉, 1인당 생산량(y)은 1인당 자본량(k)에 의해 결정된다. 또한 저축한 것이 모두 투자로 이어진다고 가정

66) 솔로우가 1956년에 발표한 경제성장 모형은 경제성장의 원리를 가장 깔끔하게 정리했으며, 뛰어난 직관력을 보여준다. 솔로우의 성장모형은 그동안 수많은 경제성장이론들을 파생시켰으며, 오늘날까지 파급력이 크다. 솔로우는 경제성장 모형으로 1987년 노벨경제학상을 수상하였다.

한다. 그리고 투자는 자본량을 증가시킨다. 저축률(s)에 1인당 생산량(즉, 1인당 소득)을 곱하면, 1인당 저축이 된다. 따라서 1인당 저축(sy)이 증가하면, 그만큼 1인당 자본량을 증가시킨다.

또한 현재의 1인당 자본량을 유지하기 위해서는 인구증가율(n)과 자본의 감가상각률(δ)만큼 새로운 자본을 보충해줘야 한다.[67] 즉, 새로 추가되는 1인당 자본량이 현 상태의 유지를 위한 1인당 자본소요량보다 많으면, 그만큼 1인당 자본이 증가한다. 따라서 1인당 자본의 변화량(Δk)은 다음과 같다. (보다 구체적인 유도과정은 본 장 끝의 부록에 수록되어 있다.)

$$\Delta k = sf(k) - (n+\delta)k$$

1인당 변수들의 값이 변하지 않고 일정한 값을 유지하는 상태를 균제상태(Steady state)라 한다.[68] 균제상태에서는 1인당 자본의 변화량(Δk)이 0이 되므로, 다음의 균제조건식이 성립해야 한다.

$$sf(k) = (n+\delta)k$$

즉, 1인당 추가자본량과 1인당 추가자본소요량이 같을 때, 1인당 자본량이 변하지 않는 균제상태가 된다. 아래 그림은 1인당 균제자본량(k^*)에서 1인당 균제생산량 또는 균제소득(y^*)이 결정됨을 보여준다. 이때 1인

67) 예를 들어, 자본량이 1,000, 인구가 10명이면, 1인당 자본량은 100이다. 인구가 11로 10%만큼 증가할 때, 자본량이 1,100이 되어야 1인당 자본량이 100을 유지할 수 있다. 즉, 한 사람당 새로운 자본량이 10만큼 더 필요하다. 이는 인구증가율에 1인당 자본량을 곱한 값과 같다. ($10 = 0.1 \times 100$) 또한 자본의 감가상각률이 5%이면, 자본량이 50만큼 감소하므로, 자본을 그만큼 새로 투입해야 1인당 자본량이 변하지 않는다. 즉, 1인당 새로운 자본량이 5만큼 더 필요하다. 따라서 인구증가율이 10%, 감가상각률이 5%이면, 매기간 1인당 새로운 자본량이 15만큼 더 필요하다. [$15 = (0.1 + 0.05) \times 100$]

68) 균제상태는 균형(Equilibrium)과 유사한 개념이지만 약간의 차이가 있다. 예를 들어, 생산량(Y)과 노동(L)이 같은 비율로 증가하면, 균형은 아니지만, 1인당 생산량(Y/L)이 일정하므로 균제상태이다. 즉, 균형에서는 모든 변수들의 값이 변하지 않으며, 균제상태에서는 1인당 변수들의 값이 변하지 않는다.

당 균제소비량(c^*)은 1인당 소득에서 1인당 균제저축을 뺀 $(y^* - sy^*)$가 된다. 그림에서 1인당 소비량은 1인당 생산함수곡선 $f(k)$와 1인당 저축함수곡선 $sf(k)$ 사이의 거리가 된다. [솔로우 모형은 자본량이 증가할수록, 자본의 한계생산($\Delta y / \Delta k$)이 감소한다고 가정한다. 즉, 1인당 생산함수의 기울기가 점점 감소한다.]

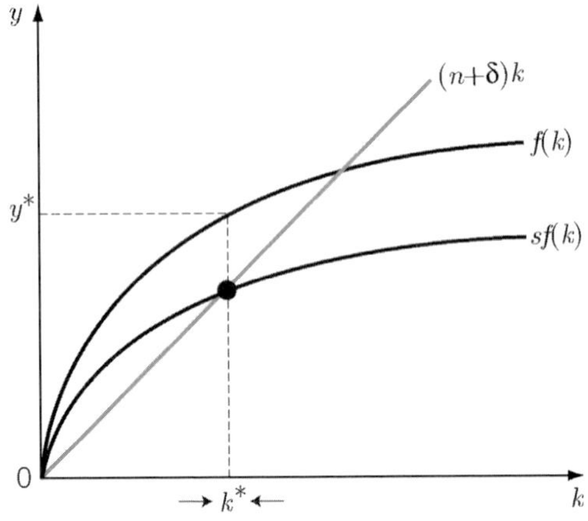

균제자본량과 생산량

만일 1인당 자본량이 1인당 균제자본량(k^*)보다 작으면, 위 그림에서 $sf(k) > (n+\delta)k$가 된다. 따라서 $\Delta k > 0$가 된다. 이때 시간이 지날수록 1인당 자본량이 증가한다. 반대로 1인당 자본량이 1인당 균제자본량(k^*)보다 크면, $\Delta k < 0$가 된다. 이때 시간이 지날수록 1인당 자본량이 감소한다. 그러므로 처음의 경제상태가 어디에 위치해 있든지, 1인당 자본량과 1인당 생산량(1인당 소득)은 균제수준으로 수렴한다.

■ 선후진국간의 1인당 소득과 소비량이 차이가 나는 이유들

솔로우의 모형에 의하면, 생산함수, 인구증가율, 저축률이 동일한 국가끼리는 1인당 소득이나 1인당 소비량이 같아진다. 처음에 1인당 자본량이

다르더라도, 시간이 지나면서 균제자본량으로 수렴하기 때문이다. 그런데 왜 1인당 자본량이 많은 선진국들과 1인당 자본량이 적은 후진국들이 오랜 세월이 흘러도 경제적 격차가 좁혀지지 않을까? 지난 반세기 동안 우리나라처럼 후진국에서 선진국 문턱으로 진입한 경우도 있지만, 대부분의 후진국들은 여전히 매우 낮은 1인당 GDP와 1인당 소비량으로 가난에 허덕이고 있다. 또한 1인당 자본량도 앞서 보았듯이 선후진국간에 큰 차이를 보이고 있다. 왜 선후진국간에 이토록 큰 차이가 나는지 그 이유들을 함께 살펴보자.

❖ 저축률과 인구증가율

다른 조건이 동일한 경우 저축률이 높을수록, 1인당 자본량과 1인당 소득이 더 커진다. 아래 그림에서 두 나라 중 저축률이 보다 높은 s_2인 나라의 1인당 자본량과 1인당 소득이 저축률이 s_1인 나라보다 크다는 것을 알 수 있다.

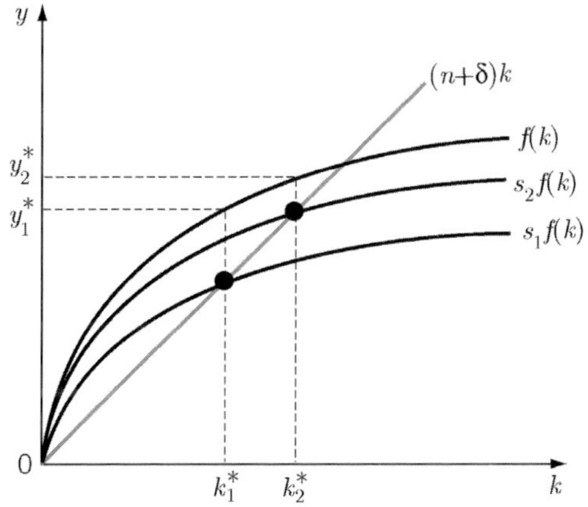

저축률의 차이

또한 다른 조건이 동일한 경우 인구증가율이 높을수록, 1인당 자본량과 1인당 소득이 더 작아진다. 다음 그림에서 두 나라 중 인구증가율이 보다 높은 n_2인 나라의 1인당 자본량과 1인당 소득이 인구증가율이 n_1인 나라보다 작다는 것을 알 수 있다.

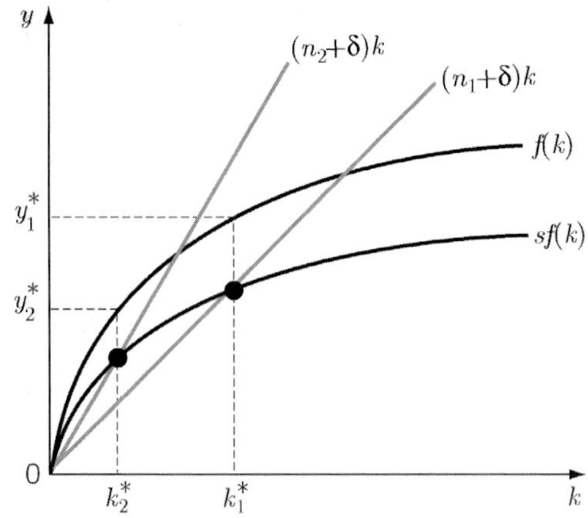

인구증가율의 차이

아프리카 국가들의 저축률[69]은 특히 1990년대 이후 평균 20%대를 기록하여 20% 정도인 EU 국가 평균을 약간 앞서고 있고, 10%대인 미국을 크게 앞서고 있다. 1990년대 중반부터는 아프리카 국가들의 평균 경제성장률이 3~4%대를 기록하여, 세계평균성장률인 3% 초반보다 조금 더 높아졌다. 다만 1990년대 이후 연간 인구성장률은 아프리카 국가들이 평균 2.5%를 기록하여, 평균 0.5%를 기록한 OECD에 속한 EU 국가들을 크게 앞서고 있다. 이 정도의 인구증가율 차이만으로 양 지역의 1인당 소득격차가 어느 정도까지 벌어질 수 있는지 살펴보자.

우선 콥-더글러스(Cobb-Douglas)생산함수 $Y=K^{0.4}L^{0.6}$을 가정해보자.[70] 이 함수를 1인당 생산함수로 고치면 $y=k^{0.4}$가 된다. 저축률을 아

69) 이때 저축은 정부, 기업, 가계의 저축을 모두 포함한다.

70) 경제학자 더글러스가 미국의 노동소득이 오랜 기간동안 총생산에서 60%정도를 차지한다는 사실을 발견하고 수학자 콥에게 노동자의 몫이 일정하게 되는 생산함수를 찾아줄 수 있느냐고 문의하였다. 이때 콥이 만든 함수가 $Y=AK^{a}L^{1-a}$이었다.

경쟁시장에서처럼 자본(K)과 노동(L)에 대해 각각 한계생산만큼 지급하면, 이 함수는 전체생산에서 자본과 노동이 차지하는 몫의 비율이 각각 a와

프리카 국가나 OECD에 속한 EU 국가 모두 20%라 한 후, 자본의 감가상각률(δ)별로 균제조건을 이용해 구한 1인당 소득(y)과 1인당 소비량(c)이 아래의 표에 요약되어 있다. 감가상각률이 0일 때는 OECD EU 국가들의 1인당 소득과 1인당 소비량은 아프리카 국가들의 2.92배에 달하나, 감가상각률이 클수록 그 차이가 작아져서, 감가상각률 5 ~ 10%에서는 초과율이 12.4 ~ 23.0%가 된다.

인구증가율의 차이로 인한 OECD EU 국가들과
아프리카 국가들의 1인당 소득과 소비량의 차이

	OECD EU		아프리카		아프리카 대비 OECD EU 균제치의 초과율
감가상각률	1인당 소득	1인당 소비	1인당 소득	1인당 소비	
0%	11.70	9.36	4.00	3.20	192%
5%	2.36	1.89	1.92	1.54	23%
10%	1.54	1.23	1.37	1.10	12%

(인구증가율: OECD EU 0.5%, 아프리카 2.5%)
주) 약간의 계산상 오차는 계산과정에서의 반올림에 기인한다.

이와 같이 상대적으로 높은 인구증가율은 1인당 소득이나 1인당 소비에 어느 정도 악영향을 주게 된다. 실제로 1990 ~ 2010년의 기간 동안 대표적인 빈국들의 누적인구증가율을 보면, 나이지리아가 62.4%(9천 7백만 명에서 1억 5천 8백만 명), 인도가 40.2%(8억 7천 4백만 명에서 12억 2천 5백만 명), 파키스탄이 55.3%(1억 1천 2백만 명에서 1억 7천 4백만 명), 방글라데

$(1-a)$가 되게 한다. [자본의 한계생산은 생산함수를 자본에 대해 편미분한 $aAK^{a-1}L^{1-a}$이다. (편미분이란 다른 변수들을 상수취급하고, 해당되는 변수에 대해서만 미분하는 것이다.) 이때 자본이 차지하는 몫은 $\frac{aAK^{a-1}L^{1-a}\times K}{AK^{a}L^{1-a}}=a$가 된다.]

OECD국가를 비롯한 여러 국가들에서는 총생산에서 차지하는 노동소득의 비율이 (기간에 따라 약간의 변동은 있지만) 대략 60%정도이다. 이를 반영하여, 본문에서 생산함수를 $Y=K^{0.4}L^{0.6}$이라 하였다. (생산계수는 A는 편의상 1로 하였다. 소득을 실제수준에 맞추려면, 나중에 A의 값을 조정해주면 된다.)

시가 41.3%(1억 5백만 명에서 1억 4천 9백만 명)이었다.

같은 기간 동안 OECD 국가들의 누적인구증가율은 8~9% 정도에 불과했다. (라틴아메리카나 중동지역의 누적인구증가율도 같은 기간 동안 30~50%대에 달했다.) 최근 여성 1인당 출산율인 합계출산율은 선진국이 평균 1.7명, 개발도상국이 2.6명, 저개발국이 4.1명으로, 빈국일수록 인구가 급증하고 있다.

이와 같이 대부분의 빈국들은 생산능력에 비해 인구수가 많고, 인구증가율 또한 매우 높다. 과학, 기술, 지식의 양이 적고, 혁신도 느린 빈국들은 한계생산체감 현상과 경작지의 면적이 인구의 수를 제한하는 경제학자 맬서스(Malthus)적 제약이 적용된다. (그런데 과학, 기술, 지식, 혁신 등에 대한 도움 없이, 식량과 같은 단순한 형태의 원조는 후진국들이 맬서스적 제약을 일시적으로 벗어나 인구를 증가시킬 수 있게 해주기 때문에, 궁극적으로 후진국들의 1인당 소득과 삶의 질 향상에 걸림돌이 될 뿐이다.)

현재와 같은 상태에서 빈국들이 삶의 질을 높이려면, 빈국의 정부가 인구증가율을 억제하여 인구수를 획기적으로 줄이는 방법 밖에 없다.[71] 예를 들어, 현재 나이지리아나 인도의 인구가 수백만에서 수천만 명 정도라면 농업, 어업, 광업만으로도 국민들의 1인당 소득과 삶의 질이 지금과는 비교가 되지 않을 정도로 높아질 것이다.

위에서 인구증가율에 따라 비교한 두 지역간의 1인당 소득이나 1인당 소비량의 이론적인 차이가 현실에서 관측되는 것보다 훨씬 작다. 그러므로

---

71) 어떤 경제학자들은 오히려 보다 많은 인구가 보다 많은 과학자나 발명가를 배출하고, 그들의 지식, 발견, 발명이 다른 사람들이나 다른 분야로 전파되는 등 긍정적인 외부성을 발생시키므로, 인구가 많을수록 경제성장에 유리하다고 주장하기도 한다. 충분히 그럴 수 있다.

단, 그렇게 되기 위해서는 그 나라에서 수학, 과학, 기술 등의 질 좋은 교육과 창의적인 사회분위기가 충분히 마련되어 있어야 한다. 또한 국민들은 수학, 과학, 기술과 같은 분야에서 학생시절부터 열심히 배우려는 동기가 강하고, 커다란 지적 호기심과 탐구심이 있어야 한다. 그러한 바탕이 없이 마냥 인구만 증가하거나 생산수준에 비해 지나치게 많은 인구수를 가진 나라는 빈곤의 늪에 계속 빠져있기 쉽다.

인구증가율만 가지고 두 지역의 격차를 설명하기에는 부족하다. 뒤에 나오는 지속적인 성장모형은 두 지역의 격차에 대한 원인을 보다 근본적으로 보여준다. 그 전에 한 나라의 최적 저축률을 어떻게 알아낼 수 있는지 살펴보고 넘어가자.

❖ 황금률 성장

황금률 성장(Golden-rule growth)이란 1인당 균제소비량이 최대가 되는 성장이다. 이때 1인당 후생이 최대가 된다. 1인당 균제소비량(c^*)은 1인당 균제소득(y^*)에서 1인당 균제저축액(sy^*)을 뺀 값이므로, $c^* = y^* - sy^*$가 된다. 또한 균제조건 $sy^* = (n+\delta)k^*$를 이용하면, 1인당 균제소비량을 다음과 같이 표현할 수 있다.

$$c^* = y^* - (n+\delta)k^*$$

이때 c^*가 최대가 되려면,

$$\frac{\Delta y^*}{\Delta k^*} = n+\delta$$

이 되어야 한다.[72] 즉, 균제상태에서 1인당 생산함수 기울기가 $(n+\delta)$와 같아야 한다. 또한 k^*에서 1인당 생산함수의 기울기는 미분값 $f'(k^*)$과 같으므로, 위의 조건은 $f'(k^*) = n+\delta$라 적어도 된다.

아래 그림을 보면, 현재의 균제상태에서 1인당 자본량과 1인당 소득은 각

---

72) 변수들이 변할 때, 1인당 소비에 관한 식은 $\Delta c^* = \Delta y^* - (n+\delta)\Delta k^*$와 같이 된다. c^*가 최대가 되려면, $\Delta c^* = 0$가 되어야 한다. (Δc^*가 0이 아니면, c^*가 증가하거나 감소하고 있으므로, c^*가 최대라고 할 수 없다.) 이때 $\Delta y^* = (n+\delta)\Delta k^*$, 즉 $\frac{\Delta y^*}{\Delta k^*} = n+\delta$가 된다.

각 k_0^*과 y_0^*이다. 현재 $f'(k_0^*) < n+\delta$가 되어 황금률조건이 만족되지 않음을 알 수 있다. 이때 1인당 자본량을 줄이면, 한계생산 $f'(k)$가 증가한다. 저축률을 s_1까지 낮추면, 1인당 균제자본량은 k_1^*가 되고, 황금률조건 $f'(k_1^*) = n+\delta$를 만족시키는 점에 도달할 수 있게 된다. 이때 1인당 소득은 y_1^*으로 줄어들었지만, 1인당 소비량은 $(y_1^* - s_1 y_1^*)$으로 최대가 된다. (1인당 저축률을 높이면, 1인당 소득이 커진다. 하지만 1인당 소득이 커진다고 무조건 좋은 것은 아니다. 저축률이 100%이면, 1인당 소득이 최대가 되지만, 1인당 소비량은 0이 되어버린다.)

물론 처음의 균제자본량이 매우 낮았더라면, 반대로 저축률을 높여 1인당 자본량과 1인당 소득을 증가시켜야, 황금률조건에 도달할 수 있었을 것이다.

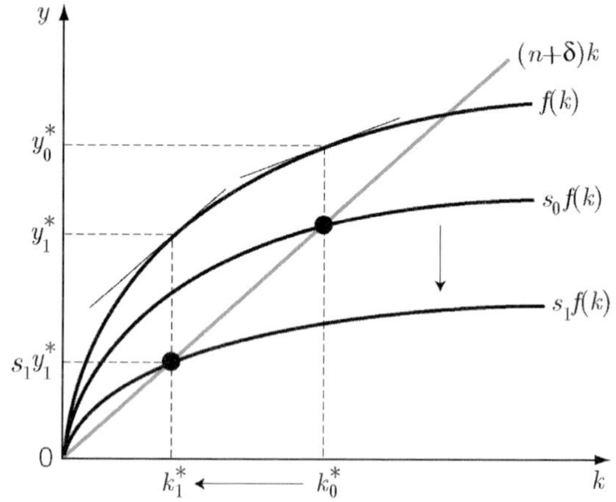

황금률 소비량

황금률조건 $f'(k^*) = n+\delta$에 대해 보다 직관적으로 살펴보자. 만일 $f'(k^*) > n+\delta$라면, k를 1단위 더 추가할 때 1인당 새로 생기는 재화의 양이 k를 1단위 더 추가할 때 생기는 1인당 추가자본소요량 $(n+\delta)$보다 많다. (추가자본소요량은 저축으로 메워야한다. 또한 솔로우 모형에서는 재화 1단위를 저축하면, 자본 1단위가 새로 생긴다. 즉, 재화와 자본의 양이 서로 1:1로 대응되도록 재화와 자본의 단위를 정했다고 가정한다.) 따라서 1인당 자본량을 늘리면, 새로 생기는 재화의 양이 새로 요구되는 자본량 때문에 저축해야 되는 재화의 양보다 많게 된다. 즉, 1인당 소비량이 증가한다. 반대로 $f'(k^*) < n+\delta$라면, 1인당 자본량을 줄이는 것이 1인당 소비량을 증가시킨다. 1인당 소비가 최대가 되는 점에서는 더 이상 1인당 소비량의 변화가 없어야 하므로, 황금률조건 $f'(k^*) = n+\delta$를 만족해야 한다.

생산함수가 $Y = AK^aL^{1-a}$와 같은 콥-더글러스 함수형태일 때, 1인당 생산함수는 $y = Ak^a$가 된다. 이때 1인당 균제소비량(c^*)이 최대가 되려면, 저축률(s)이 자본소득의 몫(a)과 같아야 한다.[73] 우리나라의 총생산에서 노동의 몫을 60%, 자본의 몫을 40%라 하면, 1인당 생산함수는 $y = k^{0.4}$가 된다. (편의상 생산계수를 1로 놓았다.) 이때 황금률 성장을 가능케 하는 저축률은 0.4가 된다. 즉, 1인당 균제소비량이 최대가 되려면, 우리나라의 총저축률이 GDP의 40%가 되어야 한다.[74] 따라서 우리나라의 총저축률은 최적성장을 위한 수준보다 낮다고 할 수 있다.

아래의 표는 각 감가상각률별로 우리나라의 현재 저축률과 황금률 저축률에서의 1인당 소득과 소비를 보여준다. 황금률까지 총저축률을 높이면, 1인당 소득은 21% 정도 높아지지만, 1인당 소비량은 4% 정도밖에 증가하

73) 1인당 생산함수가 $y = Ak^a$일 때, 황금률조건 $f'(k) = n+\delta$로부터 $aAk^{a-1} = n+\delta$가 된다. 이를 균제조건 $sy = (n+\delta)k$에 대입하면, $sy = aAk^{a-1}k$, 즉 $sAk^a = aAk^a$가 된다. 따라서 $s = a$가 된다.

74) 총저축은 가계저축, 기업저축, 정부저축을 모두 합친 것이다. 우리나라의 총저축률은 1970년대 중반에 20%대가 되어 점차 증가하여 1988년에 40%로 최고조에 이르렀다가 점차 감소하여, 현재에는 30% 정도를 유지하고 있다. 최근 주택담보대출이 늘면서, 가계의 순저축률이 5% 아래로 떨어진 것이 총저축률 감소에도 영향을 주고 있다.

지 않는다. (이는 감가상각률이 달라져도 마찬가지이다.) 이는 저축률 상승으로 증가한 저축만큼 소비가 희생될 수밖에 없기 때문이다. 따라서 현재 우리나라의 총저축률은 크게 우려할 수준은 아닌 것 같다. 그것보다는 과학, 기술, 지식의 증가와 혁신으로 저축이 보다 좋은 새로운 투자기회를 찾을 수 있도록 하는 것이 더 중요하다.

우리나라의 실제 저축률과 황금률 저축률에 의한 1인당 소득과 소비량

	현재 저축률(30%)		황금률 저축률(40%)		현재 저축률 대비 황금률 저축률로 인한 초과율
감가상각률	1인당 소득	1인당 소비	1인당 소득	1인당 소비	
0%	17.78	12.45	21.54	12.92	소득: 21.1%, 소비: 3.8%
5%	3.14	2.20	3.80	2.28	소득: 21.0%, 소비: 3.6%
10%	2.03	1.42	2.45	1.47	소득: 20.7%, 소비: 3.5%

(우리나라의 인구증가율: 0.4%)

주 1) 우리나라의 1인당 소득과 1인당 소비량이 앞에서 본 OECD EU 국가들보다 높게 나온 이유는 최근의 인구증가율만 반영한 탓이다. 과거 수십 년을 놓고 보면, 우리나라의 인구증가율이 오히려 더 높을 수 있다. 또한 더 중요한 이유는 인구증가율 외에 과학/기술/지식의 수준을 나타내는 생산계수(A)의 차이를 반영하지 않았기 때문이다.

주 2) 앞의 EU와 아프리카의 인구증가율의 차이에 따른 비교에서도 그랬지만, 우리나라의 저축률 차이에 따른 비교에서도 자본의 감가상각률을 0으로 놓을 경우, 1인당 소득과 1인당 소비량이 지나치게 과장된다. 따라서 어느 정도의 감가상각률을 설정하는 것이 보다 현실적이다. 한국의 경우는 전체 자본의 감가상각률이 대체로 5~10% 정도로 추산된다.

■ 지속적인 성장: 확장된 솔로우 모형

아프리카와 EU간의 인구증가율 차이가 어느 정도의 1인당 소득의 차이를 생기게 하지만, 그것만으로 큰 격차를 다 설명하지 못한다는 것을 앞에서 보았다. 2012년의 국가별 1인당 GDP를 보면 EU의 선진국들 대부분은 4만~6만 달러대이며, 특별히 스위스와 노르웨이는 각각 8만 달러와 10만 달러에 육박한다. 반면에 대부분 아프리카 국가들의 1인당 GDP는 1,000달

러 미만이며, 500달러 미만인 국가들도 적지 않다. 또한 인도와 파키스탄은 1,000달러를 좀 넘지만, 방글라데시는 1,000달러 미만이다. (참고로 우리나라는 2만 달러 중반이었다.) 이처럼 40 ~ 50배 이상에 달하는 선진국과 빈국간의 소득격차를 인구증가율의 차이만으로는 다 설명할 수 없다. 그러면 다른 어떤 요인들이 그처럼 큰 격차를 낳았을까?

❖ 기술발전과 생산성증가

솔로우의 기본모형에서는 균제상태에서 1인당 자본량과 1인당 소득이 변화 없이 일정한 값을 가진다. 솔로우 모형은 실제로 각 나라의 1인당 소득이 왜 지속적으로 성장하는지 설명해주지는 않는다. 단지 성장요인들이 외부로부터 주어졌다고 간주한다. 그러나 이후에 나온 이론들은 모형 내에서 이와 같은 지속적인 성장에 대해 설명을 하려한다.

앞에서 본 솔로우 모형의 1인당 생산함수 $y=f(k)$에 생산계수 A를 덧붙여, 1인당 생산함수를 $y=Af(k)$라 해보자.[75] 이때 생산계수 A는 각 나라의 과학, 기술, 지식, 혁신 등이 결정한다. [또한 각 나라 국민들 사이의 신뢰도(Trust)나 정직성(Integrity), 효율적인 경찰과 사법체계, 효율적인 정부 등도 큰 역할을 한다는 주장들이 제기되기도 한다. 특히 선진국과 후진국간에는 이와 같은 비경제적 요소의 차이가 더욱 큰 결정요인이 된다는 것이다.]

생산계수가 커지면, 동일한 1인당 자본량을 투입하더라도, 1인당 생산량이 더 많아지게 된다. 따라서 생산계수 A는 생산성(Productivity)을 의미한다. 과학/기술/지식의 증가나 혁신은 A의 값을 증가시킨다. 이때 아래 그림에서처럼 생산함수가 위로 이동하고, 균제상태에서의 1인당 자본량과 1인당 소득이 증가한다. 즉, 생산계수가 A_1에서 A_2로 커지면, 1인당 소득은 y_1^*에서 y_2^*로 증가한다. 따라서 선진국과 빈국간에 생기는 큰 1

75) 원래의 솔로우 모형에서는 생산계수의 값이 고정되어 있으므로, 편의상 1이라 하였다.

인당 소득격차는 오랜 세월 동안 축적된 과학, 기술, 지식의 차이 때문에 벌어진 생산성의 차이에 기인한다고 할 수 있다. (또한 신뢰도, 사법체계의 효율성과 같은 제도적인 측면, 정부의 효율성 등에서의 차이도 무시할 수 없을 것이다.)

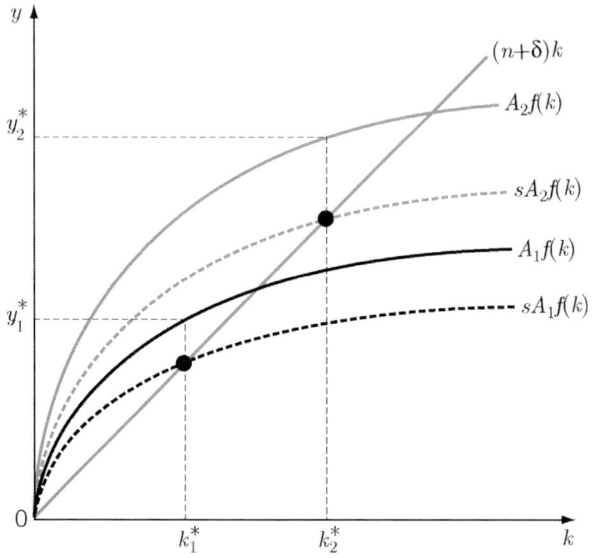

생산성의 차이

❖ 유효노동

어떤 이론들은 위에서 설명한 생산계수(A)의 상승과는 다른 시각에서 선후진국간의 격차를 설명하기 위해 유효노동(Effective labor)의 개념을 도입하였다. 기술축적이나 지식의 증가는 동일한 양의 노동(L)을 투입하고도 생산량을 증가시키기 때문에 마치 노동량이 증가한 것과 같은 효과를 가진다는 것이다. 즉, 유효노동이 증가한다. 유효노동을 EL로 표시하면, 생산성이 향상될 때 E의 값이 커진다. 이때 실제의 노동량(L)이 변하지 않더라도, 유효노동량(EL)은 증가한다. 1인당 자본(k)을 유효노동량을 따라 정의하면, $k=\dfrac{K}{EL}$로 쓸 수 있다. 이때 솔로우의 기본모형에서 한 것과 같은 과정을 반복하면, 다음과 같은 식을 얻을 수 있다.

$$\triangle k = sf(k) - (n+\delta+g)k$$

(단, $g=\triangle E/E$이며, 1인당 소득의 증가율을 나타낸다.)

균제상태($\triangle k=0$)에서는 다음의 균제식이 성립해야 한다.

$$sf(k) = (n+\delta+g)k$$

균제상태에서는 유효노동으로 정의한 1인당 소득$\left(\dfrac{Y}{EL}\right)$이 변하지 않기 때문에, 유효노동으로 정의한 1인당 소득의 증가율은 0이 된다. 하지만 실제의 노동으로 정의한 1인당 소득$\left(\dfrac{Y}{L}\right)$은 g의 성장률로 지속적인 성장을 한다.[76] 유효노동을 이용한 지속성장모형은 본질적으로 위에서 본 생산계수(A)가 지속적으로 증가하는 모형과 같다. 다만, 유효노동 모형에서는 기술축적이나 지식증가로 인한 생산성향상이 생산계수가 아닌 유효노동의 증가에 반영된다.

---

76) 균제상태에서 $\left(\dfrac{Y}{EL}\right)$의 성장률이 0이므로, $\hat{Y}-\hat{E}-\hat{L}=0$이 된다. 따라서 $\hat{E}=\hat{Y}-\hat{L}$, 즉 $\hat{E}=(\widehat{Y/L})$이 된다. 따라서 $g=\hat{y}$이 된다. (단, $\hat{Y}=\triangle Y/Y$이며, Y의 증가율 또는 성장률을 나타낸다. $\hat{Y}$은 'Y hat'이라 읽는다.)

$z=xy$라 하자. 이때 각 변수들의 값이 변하면, $z+\triangle z=(x+\triangle x)(y+\triangle y)$로부터 $\triangle z=\triangle x\times y+x\times\triangle y+\triangle x\triangle y$가 된다. 이는 다시 $\dfrac{\triangle z}{z}=\dfrac{\triangle x}{x}+\dfrac{\triangle y}{y}$로 표현된다. (단, $\dfrac{\triangle x}{x}\dfrac{\triangle y}{y}$의 값은 매우 작다고 가정하여 생략하였다.) 즉, $\hat{z}=\hat{x}+\hat{y}$이 된다. 또한 $y=\dfrac{z}{x}$이면, $\hat{y}=\hat{z}-\hat{x}$이라 할 수 있다. ($y=\dfrac{z}{x}$이면, $z=xy$이므로, $\hat{z}=\hat{x}+\hat{y}$으로부터 $\hat{y}=\hat{z}-\hat{x}$이라는 것을 쉽게 확인할 수 있다.)

❖ 지식의 외부성과 지속적 성장

솔로우 기본모형의 생산함수는 자본량이 증가함에 따라 한계생산이 체감하는 성질을 가졌었다.[77] 보다 최근에 등장한 이론들은 기술이나 지식의 증가가 긍정적인 외부성이나 파급(Spillover)효과를 가지므로, 자본량이 증가해도 한계생산이 감소하지 않는다고 한다. 원래 한계생산이 체감하는 생산함수일지라도, 지식이 함께 증가하면 한계생산이 체감하지 않고 일정하게 된다는 것이다. 즉, 1인당 생산함수는 $y = Ak^a$ $(a < 1)$이 아닌, $y = Ak$의 모양이 된다. 따라서 1인당 자본(k)의 한계생산은 생산계수(A)와 같아져, 일정한 값을 가지게 된다.[78] 이렇게 바뀐 생산함수를 솔로우 모형의 1인당 자본량 변화 식에 대입하면, $\triangle k = sAk - (n+\delta)k$가 된다. 즉,

$$\triangle k = [sA - (n+\delta)]k$$

가 된다. 생산계수(A)는 외부에서 주어진 외생변수이다. 이때 $sA > (n+\delta)$인 경우, $\triangle k > 0$가 되므로 1인당 자본량(k)이 계속 증가하게 된다. (즉, 균제상태가 존재하지 않게 된다.) 따라서 1인당 소득도 지속적으로 증가한다. 이와 같이 생산계수가 충분히 큰 값을 가지면, 이 경제는 지속적으로 성장할 수 있다. 지식의 외부성을 강조한 이 모형도 생산계수(A)가 상승하는 모형과 본질적으로 같다. 다만, 기술축적이나 지식증가로 인한 생산성향상이 생산계수가 아닌 자본의 한계생산에 반영된다.

---

77) 공산주의 경제이론의 기초를 놓은 마르크스(Marx)는 자본의 한계생산이 체감하기 때문에 자본주의가 쇠퇴할 것이라고 하였다. 그는 자본주의 경제가 성장하면서 자본량이 늘면, 점점 추가적인 생산량이 감소하므로, 자본주의의 발전이 결국 정체를 맞게 된다고 주장하였다.

78) $y = Ak$의 한계생산은 이 함수를 미분한 것이다. 즉, $\frac{dy}{dk} = A$가 된다.

■ 경제성장에 대한 요약

경제성장을 결정하는 것이 자본량뿐이고, 자본의 한계생산이 체감한다면, 1인당 자본량이 많은 선진국들은 낮은 한계생산 때문에 성장속도가 둔화되고, 1인당 자본량이 적은 후진국들은 높은 한계생산 때문에 성장속도가 빨라, 시간이 지남에 따라 후진국들의 선진국 따라잡기(Catch-up)가 가능했을 것이다. 솔로우 모형이 보여준 균제점으로의 수렴도 이를 암시하고 있다. 하지만 과거 수십 년 동안 전 세계의 여러 나라들 가운데 후진국에서 선진국으로 전환되거나 전환중인 국가는 우리나라를 비롯해 몇 나라밖에 되지 않는다. 그래서 선후진국간에 더욱 커지고 있는 경제적 격차를 설명하기 위해, 과학, 기술, 지식의 증가를 통한 혁신과 생산성 증가를 아우르는 여러 성장이론들이 제시되었다. 또한 성장에 걸림돌이 되지 않으려면, 사람들이나 거래당사자들끼리 서로 신뢰성과 정직성이 높아야 되며, 사유재산권을 잘 보호해줄 수 있는 효율적인 치안과 사법 시스템이 운영되며, 불필요한 규제를 하지 않는 효율적인 정부가 선행되어야 한다.

최근에는 경제성장에서 특히 지식의 중요성이 매우 중요하게 대두되고 있다. 자본의 양도 중요하지만, 지식은 자본과 달리 양이 증가할수록 긍정적인 외부성과 파급효과로 인해 한계생산이 오히려 증가하는 성질을 가지기도 한다. 따라서 물적자본의 한계생산체감의 성질을 중화시켜주는 성질을 가진다. 지식과 함께, 모험심과 탐구심을 가지고 새로운 것을 발견하고 발명하려는 문화나 사회적 분위기도 매우 중요하다. 이러한 지식과 탐구심을 기르는 데는 학교를 통한 공교육의 역할이 매우 중요해진다. 그래서 오늘날 교육투자와 인적자본은 아무리 강조해도 지나치지 않으며, 선진국들이나 선진국에 진입하려는 국가들은 공교육투자에 심혈을 기울이고 있다.

또한 창의성은 학교만이 아니라 각 가정, 친구, 동료들을 통해 자극받을 수도 있고, 억압받을 수도 있다. 각 가정에서 자녀들을 양육할 때나, 친구들 사이에서나, 직장동료들 사이에서나 보다 합리적이면서 창의적으로 재능이 발현될 수 있도록 서로 북돋아주고 흥미를 유발해줄 수 있는 문화를 정착시켜야 한다.

그리고 혁신(Innovation)은 경제학자 슘페터(Schumpeter)의 말처럼 창조적 파괴를 동반하기도 한다. 파괴를 당하는 기존집단은 잠시 괴로울 수도 있으나, 보다 새롭고 나은 것을 향한 성장통으로 여겨는 마음가짐이 필요하다. 자동차와 기차의 등장은 마차를 사라지게 하였고, 비행기는 증기여객선을 사라지게 하였고, 워드프로세서는 타자기를 사라지게 하였고, 교량은 뱃사공을 사라지게 하였고, 핸드폰은 삐삐를 사라지게 하였다.

요즈음에는 통신과 매체가 발달하여, 낙후되거나 경쟁에서 밀린 집단이 옛날처럼 그냥 사라지는 것이 아니라, 결집되어 조직화되거나 정치세력화되어 새로운 발전을 가로막으려 할 수도 있다. 정부는 이때 어떤 명분이나 구실 하에서도 이러한 것을 방관해서는 안 된다. 개인의 사유재산권을 보호해주는 것도 중요하지만, 새로운 가치를 창출하려는 발전적 시도를 보호해주는 것도 매우 중요하다.

정부 각 부서의 의사결정자들은 중요하고 기본적인 경제적 지식과 판단력을 갖추고 있어야 정부실패를 줄일 수 있으며, 효율적인 판단을 할 수 있다. 보다 나은 삶과 사회를 위한 성장과 발전의 토양을 계속해서 잘 다지고 보호해주었으면 한다.

☞ 경제성장에 관한 크루그먼[79]의 논평

> 1980년대까지만 하더라도, 일본은 경제적인 면에서 다른 국가들을 앞서가며 모범을 보이고 있었다. 서구 각국에서는 "일본주식회사를 배우자."라는 말까지 나오고 있었다. 또한 아시아의 네 마리 용이라 불려졌던 한국, 대만, 홍콩, 싱가폴은 모두 고성장을 보이고 있었다. 이러한 분위기 속에서 크

79) 폴 크루그먼(Paul Krugman)은 최근 가장 명성 있는 경제학자 중의 한 명이며, 국제경제학 분야와 지리적 위치에 따른 무역과 성장에 관한 이론으로 2008년 노벨경제학상을 수상하였다.

루그먼은 Economist지에의 기고를 통해 "동아시아의 성장신화는 끝났다."고 선언하였다.

크루그먼은 경제성장요인을 노동이나 자본 등 생산요소투입량의 증가와 지식의 증가로 나누었다. 예를 들어, 밭을 경작하는데 투입인력을 증가시키는 것은 노동의 증가이고, 트랙터를 투입시키는 것은 자본의 증가이다. 반면에 품종개량이나 농작법의 개량은 지식의 증가에 속한다. 지식이 증가하면 생산요소의 동일한 투입량으로도 생산량이 더 많아진다.

경제개발과 산업화 초기에는 공장신설과 사회간접자본의 갑작스런 증가로 자본이 급격히 증가한다. 또한 중등학교와 대학의 진학률이 높아지면서 인적자본도 크게 증가하며, 이를 유효노동(Effective labor)의 개념으로 환산하면 노동이 증가한 것과 같다.

실제로 1960년대까지만 하더라도 공산주의 체제인 구소련이나 동구권의 경제성장률이 미국 등 서방국가의 경제성장률을 앞서는 경우가 많았다. 이는 여성인력의 생산현장 투입을 포함해 자본과 인력의 국가적 동원체제를 유지할 수 있었기 때문이다. 하지만 자본이나 노동의 투입량은 무한정 증가시킬 수 있는 것이 아니다. 산업화에 따른 공장신설, 진학률, 노동투입시간 등은 결국 더 이상 증가시킬 수 없는 한계에 다다르게 된다. 경제가 성장하여 일정한 궤도에 오른 후에는, 경제성장요인으로 이와 같이 생산자원투입량의 물적 증가가 아닌 지식의 증가가 더 중요해진다. 지식의 증가는 혁신과 생산성향상으로 연결된다. [이러한 지식의 증가는 솔로우 잔차(Solow residual)[80]로 측정된다.]

크루그먼이 주요각국의 경제성장요인을 실증분석해본 결과 과거의 구소련이나 동구권은 물론 동아시아의 네 나라에서도 솔로우 잔차는 거의 0에 가까웠고, 아시아에서는 그나마 유일하게 일본만 약간의 솔로우 잔차를 보였다. 반면에

80) 생산함수를 $Y = AK^{a}L^{1-a}$라 하면, $\hat{Y} = \hat{A} + a\hat{K} + (1-a)\hat{L}$이 된다. (단, $\hat{Y}$는 Y의 증가율 등.) 즉, 경제성장률($\hat{Y}$)은 자본과 노동의 증가율뿐만 아니라 생산성증가율($\hat{A}$)의 영향을 받는다. 이때 $\hat{A}$를 솔로우 잔차라 한다.

미국의 경우에는 경제성장률에서 솔로우 잔차가 차지하는 비중이 매우 크게 나타났다. 이는 어느 나라보다 연구개발이나 지식의 증가가 활발하게 이루어진다는 뜻이다.

크루그먼의 예측은 1990년대에 들어와 동아시아 4국의 경제성장률 하락과 일본의 잃어버린 10년 등으로 현실화되어 버렸다.

이러한 크루그먼의 분석은 많은 시사점을 던져주고 있다. 예를 들어, 현재 고성장을 구가하는 중국도 지식의 증가 없이는 언젠가 성장엔진이 멈출 것이라는 예측이 가능하다. 물론 경제성장초기에 외국으로부터 산업기계를 도입하거나 공장을 건설할 때 단순히 자본만 들여오는 것이 아니고, 지식도 함께 묻어오는 경우가 많기 때문에 어느 정도 지식이 증가하는 것이 사실이다.[81] 하지만 일정한 수준의 성장을 이룬 후에도 경제성장을 지속하기 위해서는 지식의 증가가 필수적이라 할 수 있다. 이를 위해서는 교육투자, 창의성, 지적 호기심, 모험심, 프론티어(Frontier) 정신 등이 크게 고양되어야 한다. 즉, 사람들의 육체적 부지런함도 중요하지만, 정신적, 지적 부지런함은 더욱 강조될 필요가 있다.

☞ 지식에 관한 소고

과거 구소련에서 석탄노동자 스타하노프(Stakhanov)는 자신에게 주어진 할당량의 14배를 채탄하여 노동영웅 칭호를 받았으며, 스타하노프 운동을 촉발시켰다. 또 많은 공산주의 국가들에서 주민들을 동원하고 주로 그들의 육체노동 투입을 독려하는 일이 많았다. 도로를 만들거나 사회기반시설을 구축할 때, 이러한 육체노동이 어느 정도 기여하기는 하겠지

81) 크루그먼도 이렇게 자본 속에 딸려오는 지식까지 계량화하기는 힘들었을 것이다. 또한 우리나라의 경우 최근 반도체나 일부 과학분야 등에서 어느 정도 지식의 증가를 보이고 있다.

만, 생산성으로 따지면, 자본이나 지식을 도저히 따라갈 수 가 없다.

수학의 미분(Differentiation) 중에 연쇄법칙(Chain rule)이라는 것이 있다. (어떤 함수를 미분하면, 한 점에서의 그 함수의 순간변화율 또는 기울기를 구할 수 있다.) 예를 들어, 함수 $z=(2x^2-x)^{100}$의 $x=1$에서의 기울기를 찾는다고 해보자.

우선 이 식을 끝까지 전개한 후, 각 항을 일일이 미분하여 찾아내는 방법이 있다. 실수 없이 답을 찾으려면, 엄청난 시간과 노력이 들 것이다. 똑같은 $(2x^2-x)$를 100번 곱한 것을 전개해야하기 때문이다. 그런데 $\frac{dz}{dx}=\frac{dz}{dy}\frac{dy}{dx}$라는 연쇄법칙을 알고 있다면, $y=2x^2-x$와 $z=y^{100}$이라 놓은 뒤 $\frac{dz}{dx}=100y^{99}\times(4x-1)$이라고 간단하게 미분하여, y를 다시 치환하여 $\frac{dz}{dx}=100(2x^2-x)^{99}\times(4x-1)$라고 한 뒤, 1을 대입하여, $\frac{dz}{dx}=100\times3=300$이라는 기울기를 간단하게 찾아낼 것이다.

그냥 육체적 근면만 강요하거나 강조하는 것은 몇날 며칠을 위의 식을 (중간에 틀리면 처음부터 다시 시작하여) 전개하게 하는 것과 같다. 반면에 지식은 연쇄법칙을 이용해서 단 몇 초 만에 풀어버리는 것과 같다. 이러한 지식들을 발견하고 축적해 나가려면, 각 개인에게 자율성과 창의적인 분위기를 최대한 살려주어야 한다.

〈부록〉 솔로우 성장모형에 관한 식의 유도과정

나라 전체의 저축(S)은 저축률(s)에 나라 전체의 소득(Y)을 곱한 것과 같다. 저축(sY)은 투자(I)되어 자본량증가(ΔK)로 연결되거나, 자본의 감가상각(δK)을 보충하는데 쓰이므로, 아래의 식이 성립한다.

$$sY = \Delta K + \delta K \quad (\text{즉, } sY = S = I = \Delta K + \delta K)$$

양변을 노동자수(L)로 나누면, 다음과 같이 된다.

$$s\frac{Y}{L} = \frac{\Delta K}{L} + \delta\frac{K}{L}$$

이는 다시 다음과 같이 표현된다.

$$sy = \frac{\Delta K}{L} + \delta k \qquad (1)$$

아래의 식들은 1인당 자본량(k)을 정의한 식을 이용하여, ($\Delta K/L$)를 표현한 것이다.

$$k = \frac{K}{L} \quad \Rightarrow \quad K = kL \quad \Rightarrow \quad \Delta K = \Delta kL + k\Delta L$$[82)]

82) 사각형의 면적(z)은 가로(x)와 세로(y)를 곱한 $z = xy$이다. 가로와 세로가 각각 Δx와 Δy씩 증가할 때, 사각형의 면적은 $(x+\Delta x)(y+\Delta y)$이 된다. 이때 면적의 증가량은(Δz)은 $(x+\Delta x)(y+\Delta y)-xy$와 같다. 즉, $\Delta x\, y + x\,\Delta y + \Delta x\,\Delta y$와 같다. Δx와 Δy의 값이 작을 경우, $\Delta x\,\Delta y$ 항은 근사적으로 생략할 수 있다. 따라서 $\Delta z = \Delta x\, y + x\,\Delta y$라 할 수 있다.
예를 들어, 가로와 세로가 각각 200과 100, 가로와 세로의 증가량이 각각 2와 3이라면, 면적의 증가량은 대략 800($= 2\times 100 + 200\times 3$)이 된다. 이는 실제 증가량 806과 근사적으로 같다.

$$\Rightarrow \quad \frac{\triangle K}{L} = \triangle k + k\frac{\triangle L}{L}$$

$$\Rightarrow \quad \frac{\triangle K}{L} = \triangle k + nk \quad (\text{단, } n = \frac{\triangle L}{L})$$

위의 $(\triangle K/L)$에 대한 식을 식 (1)에 대입하면, $sy = (\triangle k + nk) + \delta k$가 된다. 이를 다시 정리하면,

$$\triangle k = sy - (n + \delta)k$$

즉,

$$\triangle k = sf(k) - (n + \delta)k$$

가 된다.

4장 금융과 산업

4-1 금융

금융은 제조업처럼 직접 제품을 생산하지는 않지만, 경제에서 매우 중요한 역할을 수행한다. 금융은 기본적으로 저축과 투자를 매개해주는 역할을 한다. 금융의 형태를 크게 나누어 보면, 주식을 통해 직접 기업에 투자하는 직접금융과 은행 등을 통해 간접적으로 기업에 투자하는 간접금융이 있다. 금융기관이 존재하지 않는다면, 어떻게 될까? 예를 들어, 사업전망과 성장가능성이 매우 큰 어떤 기업이 투자자금 100억 원이 필요하다면, 직접 그 기업에 그만큼의 금액을 투자할 사람이나 기업을 물색해야 한다. 하지만 그러한 투자자를 찾기가 쉬운 일은 아닐 것이다. 또한 투자에 대한 분석능력이 충분치 않은 개인이나 일반 기업들이 그 기업에 선뜻 투자하기도 어려울 것이다. 그럴 경우 경제전체로서도 성장의 기회를 잃어버리게 되므로 큰 손실이 된다. 또한 투자분석능력이 떨어져, 사업전망이나 성장성이 낮은 기업에 투자를 하면, 경제전체에도 부담을 줄 것이다. 경쟁력 있는 금융기관과 금융시스템을 갖춘 나라는 효율적인 투자자금의 배분을 통해 경제성장에 큰 도움을 줄 수 있다.

■ 금융의 기능

금융의 기본적인 기능을 살펴보기 위해, 가장 간단하게 현재와 미래라는 두 기간만 놓고 보자. 어떤 사람의 현재소득(I_0)과 미래소득(I_1)이 주어져 있을 때, 금융이 존재하지 않는다면 현재소비(C_0)와 미래소비(C_1)가 각 기간의 소득에 의해 제한을 받게 되므로, 아래 그림에서처럼 A 점에서 소비할 수밖에 없다. 금융이 존재하면, 이 사람은 저축이나 차입을 통해 각 기간의 소득에 얽매이지 않고 소비할 수 있게 된다. 두 기간 사이의 이자율이 r이고, 현재소득과 미래소득 현재가치의 합이 I일 때, 이 사람의 예산선은 A 점을 지나는 직선이 된다.[1)] 이 사람은 예산선의 어떤 점에서든지 소

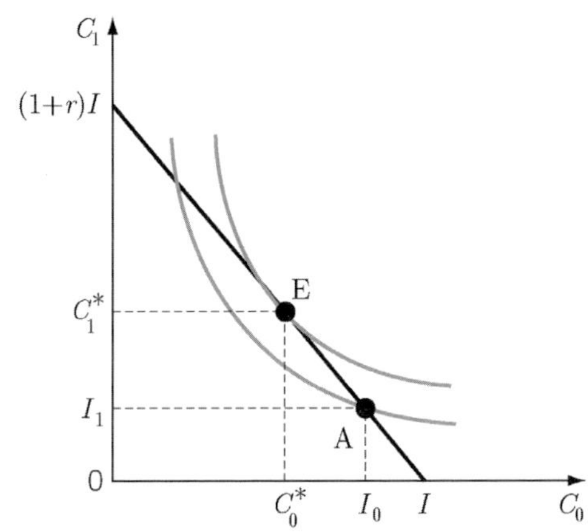

금융으로 인한 후생의 증가: 순저축자

---

1) 현재시점에서 보면, 예산식이 $C_0 + \frac{C_1}{1+r} = I_0 + \frac{I_1}{1+r} (=I)$과 같다. 즉, 미래의 소비나 소득을 현재시점에서 보면, 이자율만큼 할인해야 한다. 만일 미래시점에서 보면, 예산식이 $(1+r)C_0 + C_1 = (1+r)I_0 + I_1$이 된다. 즉, 현재의 소비나 소득을 미래시점에서 보면, 이자율만큼 할증해야 한다. 예를 들어, 이자율이 10%일 때, 100만 원을 현재에서 소비하지 않고 저축하면, 미래에는 110만 원 [$=100 \times (1+0.1)$]만큼 소비할 수 있게 된다.

현재시점에 본 예산식에 $(1+r)$을 곱하면, 미래시점에서 본 예산식이 되어 버린다. 따라서 위의 두 식은 동일한 식이라 할 수 있다. 위의 예산식을 다시 쓰면, $C_1 = -(1+r)C_0 + (1+r)I$가 되는 것을 알 수 있다. 이때 예산선 기울기의 절대값은 $(1+r)$이 된다.

비할 수 있으므로, 예산선과 무차별곡선이 접하는 E 점에서 소비할 것이다.

따라서 금융이 없을 때 선택한 A 점에서 보다 효용이 더 높다. 이 사람은 현재에서 C_0^* 만큼 소비하고, $(I_0 - C_0^*)$만큼 저축한다. 그리고 미래에서는 소득(I_1)보다 $(C_1^* - I_1)$만큼 더 소비할 수 있다. [단, $C_1^* - I_1 = (1+r)(I_0 - C_0^*)$]

아래그림에서는 금융을 이용하면 E 점에서 소비할 수 있으므로, 금융이 존재하지 않을 때 소비해야 하는 A 점에서보다 효용이 증가한다. 이 사람은 현재소비가 현재소득을 초과하므로, $(C_0^* - I_0)$만큼 차입할 것이다. 그리고 미래에 차입금과 이자를 합해 $(I_1 - C_1^*)$만큼 상환한 후 C_1^* 만큼 소비할 것이다.

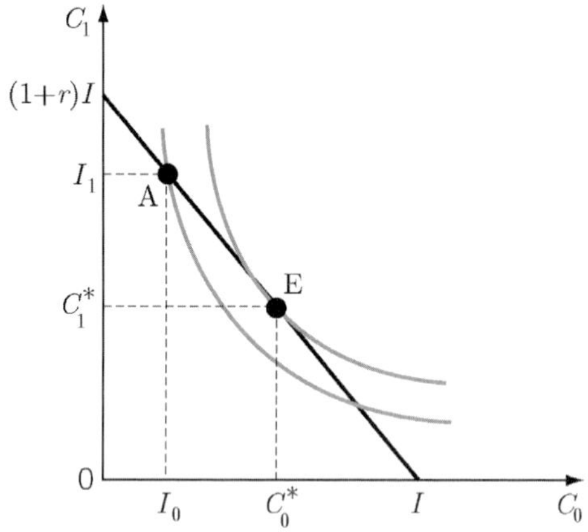

금융으로 인한 후생의 증가: 순차입자

소비자의 경우 이와 같이 금융시장을 이용하여 효용을 높일 수 있다. 생산자도 마찬가지로 금융시장을 이용하여 수익을 증가시킬 수 있다. 좋은 투자기회가 많은 기업이 보유자금보다 투자하려는 금액이 클 경우, 금융시장에서 차입을 하여 수익을 증가시킬 수 있다. 또한 보유자금은 많은데 투자기회가 별로 없는 기업은 자금을 저축하여 이자수입을 얻을 수 있다. 두 기업 모두 금융시장이 없을 때보다 큰 수익을 누리게 된다.

■ 금융의 선진화와 효율성

우리나라의 제조업 부문에서는 이미 세계일류가 된 기업들이 있지만, 금융 분야에서는 세계적인 기업이 나오지 않고 있다. 그리고 현재와 같이 계속해나가면, 앞으로도 세계적인 경쟁력을 갖춘 금융기관이 나오기가 어려울 것 같다. 뉴욕, 런던 등 메이저리그 금융시장에서 두각을 나타내는 한국의 금융기업을 아직 들어본 적이 없을뿐더러, 마이너리그인 국내 증권시장에 투자하러 들어오는 거액의 외국펀드도 주로 외국계 금융기관을 이용하는 실정이다. 우리나라 기업들에 대해서는 우리나라의 금융기관들이 무엇보다도 잘 알고 있을 것 같은데, 안타깝게도 국내의 금융기관들은 그들에게 그다지 어필하지 못하는 모양이다. 그리고 우리나라에서 우수한 인재들이 대학에 갈 때 경제, 경영 쪽의 학과를 외면하는 것도 아닌데, 제조업에 비해 유독 금융 쪽은 왜 그렇게 국제경쟁력이 떨어질까?

물론 제조업은 눈에 보이는 것을 생산하고, 금융기관은 추상적인 것을 생산한다고 할 수 있다. 그래서 유태인들 같이 어린 시절 가정에서부터 추상적인 논리를 자극하고 가르치는 민족이 세계금융계를 주름잡고 있다고 지적하는 사람들도 있다. 그런데 미국에서 공부하다보면, 한국인들이 추상적인 학문이라 할 수 있는 수학 등에서 타민족에 비해 뒤처지지 않으며, 오히려 매우 뛰어나다는 것을 느낄 수 있다. 따라서 우리나라 사람들도 얼마든지 금융 분야에서 뛰어난 능력을 갖출 수 있다는 생각이 든다. 그런데 왜 그런 능력이 잘 발휘되지 않고 있는 걸까?

우리나라에서는 수십 년 동안의 고성장과정에서 중화학 등의 전략산업에 자금을 집중적으로 공급해주어야 했기 때문에, 금융기관들이 정부의 경제발전전략에 예속되었었다. 우리나라의 금융계를 보면, 보다 발전된 금융이론과 기법을 배우거나 새로 개발하고, 진정으로 금융과 투자부문에 대한 전문성을 키우려고 고민했던 흔적이 별로 보이지 않는다. 오랜 세월 동안 우리나라의 은행들은 단골손님인 대기업들과의 관행적인 거래에 주력하였고, 큰 규모의 자금이 오가는 금융거래는 그냥 정부의 지시에 따르고 이자만 챙기면 되었다. 따라서 보다 경쟁력을 갖추려는 유인이 애초에 생길 수가 없었다. 즉, 우리나라의 금융기관이 발전해 나갈 수 있는 토양이 처음부터 척박했던 것이다.

이제는 각국의 경제와 금융이 점점 글로벌화 되어가는 시기이기 때문에 우리나라의 금융도 언제까지나 추운 것이 싫어 그냥 조출하고 따뜻한 아랫목에 주저앉아 있을 수만은 없다. 다른 산업분야도 마찬가지이지만, 특히 금융산업은 커다란 기계나 장비보다는 사람이 가장 중요한 자원이다. 그렇기 때문에 금융기업들은 금융에 재능을 가진 인재들을 더 많이 발굴하고 지원하여 그들의 능력을 계발하고 재능을 꽃피울 수 있도록 해야 할 것이다. 하지만 말처럼 쉽지는 않은 일이다.

어느 누가 기업분석이나 금융 리스크관리에 대한 선진적인 금융이론이나 기법을 말한다 해도, 주위 사람들은 그냥 이론상 그럴 수도 있지만 현재상황 또는 나와 무슨 상관이냐는 생각이 들기 쉬울 것이다. (심지어 그러한 최첨단의 금융에 관해 이야기 하던 사람들도 결국은 적당히 타협하거나 눈치 빠르게 꼬리를 내리지 않으면, 상사에게 미움을 받거나, 동료들에게 왕따당하기 딱 좋게 된다. 제조업이라면, 우수한 제품을 만들어 떡하니 눈앞에 시연해주면 되지만, 금융은 당장 그러기도 힘이 든다.) 재능 있는 금융인들을 그냥 방치해놓고 능력 있으면 자신이 알아서 살아남아 위로 올라올 것이라고 윗사람들이 생각하는 한, 집단주의[2] 성향이 남아 있는 우리나라의 직장문화에서 우수한 금융인이 발굴되기가 힘들 것이다. 정말 뛰어난 금융의 재능만 가지기보다는, 세계적 기준에는 한참 못 미치지만 적당히 뛰어난 재능과 정치성과 사회성이 탁월한 금융인이 두각을 나타내는 것이 현재 우리나라 금융인력이 처해있는 토양의 모습

2) 집단주의에 관해서는 뒤에 문화부분에 상세히 나와 있다.

이다. 왜 이런 토양밖에 생성되지 못했을까?

그것은 아직도 주요 금융기관들에 확고하게 뿌리 내린 관치금융 때문이다. 기본적으로 모든 금융기관들은 누구에게 어떤 금융상품을 공급하고, 어떤 이자율로 어떤 조건으로 어떻게 예금을 받고, 누구에게 어떤 이자율로 어떻게 대출을 해주는가가 완전히 자유로워야 한다. 근로자우대저축이나 주택청약통장이라는 상품을 공급하라거나, 주택담보대출이나 전세대출을 특별히 몇 퍼센트의 싼 이자율로 대출해 주라거나, 어느 기업의 대출에 대해서는 특별히 만기연장을 해주라는 등과 같이 정부가 지시하는 한 금융기관들은 결코 관치금융의 테두리를 벗어날 수 없다.

현재 일반은행들에 대해 각국에서 정당하다고 인정되는 정부규제는 법정지급준비율과 위험자산대비 자기자본비율 정도이다.[3] 또한 1920 ~ 30년대에 대공황을 촉발시켰던 갑작스런 예금인출사태(Bank run)와 같은 일의 재발 방지를 위해, 은행이 부실화되면 일정한도까지의 예금액에 대해서는 예금보험공사가 지급보증을 해준다. 하지만 지급준비금이나 자기자본비율 등도 결국 은행이 스스로 결정하는 것이 바람직하다. 예를 들어, 일반은행이 지급준비율을 너무 높게 설정하면 대출액이 줄어들어 수익이 줄어들며, 너무 낮게 설정하면 다량의 예금인출 시 중앙은행 또는 다른 시중은행으로부터 급히 대출해야 하므로 대출금리의 부담이 커질 수 있다.[4] 이때 각 민간은행들이 자신에게 최적의 지급준비율을 스스로 찾게 하는 것이 시장효율성을 극대화하는 길이다.

---

3) 일반은행은 예금액의 일정부분을 예금인출에 대비한 지급준비금으로 보유하고 있어야 하며, 국제결제은행(BIS: Bank for International Settlements)의 권고에 따라 위험자산의 8% 이상을 자기자본으로 확보해야 한다. (위험자산은 개인과 기업에 대한 대출액 등이다. 단, 중앙은행예치금은 안전자산으로 분류되며, 공공기관과 일반은행에 대한 대출액은 각각 10%와 20%, 주택담보대출은 50%를 위험자산으로 분류한다.)

4) 중앙은행이 일반은행의 단기대출에 부과하는 금리를 재할인율(Rediscount rate)이라 하며, 일반은행끼리 일일단위의 초단기 대출에 부과하는 금리를 콜금리(Call rate)라 한다.

또한 은행 도산 시 부채상환에 대비하기 위한 자기자본비율도 은행이 스스로 정하면 더 나을 것 같다. 단, 이때는 각 은행이 완전히 투명하게 자신의 자기자본비율을 실시간으로 공개하여, 기업 등 은행의 주요고객과 예금자들이 은행들의 자기자본비율을 비교하고 참고해서 거래은행이나 예금액을 결정할 수 있게 해야 한다. 이렇게 되면, 일반은행들은 시장의 요구에 부응하는 최적의 자기자본/위험자산의 비율을 설정할 수 있게 된다.

결국 정부가 특정수준의 법정지급준비율이나 자기자본비율을 강제하는 것은 정부가 일반은행들보다 더 상황판단을 잘하고 똑똑하다고 생각하고 있거나, 일반은행들의 유인이 경제전체의 이익에 부합하지 않는다고 생각하기 때문이다. 이러한 것이 어느 정도 타당하다는 생각이 들 수도 있다. 그런데 그것은 그동안 관치금융으로 일반금융기관들이 금융능력을 못 키웠기 때문이다. 지금이라도 모든 것을 금융기관이 스스로 결정하고 스스로 해결해 나가도록, 정부가 모든 통제를 풀고 간여하지 않으면, (처음 얼마간의 기간동안 혼란이 있을 수도 있지만) 결국 일반금융기관들은 막강한 경쟁력을 갖추고 강한 체질로 거듭날 수 있을 것이다. 이런 토양에서 비로소 일반금융기관들이 국제적 경쟁력을 갖춘 금융인들을 스스로 키우고 보유하려는 유인을 가지게 될 것이다.

금융서비스 시장도 결국은 수요와 공급이 상품의 가격을 결정하는 다른 일반제품시장과 동일한 가격기구가 작동한다. 따라서 정부가 간여할수록 사중손실이 커질 수밖에 없다. 하지만 보다 큰 문제는 동태적(Dynamic)인 관점에서이다. 즉, 시간이 흐를수록 (마치 공산주의가 몰락한 것처럼) 관치하의 금융산업은 경쟁력이 쇠락해 갈 수밖에 없다. 각 시중은행들은 자신에게 일어났던 일들을 잘 기억해야 한다. 수십 년간 관치의 따뜻한 아랫목에서 목까지 이불을 덥고 조촐하게 지낸 대가가 어떠했는지를. 허약한 체질의 국내금융기관들이 경쟁력을 잃어버리고, 외환위기 후 어떻게 혹독한 구조조정과 도산을 맞이했는지를. 정부는 어떤 길이 궁극적으로 금융산업과 우리나라 경제를 위해 최선의 길인지 생각한 뒤, 보다 완전한 금융자율화를 시행하고 그 과정에서 어떤 잡음이 들

려도 꿋꿋하게 최선의 원칙에 따라 나아갈 수 있어야 한다.[5)]

❖ 주식시장의 효율성 제고

현재 우리나라에서는 증권거래소의 개별주식가격 변동폭을 상하 15%로 제한하고 있다. 그 목적은 주식가격의 지나친 변동을 막아 안정성을 높이자는 것이다. 하지만 이러한 가격규제가 실효성이나 효율성이 있는지 의문스럽다.

만일 어떤 회사에 특별한 이슈가 발생하여, 그 회사의 주식가격이 20% 하락해야 한다고 해보자. 이때 인위적으로 하루 동안 15%까지 하락폭을 제한하더라도, 다음 날 추가적으로 5% 하락할 것이다. 이는 주식가격이 20% 상승하는 경우에도 마찬가지다. 즉, 주식가격의 상한가와 하한가 규제는 정상적인 주식가격에 도달하는 시간만 지연시킬 뿐이다. 주식가격은 기본적으로 해당회사의 자산과 부채, 사업성, 미래의 수익으로 인한 현금흐름, 리스크 등 모든 본질적인 가치를 통해 결정된다. 따라서 주식가격은 그 회사의 가치를 투자자들에게 보여주는 신호(Signal)의 역할을 한다. 신호의 전달은 빠르고 정확할수록 더 좋고 효율적이다. 그리고 시장에서의 수요와 공급에 의해 주식가격이 늘 변동하지만, 이러한 것도 본질적인 가격을 찾아가는 과정이라고 볼 수 있다. 따라서 주식가격이 자유롭게 변할 때, 투자자들은 해당 회사의 본질적 가치를 보여주는 시장균형가격을 실시간으로 지켜볼 수 있다.

정부가 상하한가 규제를 하면, 큰 폭으로 변하는 개별주식에 대해서는 시장이 평가하는 본질적 가치의 파악이 지연될 수밖에 없고, 그만큼 비효율적이다. 예를 들어, 어떤 주식의 본질적 가치가 50% 하락하였다면, 현행 제도 하에서는 4일째가 되어야 시장균형가격이 표시되고 정상적인 거래가 이루어지게 된다. 그동안 개별투자자들은 불확실 속에서 큰 불안감에 휩싸여있을 것이다. 어차피 궁극적으로 주식가격이 본질적 가치를 찾

5) 그냥 외형적으로 건물 몇 개를 지어놓고 금융중심지(Financial hub)를 선언한다고 우리나라가 금융중심지가 되는 것은 아니다.

아가는 것이라면, 이러한 과정을 인위적으로 막거나 지연시킬 필요가 전혀 없다. 인위적인 정부의 개입은 오히려 가격정보의 신속한 전달을 방해함으로써 비효율을 초래할 뿐이다.

선진증권시장이라 할 수 있는 미국의 증권거래소에서는 개별주식에 대한 상하한가 제도가 없다. 즉, 개별주식가격의 변동폭에 대한 규제가 전혀 없다. 대신 미국이나 우리나라의 증권거래소에서는 서킷 브레이커(Circuit breaker) 제도를 실시하고 있다. 예를 들어, 우리나라의 경우 주가지수가 전일에 비해 10%이상 하락한 상태가 1분 이상 지속되면, 20분간 주식거래를 중단시킨다. 서킷 브레이커의 목적은 주식시장이 갑자기 급격한 하락국면에 접어들었을 때 투자자들의 집단투매심리를 진정시켜, 이성적인 투자행위를 회복시키고자 함이다. 이러한 서킷 브레이커가 주식시장을 안정시키는 역할을 수행하고 있으므로, 별 실효성도 없이 비효율만 초래하는 개별주식가격에 대한 규제는 불필요하다.

개별주식가격을 규제하면, 오히려 적정가격을 파악하고 이성적인 투자를 하는 것을 지연시키고 방해만 할 뿐이다. 따라서 개별주식에 대한 상하한가와 같은 가격규제는 폐지하는 것이 낫다.

증권시장에는 일일매매나 심지어 몇 분 단위의 초단기 매매를 하는 투자자들도 있다. 이들을 데이트레이더(Day trader)나 스캘퍼(Scalper)라 부른다. 어떤 사람들은 이런 투자행태가 바람직하지 못한 것이라는 인상을 받을 지도 모르지만, 사실 이러한 초단기 매매자들은 매우 고마운 사람들이다. 왜냐하면 주식거래량이 많아질수록 주식 매입가와 매도가의 차이인 스프레드(Spread)가 작아져서, 일반 주식매매자들이 주식매매에서 손실을 줄일 수 있기 때문이다. 주식매매 시 발생하는 수수료와 증권거래세까지 고려하면, 초단기매매로 수익을 올리는 것은 웬만한 전문가들도 매우 힘든 일이다. 그럼에도 불구하고 하루에도 수차례씩 주식매매를 해주는 이들이야말로 증권시장에서 다른 투자자들에게 도움을 주고, 시장의 효율성을 증가시키는 고마운 사람들인 것이다.

❖ 일반 주식투자자들을 위한 제언

일반 투자자들은 풍문에 휩쓸려 투자하지 말고, 전문가의 도움을 받아 경제와 기업에 대한 철저한 가치분석에 따라 투자하는 것이 결국 가장 나은 결과를 얻을 수 있다. 그리고 일반 투자자들은 좋은 기업을 고른 뒤 중장기 투자를 하는 것이 더 낫다. (아주 드물게 운 좋은 몇몇 사람의 경우만 보고 단기매매에 뛰어들었다가는 손실을 입기 십상이다.)

미국에서 손자에게 주려고 수십 년 전에 사 놓은 주식이 거액이 되었다든지, 한국의 평범한 직장인이 주식을 산 후 해외로 발령받아 몇 년이 지나 돌아와 보니 엄청난 수익을 남긴 것과 같은 사례들이 드물지 않다. 일반인들은 주식을 매입한 후에는 그냥 놔두지 않고 얼마 안 가서 자꾸 들여다보면서 매매를 하려고 손이 근질거리는 경우가 많다. 그리고 일반투자자들은 심리적으로 과도한 자신감 또는 비이성적인 기대나 고집 등으로 큰 손실을 보는 경우가 많다. 그런 것들을 사전에 차단하려면, 중간정산이 어려운 장기펀드를 이용하는 것도 한 방법이 될 수 있다.

일반인들은 주식매매가 빈번할수록 결국 손실을 보는 경향이 커진다. 주식가격변동은 평균적으로 국내경제 또는 세계경제의 상황이 60% 정도를 결정하고, 해당산업의 상황이 30 ~ 40% 정도를 결정하고, 개별 기업의 상황은 10 ~ 20% 정도밖에 결정하지 않는다고 한다. 경제상황을 미리 예측하는 것은 거의 불가능에 가까울 만큼 어렵다.[6] 몇 년간은 경제가 등락을 반복할 수 있지만, 장기적으로는 경제가 성장을 하기 때문에, 좋은 기업을 골라 수십 년 이상 장기투자 하는 것도 다른 어떤 주식투자방법보다 우수한 방법이 될 수 있다.

---

6) 증권시장의 전문가라 하면, 경제전문가(Economist), 투자분석가(Analyst), 펀드매니저(Fund manager), 투자상품 판매자(Marketer) 등이 있다. 미국과 같은 메이저리그급 증권시장에 가면, 투자분석가나 펀드매니저뿐만 아니라, 유명 경제전문가들 중에서도 수백만 달러 이상의 고액연봉을 받는 사람들이 종종 있다. 그만큼 뛰어난 경제예측을 한다는 것이 어렵기도 하지만, 투자의 수익률에 매우 중요한 역할을 하는 것을 말해주고 있다.

■ 몇 가지 민간금융에 관한 사례들

최근 민간금융에서 발생한 몇 가지 사례들을 살펴보자.

❖ 대부업의 고금리

가끔 불거지는 대부업의 고금리로 인해 파산하거나 고통 받는 서민들의 사례를 뉴스로 접하게 된다. 현재 금융기관이 받을 수 있는 법정최고금리가 연 34.9%이지만, 비공식적으로는 40 ~ 50%를 초과하는 경우도 있다. 이것도 금융시장에서 정해지는 자금의 가격이기 때문에 어쩔 수 없다고 생각할 수도 있다. 하지만 그러한 고금리로 빌린 돈을 가지고 장사를 해서 그 정도의 이상의 순이익률을 기록하기가 쉬울까? 지극히 드문 예외를 제외하면, 거의 없을 것이다. 보통 장사를 해서 10 ~ 20%의 연간 순이익률을 올려도 큰 수익률이라 할 수 있다.[7)]

전 세계적으로 초일류의 투자전문가들도 펀드를 운영해서 수년 간 꾸준히 연간 10 ~ 20%의 수익률을 기록한다는 것은 매우 드문 일이다. 물론 장사를 한다는 것이 리스크가 있을 수 있으므로, 장사로부터의 수익률이 리스크에 대한 보상을 포함한다고 할 수도 있다. 하지만 헤지펀드(Hedge fund)[8)] 같은 경우도 매우 큰 리스크를 지기도 하지만, 연간 10 ~ 20%의 수익률을 꾸준히 올린다는 것은 거의 불가능에 가깝다. 이렇게 볼 때 대부업체로부터 그처럼 높은 고금리로 사업운영자금을 빌린다는 것은 정말

---

7) 자신의 인건비는 물론, 사업자금을 정기예금하거나 국채에 투자했을 때 생길 수 있었던 이자수입도 기회비용에 포함시킨 후의 순이익에 대해서다.

8) 주로 부유한 고객들의 자금으로 펀드를 조성해 금융상품, 외국통화, 부동산이나 금 같은 실물상품 등 대상을 가리지 않고 투자하며, 때때로 고수익/고위험 구조를 가지는 펀드를 말한다. 이러한 헤지펀드는 경우에 따라 외국통화, 파생상품 등의 상품을 대상으로 단기매매도 하지만, 대부분의 고객들은 수 년 이상 오랜 기간동안 펀드의 지분을 유지한다. 그래서 한 해에 큰 손실을 보더라도, 다른 해에 다시 만회하는 수가 많기 때문에, 오랜 세월동안의 평균수익률은 웬만한 펀드수익률보다 높은 경우가 많다. 이것은 큰 리스크에 대한 보상으로 해석할 수 있다. 물론 헤지펀드를 운영하려면 세계적 수준의 자본시장 정보, 투자분석, 운용능력, 감각 등을 갖추고 있어야 하며, 능력이 안 되는 사람들이 섣불리 헤지펀드를 운용하면, 큰 낭패를 보기가 쉽다.

무모한 일이다.

그럼에도 불구하고, 왜 우리나라의 많은 사람들은 대부업을 이용할까? 담보가 없고, 자신의 사업전망이 불확실하고, 신용도가 부족하여 (자신은 그렇게 생각하지 않는데, 금융기관으로부터 그렇게 평가받아), 은행 등 주요 금융기관으로부터 대출을 못 받아 할 수 없이 대부업체에 손을 벌리는 수도 있고, 사업을 하다 갑자기 급전이 필요해서 그랬을 수도 있다. 많은 경우 자신이 직접 시도하려거나, 막 펼쳐놓은 사업의 전망을 지나치게 낙관적으로 할 수 있다. (그래야 당장 덜 불안해진다. 이는 인간의 본능적인 심리상태에 기인하는 것일지도 모른다.) 그렇더라도, 자신이 생산하는 제품이 정말 소비자들에게 매력이 있는 것인지, 앞으로 가능한 매출액, 자신의 마케팅능력, (고객들이 편안함과 친절함을 느낄 수 있도록 해주는 것을 포함한) 고객관리능력 등이 정말 자신의 사업을 뒷받침하고 있는지 냉철하고 합리적으로 따져보는 것이 사업에서 큰 낭패를 보지 않는 길일 것이다.

만일 우리나라 거의 대부분의 사람들이 연 20%의 이자율을 감당할 바에야 아예 사업을 시작하지도 않겠다고 마음먹으면, 대부업시장에서의 수요와 공급의 법칙에 따라 연 20% 이상의 이자율이 성립할 수가 없다. (만기 3년 국채의 기준금리가 2~3%대인 현재의 상황에서 연간 10%도 상당한 고금리이다.)

또한 후일을 생각하지 않고 당장의 소비가 주는 달콤한 유혹에 빠져, 수십 퍼센트 이상의 이자율로 신용카드 현금서비스를 이용하거나 대부업체로부터 돈을 빌리는 철없는 사람들도 계속 고금리가 유지되게 하는 원동력(?)이다. 그래서 학생 때부터 기초적인 재무교육이 반드시 필요하다.

아래의 표는 연 이자율 10~100%로 빌린 차입금 1원에 대한 (이자를 포함한) 상환금액이 어떻게 되는지 보여준다. 예를 들어, 연 50%의 이자율로 1,000만 원을 빌렸다면, 5년 후에는 7.6배인 7,600만 원을 갚아야 한다. (7천6백만 원이란 돈은 연봉 4천만~5천만 원의 보통의 근로자들이 실생활에서 5년간 아끼고 절약하면서 살아도, 모으기 쉽지 않은 돈이다.) 만일 100%

의 이자율로 빌렸다면, 10년 후 상환액이 102억 원이 넘을 정도로 무시무시하다.

제대로 된 재무교육으로 모든 국민들의 마음속에 복리이자(Compounding interest), 수익률, 리스크 등의 개념이 확실히 자리 잡을 때, 이러한 고금리는 굳이 정부가 통제하지 않아도 시장에서 사라져 버릴 것이다. (오늘날 서구 선진국들에서는 그러한 고금리를 찾아보기 힘든 것처럼.) 그렇게 될 때, 난립하고 있는 기존의 대부업체들도 (중소업체의 경우 서로 연합하든지 하여) 대출과 투자 등 자금운용에 관한 보다 선진적인 기법을 도입하고 전문성을 길러 건전하고 바람직한 금융기관으로 재탄생하려는 유인이 생길 것이다.

고금리 대출의 상환액

연수	10%	20%	30%	40%	50%	60%	100%
1	1.1	1.2	1.3	1.4	1.5	1.6	2
2	1.2	1.4	1.7	2.0	2.3	2.6	4
3	1.3	1.7	2.2	2.7	3.4	4.1	8
4	1.5	2.1	2.9	3.8	5.1	6.6	16
5	1.6	2.5	3.7	5.4	7.6	10.5	32
6	1.8	3.0	4.8	7.5	11.4	16.8	64
7	1.9	3.6	6.3	10.5	17.1	26.8	128
8	2.1	4.3	8.2	14.8	25.6	42.9	256
9	2.4	5.2	10.6	20.7	38.4	68.7	512
10	2.6	6.2	13.8	28.9	57.7	110.0	1,024

☞ 그라민 은행의 사례

방글라데시에서 유누스(Yunus)에 의해 설립된 그라민(Grameen) 은행은 빈곤층 사람들을 위한 소액대출로 큰 성공을 거두었다. (그라민은 벵갈어로 마을이라는 뜻이다.)

그라민 은행의 1개월 평균 대출건수가 47만 5천 건에 평균 건당 대출규모는 8만 원 정도이며, 대출총액은 9억 달러(1조 원)가 넘는다. 방글라데시에서는 은행대출의 회수율이 50%가 안 되지만, 그라민 은행의 대출금 회수율은 97% 이상을 기록하고 있다. 또한 95%가 넘는 은행고객이 여성이라고 한다. (여성은 가족의 생계를 위해 대출금을 쓰며, 남성에 비해 허튼 데 쓰지 않는다고 한다.)

과거에 방글라데시에서는 신용과 소득이 떨어지는 빈곤층 대출의 연 이자율이 150%가 넘었다고 한다. 그래서 여인들이 대나무를 사기 위해 대출을 받아 대나무가구를 만들어 팔아도 이윤은 거의 다 대출기관으로 가기 때문에 절대빈곤에서 빠져나올 수가 없었다.

방글라데시에서 대학을 졸업하고 미국의 밴더빌트(Vanderbilt) 대학에서 박사학위를 받은 뒤 방글라데시의 대학에서 경제학교수로 있던 유누스는 이러한 빈민들을 구제하기 위해 정부소유 은행의 지원을 받아 1976년부터 빈민들에 대한 대출을 시작하여, 1983년 독자적으로 그라민 은행을 출범시켰다.

그라민 은행은 빈민층 사람들에게 몇 명씩 그룹단위로 무담보 소액대출을 해준다. 처음 한 그룹의 2명에게 대출을 해주고, 그들이 성공적일 경우 그 다음 2명에게 대출을 해주다가, 마지막에는 그룹의 리더에게 대출해주는 식이다. (또한 그라민 은행의 직원들도 사업에 관한 조언을 해주었다.) 이러한 방식으로 대출 시 발생하는 역선택과 도덕적 해이의 문제를 해결하였다.

은행이 대출자들의 사업능력이나 신용에 대한 정보가 부족하고, 일단 대출받은 사람들은 주의를 덜 기울이고 대출금을 헛되이 쓸 염려가 있었지만, 같은 그룹 멤버들끼리는 서로 그렇게 되지 않도록 지원하고 감시하는 역할을 하였다. 은행이 성장하는 과정에서 좌파성향의 소수당이나 정적들로부터 소송을 당하는 등 시련을 겪기도 하였고, 결국 방글라데시 재무장관, 중앙은행, 정치적 반대세력에 의해 2011년 70

대의 나이 등을 구실로 유누스는 은행의 경영일선에서 물러나게 된다. 은행 측에서 고등법원에 소청했지만, 법원은 정부관리들의 손을 들어주었다.

유누스는 수많은 빈민들을 도운 공로를 인정받아 2006년 그라민 은행과 공동으로 노벨평화상을 수상하였다. 특히 빌 클린튼 미국의 전 대통령, 브라질 대통령 등 세계 각국의 정치지도자들이 유누스에게 매우 고무되어 적극적인 지지를 보냈다.

그라민 은행의 지분 중 95%는 빈민층이 소유하고 있고, 나머지 5%는 정부가 소유하고 있다.

그라민 은행은 전 세계 100여 개 개발도상국과 미국에도 영향을 주었다. 오늘날 전 세계에서 소액대출 고객은 1억 명 정도이고 시장규모는 250억 달러(28조 원)규모이다. 현재 전 세계에서 잠재 소액금융수요는 10억 명에 2,500억 달러(280조 원) 정도로 추산된다.

❖ 저축은행 사태

가끔 뉴스에서 부실저축은행 사태가 보도되곤 한다. 저축은행들이 대출심사능력이 떨어지거나 고객들의 예금을 수익성과 리스크보다는 이해관계자에게 특혜대출을 해준 결과로 쌓인 회수가 어려운 부실채권 규모가 7조원 정도라 한다. 저축은행의 부실화 문제와 해결방안은 3장에서 거론되었다.

저축은행을 포함한 일반은행의 감사를 비롯한 고위직에는 정부의 경제부서나 금융감독부서로부터의 낙하산 인사가 포함되어 있어 문제라는 기사도 있었다. 은행으로서는 그들의 인맥을 이용한 정부로비의 측면이 있으며, 낙하산 인사들은 어차피 임기가 되면 떠나는데 은행에 싫은 소리를 안 하려고 할 수도 있다. 그래서 제대로 된 내부감사가 이루어지기 힘들게 된다. 결국 이런 것도 유인체계가 구축되지 않아서이다. 그러한 인사들일지라도 동기부여를 해주든지, 아예 그러한 인사들 말고 은행의 감사직에 전문성을 갖춘 일반인들을 뽑는 공정한 인사체계를 구축하든지 해야 할 것이다.

그리고 정부는 민간은행들이 그러한 로비를 할 유인이나 필요성을 못 느끼도록 금융시장에 대한 불필요한 간여와 규제를 줄이거나 없애고, 특정 은행에 불공정한 특혜를 주지 말며, 위기발생 시에도 구제금융을 해주지 않는 결단이 필요하다. 정부가 금융의 건전성을 제고시키기 위해 내세운 각종 규제와 감독이 금융기관의 발전을 저해하고 오히려 금융시스템을 더 불건전하게 만들 수도 있다.

그리고 은행의 대형대출이나 주요 결정사항에는 해당 안건의 주요 의사결정자와 감사의 이름을 꼬리표처럼 달아, 그들이 책임감을 느낄 수 있도록 해줘야 한다. 물론 대출이라는 것이 어느 정도 리스크를 포함할 수밖에 없기 때문에, 부실채권에 대해 그들에게 금전적인 손해를 보상하게 할 수는 없다. 하지만, 적어도 그 사람들의 명예에 불이익이 생기도록 하거나 부정적인 실적의 트랙레코드가 평생 따라 다니는 동시에 그들의 실적이 투명하게 공개될 필요가 있다. 물론 좋은 결과를 낳은 사람에 대해서는 금전적인 보상과 함께 좋은 트랙레코드가 따라 다닐 것이다.

❖ 주택담보대출과 변동금리

1장에서 제품의 가격이 시장균형가격이 될 때, 시장에서 후생이 최대가 됨을 보았다. 금융시장에서 정해지는 이자율도 자본에 대한 가격이므로, 금융시장이 균형이자율을 유지할 수 있도록 정부가 금융시장에도 간여하지 않는 것이 전체의 후생을 가장 크게 한다. 주택담보대출의 이자율도 마찬가지로 시장균형이자율에서 정해지는 것이 최선이다.

다만 주택담보대출의 기간이 미국처럼 30년 정도로 길어지면, 수요자들이 이자율변동의 리스크에 과도하게 노출된다. 거의 모든 개인들은 그러한 리스크를 관리할 능력이 없다. 따라서 개인들에 대한 장기간의 주택담보대출은 되도록 고정이자율로 하되, 이자율변동 리스크는 은행이나 해당 주택금융기관이 헤지(Hedge)하는 것이 나을 것이다. 금융기관들은 충분히 그러한 헤지수단이나 능력을 갖추고 있을 것으로 기대되고, 또 갖추

고 있어야 한다.[9)]

주택담보대출을 받은 개인들 중에는 수년 후 기준금리가 떨어질 때, 기존의 주택담보대출을 해지하고 새로운 주택담보대출로 바꾸어 이자비용을 줄이려 할 수도 있다. 이때 그것을 방지하기 위해 은행들이 중도상환 수수료를 과다하게 책정함으로써 수요자들의 거래비용을 높이고, 수요자들에게 큰 불편을 안겨주는 것은 바람직하지 않다. 왜냐하면, 외부 경제 여건의 변화에 대해 수요자들이 보다 효율적인 것에 적응하려는 시도를 막는 것이기 때문이다. (이는 시장가격을 인위적으로 높여 거래량을 줄임으로써, 사중손실을 발생시키는 것과 별반 다르지 않다.) 그보다는 장기적인 이자율변동 추이에 대해 면밀히 분석을 하여, 처음부터 주택담보대출의 이자율이 장기간 동안 유지될 수 있는 수준으로 (은행의 입장에서 장기적인 최적 수준으로) 정하는 것이 낫다.

그리고 정부도 되도록 너무 잦거나 무리한 금융정책으로 기준금리를 자주 바꾸지 말고 장기간 안정적으로 유지하는 것이 도움이 된다. 은행은 장기주택금융에 관한 고정이자율을 제시하되 외부여건에 따라 너무 민감하게 장기주택금융의 이자율을 바꾸지 말고, 장기적인 이자율 추세수준에 맞춰 그대로 밀고 나가되, 거기에 따른 단기적인 득실은 장기간 동안 서로 상쇄된다는 점을 염두에 두면 될 것이다.

❖ 가계부채 문제

최근 우리나라의 가계부채가 1,000조 원에 이르고 있다. 이는 근로자들의 연간소득수준을 초과하고 있어 많은 우려를 낳고 있다. 하지만 한편에서는 가계가 보유하고 있는 주택이라는 실물자산과 금융자산을 고려하면, 가계부채/가계자산 비율이 다른 선진국에 비하면 훨씬 낮아서 그리 우려할 수준은 아니라고 한다.

가계부채 중에는 주택담보대출이나 전세대출과 같은 주택관련 대출의

---

9) 변동이자율의 대한 리스크 헤지수단의 하나로 이자율 스왑(Swap) 등이 이용되기도 한다.

비중이 압도적으로 많다. 그래서 주택가격 하락으로 주택관련 대출이 부실화되는 것을 우려한 정부가 주택가격 하락을 막으려고 향후 주택공급을 줄이겠다는 계획까지 발표한 적이 있다.

가계부채가 이처럼 증가한 것은 시장이자율보다 낮은 금리로 주택관련 금융을 지원해준 데 따른 당연한 결과이다. 그러면 어떻게 이 문제를 해결해야 하는가? 정부는 때때로 집값 하락을 막기 위해 인위적인 개입을 하려고 한다. (그러한 조치들이 어떻게 주택시장에 폐해를 끼치고 얼마나 큰 비효율을 초래하는지는 6장에 자세히 언급되어 있다.) 하지만 주택가격지지와 같은 인위적인 조치들은 시간이 지날수록 점점 더 큰 사중손실을 발생시키고, 주택시장에서 또 다른 문제를 잉태시킬 뿐 가계부채 문제를 근본적으로 해결해주지 못한다.

가계부채 문제를 근본적으로 해결하려면, 가계부채를 줄여야 한다. (주택가격지지 정책은 가계부채를 줄이는 정책이 아니다.) 너무나 당연한 이야기지만, 이보다 더 명확한 해결책은 없다. 가계부채를 줄이려면 어떻게 해야 하는가? (이 질문에 대해 또 다른 종류의 정부정책이나 대책을 떠올린 사람이라면, 1장을 다시 한번 읽으라고 권하고 싶다.) 주택금융 관련 이자율도 시장이 결정하도록 맡겨놓으면 된다. 국민을 위한다고 자꾸 정부가 간여하는 것보다, 그냥 금융시장에 맡겨놓는 것보다 궁극적으로 더 좋은 결과를 가져다주는 것은 없다.

시시때때로 바뀌는 여론, 언론의 논조, 정치권의 압력에 휘둘리지 말고, 가장 좋을 길을 흔들림 없이 꿋꿋이 가는 정부가 되었으면 한다. 그리고 이 책이 국민, 언론, 정치인 모두가 올바른 경제논리를 이해하고 정말 좋은 길이 무엇인지 깨닫는데 도움이 되어, 향후 외부여건이나 경제상황에 따라 다소 어려운 시기가 오더라도 너무 민감하게 (오히려 궁극적으로 손해가 되는) 대책을 강요하는 압력을 행사하지 않게 되어, 정부의 짐을 덜어주는데 보탬이 되었으면 한다.

❖ 신용카드 수수료

우리나라의 신용카드회사들이 상인들이나 사업자들에게 제품판매 시 부과하는 신용카드 수수료율은 업종에 따라 판매대금의 2~5%에 이른다. 외국의 신용카드회사의 경우 수수료율이 1~1.5%인 것과 비교하면 상당히 높은 편이다.[10] 이는 우리나라 신용카드회사들이 그만큼 더 높은 독과점적 지위를 누리고 있다는 예증이다. (그러지 않기를 바라지만, 만일 이렇게 높은 수수료율이 카드회사들의 담합에 의한 것이라면, 독과점금지법을 위반하고 있는 것이다.) 독과점가격은 사중손실을 초래하므로, 비효율적이며 시장전체의 후생을 떨어뜨린다. (물론 숨 가쁘게 혁신이 일어나는 반도체 산업에서의 독점은 장기적으로 보다 큰 후생의 증가를 가져올 수 있지만, 신용카드의 경우 그렇다고 보기는 어려울 것이다.)

만일 보다 낮은 외국의 신용카드 수수료율이 신용카드회사들간의 경쟁에 의한 것이면, 이를 효율적인 경쟁시장가격으로 벤치마킹 해봄직하다. 그리고 정부는 벤치마킹한 신용카드 수수료율을 국내에 적용하면 된다.[11]

모든 판매를 신용카드로 결제하며, 제품판매의 마진율이 20%인 상점의 신용카드 수수료율을 3%에서 1%로 낮추면, 상점의 수익에 어떤 변화가 생기는지 보자. 상점의 매출액이 100만 원이면 마진이 20만 원이다. 카드 수수료율이 3%일 때 판매액 100만 원에 대한 수수료가 3만원이다. 이때 상점의 최종수익은 마진 20만 원에서 카드 수수료 3만원을 뺀 17만 원이 된다. 만일 카드 수수료율이 1%로 낮아지면, 최종수익은 마진 20만 원에서 카드 수수료 1만원을 뺀 19만 원이 된다. 따라서 이 상점은 2만 원만큼 카드 수수료를 절감할 수 있다. 이때 상점의 소득은 11.8% [= (2만 원/17만

---

10) 매출액의 3.9%를 신용카드 수수료로 내는 우리나라의 타이어 상점들이 한미 FTA로 미국계 신용카드회사가 국내로 들어오기만을 바란다는 기사를 본 적도 있다.

11) 독과점 시장의 사중손실을 없애려면, 경쟁가격에서 최고가격제를 실시하면 된다는 것을 2장에서 살펴보았다. 물론 여기에는 정부가 경쟁균형가격을 정확하게 파악해야 한다는 전제가 붙는다.

원)×100] 증가한다.

만일 판매액의 80%만 신용카드로 결제한다면, 80만 원에 대해서만 카드 수수료를 내면 된다. 이 경우 카드 수수료율이 3%이면, 수수료가 2.4만 원(=80만 원×0.03)이다. 이때 상점의 최종수익은 마진 20만 원에서 카드 수수료 2.4만 원을 뺀 17.6만 원이다. 만일 카드 수수료율이 1%로 낮아지면, 최종수익은 마진 20만 원에서 카드 수수료 0.8만 원을 뺀 19.2만 원이 된다. 따라서 상점은 1.6만 원만큼 카드 수수료를 절감할 수 있다. 이때 상점의 소득은 9.1%[=(1.6만 원/17.6만 원)×100] 증가한다.

아래의 표는 매출액의 100% 또는 80%를 신용카드로 결제하는 경우, 2~5%인 현재의 신용카드 수수료율을 1%로 낮출 때 기대되는 자영업자의 소득증가율이다. (단, 제품마진율이 20%일 때)

신용카드 수수료율을 1%로 인하할 때 자영업자의 소득증가율

현재 신용카드 수수료율	2%	3%	4%	5%
소득증가율 (카드사용률이 100%일 때)	5.6%	11.8%	18.8%	26.7%
소득증가율 (카드사용률이 80%일 때)	4.3%	9.1%	14.3%	20.0%

위의 표에서 카드수수료율 인하만으로 상당히 큰 폭으로 자영업자의 소득이 증가하는 것을 알 수 있다. 신용카드 수수료율을 낮추면, 대기업 위주의 신용카드회사로부터 수많은 일반서민, 중소상인, 중산층으로 부의 재분배가 실현됨을 알 수 있다. 부의 재분배 관점에서 본다면, 신용카드 수수료율 인하가 대형마트 영업시간규제나 세금을 통한 부자증세보다 훨씬 더 효과적이고 직접적이다. 또한 대형마트 영업시간규제나[12] 세금의 증가는 사중손실을 증가시키지만, 신용카드 수수료율 인하는 거래비용을 줄임으로써 오히려 후생을 증가시키는 면이 있다.

12) 대형마트 영업시간규제로 인한 사중손실은 다음 절에서 다루고 있다.

그리고 세금의 증가는 효율성과 (엄밀한 경제적 의미에서의) 공정성 면에서 부정적 효과를 가지지만[13], 독과점 가격이라 해도 될 카드수수료율을 인하하도록 정부가 간여하는 것은 오히려 경제 전체의 효율성을 높이는 것이다. (단, 벤치마킹한 외국의 낮은 카드 수수료율이 정부의 통제가 아닌 경쟁에 의한 것이어야 한다. 그래야 선진외국의 카드 수수료율을 가장 효율성이 높은 경쟁균형가격으로 벤치마킹 해볼 수 있다. 또한 미국 등 선진국들의 정부가 독과점 기업들의 가격담합을 더욱 효과적으로 찾아내는 능력이 있다면, 그만큼 담합이 어렵기 때문에, 낮은 카드 수수료율이 순수하게 경쟁의 결과일 수 있다.)

정부가 진심으로 경제의 효율성을 증대시키고, 중소상인들을 위한 소득재분배를 원한다면, 신용카드 수수료율을 인하하는 과정에서 카드회사들의 정치적 로비를 단호하게 극복해야 한다. 또한 자영업자들은 그들 나름대로 신용카드 수수료율 인하를 도울 수 있는 방법이 있다. 제품 판매 시 낮은 수수료율의 카드에 대해서는 (수수료율 차이에 의한 이익의 범위 내에서) 판매액에서 할인해주는 것이다. 그리고 각 카드별로 그러한 할인율을 계산대 앞에 보기 쉽게 표시해 놓으면 된다. 그럴 경우 소비자들은 보다 낮은 수수료율의 카드를 찾게 될 것이므로, 신용카드회사들은 (담합을 하지 않는 이상) 카드수수료율을 낮추려는 유인을 가지게 된다.

우리나라에서 신용카드회사들은 카드사용자들에게 카드로 결제한 구매금액의 일정비율을 포인트로 적립해 줌으로써, 나중에 특정 상점이나 구매제품에 대해 카드사가 미리 정한 범위나 비율의 한도 내에서 포인트를 써서 구입비용을 절감할 수 있는 유인을 주고 있다. 이러한 포인트는 일반 소비자들에 이익인 것처럼 보인다. 하지만 제품의 생산자나 판매자들은 신용카드사가 포인트 제도로 발생하는 비용을 만회하기 위해 높여놓은 수수료를 이미 비용에 산정하여, 그 비용의 일부분을 소비자에게 전가

13) 세율이 높을수록, 더 많은 생산과 부가가치를 창출한 자에게 벌칙을 주는 것이며, 자본주의의 근간인 사유재산권을 침해한다는 것을 3장에서 보았다.

시켜 버린다. 따라서 신용카드의 포인트는 그것 때문에 높아진 제품가격을 도로 내려주는 것일 뿐이다.

신용카드회사로부터 받은 포인트를 사용하려면, 어느 상점과 어느 제품에 적용가능한지 알고 있어야 하고, 포인트를 사용한 신용카드 결제 시 제품구매액과 포인트 사용액 2가지를 다 체크해야 하는 등 더 번거로워진다. (가뜩이나 복잡한 세상을 더 복잡하게 만들어 버린다.) 그리고 신용카드로 적립해 놓은 포인트는 일정기간이 지나면 없어져 버리기도 하고, 중간에 마트 등에서도 현금처럼 쓸 수 있게 하려면, 큰 폭의 포인트 삭감에 해당하는 손해를 감수해야 한다. 소비자입장에서는 차라리 이러한 포인트 제도를 완전히 없애버리고 신용카드회사에 그만큼 절약되는 만큼 신용카드 수수료율을 인하하면, 그것이 보다 저렴한 제품가격으로 이어져 소비자에게 혜택을 주게 되므로 더 낫다.

물론 신용카드회사들이 포인트를 적립시켜 주는 것은 더 많은 사용자들을 끌어들이기 위해서이다. 하지만 모든 카드회사들이 카드 포인트 제도를 실시하면, 어떤 카드회사에게도 포인트 제도의 실효성이 없어진다. 괜히 포인트를 관리하느라 인력만 더 낭비되고 번거로울 뿐이다. 즉, 포인트 제도는 모든 신용카드회사들이 패자의 게임(Losing game)을 하도록 만들어 버린다. 그러므로 신용카드회사들은 서로 협정을 맺고 다 함께 포인트 제도를 폐지해버리는 것이 생산자, 판매자, 소비자 모두에게 도움이 된다. (정부는 이러한 종류의 담합은 환영해주어야 한다. 아니면 정부가 주도적으로 비효율을 발생시키는 신용카드 포인트 제도를 폐지시켜도 될 것이다. 왜냐하면 그 효과가 가격담합과는 반대로 모두의 후생을 증가시키는 것이기 때문이다.)

4-2 산업

■ 노동시장

❖ 노동시장의 유연성

노동시장의 유연성이 경제적 효율성을 제고시켜준다는 것을 3장에서 이미 살펴보았다. 즉, 평균적인 근로자들은 직업안정성을 유지하되, 일정비율 근로자들의 직업간 이동성이 활발한 것이 바람직할 수 있다는 것이다. 또한 우리나라는 1인당 연평균 근무시간이 2,200시간에 육박하여 1,400시간 정도인 독일, 노르웨이 등에 비하면 상당히 긴 편이다. 그럼에도 불구하고 독일이나 노르웨이의 1인당 국민소득이 우리나라보다 훨씬 높다. 생산성과 관계없이 무조건 긴 시간 자리를 지키기보다는, 생산성 위주로 근무시간을 탄력적으로 적용하는 편이 낫다.

노동조합은 상사나 동료의 사적인 감정 등으로 인한 불공정한 해고 등이 없게 감시하되, 기업의 정당한 경제적 의사결정에 의한 해고는 받아들여야 한다. 그리고 정치세력화하여, 집단이기주의나 폭력을 행사하는 등 노동조합의 순수성을 훼손시키는 일을 해서는 안 된다. 노동조합은 노동시장이 효율적으로 작동하는데 도움이 되도록 해야지, 오히려 이를 방해해서는 안 될 것이다.

그리고 기업은 충분히 업무를 감당할 수 있는 취업지원자를 학력, 나이, 성별 등을 이유로 차별해서는 안 될 것이다. 다만 흡연은 주위의 여러 사람들에게 부정적인 외부성을 발생시키므로, 채용 시 비흡연자 등의 조건을 다는 것은 용인해도 될 것이다.

❖ 외국인 노동자 유입정책은 어떤 결과를 낳았나?

우리나라는 40만~50만 명의 외국인 근로자들이 우리나라 정부의 고용허가를 받아 주로 영세사업장에 취업해 있다. 비공식적인 경로를 통해 들어와 우리나라에 취업해 있는 외국인 노동자까지 합치면 이보다 훨씬 많을 것이다.

외국인 근로자들의 유입은 1993년부터 실시하기 시작한 산업연수생제도가 시초였다. 산업연수생제도를 실시한 표면상의 이유는 저개발국의 노동자들을 우리나라 기업체의 생산현장에서 2년 정도 연수시킨 뒤 다시 각자의 나라로 돌려보냄으로써 생산기술을 지원하는 것이었다. 하지만 진짜 이유는 전자, IT 등 자본과 지식 중심으로 산업이 재편되면서 당시 특정 영세생산업종들이 소위 3D산업[14]이라 불려 국내근로자들이 기피하는 바람에 인력난을 겪었기 때문이다.

어떤 영세기업들은 보다 싼 임금의 노동을 이용할 수 있는 산업연수생제도가 생산비절감에 유리하였을 것이다. 연수기간 2년이 끝나면 1년 취업을 허용하던 것을 2001년부터는 연수기간을 1년, 취업기간을 2년으로 바꾸었다. 이후 외국인연수생들이나 근로자들이 꾸준히 증가하는 동시에, 정부로부터 산업연수생을 배정받지 못한 다른 국내 영세업체로 더 높은 임금을 받고 옮기거나, 만료기간이 지나서도 계속해서 한국에 체류하는 불법노동자가 되는 등 문제를 일으키게 되었다. 이들 중 일부는 불법이라는 신분 때문에 임금을 떼이고, 비인간적인 대우를 받거나, 범죄에 가담하는 등 사회적인 물의를 일으키기도 하였다. 이 후 정부는 2005년부터 산업연수생제도를 고용허가제로 전환하였다. 고용허가제 하에서는 외국인 노동자에게도 내국인노동자와 동일한 임금을 줘야한다.

1990년대에 들어 우리나라에서 3D라는 말이 생긴 것은 그동안의 고도성장으로 산업구조가 점점 고도화, 선진화되어가고 있었다는 증거이다. 그 전에는 3D고 뭐고 돈만 벌 수 있다면 닥치는 대로 일하던 한국인들이었

14) 3D란 Difficult(힘들고), Dirty(더럽고), Dangerous(위험하다)라는 의미이다.

다. 뜨거운 사막의 나라든 반군 게릴라들이 출몰하는 위험지역이든 가리지 않고 밤낮 몸을 던져 청춘을 불살라 우리나라 경제성장을 도왔던 일꾼들이었다. 그런데 1990년대에 들어 그러한 성향이 사라졌다는 것은 높아진 소득으로 말미암아 힘들거나 위험한 작업환경에 대해 개인들이 느끼는 비용이 커진 자연스런 경제현상이었다. (사람들이 갑자기 나약해진 것도 아니고, 애국심 또는 도덕심 문제와도 전혀 상관이 없다.) 배고프고 못살 때는 1원의 한계효용이 굉장히 크기 때문에, 1원을 더 벌려고 감수하는 노력이나 위험의 양이 컸었지만, 소득이 높아지면 1원의 한계효용이 그만큼 감소하기 때문에 1원을 더 벌려고 감내하는 노력이나 위험의 양이 줄어버린다.

이는 다른 한편으로 보면, 좋은 현상일 수 있다. 사람들이 계속해서 같은 정도의 노력과 위험에 대해 동일한 임금만을 받기를 원한다면, 우리나라는 결코 1인당 소득과 삶의 질이 높은 선진국이 될 수 없다. 산업이 고도화 되면서 1인당 자본량과 지식의 양이 늘고 생산성이 증가하면서 동일한 근로조건에 대해 더 많은 임금을 요구하여,[15] 1인당 임금이 상승해야 선진국으로 진입하는 것이다.

이와 같은 산업의 성장과 구조변화 속에, (자연스럽게 노동시장의 균형을 따라 상승하는) 임금을 감당하지 못한 기업들은 새로운 환경에 적응하지 못하고, 우리나라 기업들의 평균적인 생산성증가 대열에서 뒤처져 낙오되었던 기업들이었던 것이다. 경제발전사를 보면, 사양산업과 한계기업들은 자연스럽게 산업으로부터 퇴출되어 사라져갔다. 그런 기업들은 보다 새로운 개념의 제품, 새로운 아이디어, 보다 높은 생산성, 혁신 등을 이룬 기업들로 끊임없이 대체되어 왔으며, 그러한 과정을 통해 경제가 발전하고 성장해왔던 것이다. 따라서 당시의 우리나라 한계기업들이 자연스럽게 퇴출되었다면, 우리나라의 근로자들은 지금쯤 훨씬 높은 임금을

15) 산업의 성장에 따라 근로자들이 더 높은 임금을 요구한다는 것은 반드시 노동조합이나 노동운동을 통한 투쟁을 뜻하는 것은 아니다. 그냥 이전과 동일한 임금수준에서는 같은 일을 하지 않겠다는 노동자들 각자의 자연스런 선호의 변화를 뜻한다.

받을 것이고, 1인당 소득은 훨씬 높은 수준이 되었을 것이다.[16)]

한계기업들은 다음과 같은 선택을 할 수 있다. 그냥 폐업하는 것이다. 하지만 계속 기업을 살리고 싶으면, 자본과 지식을 증가시키고 혁신능력을 배양시키거나, 보다 소비자들의 선호에 맞춘 새로운 제품들을 개발하여야 한다. 이것이 매우 어렵다면, 보다 현실적인 대안으로, 임금이 싼 저개발국으로 사업체를 이전하는 것이다. 생산기술지원으로 저개발국을 도우려면, 저개발국 근로자들을 우리나라에 몇 명씩 데려와 일을 시킨 후 손에 돈을 몇 푼 쥐어주고 돌려보내는 것보다, 이와 같이 우리나라의 한계기업들이 직접 저개발국으로 진출하는 것이 훨씬 낫고, 그 나라의 생산성을 폭발적으로 증가시킬 수 있다. 왜냐하면 자본과 생산에 관한 지식이 빈약하고, 근무환경이 열악하고, 생산성이 매우 낮은 저개발국들에서는 우리나라의 한계기업일지라도 첨단기업이 될 수 있기 때문이다.[17)]

물론 우리나라의 한계기업으로서는 새로 진출하려는 저개발국가에 대한 정보가 부족하고, 리스크가 클 수도 있다. 이때 보다 많은 정보를 가진 정부의 역할이 매우 중요하다. 정부는 저개발국으로 진출하려는 우리나라 한계기업들에게 정보제공을 무료로 충분히 해주어야 한다. 즉, 현지에서의 유의점이나 리스크관리, 시장개척, 공장설립, 인허가문제, 현지정부

---

16) 높은 임금이 경제성장의 발목을 잡는다는 주장에는 전적으로 동의할 수 없다. 임금은 언제나 경제성장과 산업구조의 변화에 발맞춰 상승하였다. 모든 근로자들이 무리하게 과한 임금을 요구하여 기업이 어려워져서 자신이 원하는 일자리를 잃고 산업을 망쳐버릴 만큼 바보들은 아니다. 근로자 각 자가 요구하는 임금은 시장균형임금수준이다. 다만, 근로자 각 자가 아니라 노동조합이 정치적 힘이라 할 수 있는 단체교섭력을 행사하면, (그리고 노조가 고의나 착오에 의해 시장균형임금보다 지나치게 높은 임금을 요구하면,) 높은 임금이 산업에 피해를 줄 수도 있다. 즉, 순수한 경제적 균형은 산업에 타격을 줄 수가 없다. 산업에 타격을 주는 것은 이와 같은 무리한 수준의 정치적 균형이다.

17) 저개발국의 불쌍한 어린이들을 위한 모금으로 당장 물고기를 주는 것도 원조라 할 수 있지만, 외국인 고용허가제 같은 것을 실시하지 말고, 우리나라의 퇴출 직전의 한계기업들이 직접 저개발국에 진출하여 현지인을 고용하여 교육시키고, 그 나라로서는 꿈꿀 수 없었던 제품들을 생산하여 그 나라의 시장에 공급하는 것이 그 나라의 경제성장을 정말 돕는 일이며, 물고기 잡는 방법을 가르쳐주는 것이다.

나 현지인과의 관계, 자금 및 원재료조달 문제, 주거시설, 자녀교육 등 일련의 문제에 대한 포괄적인 서비스를 충분히 제공해주어야 한다. 이는 우리나라로서도 결코 대가 없는 비용이 아니다. 그만큼 우리나라 산업이 더욱 고도화되고, 1인당 소득이 더욱 증가하고, 더 빨리 진정한 선진국이 되는 길이기 때문이다. 그리고 저개발국 근로자들이 우리나라에 미치는 경제, 사회, 문화적인 부정적 영향을 불필요하게 직접적으로 받지 않아도 되기 때문이다.[18)]

저개발국들의 1인당 GDP는 천 달러 이하이거나 수 천 달러 정도이다. 따라서 1인당 GDP가 2만 달러가 넘는 우리나라와의 임금격차가 수 배에서 수십 배에 달한다. 그리고 전체 저개발국들의 인구는 수십억 명에 달한다. 아래 그림은 1인당 임금을 물의 높이로 비유한 것이다. 물을 담는 그릇의 용적은 인구가 훨씬 많은 저개발국들이 우리나라의 것보다 훨씬 더 크다. 이때 양쪽 그릇 사이의 통로 중간에서 가로막고 있던 마개를 뽑아 버리면, 어떻게 될까? 우리나라와 저개발국들의 임금이 동일해져 버릴 것이다. 그리고 저개발국들을 나타내는 그릇의 용적이 워낙 크기 때문에 마개를 뽑은 후의 임금은 이전의 저개발국 임금과 큰 차이가 나지 않을 것이다. 이 같은 결과가 발생하는 것은 우리나라와 저개발국들 사이의 국경을 완전히 폐쇄하고, 근로자들의 이동이 완전히 자유로워진 가상적인 상황 아래서이다.

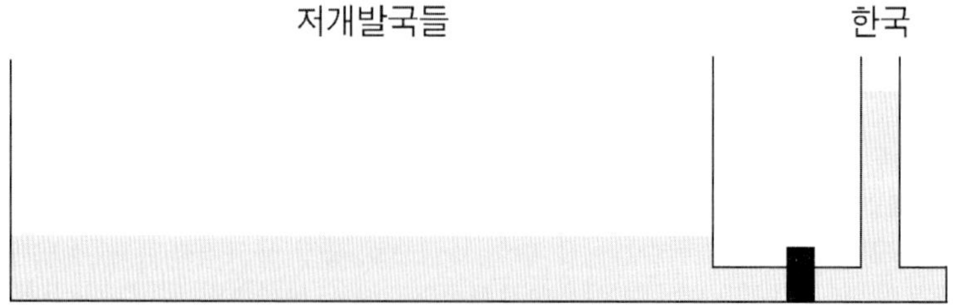

18) 여기서 말하는 부정적인 영향은 도덕적 의미가 가미된 것이 아니다. 단지 현격한 경제력의 차이에 따른 의식, 민도, 생활수준의 차이가 끼치는 영향이라는 의미이다.

물론 세계 전체적인 입장에서 보면 보다 낮은 임금으로 일하려는 근로자가 생산에 참여하는 것이 더 효율적이다. 이는 근로자 개개인의 잉여가 더 커지기 때문이다. 하지만 그렇게 되면, 우리나라 근로자들의 월급여가 겨우 10 ~ 20만 원 정도가 되어버릴지도 모른다. (어떤 후진국들에서는 이 정도의 급료도 상당히 높은 것이다.) 마개를 완전히 뽑지 않고, (현재 우리나라의 외국인 고용허가제와 같이) 조금만 열어놓으면, 우리나라의 임금이 저개발국의 임금과 완전히 동일해지지는 않더라도, 마개를 개방한 정도에 따라 하락할 수밖에 없다. 우리나라는 전 세계 수십억 명의 후진국 사람들을 먹여 살릴 만큼 큰 나라가 아니다. 따라서 (주로 단순노동직의) 외국인고용허가제는 전 세계의 관점에서 보면 잉여를 증가시키는 것일지라도, 우리나라만 놓고 보면 근로자들의 생활수준이 점점 후진국에 가까워지게 만들어 버린다.

어떤 사람들은 자신의 직업이 사무직 또는 전문직이니까 외국인고용허가제와 별 상관이 없을 것이라고 생각할지도 모른다. 그것은 큰 착각이다. 만일 후진국들과 우리나라의 국경이 없어지면 어떻게 될까? 그렇게 되면, 예를 들어, 십억이 넘는 인구를 가진 인도인들이 당장 한국어를 배우거나 어릴 적부터 한국에 와서 학교를 다니면서 경쟁한다고 생각해보라. 인도인들 중에는 현재에도 통계학, 소프트웨어, IT 등에서 두각을 나타내는 인재들이 꽤 많다. 이러한 인재들이 한국에 동화되어 노동시장에 진입한다면, 전문직시장에서 노동공급량이 폭발적으로 증가하여 우리나라의 전문직 임금이 크게 하락할 것이다. 인도뿐만 아니라 전 세계의 후진국들이 이러한 과정을 반복하면서, 우리나라 전문직의 임금은 현재 후진국에서의 전문직 임금과 비슷해져 버릴 것이다. 이는 의사든, 법조인이든, 정부관리이든, 기업의 고위직이나 CEO들도 마찬가지다. 인도인들도 뛰어난 법률가, 의사, CEO 등이 많다. 양국 사이의 국경이 폐쇄되고 노동의 이동이 완전히 자유로워지면, 가족 전체가 한국으로 이사하여 자녀들을 어릴 때부터 한국에서 교육받게 하여, 한국의 명문대에 자녀들을 진학시키고, 이러한 전문직에 진출시키는 비율이 폭발적으로 증가할 것이다. 그런데 단순직 노동시장에서 임금이 상승한다고 외국인 고용허가제를 도입하여 노동공급량을 증가시켜 임금을 낮추었는데, 단순직 노동보다 훨씬 높은 임금을 받는 전문직에 대해서는 왜 외국인 고용허가제를 도입하지 않는가? (아니면, 아예 후진국과의 국경을 폐쇄하여 후진국에서 물밀듯이 우리나라에 들어와 자녀들을 교육시켜 우리나라의 전문직으로 진출하게 만들거나. 그러면 변호사, 의사 등의 임금이 크게 하락하고, 법률비용, 의료비용 등이 더불어 하락하게 되어 보다 많은 국민들이 혜택을 입게 될 것이다.)

그런데 왜 그런지 않는지는 이미 짐작이 갈 것이다. 우선 우리나라의 기존 전문직 종사자들은 단순 노동직 종사자들보다 정치력이 더 크고 여론주도세력이 되기 때문에, 자신들이 크게 손해나는 결정을 하지 않으려 한다. 그리고 보다 근본적인 문제는 비록 국경을 폐쇄하는 것이 세계전체의 관점에서는 효율성을 증대시키는 것이나, 우리나라 자체만 보면 거의 후진국수준으로 떨어져버리는 것이기 때문에 우리나라 사람들의 대부분이 그러한 결정을 선호하지 않을 것이다. 특히 그러한 효과를 보다 잘 인식할 수 있고, 정치력과 여론형성능력을 가진 전문직 계층일수록 더욱 그러할 것이다. 그래서 전문직종에 대해서는 외국인 산업연수생제도나 고용허가제가 등장하지 않았던 것이다.

결국 외국인 고용허가제가 도입된 것은 퇴출직전 한계기업들의 대정부로비나 정치력과 더불어, 기존의 단순생산직 국내근로자들의 외국인 고용허가제의 효과에 대한 인식부족, 빈약한 정치력과 여론형성능력 때문이었다고 볼 수 있다.

1990년대에 들어 3D라는 말이 생길 무렵, 우리나라의 건설현장에서 (속된말로 노가다라 불렸던) 막노동 인부를 일당 10만을 줘도 구하기 어렵다는 말이 나돌기까지 하였다. 이때 외국인 산업연수생제도 같은 것을 만들지 말고, 국내노동시장에 정부가 개입하지 않았더라면, 지금쯤 막노동 일꾼들의 월수입이 주 5일 근로기준으로 해서 거의 300만~500만 원 또는 그 이상이 되었을지도 모른다. 물론 그러한 임금을 못 견디는 기업들은 퇴출되었을 것이며, 견딘 기업들은 자본, 생산기술, 지식이 더욱 고도화되어

생산성이 훨씬 높아졌을 것이다. 이와 같이 최저임금계층이 높은 임금과 높은 질의 삶을 누릴 수 있을 때, 비로소 진정한 선진국이 되는 것이다.

우리나라 건설현장에서의 막노동 일꾼들이 후진국의 일꾼들보다 훨씬 높은 임금을 받는 것은 그만큼 자본, 생산기술, 생산지식 등이 뒷받침되기 때문이다. 하지만 이유는 그 뿐만이 아니다. 예를 들어, (그동안 외국인 단순노동자들이 유입되지 않았다는 가정 아래) 우리나라의 식당종업원이나 건물청소부가 월 300만 원 이상의 급료를 받는다면, 후진국의 식당종업원이나 건물청소부와 (약간의 장비나 지식의 차이는 있지만) 비슷한 노동을 하는데 훨씬 높은 급료를 받는 것이 좀 이상해 보일지도 모른다. 임금의 결정은 기본적으로 노동시장에서 노동에 대한 수요와 공급에 의해 결정된다. 자본, 기술, 지식 등의 증가는 노동생산성을 높여 노동수요곡선을 아래 그림에서처럼 위로 상승시킨다.

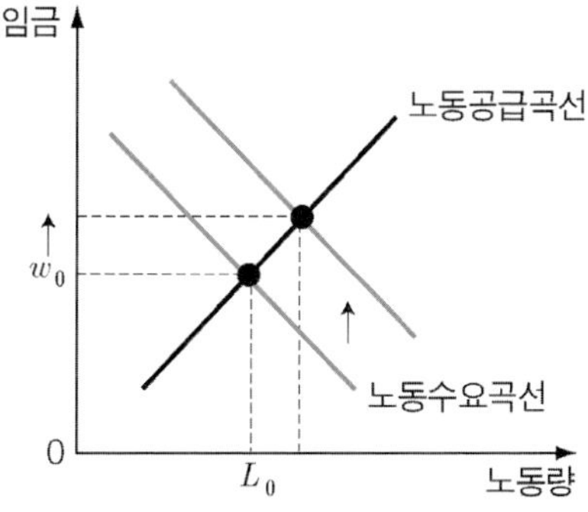

노동수요의 증가에 따른 임금인상

또한 경제가 성장하고 소득이 높아짐에 따라 특정 서비스에 대한 수요가 증가하면, 역시 노동수요곡선이 위로 이동한다. (메이저리그의 선수들이 고소득을 올리는 것은 그만큼 야구경기를 보려는 수요가 있기 때문이다. 메이저리그 선수들이 인도에 가서 똑같이 공을 던지고 치더라도, 즉 동일한 노동을 하더라도 그만큼의 소득을 올릴 수는 없을 것이다.) 예를 들어, 소득이 높아지면서 보다 크고 좋은 건물들이 지어지면, 이 건물의 청소는 보다 전문화된 인력이 맡을 것이다. 또한 소득이 높아지면서 사람들은 더 높은 가격을 지불하더라도 보다 좋은 음식, 환경, 서비스를 갖춘 음식점들을 찾게 될 것이다. 이때 건물청소부나 식당종업원의 임금도 함께 상승하게 된다.

경제가 성장하여 제품의 양이 많아지고 질이 높아지는데 인구가 그만큼 증가하지 않으면, 한 사람에게 평균적으로 돌아갈 몫이 커진다. 즉, 노동서비스 1단위의 상대가격이 증가하는 것이다. 그렇지만 새로운 인구가 유입되면, (그로 인해 생산량이 조금 더 증가하더라도) 한 사람에게 평균적으로 돌아가는 몫이 줄어들 수밖에 없다. 지극히 단순하면서도 명확한 경제법칙이다. 선후진국간에 제품가격은 큰 차이가 나지 않는 반면, 노동서비스의 가격격차가 크다는 것은 잘 알려진 사실이다.

흔히 우리 주위에서 80만~100만 원 남짓의 월급을 받고 식당종업원으로 일하면서 홀로 자녀들을 키우는 어머니들을 볼 수 있다. 가뜩이나 높은 주택임대료 등을 내고 나면, 어떻게 제대로 자녀들을 교육시키고 먹고살 수 있을지 난감해 보이기까지 한다. 그리고 마음이 착잡해진다. 그러한 생활이 계속되는 한, 집을 구입하거나 보다 나은 미래의 삶을 기약하기가 거의 불가능해 보인다. 아무리 낮추어 잡아도 식당종업원도 적어도 월수입이 200만 원 이상은 되어야 하지 않겠는가? 생각 같아서는 300만 원 이상이 되었으면 좋겠다. 그런데 40만~50만 원 이하의 월급을 줘도 되는 (불법) 외국인 노동자들이나 후진국 국적의 동포들이 주위에 있는 널려있는 한, 식당은 결코 한국국적의 종업원에게 200만 원 이상을 주려고 하지 않을 것이다. 이러한 외국인 단순노동자들의 유입을 철저히 막는다면, 당연히 식당종업원들의 임금은 대폭 상승할 것이다.

그리고 시간이 지나면서 식당종업원들의 월급이 200만~300만 원에 도달하는 과정에서 경쟁력이 떨어지는 많은 식당들은 퇴출되고, 살아남은 식당들은 보다 높은 수준의 수요에 맞춘 고부가가치 음식들을 제공하고, 위생관리, 청결, 조리과정, 영양분과 건강, 원산지규정 같은 것에 철저하고 정직하여, 소비자들에게 보다 높은 신뢰를 형성하고, 보나 나은 식사

환경과 서비스들을 통해 변신할 것이다. 즉, 요식산업에서도 시간이 지남에 따라 혁신이 일어나게 되고, 식당주인들은 그러한 혁신을 창출할 유인이 커지게 된다.[19] 그런데 단순노동자들의 (합법적 또는 불법적) 유입은 수많은 식당들이 계속 낮은 임금에만 의존하게 만들어버리고, 이러한 혁신의 싹을 잘라버리고 만다.

저개발국 외국인 노동자의 유입이, 노동자들을 유입하는 국가에서만 보지 않고 세계전체로 보면, 정태적 효율성을 증가시키는 것은 사실이다. 그렇다면 외국인 노동자를 무조건 유입하는 것이 더 좋은 것인가? 이 질문에 대답하기 위해서는 다음의 문제를 함께 고려하는 것이 필요하다.

대개의 선진국들은 어린 학생 때부터 수학, 과학 등의 교육에 신경을 많이 쓰고, 좋은 교육환경을 제공하고 창의력을 키울 수 있도록 많은 노력을 기울이고, 성인들에게 적절한 직업과 기술교육을 시키고, 사회 각 분야에서 부패를 척결하고, 국민들의 사유재산을 잘 보호해주고, 공정한 거래질서와 사법판결이 나오도록 힘쓰는 동시에, 적절한 인구수를 유지하여, 생산성과 1인당 소득이 높은 나라들이다.

반면 후진국들은 위와 같은 긍정적인 요소의 대부분 또는 몇 개가 심각하게 결여되어 있는 수가 많다. 특히 그 나라의 생산능력에 비해 지나치게 인구수가 많은 경우가 대부분이다. 수백만 정도의 인구면, 농업이나 어업만으로도 충분히 풍족하게 살 수 있는 나라가, 수천만 또는 수십억의 인구를 가지고 있으면, 1인당 소득의 빈곤을 근원적으로 피할 수 없게 된다. 그러한 후진국들이 적정인구수를 유지하려고 정말 힘쓰고 노력하였

19) 가끔 TV 등에서 1천~3천 원짜리 식사를 제공하는 식당을 착한식당으로 추켜세우는 보도를 하는 것을 본 적이 있다. 대한민국 식당이 모두 착한 식당이면 어떻게 되겠는가? 그만큼 식당의 이윤이 대폭 감소할 것이고, 그로 인해 음식의 질, 영양, 보다 철저한 위생관리, 식사환경, 고객 개개인에게 신경 쓰는 보다 질 높은 서비스 등을 기대하기는 어려울 것이다. 그리고 종업원들의 월급이 (현재물가수준 기준으로) 200만 원에 도달하기가 요원해질 것이다. 물론 정말 경제적으로 어려운 처지에 있는 사람들은 그냥 허기만 때워도 무조건 싼 음식을 찾을 수 있다. 저가의 음식을 제공하는 식당은 음식시장에서 고객차등화 전략에 따른 것일 뿐, 도덕적 칭송의 대상은 아니다.

는가? 어떤 국가들은 문화나 종교상의 이유 또는 국민들의 무지로 말미암아 적정인구수에 대한 인식마저도 없거나 그러한 논의에 반대하거나 회피하려 할 것이다. 그런데 아이러니 한 것은 종교상의 이유로 물질적인 부를 등한시하고, 피임을 금지하거나 피임에 대해 무지하여, 빈국이 된 나라의 국민 대부분은 기회만 되면, 보다 임금이 높은 선진국에 취업을 하려고 줄을 선다는 것이다. (예전에 우리나라 정부가 동남아나 네팔 등지에서 한국어 능력검정시험을 실시하였는데, 한국에서 취업하기를 원하는 응시생 수만 명이 몰려들어 성황을 이루었다는 뉴스를 접한 적이 있다.) 자신들의 신념이나 종교 등으로 물질적 빈곤을 택했다면, 그냥 빈곤을 감수하면서 살면 될 것을, 굳이 커다란 불편을 감수하면서까지 다른 나라에 취업하겠다는 것은 애초에 종교, 신념, 문화 등에 의한 그들의 선택이 잘못되었음을 방증해주고 있다.

또한 저개발국의 어린 학생들에게 선진국에서처럼 수학이나 과학교육을 시켰을 때, 그들이 정말 배우려는 열의를 가지고 열심히 공부한다면, 그들은 선진국 국민이 될 자격이 있다. 다만 현재까지 나라와 조상을 잘못 만나 어린 시절을 어렵게 보내고 있을 뿐이다. 하지만 그들이 기질적으로 수학이나 과학을 싫어하고, 공부하는 것을 싫어하고 딴 청을 부리면, 앞으로도 과학, 기술, 지식, 생산성 증가와 소득의 증가가 힘들 수밖에 없다. 누구나 처음부터 그러한 과목들을 열심히 하려는 마인드를 가지고 태어나는 것은 아니다. 물론 사람마다 재능과 흥미의 차이가 있지만, 그러한 과목들은 잘 가르치고 배우다 보면 점차 흥미를 가지고 더 열심히 하려는 마음이 생기게 된다. 그리고 그러한 과목을 가르치는 사람들은 어떻게 하면 보다 효과적으로 가르칠까에 대해 늘 고민하고 연구하고, 배우는 사람들은 당장 나가 놀고 싶은 마음을 억제하고 대신 그러한 과목들을 공부하고 연습문제들을 푸는 등 노력을 쏟아 부어야 한다.

그런데 후진국의 아동들이나 가르치는 성인들이 적당히 하려고만 하고, 그러한 노력을 기울이는 것을 싫어하는 경우에도, 그 결과 나타나는 선후진국간의 임금격차를 외국인 노동자유입 등으로 해소해주어야 하는가? 불가항력적인 요소에 의해 나타나는 임금격차라면 그나마 정당화되겠지만, 적정인구유지를 위한 노력이나 수학, 과학, 기술 등의 학습이나 교육에 무관심하고 노력을 기울이지 않는 것까지 다른 나라들이 책임져주어야 하는가? 이와 같이 후진국 국민들이 선택하여 나타나는 결과에 대해서도 선진국들이 자국의 근로자들을 희생시켜가면서까지 책임을 지라는 것은 무리일 듯싶다.

만일 후진국 국민들이 선진국이 되기 위해 처절한 노력을 기울이지 않고, 그냥 자신의 종교, 신념, 문화에 따라 그날그날 대충 살아왔으면서, 외국인 고용허가제 등을 통해 선진국들의 선조들과 현재세대에서 수많은 노력을 기울여 생산한 열매를 따먹으려고만 한다면, 그것은 결국 자신이 책임져야할 가난을 선진국으로 수출하는 결과를 낳을 뿐만 아니라, 도덕적으로도 용납하기 힘들어 보인다.[20]

❖ 외국인 노동자들은 지역경제에 얼마나 이비지할까?

대개의 외국인 노동자들은 수입의 70% 이상을 자신의 가족들을 위해 자국으로 송금해버린다. 그들의 수입 중 한국의 지역경제에 쓰는 몫이 30%도 되지 않는다. 문제는 여기에서 끝나지 않는다. 소비가 경제에 주는 영

---

20) 후진국들이 가난한 이유를 선진국들의 수탈 때문이라고 말하는 사람들도 있다. 하지만 선진국과의 교역에 폐쇄적인 후진국들보다 개방적인 후진국들의 1인당 GDP가 그나마 훨씬 높다는 사실을 주목해야 한다.

어떤 후진국 국민들은 자신들이 못사는 이유가 선진국 때문이라고 말하기도 한다. 하지만 그들에게 오늘 좋은 교재가 있으며 기본적인 수학지식 몇 개를 가르쳐줄테니 같이 공부하자고 하면, 그냥 실실 웃으면서 바쁘다고 나가버린다. 그렇게 나간 후 할 일 없이 빈둥거리는 자들을 보면, 무슨 생각이 들겠는가? 그들은 당장 쓸 수 있는 돈 몇 푼이 더 중요하지, 당장 써먹지도 못할 수학지식 몇 개 따위는 아무런 가치도 없다고 생각한다. 수학이나 과학적 지식의 가치에 대해 아무리 설명을 해주어도 소귀에 경 읽기가 되고 마는 수가 많다. 즉, 그들의 시야가 지금 당장의 개인자신의 경계를 벗어나지를 못하는 것이다.

하지만 시간이 지나고 국가 전체로 보면, 수학이나 과학의 내공이 높은 나라와 미천한 나라의 격차는 굳이 설명하지 않아도 뻔 할 것이다. (또한 기억해야 할 것은 이러한 수학, 과학, 기술과 함께 개인의 소유권과 시장경제가 선진국으로 가기 위한 조건이 된다. 과거 구소련은 수학, 과학 등의 기초학문이 탄탄했지만, 개인소유권과 시장의 결여로 실패한 경험이 있다.)

향은 승수(Multiplier)를 통해 파악할 수 있다.

예를 들어, 100만 원을 벌어 20만 원을 저축하고, 80만 원을 소비한다고 하면, 소비성향이 0.8이 된다. 우리나라 소비자들의 소비성향이 0.8이라고 가정하면, 100만 원을 벌면, 80만 원을 어떤 재화나 서비스를 구입하는데 지출한다. 재화나 서비스를 판매하여 80만 원을 번 사람은 다시 소득의 80%인 64만 원만큼 다른 재화나 서비스를 구입하는데 지출할 것이다. 이와 같은 과정을 거치면 이론적으로 가능한 소비증가액은 400만 원[= 80만 원 $\times(1+0.8+0.8^2+0.8^3+\cdots)=$ 80만 원 $\times\frac{1}{1-0.8}$]이 된다. 이때 승수는 5가 된다. (즉, 최초의 소비 80만 원은 궁극적으로 5배인 400만 원의 소비를 생성시킨다.) 또한 소비지출은 누군가의 소득이 되므로 소비증가액은 소득증가액과 같다. 즉, 100만원을 버는 한국인 근로자가 소비로 지출하는 80만원은 궁극적으로 다섯 배인 400만 원의 소비와 소득을 창출하여 한국경제에 이바지하게 된다. 반면에 100만 원을 버는 외국인 노동자가 한국에서 30만 원만 소비에 지출한다면, 궁극적으로 150만 원(= 30만 원 × 5)만큼만 한국경제에 이바지하게 된다.

❖ 외국인 고용허가제와 청년실업문제

최근 10여 년이 넘는 기간동안 우리나라의 청년실업자 문제가 심각해졌다. 현재 청년실업자수는 500만 명 이상으로 추산된다. 취업난 때문에 상급학교 진학, 결혼, 구직포기 하는 경우까지 감안하면, 문제가 더욱 심각하다고 할 수 있다. 이러한 것을 모두 반영하는 것이 청년경제활동참가율로서 우리나라의 경우 25% 남짓밖에 되지 않아 선진국의 절반에도 미치지 못하고 있다. 그리고 9급 공무원 시험의 경쟁률이 매년 거의 100:1에 육박할 정도로 청년층의 실업난이 심각하다.

청년실업문제가 불거진 데에는 경기침체 등 여러 가지 요인들이 있을 수 있으나, 무엇보다도 외국인 노동자 증가의 영향이 크다. 외국인 고용허가제라는 합법적 취업과 비공식적 루트로 말미암은 불법취업까지 고려할 때, 외국국적의 해외동포를 포함한 외국인 노동자의 수는 수백만 명에 이를 것으로 추산된다. 이들이 국내노동시장에 끼치는 영향은 단순히 같은 직종의 국내노동자들의 일자리를 줄이는데 그치지 않는다. 외국인 노동자들이 대거 유입되면서, 국내영세업종의 임금이나 작업환경이 선진국형으로 탈바꿈하는 데 실패하게 된다. 그에 따라 국내영세업종이 주는 일자리는 경제성장과 함께 눈높이가 높아진 젊은 층에게 전혀 어필하지 못하게 되어버렸다. 그래서 청년실업이 이토록 심각한데도, 어떤 중소기업에서는 사람을 구하지 못해 발을 동동 구르는 현상마저 생기게 되었다.

만일 그토록 많은 외국인 노동자들이 유입되지 않았더라면, 한계기업들은 벌써 저개발국으로 떠났을 것이며, 국내에서 생존한 중소기업들의 근로자들은 더 좋은 장비와 작업환경에서 보다 많은 부가가치를 생산하고 있었을 것이다. 국내의 중소기업이 보다 쾌적한 작업환경과 높은 임금을 제시하면, 우리나라 청년들이 굳이 중소기업을 마다할 이유가 없다. 지저분하고, 먼지가 가득하며, 여름철 찜통같이 더운 작업장, 안전시설이 미흡하여 위험한 작업장에서 저임금을 받고 일해야 한다면, 요즈음 우리나라 청년들 중 누가 그런 곳에 취업하려고 하겠는가?

서구 선진국들의 중소기업들을 돌아본 적이 있는 사람들은 그들이 얼마나 우리보다 쾌적한 작업환경에서 일하고 있는지 알 수 있을 것이다. 그리고 우리나라 중소기업들은 아직도 단순노동에의 의존비율이 높거나 지나친 노동시간과 강도를 요구하기도 한다. 각 중소기업이 보다 많은 1인당 자본, 생산기술, 지식을 갖추어, 보다 적게 일하고도 더 많이 생산하거나 부가가치를 생성할 수 있어야 노동시간과 노동강도의 문제가 해결될 것이다. 즉, 외국인 노동자의 유입은 한계기업이 계속 연명할 수 있게 하였고, 중소기업들이 고부가가치 업종이나 생산공정을 추구하려는 유인을 줄여버렸다.

사무직 근로자들은 중소기업의 생산직과는 무관하므로, 외국인 노동허가제와 무관하다고 생각할 것이다. 물론 화이트칼라 사무직이 생산직의 외국인 고용허가제처럼 외국인들에게 개방된 것은 아니기 때문에, 직접적인 영향은 받지 않을지 모르지만, 간접적인 영향은 의외로 클 수 있다.

현재 우리나라 중소기업의 생산직 근로자들이 월 100만~150만 원을 받는다고 해보자. 그리고 일반사무직 근로자가 월 150만~200만 원을 받는다고 해보자. 만일 수십 년 동안의 외국인 근로자들의 유입이 전혀 없었다면, 생산성이 낮은 한계기업들이 퇴출됨과 동시에 생존한 기업들의 혁신과 생산성 증가로 말미암아, 현재에는 중소기업의 생산직 근로자들이 월 300만~400만 원 이상 받을 수도 있었을 것이다. 이때 기업들로서는 사무직종의 근로자들을 월 150만~200만 원을 주고 채용하기가 불가능해질 것이다. 결국 사무직종의 근로자들은 월 400만~500만 원 이상을 받게 될 것이다. 따라서 외국인 고동허가제가 타 직종에 있는 자신과 직접적으로는 무관하게 보여도, 이와 같이 간접적으로 큰 영향을 미치게 된다. 근로자 1인당 소득이 (노동조합의 정치력이 아닌 노동시장의 균형에 의해) 이와 같이 높아져 있다면, 그것은 바로 선진국에 진입한 징표일 것이다.

결국 외국인 고용허가제는 청년실업을 증가시키게 되었고, 가족부양능력이 떨어진 청년층들은 생활고와 자신감 결여 때문에 결혼을 망설이거나 결혼해도 많은 자녀를 두려하지 않는다. 그로 인한 저출산은 인구감소로 이어지고, 이는 다시 고용허가제 확대라는 악순환을 낳을 수 있다. 외국인 고용허가제가 지속되거나 불법 외국인 노동자들이 계속 이 땅에 남아 있는 한, 이러한 문제는 사라지기가 어렵다. 이제는 정부가 과감한 결단을 내려야 할 때인 것 같다.

■ 이공계 기피현상

최근 불경기가 지속되면서, 우리나라에서 각종 국가고시, 공무원, 의대 등으로 인재들이 몰리면서, 이공계 기피현상마저 생기는 것은 매우 우려할 만한 현상이다. 과학과 공학은 혁신과 창조를 이끌어 가는 가장 중요한 분야이며, 이 부문의 발전 없이는 지속적인 경제성장과 선진국진입이 힘들다 해도 지나친 말이 아니다. 특히 과학과 공학분야에서는 하나의 발견이나 발명이 타 부문에 주는 파급효과가 매우 큰 경우가 많다. 즉, 긍정적인 외부성이 크다. 그렇기 때문에 이러한 분야에서의 교육, 연구, 생산활동에는 정부가 적극적으로 지원해 줄 필요가 있다. 그리고 이러한 지원은 정부의 경제적 지원으로 그치는 것은 아니다. 사회 각 분야에서의 전방위적인 지원과 격려가 필요하다.

예를 하나 들어보자. 그동안 우리나라의 TV 연속극이나 미니시리즈를 보면, 성공과 급작스런 신분상승의 아이콘처럼 사법고시를 합격한 판검사나 의사들이 등장하여왔다. 물론 가상의 연속극이기 때문에 이러한 법관이나 의사라는 캐릭터도 실제현실과는 좀 동떨어지게 각색되거나 미화된다. 실제로 주위에서 판검사나 의사가 된 지인들을 보면, (약간의 물질적 여유를 가지는 경우도 있지만) 대부분이 우리와 별 차이 없이 그냥 평범한 중산층으로 살아간다. 그런데 TV나 영화에 등장하는 판검사나 의사들은 한결같이 미모의 재벌가 여자들과 애인이나 부부관계로 이어지거나, 그러한 기회가 생겼음에도 순정을 찾아 거절하기도 한다.[21] 이러한 모습들이 이를 보고 있는 부모들이나 자녀들의 로망을 충족시키기에 부족함이 없다.

그런데 법률부분이나 (특정 병리학, 치료방법, 제약이나 의료기기 개발분야의 최전방에 서서 연구하지 않는) 대부분의 의료분야에서는 혁신이라는 단어가 매우 생소해 보인다. 물론 잘 정비된 사법체계와 법의 공정하고 합리적인 운용과 집행도 경제성장에 매우 중요하다는 것은 앞에서 이미 보았었다. 하지만 사법체계 등의 골격이 오래 전에 잘 갖추어져 있으면, 그 분야에서 추가적인 혁신이 일어나기가 힘든 것이 사실이다.

---

21) 물론 연속극이나 영화에 등장하는 판검사, 변호사, 의사들이 하나같이 잘생긴 얼굴, 대부분 큰 키, 잘 가꾼 몸매, 훈남/정의/의리가 절묘한 황금비율로 잘 배합된 성품을 가지고 있다는 것은 시청자들을 끌기 위해 만들어진 주인공 캐릭터의 성격상 충분히 이해가 간다. (그리고 그러한 남자주인공의 상대역이 되는 재벌가 여자주인공들은 지나치게 편집증적인 사이코나 못된 성격으로 나오는 경우가 많다.)

혁신은 (생명공학과 첨단의료 분야까지 포함한) 과학과 공학분야에서 가장 역동적으로 일어난다. 그만큼 이 사회에 보다 큰 부가가치를 생성시킬 수 있다는 것이다. 반면 법률이나 일반 의료분야는 현상유지(Status quo)의 성격이 강하다. 재수 없이 분쟁에 휘말리거나 병에 걸렸을 때 찾게 되는 분야이다. 최전방에 서서 수많은 사람들의 후생에 영향을 줄 만큼 크고 많은 혁신들을 적극적으로 모색하는 분야가 아니라는 것이다. 정말 똑똑한 국민들이라면, 이처럼 국민들이나 인류의 후생에 큰 영향을 줄 수 있는 과학자나 기술자들을 영웅(Hero)으로 만들어야 한다. 그래야 재능 있는 어린 학생들이 과학과 기술분야에 더욱 관심을 가지고 공부하고, 그런 쪽으로 진로를 선택하게 된다. 그리고 남자라면 (그리고 여자도 마찬가지지만) 이와 같은 과학자나 기술자들을 자신의 로망으로 삼아야 한다. 그리고 우리나라 TV나 영화도 그러한 모습들을 많이 보여주는 것이 바람직하다.

미국 등 선진국들의 TV나 영화 속에 유달리 과학자나 기술자 주인공들이 많이 등장하는 것을 볼 수 있다. 물론 우리나라의 TV나 영화작가, 연출가 등이 아직도 그러한 과학이나 기술의 이해가 부족하거나 그러한 소재를 발굴하고 생성할 수 있는 시스템이 낙후돼 있을 수 있고, 그러한 소재가 인간적인 끈끈함보다 객관적 탐구를 덜 중요시하는 우리나라 문화 속에서 시장성이 떨어진다고 (잘못) 판단할 수도 있고, 제작여건이 열악해서 그렇다는 등 여러 가지 이유들을 댈 수도 있을 것이다. 그럼에도 불구하고 위의 문제들에 대해서는 계속해서 우리나라 방송계와 영화계가 고민해볼 필요가 있다.

과학이 주는 발전과 후생의 증가는 상상하기 어려울 만큼 무궁무진하다. 예를 들어, 독일 과학자 프리츠 하버(Fritz Haber)는 1900년대 초에 공기 중의 질소를 이용한 암모니아 비료를 개발하여 당시 면적당 곡물생산량을 6배 증가시켜 유럽을 기아로부터 해방시켰다. 당시 유럽은 대부분의 인구가 농업생산에 매달렸음에도 기아에 허덕였지만, 인공비료 덕분에 현재는 전체인구 중 1 ~ 5% 정도의 농민들이 당시보다 몇 배나 많은 인구를 풍족하게 먹이고 있다. 그 덕분에 농업에 종사하지 않는 수많은 사람들이 보다 생산적인 다른 분야에 매진할 수 있게 되었다. 또한 비행기가 발명된 덕분에 세계가 일일생활권이 되어 과거처럼 몇 달씩 걸려 대양을 횡단하지 않아도 된다. 그리고 전기, 전자, 통신 등 수많은 분야에서 우리가 누리고 있는 모든 것들을 보면, 과학과 기술이 인류에게 주는 후생의 증가가 어떠한지 알 수 있다. 앞으로도 과학과 기술분야의 혁신과 발전으로 인한 혜택은 우리의 상상을 초월할 것이다.

가끔 핵심기술인력이 외국의 타기업으로 이동할 때 수반되는 기술유출을 방지하기 위해, 정부는 핵심기술인력에 대해 퇴직 후 수년간 동종업종에의 취업을 제한하기도 한다. 하지만 이는 직업선택의 자유를 침해한다. 되도록 그러한 부작용이 없게 하려면, 핵심기술인력들이 쉽게 이동하지 않도록 미리 파격적인 대우로 다년계약을 해봄직도 하다. 마치 프로구단에서 핵심선수와 높은 연봉으로 다년계약을 하는 것처럼. 그들의 창의력이 가져다주는 어마어마한 크기의 부가가치를 생각한다면, 몇 십억이나 몇 백억의 연봉이나 성과급이 아깝지 않을 것이다. 그러면, 스타선수들처럼 스타 과학자나 기술자들이 등장할 것이고, 어린 학생들의 새로운 로망이 될 것이다.

■ 유통업에 대한 규제문제

❖ 대형마트에 대한 입점, 영업일, 영업시간 규제는 얼마나 큰 비효율을 낳는가?

우리나라에 대형마트들이 등장함에 따라 최근에 중소상인들을 보호하기 위해 특정 지역에 대한 대형마트의 신규진입을 금지시키기도 하고, 대형마트들의 영업일과 영업시간에 대해 규제를 가하고 있다. 그러나 이러한 규제는 경제전체에서 보면, 심각한 후생의 손실을 초래한다.

대학원에서 공부하기 위해 처음 미국에 갔을 때, 시골 구석구석까지에도 몇 개씩이나 있는 대형마트는 신선한 충격이었다. 넓은 주차장, 수많은 식품들과 물건들이 진열되어 있는 넓은 쇼핑 공간 등은 주민들에게 너무나 큰 편리함과 후생을 제공해주고 있었다. 예를 들어, 드라이버, 테이프, 셔츠, 스파게티 소스, 소고기, 우유, 과일을 한꺼번에 사려고 할 때, 대형마트 한 곳에만 들르면 된다.

반면 이 모든 것을 우리나라의 중소형 상점에서 구매하려고 해보자. 우선 공구점을 수소문해서 찾아야 한다. (같은 동네에 없으면, 다른 동네를 뒤져봐야 한다.) 그리고 테이프는 문방구에서 파는지 생각해봐야 한다. 그리고 셔츠를 사러 옷가게로 가야하고, (특히 자신이 원하는 브랜드의) 스파게티 소스는 어디서 파는지 한참을 수소문해야 한다. (그러한 브랜드의 소스를 중소형 상점에서는 아예 갖다놓지 않는 경우가 많다.) 이 같이 상품의 종류에 따라 모든 가게들을 다 수소문한 뒤, 차를 몰고 이러 저리 기름을 써가면서 돌아다녀야 한다. 그리고 각 상점에 다닐 때마다 대개 길거리주차를 해야 하는 경우가 많은데, 주차공간을 찾기가 만만치 않거나 주차금지구역이어서 과태료를 물지나 않을까 신경 쓰는 등 많은 스트레스를 받게 된다. 그렇다고 쇼핑한 물건들을 들고 대중교통을 이용하는 것도 시간이 많이 소요되고 매우 힘이 들며 번거롭고, 물건의 양과 종류에 따라서는 다른 승객들에게 불쾌감을 주는 등 부정적인 외부성을 발생시킬 수도 있다.

직장에서 맞벌이로 바쁜 부부들이 모처럼 쉬는 날 대형마트에서 그동안 미뤄둔 장을 한꺼번에 봐야 하는데, 정부에서 그 날 대형마트의 영업을 금지시켜버리거나, 늦은 밤 특정시간에 필요한 물건을 구입하려는데 영업시간규제로 인해 물건을 구입하지 못하는 경우에는 대체 누구를 위한 정부인가라는 의구심마저 들기도 한다. 지금이 21세기인데 이렇게 노골적으로 시장의 거래에 대해 정부가 간섭하고, 그러한 발상자체를 할 수 있다는 것이 참으로 쇼킹(Shocking)하다.

대형마트의 영업일과 영업시간규제로 불편을 겪고 후생이 감소되는 수만 명에서 수십만 명에 이르는 소비자들을 생각해보라. 그러한 규제로 인해 수십 개에서 수백 개 정도의 중소상점이 얼마나 더 이익을 보겠는가?

그리고 이러한 규제로 인해 중소상점들이 추가로 얻는 잉여는 새로 창출한 것이 아니라 대형마트의 잉여를 빼어온 것에 불과하다. 즉, 대형마트에 대한 규제는 경제전체로 볼 때 단지 수많은 소비자들을 불편하게 하고 그들의 후생을 감소시킬 뿐이다. 따라서 이러한 규제는 커다란 사중손실을 초래하는 무지한 악법에 불과하다.[22]

어디서 무엇을 구매하느냐는 전적으로 소비자 각자가 정할 문제이지, 정부가 정하거나 간섭할 문제가 아니다. 소비자들이 자신이 원하는 대로 자유롭게 소비행위를 해야, 효율적인 시장체제가 유지된다. 또한 우수한 생산자와 판매자들은 생존하게 되고, 소비자들의 요구에 부합하지 못하는 생산자와 판매자들은 퇴출되어 자연스럽게 발전해나갈 수 있다.

소비자들이 대형마트를 선호해 그쪽으로 몰린다면, 대형마트가 유통산업에서 경쟁력을 갖춘 결과일 뿐이다. 그 이상도 그 이하도 아니다. 이러한 것도 일종의 혁신이랄 수 있다.

산업구조의 패러다임이 바뀌면서 한계기업들이 변신하거나 사라지듯이, 유통산업의 패러다임이 바뀌면 소형상점들도 변신하거나 사라지게 되어 있다. 그러한 변화를 정부가 인위적으로 막으려한다는 것은 경제구조나 발전에 심각한 장애와 왜곡을 초래하게 된다.[23] 이와 같은 정부의

---

22) 우리나라의 수많은 시민들이 매일의 일상생활에서 이러한 부당한 불편함에도 그냥 가만히 있는 것이 신기할 따름이다. 우리나라에서 한 번도 발병사례가 없는 광우병 소고기 파동 때 많은 수의 시민들이 촛불시위를 한 것을 생각하면, 더욱 그렇다.

물론 광우병은 발병되면 피해가 크다. 그렇지만, 우리나라에서의 발병확률은 지극히 낮기 때문에 피해의 기댓값은 거의 무시할 만하다. 반면에 마트 영업일과 영업시간규제로 겪는 일상생활의 불편함은 사람에 따라 그것이 크든 작든 지금도 매일 발생하고 있는 실제상황이며, 전체 시민의 피해정도는 (정확히 계량화된 적은 없지만) 엄청날 것이다. 그리고 그러한 규제가 계속되는 한, 소비자잉여와 후생의 손실은 매일, 매월, 매년 발생할 것이다.

23) 과거 영국에서 산업혁명 시기에 증기기관과 기계가 등장하면서 일자리를 잃은 노동자들이 공장을 습격하여 기계를 부수어버리려 했던 러다이트(Luddite) 운동이 1810년대에 일어났었다. 영국정부는 군대를 동원하여 주모자들을 강력하게 처벌함으로써 러다이트 운동을 진압하였다. 이후의 비약적인 기계산업의 발전은 새로운 제품과 산업을 생겨나게 하였고, 노동자들은 더 많은 일

간섭은 위에서 언급한대로 지금 당장의 정태적 후생손실을 발생시키지만, 동태적 관점에서 보면 향후 새롭게 등장할 유통산업의 혁신, 발전, 새로운 형태의 유통산업모습의 등장 등을 억압하는 등 더욱 심각한 악영향을 줄 수 있다. 따라서 유통산업에 대한 정부의 규제는 긴 시간을 놓고 보면 훨씬 더 큰 폐해를 초래할 것이다.

복잡하고 부대끼는 대도시보다는 중소도시나 공기 좋고 물 좋은 시골에서 살고 싶은 사람들이 꽤 많을 것이다. 이때 가장 큰 걱정거리 중의 하나가 거기에도 대형마트가 있겠는가라는 것이다. 우리나라 어디에서 살든지 근처에 대형마트 한두 개쯤은 있어야지, 전혀 없다면 살아가는데 많이 불편할 것이다. 조그만 도시에 대형마트가 들어오기나 할까하고 걱정하던 차에 반갑게도 대형마트가 들어오려는데, 정부가 손발을 걷어 부치고 못 들어오게 막는다면, 국민들은 정부에 대해 어떤 생각을 할까?

현재 우리나라 인구와 경제규모를 보면, 대형마트의 수가 지금보다 수십 배에서 수백 배 이상으로 증가한다 해도 전혀 이상할 것이 없다. 대형마트들이 자유롭게 더 많이 생겨나야, 보다 많은 경쟁을 하게 되어 각 대형마트의 주차시설, 매장시설, 매장관리, 서비스 등이 지금보다 훨씬 더 향상될 것이다. 현재 우리나라의 대형마트에 가보면, 차량 1대의 주차공간이 매우 비좁고, 주차장에 진입하기가 그렇게 편하지 않은 경우가 대부분이다. 또한 매장도 미국 등의 대형마트에 비하면 좀 지저분하거나 촌스럽고 소란스러운 경우도 많다. 대형마트가 미국 등의 선진국들의 대형마트를 뛰어넘어 보다 쾌적하고, 좋고, 새로운 형태로 거듭나고 진화해가려면, 정부가 대형마트의 신규입점, 영업일, 영업시간 등에 대한 규제를 절대로 해서는 안 된다.

자리와 더 높은 임금을 누리게 되었다. 현재 대형마트에 대한 규제는 현대판 러다이트 운동과 다르지 않다.

☞ 미국의 한 소도시 유통업의 사례

미국에서 대학원을 다닐 때 거주하던 도시는 전체 인구가 2만 5천 명 정도이며, 그 중 2만 명 정도가 학생들인 전형적인 캠퍼스타운이었다. 반경 30km 정도 이내의 이웃 도시들의 인구를 모두 합쳐도 12만~13만 명 정도밖에 되지 않았다. 그런데 대학이 있는 도시에만 Walmart, Kmart, Kroger 등 여러 개의 대형마트가 있었고, National이나 Country Fair 등 우리나라의 하나로마트 정도 크기의 중형마트들도 있었다. 물론 이웃 도시에도 따로 대형마트들이 있었다. 그리고 Costco 같이 대량묶음으로 파는 창고형 매장인 Sams라는 곳도 차로 15~20분 정도의 거리에 있었다. 그리고 많은 종류의 전자제품만 전문적으로 취급하는 Montgomery Ward라는 큰 상점도 따로 있었다. 또한 우리나라의 코엑스 몰(Coex mall) 같은 쇼핑몰과 백화점들까지 있었다. (그곳에서는 땅이 넓어서인지 백화점들이 전부 1층으로 되어 있었다.) 그래서 처음에는 이 정도 인구의 소비력이 이러한 상점들을 다 지탱해 수 있을까라는 의구심마저 들었었다.

이런 상황에서도 소형상점들이 사라지지 않고, 그들 나름대로 생존해 있었다. 어떤 곳에서는 1층으로 된 소형상점들이 아래 그림처럼 대로변 옆의 공동주차장을 껴안고 "ㄷ"자 모양을 따라 나열되어 있었는데, 도로변에 주차하지 않아 교통을 방해하지도 않고, 소형상점임에도 불구하고 주차공간이 항상 넉넉하여 주차에 전혀 신경을 쓸 필요가 없었다. 여기에는 옷가게, 생선가게, 공구점, 아시아 식품가게, 문방구 등 다양한 종류의 상점들이 입점해 있었다. (우리나라에서처럼 그냥 도로변과 나란하게 소형상점들을 지어놓으면, 건물 뒤쪽은 사각지대가 되어버린다. L.A.처럼 번잡한 곳에서는 각 상점들이 "ㄷ"자 형태를 따라 건물의 1층과 2층에 입점에 있기도 하였다. 우리나라에서도 참고해 볼 만하다.)

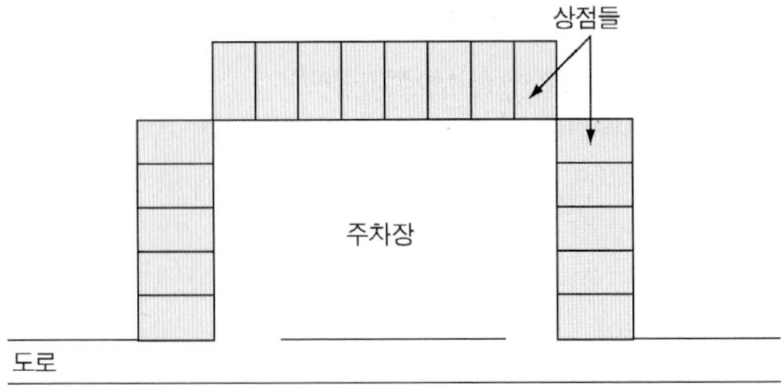

❖ 중소형 상점들도 경쟁력을 갖출 수 있다.

소자본의 중소형 상점들은 근처에 들어서는 대형마트와 경쟁하기가 버겁게 느껴질 수도 있다. (그동안 작은 상점이나마 가족들의 생활터전이었는데, 하루아침에 어려움을 겪으면서 비애를 느끼는 것은 참으로 안타까운 일이다.) 이때 중소형 상점들이 취할 수 있는 방법은 변신을 하든지, 다른 업종이나 상점을 모색하든지, 그렇지 않으면 폐업해야할 것이다. 재래시장이나 소형상점들이 밀집된 곳이라면, 모든 상점들이 공동투자 하여 미국의 소도시에서와 같이 대로변 등에 “ㄷ”자 형태의 새로운 상점들로 깔끔하게 거듭나서, 승부를 걸어볼 수 있다. 이때 정부는 이러한 상점건립의 기술적인 문제를 포함한 여러 가지 면에서 지원해주거나 자문을 해주면 좋을 것이다. 이렇게 재탄생 된 소형상점들은 주차와 쇼핑의 편의성을 크게 향상시키기 때문에, 근거리 주민들로부터 자발적으로 제품구매의 선택을 받을 수 있다.

몇 개의 상점들이 모여 있는 이러한 쇼핑공간은 무엇보다도 대형마트보다 지역주민에게 가까이 위치해 있는 이점이 있다. 또한 개별상점주인이나 판매원들이 보다 전문적으로 소비자들에게 제품에 대한 정보를 주거나 자문을 해줄 수도 있다. 대형마트에서 몇몇 품목의 가격이 조금 더 싸다고 소비자들이 반드시 대형마트에 갈 필요는 없다. 쇼핑이 편리하게 되어있는 곳이라면 더 가까운 소형마트에서 구매하는 것이 차의 연료나 시간을 더 절약할 수 있다. 그리고 전문화된 소형상점이라면, 제품에 대한 보다 상세한 정보를 주인과 주고받을 수도 있다. 물건값 외에 이러한 비용이나 편리성을 함께 고려하면, 제품가격의 조그만 차이는 쇼핑할 곳을 결정하는데 그리 큰 변수가 되지 못한다.[24)]

대형마트에서는 특정 상품에 대해 문의할 때, 매장 담당직원을 불러오기까지 잠시 기다려야 하며, 대개의 담당직원들도 상품에 대해 대략적인 정보는 제공하지만 모든 상품에 대한 상세한 정보를 주지는 못한다. 또한 특정 상품이나 자신이 원하는 좋은 브랜드의 제품이 입점되어 있지 않을 경우, 요구사항을 대형마트의 매장 담당직원에게 말해도 그들이 직접적인 구매담당자가 아니기 때문에 속 시원한 대답을 듣기 힘들며, 건의사항이 제대로 전달되는지도 의문이 든다.

---

24) 어떤 사람이 동일한 물건을 대형마트에 가서 더 싸게 샀다고 떠벌려도 전혀 속상해할 필요가 없다. 그 사람은 더 많은 시간을 들여 더 많은 기름을 쓰고 계산대 앞에서 더 오래 줄서서 기다리는 불편을 겪었을 것이다. 즉, 그 사람이 지불한 정확한 제품가격은 제품가격에다 이러한 추가비용을 더한 것이기 때문이다.

마찬가지로 어떤 사람(주로 경제력이 뒷받침 되지 않는 학생층이나 젊은 층들)이 쇼핑몰에서 갖가지 쿠폰이나 포인트를 이용한 할인으로 더 저렴하게 구입하는 것도 그들 나름대로 최적화하는 행동일 뿐이다. (쿠폰이나 포인트 제도는 판매자나 구매자 모두에게 결국 비효율적인 패자의 게임이 된다는 것을 신용카드 수수료의 예에서 살펴본 바가 있다. 또한 마트 등에서 실시하는 회원카드 포인트 적립 제도도 마찬가지로 패자의 게임이 되어 버린다.)

웬만큼 경제력이 뒷받침되는 사회인들이라면 굳이 시간 들여 쇼핑 사이트마다 회원가입 한 후, (개인정보 유출을 걱정하고, 많은 쇼핑 사이트를 관리하느라 신경 쓰면서) 쿠폰이나 포인트를 챙기며 시간을 낭비하고 주의를 분산시키는 것보다 그 시간에 업무에 집중하거나 휴식과 여가를 즐기는 것이 보다 큰 이익과 효용을 줄 것이다. 즉, 동일한 시간에 버는 금액의 크기나 휴식의 가치가 쿠폰이나 포인트를 챙겨 절약하는 금액보다 훨씬 클 경우, 굳이 번거롭게 그러한 수고를 하지 않으려 할 것이다.

미국에서 여러 잡지 귀퉁이에 나와 있는 (해당상품에 대해 수십 센트씩 할인해주는) 다양한 쿠폰을 가위로 오려두었다가 실제로 마트에서 사용하는 사람들은 대부분 별 다른 할 일은 없고 소득이 없이 연금을 받아 근근이 살아가는 노년층(주로 할머니들)이다.

반면 소형상점의 경우 주인이 직접 상점을 지키고 있을 때는, 상품에 대한 보다 자세한 정보와 원하는 브랜드 입점에 관한 의견을 직접 주고받을 수 있다. 예를 들어, 치즈만 해도 대형마트에는 판에 박은 듯이 매장마다 몇 개의 제품들만을 전시해 놓고 있다. 심지어 (겉면에 표시된 나트륨 함량이 타제품과 비슷한데도) 지나치게 짜거나 냄새가 지독한 브랜드도 있는데, 치즈에 대한 이러한 정보를 대형마트 담당매장 직원이 모두 알고 있는 경우는 거의 없다. 어떤 소비자가 지방함량이 적고 짜지 않고 담백한 맛의 치즈를 찾는다 해도, 대형마트에 아무리 건의해도 그것이 받아들여지기가 힘이 든다. 대형마트의 구매는 납품업체와 장기계약을 통해 이루어지는 등 재빠르게 소비자들의 요구에 부응하기에는 많은 제약이 따르기 때문이다. 하지만 치즈전문 소형상점의 주인이 보기에 그러한 종류의 치즈가 보다 많은 소비자들에게 어필할 수 있다는 판단이 서면, 다른 소형 치즈상점과 공동으로 또는 단독으로 그런 종류의 치즈를 국내업체를 통해 물색하거나 해외로부터 수입해 올 수 있다. 독일이나 프랑스 등에서는 치즈나 소시지의 종류만 수백 가지가 넘는 소형상점들도 있다.[25)]

---

25) 가끔 수입소고기를 사러 30분 이상 운전하여 코스트코(Costco)에 가곤 하는데, 가격이나 품질이 비교적 나아보이기 때문이다. (하지만 미국 중서부지방에 비하면, 코스트코의 소고기가격이 아직도 2배 이상 비싸다.) 담당직원의 말로는 호주에서 도축하여 곧바로 항공으로 운송하기 때문에 냉동시키지 않고 냉장상태를 유지한다고 한다.

만일 우리나라의 수많은 중소형 정육업자들이 힘을 합쳐, 코스트코의 시스템을 벤치마킹하여 호주 현지의 도축업자들을 모색하고 수입계약을 맺은 후 각 동네에서마다 판매하게 되면, 소비자들은 무척 편리할 것 같다.

코스트코는 매년 수만 원 정도의 회비를 내어야 하고, 아직 우리나라에 몇 군데 안 되기 때문에 먼 거리를 운전해 가야하며, 대개의 경우 평일 낮에도 너무 많은 사람들로 북적거려 계산대 앞에서 줄서서 한참을 기다려야 하며, 코스트코와 연계된 삼성카드 외의 다른 카드로 결제가 안 되어 현금을 찾아 지불해야하는 불편에도 불구하고, 그곳을 찾게 된다. 우리나라 각 동네의 중소형 정육점들이 전국 또는 지역의 컨소시엄(Consortium)을 형성하거나 제휴하여 현재 코스트코 정도의 소고기 판매서비스를 제공해 주어도, 소비자들의 후생이 크게 증가할 것 같다.

그리고 한우의 경우도 최종소비자 판매가격은 무척 비싼데, 한우농가에서는 파는 소의 값이 헐값이라는 한탄을 하곤 한다. 이런 경우도 정육점들이 공동연대를 형성해 산지나 도축업체와 소매상점을 직접 연결할 수 있는 루트

대형마트에 둘러싸인 소형상점들일지라도 새로운 변신, 전문화 등을 통해 얼마든지 경쟁력을 갖출 수 있다. 그러나 정부가 대형마트를 규제해주기만을 기다리는 소형마트는 혁신이나 발전을 이룰 가능성이 희박하다.

또한 과거의 몇몇 소형상점들에서처럼 판매자가 제대로 샤워도 하지 않고, (약간의 악취를 풍기면서) 부스스하게 나와서 퉁명한 말투로 서비스를 제대로 하지도 못하면서, 무조건 대형마트 때문에 피해를 입는다고 하면 어떻겠는가? 판매업과 같은 서비스업종의 종사자들은 매일 자신의 청결과 서비스 수준을 점검할 필요가 있다. 그리고 고객만족교육(CS: Customer satisfaction)을 제대로 받으면 좋겠지만, 그럴 형편이 안 되면, (고객들에게 금방 삭제할 것으로 양해를 구한 후) 자신이 서비스하는 모습을 다른 사람이 디지털레코더 등으로 찍어주어 모니터링 해보는 것도 의외로 큰 도움이 된다. 아니면 그냥 모의고객을 대하는 모습을 찍어 모니터링 해도 상관없을 것이다. 자신의 행동, 표정, 말투를 디지털레코더에 담은 후 객관적으로 보는 모습은 자신이 생각했던 모습과 큰 차이가 있을 수 있기 때문에, 서비스 수준의 개선에 많은 도움이 되며, 이로 인해 매출액이 제법 상승할 수 있다.
(우리나라의 어떤 소형상점의 주인들은 침을 손가락에 묻혀 상품을 담아갈 비닐백을 분리하거나 벌리기 때문에, 어떤 고객들에게는 불쾌감을 주기도 한다. 미국에 있을 때 어떤 소형상점들의 주인은 조그만 유리용기에 물 적신 스펀지를 넣어두고 거기에 손가락을 적시고 있었다. 이토록 조그만 것에서도 고객들을 배려하는 마음이 전달될 수 있다. 하지만 상점주인들이 별 신경을 쓰지 않으면, 시행되기 어려운 것일 수도 있다.)

그리고 여건과 시간이 되어 해외여행을 염두에 두고 있는 소자본 상점주

를 개발하면, 최종소비가격을 크게 낮추어 한우의 소비량을 증가시킬 수 있을 것이다.
이러한 작업들도 큰 범주에서 보면, 유통산업에서의 혁신이 될 수 있다. 이 정도만 되어도 동네 소형정육점들의 경쟁력은 대형마트에 뒤지지 않을 것이다.

인들은 그냥 관광지에 가서 시간을 보내는 것도 좋지만, 가끔은 미국이나 유럽 등지의 선진국들을 돌면서, 각종 피자, 치즈, 소시지 등의 상점들이나 기타 여러 틈새시장들을 주의 깊게 살펴보거나, 유럽배낭여행 등을 통해 견문을 넓히고 배워보는 것도 유익할 것이다. 그리고 선진국 상점들의 모습이나 주인이 어떻게 소비자들에게 상냥하게 친절을 베푸는지 직접 보는 것도 나중에 소형상점의 무형자산형성에 기여할 수 있을 것이다.

소형상점이라고 해서 반드시 대형상점에 비해 경쟁력이 처질 수밖에 없다는 패배의식에 젖어있을 필요가 전혀 없다. 소형상점들은 소비자가 원하는 상품 중 대형마트에 없는 것들을 진열해 놓을 수도 있다. (대형마트가 모든 종류의 브랜드를 다 진열하기는 불가능하다.) 또한 보다 업그레이드 된 매장의 모습, 보다 가까우면서도 주차가 편리하고, 대형마트에서 보기 힘든 친절과 상품안내 등 경쟁력을 갖출 수 있는 요소는 상당히 많다. [많은 경우, 우리나라 대형마트 카운터의 캐쉬어(Cashier)들은 장시간 서있어서 그런지, 상당히 피곤해 보인다.[26]]

요즈음 공중파 또는 케이블TV를 보면, 프랑스, 독일, 이탈리아, 스페인, 미국, 러시아, 동유럽, 터키, 그리스, 중국, 일본, 멕시코, 브라질, 심지어 중동지역과 이집트 등 세계 각국의 수많은 종류의 음식들이 소개되고 있다. 소형식당만 하더라도 이와 같이 방송, 인터넷, 직접 현지답사, 주요 각국의 요리전문학교 등을 통해 배우고 개발할 수 있는 요리들이 무궁무진하다. 게다가 자신이 직접 개발할 수 있는 퓨전음식들도 있을 것이다. 남이 늘 하던 대로만 하면, 요즘처럼 소형자영업자가 넘치는 시대에 성공하기가 쉽지 않을 것이다. 그렇지만 이와 같이 늘 생각하고, 모방하고, 연구하고, 개발하면, 현대의 소비자들에게 더욱 괜찮고 차별화된 요리를 제공하여 성공적인 가게를 꾸려갈 뿐만 아니라, 많은 소비자들의 후생을 증가시켜줄 것이다.

---

26) 실내온도가 후덥지근하게 상승함에도 불구하고 정부가 냉방온도를 제한하는 여름철에는 특히 더 그렇다.

❖ 대형마트에 대한 정부규제의 몇 가지 다른 사례들

요즈음 대형마트에 가보면, 우리나라가 정말 선진국들의 모임인 OECD 국가이며, 경제적으로 세계 10위권 언저리의 국가인가 의심할 만큼 정부의 시시콜콜한 간섭과 규제를 보게 된다.

예를 들어, 최근에는 환경보호의 명목아래 대형마트가 비닐로 된 백을 고객들에게 줄 수가 없다. (단, 더 많은 돈을 주고 쓰레기봉투 겸용 비닐백은 구입할 수 있다. 하지만 봉투가 덜 튼튼하고 부피도 크지 않아 불편하다.) 그래서 우연히 빈손으로 상품 몇 개를 사러갔다가 난감한 경우가 종종 있다. 환경보호가 목적이라면, 땅속에 매립된 후 일정기간이 경과하면, 미생물에 의해 저절로 분해 되는 재질의 비닐백을 개발하여 보급하는 정부가 무조건 비닐백을 팔지 못하도록 규제만 하는 정부보다 훨씬 더 나아 보인다.

그리고 최근 몇몇 원자력발전소 점검과 가동중단으로 인해 전력수급이 어려운 여름에는 대형마트의 실내온도까지 정부가 규제한다. 예전에는 한 여름에 대형마트에 들어서면, 꽤 시원하여 쾌적하게 쇼핑할 수 있었는데, 요즈음은 더워서 상당히 불쾌하다. 쇼핑 중에 우유나 냉장음료들을 파는 코너에 오면, 좀 시원한 감이 들어 한숨을 돌리는 지경에 이르렀다. 왜 모든 국민들이 이와 같은 정부의 간섭으로 인해, 쾌적한 쇼핑의 즐거움을 뺏겨야 하는지 잘 납득이 되지 않는다. 대정전(Blackout)을 염려하면, 차라리 전기소비량이 훨씬 큰 생산공장의 가동을 일시 중단시키는 편이 더 낫지 않을까? 왜냐하면 공장이 생산하는 것도 결국은 소비자들의 후생을 증가시키기 위해서인데, 마트나 백화점 등의 여름철 실내온도를 규제하는 것은 노골적이고도 직접적으로 소비자들의 후생을 감소시키는 것이기 때문이다.

차라리 정부가 해야 할 일은 코스트코 같은 곳에서 일반적으로 통용되는 모든 신용카드나 체크카드를 다 사용할 수 있도록 규제하여, 많은 소비자들의 불편을 덜어주는 것일 것이다. 만일 코스트코가 제휴중인 삼성카드가 더 사용되게 하려면, 다른 카드들보다 더 큰 폭의 제품가격 할인율을 제시하면 될 것이다. 그럼에도 불구하고 다른 신용카드를 쓰려는 소비자는 그 나름대로의 이유들이 있기 때문에, 이를 강제로 막는 것은 소비자들의 후생을 떨어뜨리는 행위일 뿐이다. 삼성카드 외의 신용카드를 쓰지 못하게 하여, 현금지급기에서 현금을 찾아 결제한 후 짤랑거리는 잔돈까지 챙긴다는 것은 계산대의 캐쉬어나 소비자들 모두에게 시간낭비와 번거로움을 안겨준다.

■ 대기업의 순환출자와 하청업체와의 거래관행

❖ 순환출자

어떤 기업의 대주주들이 과반수에 해당하는 50% 이상의 지분을 가지고 회사를 지배하면, 여기에 대해 이의를 제기할 수는 없을 것이다. 그렇지만 10% 정도의 지분만 가지고 그 회사를 지배한다면, 나머지 90% 지분의 소유자들을 생각할 때 불공평하다는 생각이 들 것이다. 한국의 대기업들은 순환출자를 통해 과반수가 안 되는 지분을 소유하면서도 그룹 내 계열사들을 지배하고 있다.

예를 들어, 한 그룹 내 5개 회사 A, B, C, D, E의 시가총액이 각각 100억 원이라고 해보자. 5개 회사의 시가총액 합계는 500억 원이 된다. 이때 D가 E의 주식 51%를 사고, C가 D의 주식을 51%를 사고, B가 C의 주식 51%를 사고, A가 B의 주식 51%를 산다고 해보자. 이렇게 되면, A는 B를, B는 C를, C는 D를, D는 E를 (과반수 주주로서) 지배할 수 있게 된다. 이때, 대주주 T씨가 51억 원을 투자하여, A의 주식 51%를 산다고 해보자. 그렇게 되면, T씨는 A를 지배하게 되므로, 결국 그룹의 10.2%(= 51억 원/500억 원)의 지분만 가지고 그룹 내 계열사 전체를 지배할 수 있게 된다. 더구나 E가 A의 주식 51%를 사게 되면, 완전한 순환출자가 이루어져, A는 51억 원이라는 투자금을 도로 회수할 수 있다.

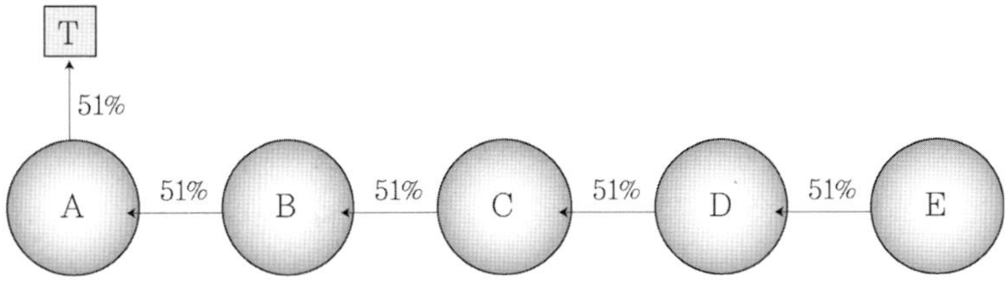

또한 순환출자된 기업의 수익성은 그 회사의 주식을 소유하고 있는 다른 기업의 수익성에도 영향을 주므로, 일감을 순환출자된 기업에 서로 몰아줘 수익성을 높이려는 유인을 가지게 된다. 예를 들어, A가 제품의 경쟁력이 떨어지는 B 대신 다른 그룹에 속한 기업 H로부터 부품이나 제품을 구매하면, A의 수익성이 더 높아질 것이다. (그리고 그만큼 경제전체로서도 효율성이 증가할 것이다.) 하지만, 그 결과 B가 어려움에 처하면, B의 주식을 소유하고 있는 A도 큰 손해를 보게 된다. 따라서 A는 B와 거래할 유인이 커진다.

경제적으로 최적 효율성을 달성하려면, 그룹 내 계열사와 상관없이 제품의 가격과 품질이 가장 좋은 회사와 거래를 해야 한다. 그런데, 순환출자로 말미암아 다른 그룹의 기업에 비해 경쟁력이 떨어지는 동일그룹 계열사와 거래를 한다면, 그만큼 경제전체로서도 비효율적이다. 또한 한 기업의 실적부진은 그 기업으로 끝나는 것이 아니라, 순환출자로 엮인 그룹 내 모든 기업들에게 타격을 주게 되는 등 그룹 내 리스크를 증가시킬 수 있다.[27] 그리고 사업성, 경쟁력, 혁신능력이 떨어지는 기업이 퇴출되어야 하지만, 순환출자로 엮여 있어 계속 연명해나갈 수 있으므로, 그만큼 비효율이 발생한다. 그렇기 때문에 정부는 같은 그룹 내 계열사끼리의 순환출자를 제한하려고 하기도 한다.

27) 이 때문에 정부는 계열사들끼리의 순환출자 연결고리를 끊고, 한 개의 지주회사(Holding company)가 그룹 내 계열사 주식을 소유하여 지배하는 형태를 제시하기도 한다.

위에서는 편의상 각 회사가 그룹 내 다른 회사지분을 과반수인 51%씩 소유한다고 가정했지만, 실제로 우리나라의 대기업들이 계열사에 51%씩 출자하기에는 금액부담이 굉장히 크기 때문에 대부분 20 ~ 30% 안팎 또는 그 이하의 지분율 수준에서 순환출자를 하고 있다. 그리고 개인으로서 최대주주인 재벌총수의 한 회사에 대한 지분율도 대부분 10 ~ 20%를 넘지 않는다. 이 상황에서 정부가 간여하지 않고, 시장의 힘만으로 순환출자를 없애려는 유인이 생기게 할 수도 있다.

예를 들어, 위의 그림에서 대주주 T씨가 A의 주식 10%만 소유하고 있다면, 어떤 기업이 막대한 자금력을 동원하여 A의 주식 51%만 확보하면, 그룹 전체를 지배할 수 있게 된다. 즉 그룹의 소유권이 송두리째 다른 기업으로 넘어가게 되는 것이다. 이를 방지하기 위해 대주주는 A의 주식을 최소한 51%를 소유해야 하는데, 이는 기업의 규모가 커질수록 절대 만만한 금액이 아니다. 그리고 각 회사들이 차례로 51%씩 투자하여 지배하는 것도 기업의 규모가 클수록 큰 부담이 된다. 물론 (E도 A의 주식 51%를 구매하는 등) 완전한 순환출자를 하여 순환출자 때문에 투자했던 금액이 다시 회수되면, 기업들끼리의 순환출자부담은 없어지지만, 여전히 대주주의 투자부담은 그대로 남아있다. 따라서 그룹 밖의 다른 기업들에 의한 인수합병이 활성화된다면, 과반수에 훨씬 못 미치는 지분율을 가지고 계속 그룹전체를 지배하는 것이 어려워질 수도 있다. 위의 예에서처럼 순환출자가 되어 있을 경우에는, 새로운 기업이 51억 원만 투자하면, 500억 원의 가치를 가지는 그룹전체를 인수합병 할 수 있는 반면, 기업이 개별적으로 분리되어 있으면, 투자금액이 250억 원을 초과해야 그룹전체를 지배할 수 있게 된다. 이렇게 보면, 그룹 내 기업들이 순환출자를 하지 않는 것이 전체 기업에 대한 적대적 인수합병을 더 어렵게 만들 수 있다.

이상을 종합하면, 정부는 순환출자에 대한 직접규제와 자유로운 인수합병의 가능성 때문에 생기는 순환출자에 대한 부정적 유인제공 사이에서 보다 최적의 정책을 모색하기 위한 연구와 고민이 더 필요해 보인다.

❖ 하청업체와의 거래관행

대기업들은 당연히 하청업체의 납품단가를 낮추려 할 것이다. 하청업체가 납품할 수 기업이 1개뿐이라면, 수요독점의 경우가 되어 사중손실이 발생하게 된다. 물론 하청업체도 외국기업들을 포함해 판매처를 다변화한다면, 수요독점 상태를 벗어날 수 있다. 수요독점의 비효율성을 벗어나는 또 다른 방법은 하청업체들을 수직계열화하여 하나의 기업으로 만들어 버리면 된다. 그렇게 되면 수직계열화된 모든 하청업체들의 이윤이 곧 대기업의 이윤이 되므로 수요독점권을 행사할 유인이 없어져 버리기 때문이다.

현실적으로 수많은 하청업체들을 수직계열화하는 것이 쉽지 않다면, 대기업은 너무 단기적이고 정태적인 의사결정이 아니라 좀 더 중장기적이고 동태적인 의사결정을 해보면 어떨까? 즉, 납품단가 하락에 의한 당장의 이익에만 급급해하지 말고, 적절한 부품단가를 책정해 줌으로써 하청업체가 부품의 질 향상, 연구개발, 혁신능력을 배양하도록 해주면, 결국 자신에게도 이익이 된다는 생각을 하는 것이 더 나을 수도 있다. 이를 위해 대기업 부품구매 담당자에 대한 보상체계를 너무 단기적인 성과에만 연결시키지 말고, 중장기적인 관점에서 하청업체의 생산성과 발전에의 영향 등 보다 포괄적인 관점에서 보상체계를 수립하는 것이 시간이 흐를수록 회사에 더 이익이 될 수 있다.

대기업과 하청업체간의 문제해결은 하청업체의 부품단가에 대한 정부의 모니터링과 지도 외에도, 보다 중장기적인 시각에서 대기업 구매담당자들을 위한 유인체계 구축 등 대기업 자체의 기업경영과 통제(Corporate governance)를 통해 해결해 볼 수도 있다.

또한 대기업들은 하청업체의 부품결제를 즉시 현금으로 해주는 것이 바람직하며, 이것은 정부가 간여하여 통제해도 좋을 것이다. 수개월 이상의 어음으로 결제하는 것은 그것을 원하지 않는 하청업체에게 억지로 대출해주라는 금융거래를 강요하는 것과 같아서 후생의 손실을 발생시킨다.

모든 거래가 시장에서 자발적 거래가 되어야, 사회전체의 후생이 극대화된다. 대기업의 수요독점적 지위를 이용한 강요된 금융거래는 매우 큰 사중손실을 발생시키므로, 즉시 현금결제를 하도록 정부가 규제하는 것이 바람직하다.

■ 특허문제

특허는 발명과 기술개발을 장려하고 보호하기 위해 시행하는 제도이지만, 그 기간이 지나치게 길거나, 지나치게 시시콜콜하거나 일반적인 것까지 특허를 설정하면, 오히려 경쟁을 제한하거나 전체의 후생에 악영향을 줄 수 있다. 예를 들어, 집안의 탁자, 식탁, 책상 등의 모서리들을 둥글게 해 놓으면, 어린아이들이 다칠 위험이 훨씬 적어진다. 이러한 것까지 특허설정을 해버리면, 수많은 가구들이 각진 모서리를 그대로 유지할 수밖에 없다. 이와 같이 지극히 상식적이거나 수많은 사람들의 일상생활과 안전에 관련돼 있는 사항에 대해서는 특허설정을 허용하지 않는 것이 좋다. 물론 처음 둥근 모서리를 고안한 사람으로서는 수익 면에서 아쉽기는 하지만, 모든 인류에게 큰 이로움을 줬다는 뿌듯함이 보상이 될 것이다.

가수 로이킴의 "봄봄봄"이 어쿠스틱레인의 "Love is canon."의 앞부분을 표절했다는 시비에 휘말린 적이 있었다. 정말 표절했는지 우연히 그렇게 됐는지는 본인만이 정확히 알고 있을 것이다. 그런데 "Love is canon."은 별로 주목을 받지 못했지만, "봄봄봄"은 크게 히트를 치고 많은 사람들이 좋아하는 곡이 되었다. 실제로 들어보니, 가수의 음색과 잘 어울리는 매우 상큼하고 매력적인 곡이었다. 먼저 나왔던 곡이 사람들에게 주었던 효용보다 훨씬 큰 효용을 보다 많은 사람들에게 준 셈이 되었다. (표절이라는 이유 또는 표절이 아니더라도 이러한 시비 때문에) 이 곡이 위축되거나 사라져버린다면, 후생의 손실을 초래할 뿐이다. 따라서 정말 표절이라면, 당당히 인정하고 저작권에 따른 적절한 보상을 해준 후, 계속해서 불려져야 할 것이다. 표절이 아니라면, 더 이상 시비에 휘말리지 않고, 계속 사랑받는 곡이 되었으면 한다.

원곡에 대해 적절한 저작권료를 지불한 곡이면, 모방곡이더라도 무조건 표절이라고 시비를 걸어서는 안 된다. 뒤에 나온 곡이 훨씬 더 좋게 개선된 것이라면, 그것도 새로운 창작활동 못지않게 의미 있고 중요한 것이다. 따라서 모방곡도 방송활동과 저작권 등 모든 면에서 보호되어야 한다.[28)]

■ 미래산업

과학과 기술이 발전해 감에 따라 앞으로는 훨씬 더 향상된 삶의 질을 추구할 수 있게 될 것이다. 그 중 몇 가지 우리의 관심을 끌만한 분야들을 살펴보자.

첫째, 유전공학 분야 중 줄기세포의 연구는 많은 가능성을 제시해준다. 줄기세포가 분화하여 인간의 각 기관이 형성된다는 것은 잘 알려진 사실이다. 줄기세포를 이용하여 개인 각자의 맞춤형의 장기를 단기간에 배양할 수 있게 되면, 인간은 많은 질병이나 상해에서 해방될 수 있다. 현재에는 사람의 특정 부위에 생긴 질환이나 난치병에 대해 약물 또는 수술을 통한 종양제거라는 방법을 쓰지만, 미래에는 줄기세포로부터 배양된 건강하고 새로운 장기로 대체해버리면 될 것이다. 수술 시의 접합면도 의료기술의 발달에 따라 메스에서 레이저로 발전되어 보다 작은 수술자국을 남기게 되었는데, 미래에는 더욱 완전한 봉합기술의 개발로 아예 표시가 안 날 정도가 될 것이다. 또한 각종 사고나 재해로 인해 불구가 된 사람들

---

28) 파가니니(Paganini)의 바이올린 협주곡 2번 2악장의 주제가 리스트(Liszt)의 피아노 연습곡(Étude) "라 캄파넬라"(La campanella; The bell)라는 명곡으로 재탄생되었고, 파가니니의 바이올린 곡 카프리스(Caprice) 24번이 리스트의 피아노 연습곡과 라흐마니노프(Rachmaninoff)의 피아노 변주곡 "파가니니 주제에 의한 랩소디"라는 걸작으로 재탄생되었다.

도 DNA 정보 등을 이용해, 자신의 수족이나 척추 등을 신속하게 배양해 정상인으로 복귀할 수가 있을 것이다.

가끔 이 세상에서 불치병으로 고통을 받는 사람들이나 불구가 된 사람들을 보면, 너무 안타깝다. 평생 그러한 질곡을 떠안고 살아야 하는 사람들을 생각만 해도 마음이 무거워진다. 유전공학의 발전이 더욱 가속화되어, 모든 인류가 질병과 장애로부터 해방되어 보다 건강하고 밝게 살아갈 날이 하루 빨리 오기를 바랄 뿐이다.

물론 유전공학분야에서는 도덕이나 철학적인 논쟁이 있을 수 있다. 하지만 이러한 논쟁이 인류를 질병과 장애로부터 해방시켜줄 유전공학의 발전을 방해해서는 안 될 것이다. 무엇이 더 인류를 행복하게 해 줄 것인가? 아직 실체도 모르고 파악조차도 안 된 막연한 두려움 때문에 인간을 질곡으로부터 구해줄 유전공학의 발전을 가로막지 않도록, 정부의 현명한 판단이 요구된다.

둘째, 자연으로부터 거의 무제한 얻을 수 있는 청정에너지 개발은 인류를 에너지 고갈의 공포로부터 해방시켜줄 수 있다. 태양에너지와 같은 핵융합반응에 대한 연구는 선진국들이 오랫동안 컨소시엄을 형성하여 진행해오고 있다. 또한 태양전지, 수소전지, 조력이나 풍력 등을 이용한 대체에너지 개발도 여러 나라에서 관심을 가지고 진행하고 있다. 물질과 에너지가 본질적으로 같은 것이라는 것은 이미 물리학을 통해 밝혀져 있다. 아주 미량의 물질만으로도 엄청난 양의 에너지를 만들어낼 수가 있는 것이다. 이러한 기술들이 보다 효과적으로 실용화되면, 인류는 그 어느 때보다도 값싸고 풍성하게 에너지를 소비할 수 있을 것이다.

셋째, 항공우주분야는 인간의 우주에 대한 근원적인 호기심을 채워줄 뿐만 아니라, 그 분야로부터 파생된 기술은 우리의 실생활에 다양하게 응용되어 쓰이고 있다. 우주와 항공에 대한 연구와 기술개발은 엄청난 재원이 소요되지만, 굉장히 큰 긍정적인 외부성을 줄 수 있다. 미래에는 보다 먼 곳까지의 우주여행이 가능할 것이고, 지능형 로봇이나 기계가 여러 분야에서 단순반복적인 생산활동의 대부분을 담당함으로써, 인간은 보다 창의적이고 의미 있는 활동으로 시간을 보낼 수가 있을 것이다. 보다 가까운 미래에는 항공기술의 비약적인 발전으로 우리나라에서 미국, 유럽, 남미 등까지 가는데 걸리는 시간이 30분~1시간 이내로 단축되는 시대가 도래할 것이다. 현재 그곳까지 가는데 10시간 넘게 피곤하게 비행기를 타야 하는 것에 비하면, 후생의 증가가 매우 클 것이다.

이와 같은 몇몇 예에서 보듯이 미래의 과학기술이나 산업은 우리의 상상을 초월할 정도의 편리함을 가져다주고 후생을 증가시킬 것이다. 그리고 이러한 분야의 기술과 지식은 파급효과가 매우 크기 때문에 커다란 긍정적인 외부성을 가진다. 하지만 대개의 미래산업분야는 연구개발비용이 매우 큰 특징도 가지고 있다. 따라서 단기간에 비용회수와 수익창출이 쉽지 않아서, 민간기업들은 자발적으로 투자하려는 유인이 작을 수 있다. 그러므로 이와 같은 미래산업분야는 정부가 주도하여 교육과 투자를 하고, 민간기업들이 참여할 수 있도록 각종 지원을 해주어야 한다.

5장 사회간접자본과 교통

도로, 댐, 공항, 항만 등과 같은 사회간접자본은 경제가 발전하고 삶의 질을 높이기 위해서는 반드시 잘 구비되어 있어야만 한다. 교통이 불편하거나, 전기생산능력이 부족하거나, 관개치수 등이 잘 되어있지 않으면, 경제성장이 커다란 난관에 부딪치게 된다. 이러한 사회간접자본에 대한 국가의 역할이 무엇인지 살펴보자.

5-1 사회간접자본

사회간접자본은 고정비용에 해당하는 초기투자비용이 매우 커서, 일단 건설된 이후에는 제공하는 서비스의 양이 증가할수록 평균비용이 감소하는 특성을 가진다. 즉, 자연독점산업에 해당한다. 또한 붐비지 않는 도로가 공공재와 같은 성질을 가진다는 것은 이미 앞에서 보았다. 수력발전을 위해 건설된 댐은 전기를 생산할 뿐만 아니라, 상수도와 농공업 용수를 공급해주고, 홍수를 예방하여 준다. 댐의 홍수조절능력은 그 혜택이 똑같이 모든 주민에게 돌아가는 공공재의 성질을 가진다. 댐은 본래의 목적인 전기생산 외에 저수, 치수, 관개의 기능으로 많은 부문과 사람들에게 이로움을 주는 긍정적 외부성을 가진다. 그래서 도로나 댐과 같은 사회간접자본은 주로 국가가 도맡아 건설하고 관리하는 것이 일반적이다.

❖ 인천공항은 민영화해야 되는가?

출입국 시 우리나라 국민들 거의 모두가 이용하는 인천국제공항은 얼마 전에 민영화 논란에 휩싸인 적이 있었다. 정말 인천공항을 민영화하는 것이 더 나은가? 인천공항은 전 세계의 공항 중 시설이나 서비스의 평가에서 수년간 1위 자리를 지키고 있다. 공항과 같은 사회간접자본은 초기 고정투자비용이 매우 큰 비용체감산업으로 자연독점산업에 속한다. 따라서 국가가 소유하고 운영하는 것이 더 낫다. 이동통신처럼 민간에 맡긴 후 통신비를 국가가 통제하는 것과 같은 방법을 생각해볼 수도 있으나, 정부가 늘 서비스이용 가격을 통제하거나 모니터링 하는 것이 매우 번거로울 뿐만 아니라, 실제로 제대로 통제를 못하는 경우가 많다.[1)]

이동통신과는 달리 인천공항은 출입국 시 별다른 대안이 없는 유일한 수단이라 할 수 있다. 이동통신사가 요금을 과다하게 책정하거나, 서비스의 질이 떨어지면, 다른 통신사를 이용하거나 유선통신이나 인터넷통신을 이용하는 등 대체수단이 존재한다. 만일 미국으로 가려는데, 민영화된 인천공항이 과도한 공항이용요금을 이용객들에게 부과하거나 또는 항공사에 부과하여 이용객들에게 비용을 전가시키거나, 어떤 이유로 공항을 잠정폐쇄해도 이용객들은 별다른 대체수단이 없게 된다. (누구도 선박으로 한 달 걸려 태평양을 건너려고 하지는 않을 것이다.) 인천공항은 자연독점기업에 해당하면서도, 다른 자연독과점기업들에 비해 독점성이 굉장히 강하다. 그동안 수많은 국영기업들에 대한 민영화 논의가 있어왔다. 물론 자연독점이나 공공재생산의 경우를 제외한 일반국영기업들의 수익성악화에 따른 적자누적, 서비스 질 문제, 사중손실 발생과 같은 문제들은 민영

---

1) 자연독점산업인 이동통신의 경우만 보더라도, 한동안 기본요금이 높아 생산자가 소비자잉여의 많은 부분을 가져가버렸다. 최근에는 기본요금이 다소 낮아졌지만, 그 대신 이용시간에 따른 가변요금이 만만치가 않다. 기본요금을 낮추는 대신 생산비보다 훨씬 높은 가변요금을 청구한다면, 정부가 다시 적정가격을 책정해주어야 한다.

화를 통해 해결될 수 있다. 하지만 자연독점 정도가 굉장히 큰 인천공항을 민영화하면 그 폐해가 훨씬 더 클 것이다. 따라서 인천공항은 정부가 소유하고 운영해야 한다. [물론 공항 내 식당, 청소 등은 민간기업에 일정기간 외주(Outsourcing)를 줄 수 있을 것이다. 계약기간 만료 후 다음 계약 시에는 그 동안의 평가를 바탕으로 최적의 외주업체를 선정하면 된다.]

만일 인천공항과 같은 규모와 시설을 갖춘 국제공항이 수도권에 수십 군데 이상 있다면, 민영화하는 것이 더 나을 수 있다. 그럴 경우, 서로 경쟁하면서 이용가격과 서비스 수준 등이 효율적으로 결정될 수 있기 때문이다.

만일 인천공항이 민영화되어 외국자본에 팔리는 (아찔한) 상황이 발생하면 어떻게 되겠는가? 공항을 소유한 외국이 비상 시 자국의 국익에 따라 공항을 통제하거나 조종(Manipulation)하려 할 수 있으며, 우리나라 국적 항공사가 활주로나 게이트 배정에서 불이익이 당할 수도 있다. 또한 외국 소유의 인천공항이 공항이용에 여러 가지 통제를 하거나 독점을 이용해 과도한 공항이용요금을 징수하거나 폭리를 취해도, 다른 대안이 없기 때문에 국익의 누수가 엄청날 것이다. (이때에도 그들은 로비를 이용해 정부의 간여를 막으려고 할지도 모른다. 아니면, 과도한 공항이용요금 등을 조정하느라 우리나라 정부와 외국기업 사이의 마찰이 우려되기도 한다. 특히 자유무역협정으로 인해 정부가 외국기업에 함부로 무엇을 요구하거나 조정을 시도하는 것도 쉽지 않을 것이다.)

또한 인천공항 지분매각 시 외국투자기관은 인천공항시설만 따져 가격을 지불하고자 할 것이다. 하지만 인천공항의 가치를 선정할 때는 인천공항으로 연결되는 도로, 철도, 교량, 환경정비작업, 공항에의 연결도로 부지와 주변부지의 기회비용까지 고려한 가격도 포함되어야 하며, 향후 발생할 공항이용료와 구내시설물 임대료나 사용료와 같은 수익의 현금흐름을 계산할 때도 독점적 지위를 이용한 높은 수익으로 산정해야 한다. 그럴 경우 매각가격이 천문학적인 숫자가 되어 매입하려는 투자기관을 찾기가 어려울 것이다. 정부와 국민들은 특정 정권이나 정치인들의 사적인 이해 때문에, 국익에 큰 손실을 끼치고 모든 국민들에게 영원히 손실을 안겨주는 인천공항의 민영화와 같은 일이 생기지 않도록 경계해야 한다.

❖ 민간자본 참여로 건설된 사회간접자본의 문제점

최근 민간자본이 참여하여 건설한 고속도로나 도시고속화도로의 경우 정부가 일정수준 이상의 수익률을 보장하는 바람에, 그 수익률을 밑도는 부분을 정부가 메워줘야 하는 경우가 생겨나고 있다. 어떤 경우는 도로이용자 수에 대한 잘못된 예측으로[2] 외국계 민자참여업체에 10%가 넘는 고수익률을 보장해주는 바람에, 하나의 도로마다 연간 수백억 원씩 메워줘야 하는 경우도 있어서 국가와 지방정부의 재정에 상당한 부담을 주고 있다. 그럴 바에야 민자도로에 대해 아무런 수익률도 보장해주지 말고, 대신 투자자들에게 운영기간 동안 자유롭게 통행료를 정할 수 있는 권한을 주는 것이 더 효율적이다. 만일 통행료가 너무 높으면, 운전자들이 대체도로를 이용할 것이기 때문에 이용자수가 줄어들 것이다. 결국 통행료는 과점기업의 제품가격처럼 정해질 것이다.

정부가 일정수준의 수익률을 보장해주면, 통행료는 운전자들이 표면적으로 내는 통행료에 정부의 손실보전액을 합친 것이 되는 셈이다. 그럴 경우 사실상의 통행료는 수익률보장 없이 자유로운 통행료책정을 허가해주는 경우보다 오히려 더 클 수 있다. 그리고 민자도로 수익성에 대한 리스크를 투자자가 아닌 정부가 고스란히 떠안게 되는 것이다. 어떤 프로젝트나 사업이든 리스크를 감내하는 주체는 기업들이다. 사업의 리스크를 정부가 모두 떠 앉는 것은 바람직하지 않다. 정부는 안정적으로 예산을 집행하는 것이 최우선이며, 큰 수익을 올리려 리스크를 지는 기업가들이 아니다. 따라서 정부는 향후 건설될 민자도로에는 어떠한 수준의 수익률

2) 예측실력이 떨어져서 그랬든, 사업추진과정에서 사적인 이득을 챙기고자 고의로 수요를 부풀렸든 정부는 이 부분을 철저히 조사해 볼 필요가 있다. 그리고 정부의 도로건설 관련 담당자나 각 단계에서의 의사결정자들의 이름과 의사결정 이유와 근거 자료들을 꼬리표처럼 남겨 놓아, 부정의 빌미를 사전에 차단하려는 노력도 필요해 보인다. 이는 최근에 불거진 각 지역의 경전철 문제에도 마찬가지로 적용된다.

도 보장해줘서는 안 되며, 대신 통행료를 투자기관이 정해진 운영기간 동안 자유롭게 책정할 수 있도록 해줘야 한다. 즉, 민자도로가 제공하는 서비스와 가격도 시장의 기능에 맡겨놓는 것이 후생 면에서 최선이다.

그리고 이러한 도로는 투자금과 수익을 충분히 뽑고도 상당기간 동안 통행료를 더 징수하면서 추가수익을 올릴 것이다. 국채수익률이 2 ~ 3%인 상황에서 연간 10%가 넘는 수익률을 보장하면서까지 민자도로를 건설한 것은 이해하기가 어렵다. 따라서 도로와 같은 사회간접자본은 그냥 국가가 건설하는 것이 낫다. 재정이 부족하면 국채를 발행하여 건설하고, 통행료를 징수하여 투자금을 회수해도 될 것이다. 그러면, 민간자본에 연간 10%의 수익률을 보장해주는 것보다 비용이 훨씬 저렴해질 것이다.

그리고 투자금을 회수한 후에는 하루 빨리 통행료를 폐지하고 무료도로로 전환하여, 모든 국민들이 자유롭게 이용하게 하여 도로이용률을 높이는 것이 전체의 후생을 증가시킨다.[3] 민자도로보다 국가가 건설한 도로가 보다 빨리 무료도로로 전환할 수 있어서, 전체적인 후생 면에서 더 낫다. 건설비 회수가 완료된 유료도로의 통행료는 모두 폐지해야 한다. 통행료 때문에 운전자들이 보다 빠르고 편한 길을 놔두고 우회도로를 이용한다면, 시간낭비와 연료낭비 등 비효율이 발생하기 때문이다. 그리고 도로의 보수와 유지비용은 통행료에 의존하지 말고, 일반세금으로 돌리는 편이 낫다.

요즈음 전국 몇몇 지역에서 이용자 수가 처음 예상보다 턱없이 모자라는 경전철이 만들어져, 지방정부가 각 경전철마다 매년 수백억 원씩의 운영적자를 메워줘야 하게 생겼다. 차라리 경전철 건설비용으로 부족한 공원이나 녹지를 만들었으면, 그처럼 막대한 적자보상을 하지 않아도 되었을 것이다. 경전철 건설 후 아무리 적자가 나더라도, 경전철을 추진한 공무

3) 단, 출퇴근 시 지나치게 붐비는 도로는 (단기적으로는) 얼마간의 통행료를 부과하여, 꼭 도로를 이용해야 하는 사람들이 편리하게 이용할 수 있게 하는 편이 낫다. 장기적으로는 충분히 도로를 공급하여, 무료이더라도 붐비지 않게 하는 것이 최선이다.

원, 정치인 등은 특별한 불이익을 받지 않으므로, 엄청난 손해가 예상되는 선심성 행정도 그냥 저질러놓고 보자는 식이다. 이는 사회간접자본 건설에 관한 의사결정자들의 유인체계가 큰 문제점을 드러낸 사례라 할 수 있다.

완전히 잘못 되었거나 조작된 수요예측과 필요성 분석 등을 보면, 경전철은 처음부터 매우 큰 문제를 안고 있었다. 태어나지 말았어야 할 괴물이 태어난 것 같다. 차라리 경전철에 들어간 돈을 항상 막히는 우리 주변의 도로를 더 넓히거나 신설하는 등 불편하고 문제가 많은 교통시스템을 정비하는데 쓰는 것이 훨씬 나았을 것이다.

❖ 잠재적 파레토 개선

여러 사람이 함께 사는 현실생활에서 순수한 파레토 개선을 이루는 변화가 어려울 때가 많다. 왜냐하면, 파레토 개선은 한 사람도 손해를 보지 않고, 이익을 보는 사람이 있어야 하기 때문이다. 그렇지만 어떠한 변화로 인한 전체 이익이 손해를 보는 사람들의 손실보다 크면, 손실액을 메워줘도 이익이 남는다. 이러한 것을 잠재적 파레토 개선이라 한다.

만일 고속도로 건설 예정지 한 가운데에 외딴집이 하나 있다고 해보자. 그런데 그 집 주인은 조상대대로 살아온 집이라 떠나기 싫다고 한다. 그래서 고속도로가 그 집을 우회해서 아래의 그림처럼 되어버렸다고 해보자. 하루에도 수만 대의 차들이 이 구역을 지날 때마다 약간의 연료를 더 써야하고, 운전에 더 신경을 써야한다. 이러한 것들이 오랜 세월동안 초래하는 비용은 어마어마할 것이다. 만일 이 사람의 집을 강제로 철거하고 고속도로를 일직선으로 곧게 건설하면, 전체의 이익이 집주인이 그 집을 떠날 때의 손실과는 비교가 안 될 정도로 클 것이다. 즉, 그 집을 철거시키고 정상적으로 고속도로를 건설하는 것이 잠재적 파레토 개선을 가져온다.

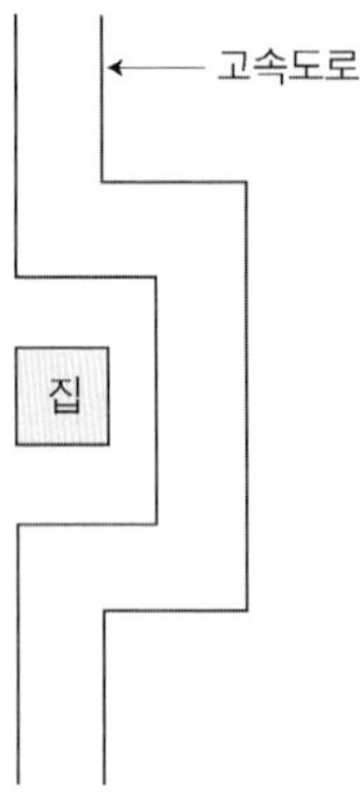

잠재적 파레토 개선의 사례는 우리 주위에서 빈번하게 볼 수 있으며, 경제성장과 삶의 질 향상에 상당히 중요하다. 난개발지역이나 빈민지역의 재개발, 환경단체의 사소한 이의제기에도 불구하고 꼭 필요한 구간에 고속도로를 건설하는 것, 지역이기주의에도 불구하고 꼭 필요한 쓰레기 소각장이나 하수정화시설 등을 설치하는 것 등이 모두 잠재적 파레토 개선의 예이다.

5-2 교통

❖ 도로교통체계

우리나라의 도로나 교통체계는 과거에 비해 많이 발전해 왔지만, 아직도 선진국들에 비하면 부족한 점이 많다. 미국에서 대학원생 시절 한밤중에 한적한 도로를 차로 달리다보면, 차가 교차로의 수십 미터 전방에 이르렀을 때, 빨간 신호등이 갑자기 녹색 신호등으로 바뀌는 경우가 많았다. 우연인가 싶어, 후에 몇 번을 가보아도 마찬가지였다. 그리고 어떤 도로에서는 지나다니는 차량의 수에 따라 녹색신호등이 켜져 있는 시간이 길어졌다 짧아졌다 하였다. 아마도 교차로 어딘가에 차량을 인식하는 센서가 설치되어 있는 것 같았다.

또한 우리나라의 경우 도심에서 직진차로를 달리다보면, 그 차선이 갑자기 좌회전 차선으로 변경되어 급히 차선을 바꾸느라 당혹스런 경우가 종종 있다. 미국에서는 이런 경우가 단 한 번도 없었다. 운전자가 직접 좌회전 차선으로 바꾸지 않는 한, 절대로 직진차로가 갑자기 좌회전 차로로 바뀌지 않는다.

미국에서는 비교적 한적한 도로의 교차로에는 신호등 대신 육각형으로 된 빨간색 바탕의 멈춤(Stop)표지판이 설치되어 있다. 멈춤표지판이 있으면, 반드시 교차로에서 완전히 멈춘 후 주위를 살핀 후 다시 출발해야 한다. (미국에 처음 온 한국유학생들 중에는 멈춤위반으로 경찰에 단속되어 벌금을 무는 사람들이 종종 있다.)

한적한 도로의 교차로에서 한쪽 방향의 교통량이 다른 방향보다 훨씬 적으면, 그 방향에만 멈춤표지판이 설치되어 있어서, 다른 쪽 방향의 차들을 멈추지 않고 그냥 지나갈 수 있다. 한적한 교차로에서 양쪽 방향의 교통량이 엇비슷하면, 모든 차량 멈춤(All Stop) 또는 4방향 멈춤(4-Way Stop) 등의 표지판이 설치되어 있어서, 모든 차들이 일단 멈춘 후, 먼저 온 순서대로 출발해야 한다. 멈춤표지판을 무시하면, 사고로 이어질 수 있기 때문에, 멈춤위반자에 대한 교통단속은 신호등 위반과 마찬가지로 꽤 엄하게 한다.[4]

우리나라의 건물 뒤쪽이나 주택가의 이면 도로에는 비교적 교통량이 적기 때문에 대개 신호등이 설치되어 있지 않다. 그러한 도로들에서는 사고를 줄이고 보다 편한 운전을 위해 멈춤표지판을 도입해 보면 괜찮을 것 같다. 만일 도입하게 되면, 운전자들에 대한 홍보가 필요할 것이다.

---

4) 미국에서는 위반차량을 우리나라처럼 CCTV로 단속하지 않고 순찰차가 직접 단속한다. 그리고 건물들 사이에 숨어 함정단속 하는 경우도 꽤 많다. 또한 미국의 경찰들은 그냥 순찰 중에는 경찰차 지붕에 설치된 경광등을 끄고 다니다, 사고나 범죄현장으로 급히 가거나 바로 앞차를 단속할 때만 경광등을 반짝거린다.

학교 앞 아동보호지역에서 차량들이 서행하지 않아 아동들이 교통사고를 당하는 경우가 빈번하다. 아동들은 우리가 다 함께 무조건 잘 보호해 주어야할 대상이다. 미국에서는 노란색의 스쿨버스가[5] 정차하여 어린 학생들이 하차 중이면, 버스운전석 쪽에서 조그만 멈춤표지판이 옆으로 뻗어나와 표지판 주위의 빨간 불빛들이 반짝거린다. 이때 다른 운전자들은 멈춤표지판이 접히고 버스가 떠날 때까지 그대로 멈추어 있어야 한다. 만일 그냥 버스를 지나치면, 스쿨버스운전자가 경찰과 마찬가지로 단속할 수 있는 권한이 있다. 이것도 괜찮은 아이디어 같다.

우리나라의 경우 무엇보다도 학교주변의 아동보호구역에는 아동보호구역 표지를 크고 뚜렷하게 모든 운전자들의 눈에 잘 띄도록 설치하고, CCTV를 이용하여 속도위반차량들을 철저히 가려내어, 모든 차량들이 시속 30km 정도의 지정된 속도로 서행할 수 있도록 만전을 기해야 한다.

도로는 일단 건설된 후에는 도로 물리기가 매우 어렵다. 따라서 도시계획이나 도로건설 초기단계서부터 보다 최적의 시스템을 구축하도록 철저히 연구, 계획, 건설되어야 한다. (그리고 상하수도관이나 송전선 등의 매설을 처음부터 관련기관과 연계해 전산화 등을 통하여 종합적으로 관리하여, 포장한지 얼마 안 된 도로를 또 파헤치는 일이 없었으면 한다.)

도로나 교통신호체계를 최적으로 구축하는 것은 고도의 수학문제를 푸는 것과 같다. 주변 도로들과 교통량, 시간과 계절에 따른 교통량 예측 등을 모두 고려하여 서로 연계된 모든 신호등들의 최적 점멸시간을 구축하려해도, 여기에는 고도의 수학, 통계학, 시스템공학 등이 필요하다는 것을 알 수 있다. (이 뿐만 아니라 경제, 경영, 심리학적 요소까지도 반영된 하나의 종합예술이라는 생각마저 든다.) 도로나 교통시스템이 최적으로 구축되어 있으면, 수많은 이용자들의 이동시간을 절약해주고 효용을 높여주게 된다. 반면에 적당한 수준으로 잘못 구축되어 있으면, 수많은 이용

---

5) 노란색은 시각적으로 가장 눈에 잘 띄는 색이다. 그래서 미국의 스쿨버스는 모두 노란색이다. 그리고 미국의 택시들도 승객들의 안전을 고려하여 모두 노란색이다. 그래서 미국에서는 택시를 옐로우 캡(Yellow cab)이라 부른다.

자들의 짜증을 유발시키거나 사고위험을 높이는 등 매우 큰 비효율을 발생시킨다.

그러나 도로, 도시공학, 교통신호체계 등에 대한 뛰어난 전문가를 키우려는 유인이 민간기업들에게는 없으므로, 국가가 관심을 가지고 이러한 분야에 대한 인재들을 육성하고, 거액의 연봉을 포함한 유인을 주어야 한다. 그동안 우리나라의 인재들은 법조계를 비롯한 특정 분야에 지나치게 몰리는 경향이 있었다. 제 아무리 천재적인 재능을 가진 인재들이 법조계에 진출하더라도 그들이 국민들의 후생증가를 위해 할 수 있는 일이나 혁신은 크게 제한되어 있다. 하지만 천재적 재능을 지닌 인재들이 도로공학, 도시공학, 교통시스템 등을 공부한 후 연구와 혁신에 전념하여 우리나라의 도로망과 교통시스템을 획기적으로 개선시키고 최적화시킨다면, 우리나라 전체국민들에게 주는 후생의 증가는 두고두고 엄청난 양이 될 것이다.

어떤 천재가 도로망이나 교통시스템을 획기적으로 개선하면, 모든 국민들이 공짜로 큰 혜택을 입기 때문에 이러한 것들은 공공재의 성격을 지닌다. 또한 교통시스템이 좋아지면, 이동시간과 물류비용이 절감됨은 물론, 매연도 덜 생기고, 연료도 절약되고, 교통체증으로 인한 스트레스를 줄일 수 있는 등 크나큰 긍정적인 외부성을 주게 된다.

이처럼 후생에 큰 영향을 미칠 수 있는 분야임에도 불구하고, 그냥 시장에 내버려두면, 공공재 서비스의 특성상 이러한 인재가 자생적으로 생길 수가 없다. 따라서 도로공학이나 교통시스템의 천재적인 전문가들을 키우거나 발굴하는 것은 국가가 해야 할 일이다. (우리나라의 교통망이나 도로, 신호체계 등을 획기적으로 개선시켜준 천재적인 공학자나 전문가에게 연봉이나 성과급으로 수백억 원을 줘도, 그 사람으로 인해 앞으로 오랜 기간 동안 수많은 사람들에게 줄 후생의 증가에 비하면 전혀 아깝지 않을 것이다. 그래서 스타가 탄생하고, 어린 학생들의 로망이 되기를 기대해 본다.)

❖ 기타 도로교통에 관한 사례들

최근 우리나라의 고속도로변에 졸음쉼터라는 것이 생겨나고 있다. 특히 고속도로에서 운전하다가 졸음이 몰려오는 경험을 한 사람들이 꽤 있을 것이다. 다음 휴게소나 출구까지 긴 시간을 운전해야 한다면, 매우 당혹스런 일이며, 사고위험도 높아지게 된다. 실제로 졸음운전 때문에 대형사고가 나는 경우가 적지 않다. 졸음쉼터는 운전자들이 고속도로 옆쪽으로 빠져나와서 잠이 눈을 붙였다 갈 수 있도록 간이주차장 같이 되어 있는 공간이다. 운전 중 졸릴 때는 10~30분 정도의 수면만으로도 졸음이 싹 가시곤 한다.[6] 몇몇 고속도로에 설치되어 있는 이러한 졸음쉼터는 참 잘 만든 것 같다. 앞으로 모든 고속도로나 도시고속화도로에 보다 많은 졸음쉼터가 생겨났으면 한다.

우리나라의 대도시 도심에서 업무 또는 개인적인 볼일을 보려할 때, 10~20분 정도 잠시 주차할 곳을 찾기가 만만치 않은 경우가 많다. 그리고 모르고 잘못 주차했다가는 CCTV에 찍혀 수만 원의 과태료를 물기도 한다. 주차금지구역이나 주차위반 CCTV 촬영지역이면, 어느 운전자가 보더라도 명확하게 알 수 있도록 크고 분명한 표지판을 설치해주기를 바란다.

가끔 서울 시내에서 그러한 경고 표지판도 눈에 잘 띄지 않고, 교통에 지장을 주지도 않는 (이면 도로를 포함한) 도로변의 제법 큰 빈 공간에 잠시 주차해 놓았었는데, 이동주차단속원이 카메라로 찍어 과태료를 물리는 경우까지 있다. 그때에는 좀 심하게 말해 정부가 시민들의 등골을 빼먹는다는 느낌마저 받는다.

---

6) 졸음을 쫓기 위한 한 가지 팁:

고속도로나 도시고속화도로에서 운전 중 졸음이 몰려오는데 이와 같은 졸음쉼터도 없는 경우에는, 미리 마트나 인터넷에서 구입하여 비닐봉투나 Ziploc 같은 비닐백에 잘게 부수어 넣어둔 마른 누룽지를 조금씩 씹어 먹으면 졸음이 가시는 것 같다. 그 전에는 껌도 씹어보고, 육포도 먹어 보는 등 여러 가지 시도를 해보았지만 별로 효과가 없었는데, 마른 누룽지는 희한하게도 매우 효과가 있었다. 물론 이는 사람마다 다를 수 있고, 어쩔 수 없을 때 잠깐 사용하는 일시적인 방편일 뿐이다.

무엇보다도 시민들이 언제 어디서건 주차할 수 있도록 정부가 더욱 고심하고 개선해주었으면 하는 바람이다. 필요한 경우에는 도심에 미국에서처럼 필요주차시간만큼 코인 또는 지폐를 삽입하는 간이 주차장이나 도로변과 나란한 주차공간을 여러 군데 설치해놓아도 괜찮을 것이다.

우리나라의 고속도로 휴게소에는 여자화장실이 많이 부족한 것 같다. 남자화장실은 소변기를 많이 설치할 수 있어서 같은 크기의 공간이라도 훨씬 더 많은 사람을 수용할 수 있다. 여자화장실은 남자화장실의 소변기와 좌변기를 합친 수보다 더 많은 좌변기들이 설치되어 있어야 한다. (여자들은 남자들보다 화장실 사용시간이 더 소요되기 때문에 그렇다. 스포츠 경기장이나 공연장 등에서도 마찬가지로 여자용 좌변기가 훨씬 더 많이 설치되어 있어야 한다.) 똑같은 면적의 남자화장실과 여자화장실을 만들어 같은 수의 좌변기를 설치했다는 사실은 (공중화장실 하나만 보더라도) 얼마나 아무 생각 없이 주먹구구식인가 짐작할 수 있다.

명절이나 단풍철에 고속도로 휴게소에서 긴 줄을 서서 차례를 기다리다 너무 급한 나머지 남자화장실로 들어가 좌변기를 이용하는 아줌마들에 대한 웃지 못 할 보도를 TV가 한 적이 있었다. 지금이라도 여자화장실 문제가 조금씩 개선되어가고 있어서 다행이지만, 여성들을 위해 화장실을 새로 짓는 한이 있더라도 빠른 시일 내에 시원스럽게 완전히 해결해 주었으면 한다.

❖ 항공교통

가끔 우리나라의 지방에 필요이상으로 큰 국제공항을 지어 이용객도 별로 없고 운영상 적자를 면치 못하는 사례들이 있다. 우리나라의 경우는 인천공항(또는 부산이나 제주까지 포함한 공항)을 허브(Hub)로 하여, 각 주요도시의 소규모 지역공항들과 (마치 자전거 바퀴의 살들처럼) 연결하는 것이 바람직할 것이다. 출입국 시 지방거주민들이 자신의 지역에서 자동차나 열차 편으로 인천공항까지 왕복하는 시간이 만만치 않은 경우가 있다. 가까운 나라에 다녀올 경우, 인천공항에서 그 나라까지의 비행시간보다 자신의 집에서 인천공항까지의 이동시간이 훨씬 더 긴 경우도 있다. 인천공항과 수십 개 이상 주요도시의 중소규모 국내공항을 잇는 중소형 항공기를 이용한 연결비행(Connect flight) 시스템을 잘 구축해 놓으면, 출입국 시 자기지역과 인천공항의 왕래시간을 크게 단축시켜 매우 편리할 것이다.

현재 비행기 속도가 너무 느리다. 미국이나 유럽까지 가려면 10시간 넘게 걸리고, 남미까지 가면서 비행기를 갈아타다 보면 이틀 가까이 걸리기도 한다. 항공기술과 발전에 관한 국제적인 컨소시엄을 형성하는 한이 있더라도, 빨리 해결해야 할 문제이다. 또한 현재의 국제선 이용요금도 지나치게 고가이다. 이는 항공기의 연료인 유류비용이 많이 들기 때문이기도 한다. 앞으로는 미국, 유럽, 남미 등 전 세계 어디든 저렴한 비용으로 길어야 1시간 이내에 갈 수 있으면 참 좋을 것이다. 그렇게 되려면, 물리학, 공학, 항공분야, 에너지과학 등에서 획기적인 기술발전과 혁신이 수반되어야 할 것이다. (이를 가장 먼저 달성한 선구적인 항공기제조회사나 항공사들은 큰 수익을 누리게 될 것이다.) 시간과 공간에 구애받지 않고 어디든 자유롭게 왕래할 수 있어야, 보다 높은 후생을 누리고 높은 질의 삶을 살 수 있다.

6장 부동산

우리가 살아가는데 의식주는 꼭 필요한 것이며, 많은 사람들의 후생을 결정하는 요소가 된다. 그중에서도 우리가 거주하는 주택은 우리의 생활에서 매우 중요한 역할을 하며, 우리의 후생에 큰 영향을 미친다. 우리가 보다 쾌적한 삶을 누리기 위해서는 그에 합당한 주택이 반드시 필요하다.

우리가 어떤 주택을 짓고, 어떤 주택을 구입하거나 임대해서 살아가느냐는 우리의 자연환경, 기후, 건축재료, 건축기술, 주택의 형태에 대한 기호, 경제력 등 여러 가지 요인들에 의해서 결정된다. 그러나 우리가 거주하는 주택을 결정하는 매우 중요한 (경우에 따라서는 결정적인) 요인이지만, 우리가 간과하기 쉬운 요인이 시장의 작용과 그에 대한 정부의 간섭이다. 주택시장과 정부의 간여가 우리가 살고 있고 앞으로 살아갈 주택들에 어떤 영향을 주는지 함께 살펴보자.

6-1 아파트건축의 유래

1960~70년대에 고도경제성장과 함께 우리나라에서 아파트들이 많이 지어지기 시작하였다. 수많은 사람들이 재래식 가옥과는 달리 난방이 자동화되어 있고, 부엌에 싱크대가 있고, 온수가 나오고, 샤워시설이 있고, 수

세식화장실이 갖추어져 있으며, 재래식 주택보다 관리하기가 여러모로 편해진 아파트를 더 선호하게 되었다. 또한 아파트는 개인주택에 비해 같은 면적에 보다 많은 가구를 수용할 수 있게 해준다. 그래서 민족의 이동이라 해도 좋을 만큼 많은 사람들이 재래식 주택으로부터 아파트로 이동하였다. 그 결과 오늘날 대다수의 국민이 아파트에 살고 있다. 상대적으로 훨씬 불편했던 재래식 주택에서 아파트로의 이동은 당시 국민들의 후생수준을 크게 높인 변혁이라 할 수 있다.[1)]

1980~90년대를 거치면서 아파트의 수는 더욱 늘었고, 2000년대 이후부터는 수적 증가와 함께 아파트 내부구조나 시설도 이전에 비하면 훨씬 세련되고 개선되어 왔다. 그동안 1인당 국민소득도 크게 늘어 2만 달러를 넘어섰고, 계속해서 3만 달러, 4만 달러를 향해 나아가고 있다. 수십 년 전에 비하면 요즈음의 1인당 실질구매력이 수십 배 이상의 차이가 난다. 예전보다 소득수준이 훨씬 더 높아지면서, 소비자들의 주거시설과 환경에 대해 바라는 기대감도 상승하기 마련이다.

가난한 보릿고개 시절에는 밥과 김치만 있어도 엄청 좋았지만, 지금 그런 밥상을 내 놓으면 뭐라 그럴까? 요즈음에는 적어도 괜찮은 몇 가지 반찬과 함께 고기요리와 야채정도는 가미되어야 대부분의 사람들이 좀 괜

1) 한적하고 아늑한 시골에 아담한 초가집의 툇마루에 앉아서 한낮 따사로운 햇살아래 어미닭과 병아리들이 노니는 광경을 바라보고 있노라면, 솔솔 부는 바람이 낯을 스쳐지나가고, 보름달이 떠오르면 초가집 지붕 위의 둥그런 박들이 탐스러워 보인다. 참 낭만적이면서 우리들의 오랜 향수를 어루만져주는 손에 잡힐 듯 하면서도 아스라하게 느껴지는 광경이다. 어떤 때는 이것이 일종의 유토피아가 아닌가 하는 생각마저 든다. 아마 그럴지도 모른다. 특히 며칠 정도 휴가를 얻어 그런 곳에서 며칠만 지내라면. 아니 장기간일지라도 우리들 자신이 어떤 불편이 생기더라도 느긋하게 그곳에 완전하게 동화될 수만 있다면.
간혹 조선 말기에 서양인들이 이 땅에서 찍어놓은 사진들에서 서민들의 삶과 주거지 모습 등을 보면, 이와 같은 낭만적 풍경과는 큰 괴리감이 느껴진다. 차라리 조선시대 초기나 중기로 돌아가면, 옛 가옥에서도 때때로 아늑한 정취를 느끼는 것이 가능할지도 모르겠다. 그렇다 하더라도 우리의 기준에서 그것이 사시사철 긴 세월의 생활 속에서 현실적으로 지속되기는 거의 어려울 것 같다. 그리고 요즘 시골에서 지어지는 펜션이나 전원주택들은 옛 가옥과 현대적 가옥 중 대부분 소비자들의 선호를 가시적으로 보여주고 있다.

찮은 밥상을 받았다고 생각할 것이다. 마찬가지로, 예전에는 그냥 아파트가 주는 편의시절 정도면 엄청 좋다고 느꼈던 사람들도, 오늘날에는 더 업그레이드되고 쾌적한 주거시설을 원하게 되었다. 그런데 과거에 지어진 아파트들이 오늘날의 기준에서 보면 거주자들을 충분히 만족시키기에는 한계가 있다. 사람들은 시간이 흐르고 소득수준이 높아질수록 보다 새롭고 쾌적하고 좋은 집을 원하게 된다. 이때 주택의 최적공급량과 품질을 보장해주는 기능을 하는 것이 바로 주택시장이라 할 수 있다.

수요자와 공급자가 시장에서 결정하는 균형점에서 후생이 최대가 된다는 것은 이미 앞에서 살펴보았다. 마찬가지로 주택시장도 시장의 균형점에서 가장 효율적인 결과를 가져다준다. 현재 우리나라 주거시설 중 절대다수를 차지하고 있는 아파트에 대한 정부의 규제들이 후생과 효율 면에서 어떤 영향을 주는지 함께 살펴보자.

6-2 아파트 시장에 대한 정부의 간여는 어떤 결과를 초래하는가?

우리나라에서는 특히 신규 아파트 시장에서 정부가 여러 가지 형태로 간여를 한다. 우리나라에서는 대부분의 경우 새로 지어지는 아파트단지의 아파트를 구매하려는 사람들에 대해 국가에서 주택청약통장 가입기간, 주택소유여부, 거주지 등 여러 가지 기준에 따라 분양자격을 제한한다. 그리고 아파트 공급자들은 아파트를 짓기 전 모델하우스를 먼저 지어놓고 청약을 받기 시작한다. 또한 아파트 구입대금은 입주 전까지 여러 시기에 걸쳐 나누어 내도록 한다. 이를 선분양 방식이라고 부른다. 때때로 중대형 아파트 단지에 20% 정도의 가구를 전용면적 85m^2(25.8평) 이하의 소형평수로 짓도록 소형평수의무비율을 강제하기도 한다. 그리고 주거지 또는 상업지 등을 구분하여 일정 층수나 높이를 넘지 못하도록 아파트의 층수나 용적률(건물 모든 층의 총면적/전체부지면적)을 제한한다. 또한 낡은 아파트를 재건축하려 할 때, 지은 지 40년 미만의 아파트에 대해서는 원칙적으로 재건축을 금지시키고 있다. 아파트 완공 후에는 동일한 가격의 아파트들 중 몇 동, 몇 층, 몇 호에 입주하게 되는지는 추첨으로 정하고 있다.

현재 정해진 아파트 분양가에 비해 시세차익[2]이 기대되면, 실수요자들 외에 시세차익을 노린 투자목적의 청약자들이 많이 몰린다. 즉, 초과수요가 발생하게 된다. 하지만 일단 아파트 청약을 시작한 후에는 분양가가 고정되어 있으므로, 가격상승으로 새로운 균형에 도달하는 것과 같은 가격기능이 잘 발휘되지는 않는다. 이러한 초과수요는 기대되는 시세차익이 클수록 더 커진다. 초과수요가 발생하면 추첨을 통해서 분양을 한다. 이때 수천만 원 이상의 시세차익이 기대되어 수백 대 일 또는 수천 대 일의 청약경쟁률을 보이는 경우도 종종 있었다. 그래서 정부는 실수요자들이 아파트를 분양받게 하려고, 실수요자가 아닌 사람들을 투기꾼으로 간주하여 각종 규제와 경우에 따라 중과세를 부과하여 왔다. 예를 들어, 아파트를 분양받은 후 일정 기간 내에 재판매를 금지한다든지, 입주 후 수년 정도의 정해진 기간 후에 판매해야 매매차익에 대한 양도세를 경감해준다든지, 두 채 이상의 주택소유자에 대해서는 중과세를 하는 등 여러 가지 형태의 부동산정책들을 실시해왔다. 경우에 따라서는 신규분양 아파트 가격의 지나친 상승을 억제하고자, 실질적으로 가격상한제를 실시하는 경우까지 있다. 이러한 정책들과 함께 그동안 다양한 아파트 분양관련 정책들이 특별한 이슈나 주택경기에 따라 생겨났었다.

정부는 그동안 아파트시장에서 끊임없이 간섭과 미세조정을 반복하여 왔다. 아파트 수요자들을 보호하고 후생을 높이려고 행하였거나 지금도 행하고 있는 이러한 여러 정책들이 실제로 어떤 효과를 가지는 것일까? 중요한 것들부터 차례로 살펴보자.

2) 흔히 프리미엄(Premium)이라 불린다.

■ 아파트 가격 상한제

종종 정부는 신규아파트 분양가격의 상한선을 정해놓고 그 이상의 가격을 받지 못하게 통제하여 왔다. 아파트에 대한 가격통제는 수요자들이 집을 살 때 지나친 부담을 갖지 않도록 하기 위한 것이다. 즉, 너무 높은 가격으로 말미암아 아파트 수요자들의 후생이 떨어지는 것을 막고자 함이다. 이와 같은 가격상한제가 궁극적으로 정말 소비자들의 후생에 유리한 것인가? 아파트 시장 전체로 보면 어떤 결과를 초래할까? 1장에서 우리는 잉여의 개념과 시장에 간여하는 몇몇 정부정책이 후생에 어떤 영향을 주는지 살펴보았다. 이와 같은 분석의 틀은 아파트분양 시 시행되는 가격상한제에 그대로 적용해볼 수 있다.

아래 그림은 아파트를 신규분양 할 때 단기 균형점 E점에서 균형가격(P_0)과 균형거래량(Q_0)을 보여준다. 아파트의 공급량은 단기간에 변화시킬 수 없기 때문에 현재 분양중인 아파트단지의 공급곡선은 수직선이 된다. 이때 정부가 균형가격보다 낮은 P_{max}의 가격에서 가격상한제를 실시한다고 하자. 단기적으로 거래량의 변화가 없기 때문에 사중손실은 발생하지 않는다. 다만 $(Q_1 - Q_0)$만큼 초과수요가 생기게 되고, 추첨에 의해 구매자를 뽑게 된다. 이때 음영을 칠한 사각형의 면적만큼의 생산자잉여가 소비자잉여로 전환된다.[3)]

또한 가격상한제 실시 후 구매가격이 P_{max}로 낮아지므로, 소비자잉여는 증가한다. 생산량이 변하지 않아 당장 사중손실이 발생하지 않는 것처

3) 총비용은 '평균비용(AC) ×공급량(Q_0)'이다. 따라서 가격상한제 실시 전 생산자잉여는 총수입에서 총비용을 뺀 $(P_0 \times Q_0 - AC \times Q_0)$가 되지만, 가격상한제 실시 후 생산자잉여는 $(P_{max} \times Q_0 - AC \times Q_0)$가 된다. 즉, 생산자잉여는 $(P_0 - P_{max}) \times Q_0$만큼 감소한다.
   물론 생산자잉여는 판매가격을 나타내는 수평선과 (그림에서 생략된) 한계비용곡선 사이의 면적으로도 구할 수 있다. 즉, 총수입($P_0 \times Q_0$)에서 한계비용곡선 아래의 면적인 총비용을 뺀 것이라 할 수 있다. [한계비용을 모두 더하면 총비용이 된다. 예를 들어, 처음 3개를 생산할 때의 한계비용이 각각 1, 2, 3이라 하면, 3개를 생산하기 위한 총생산비용은 6(=1+2+3)이 된다.]

럼 보인다 해도, 가격상한제를 (적어도 단기적으로라도) 완전히 정당화할 수 있을까? 초과수요 중에는 순수 주거목적의 실수요자가 아니라 오로지 시세차익을 노린 투자자들도 있다.[4] 가격상한제는 이와 같이 투자만이 목적인 아파트 청약자들의 수를 늘림으로써 정작 실수요자들의 분양가능성을 더욱 희박하게 만들어 버린다. 그리고 꼭 그 지역의 아파트가 필요한데 당첨되지 못한 실수요자들은 결국 당첨자에게 시세차익을 지불하고 가격상한제 실시 전의 가격(P_0)으로 아파트를 구입할 수밖에 없다.

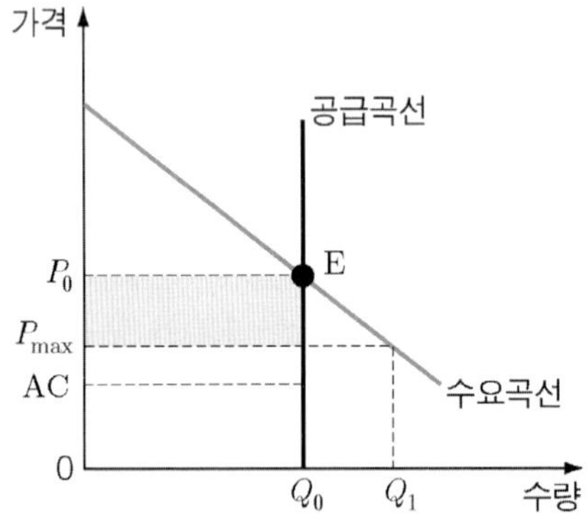

아파트 가격상한제의 단기효과

가격상한제가 효력을 발휘할수록(즉, 기대되는 시세차익이 커서 경쟁률이 높을수록), 생산자잉여의 일정부분이 정부가 그토록 싫어하는 투기꾼들에게로 전환되어 버리게 만든다. 아파트를 기획하고 생산하느라 애쓴 공급자들의 잉여가 정부의 가격통제로 말미암아 이처럼 줄어들고, 그 결과 나타나는 인위적인 잉여의 재배분이 어떻게 정당화될 것인가?

---

4) 정부에서는 이와 같이 실수요자가 아닌 자들을 가려내기 위해 분양 후 일정기간 아파트 매매금지, 양도세 인상 등 여러 가지 방안을 반복하여 내어놓아 왔다. 그때마다 그에 대응하는 편법들이 생겨났으며, 정말 실수요자들만 아파트를 구입하였는지에 대해서는 의문이 든다. 오히려 최근 불경기와 아파트 가격 정체로 인해 기대되는 시세차익이 거의 없어지면서, 실수요자 중심의 분양으로 전환되고 있는 듯하다.

그리고 생산자들이 낮아진 분양가를 만회하기 위해 무리하게 비용절감을 시도하려는 유인이 생길 수 있으며, 그로 인해 아파트의 품질이 떨어질 위험이 있다. 무엇보다도 이러한 가격통제는 향후 다른 공급자들에게 부정적인 신호를 줌으로써, 장기적으로 보면 아파트의 공급량 감소, 품질저하, 보다 좋은 아파트 개발유인 감소라는 훨씬 큰 문제들을 초래한다.

장기적으로는 아파트 공급자들이 가격에 따라 생산량과 공급량을 조절할 수 있으므로, 공급곡선의 기울기가 양(+)이 된다. 따라서 가격상한제는 아래 그림에서 보듯이 궁극적으로 시장전체에서 아파트공급량을 Q_1으로 감소시켜 버린다. 이때 (1장의 최고가격제에서와 같이) 음영을 칠한 삼각형의 면적만큼 사중손실이 생긴다.

공급량이 감소하기 때문에 초과수요는 더 커져서 $(Q_2 - Q_1)$이 되어버린다. 아파트에 당첨이 된 사람들은 더 싼 가격에 구입하였기 때문에 잉여가 증가하였지만, 당첨이 안 된 사람들은 처음 분양받은 사람들로부터 최고가격제 시행 전 균형가격(P_0)보다 더 높은 P_1의 가격으로 구입할 수 밖에 없다.[5] 즉, 최고가격제 때문에 오히려 손해를 보게 된다. 가격상한제 실시 후 소비자잉여는 삼각형 $\mathrm{AE}P_0$의 면적에서 사다리꼴 $\mathrm{AA'B'}P_{\max}$의 면적으로 변한다. 이 두면적의 상대적 크기에 따라서 소비자 전체의 잉여는 증가할 수도 감소할 수도 있다. 또한 생산자잉여는 삼각형 $\mathrm{BE}P_0$의 면적에서 삼각형 $\mathrm{BB'}P_{\max}$의 면적으로 변하여, 사다리꼴 $\mathrm{B'E}P_0P_{\max}$의 면적만큼 줄어버린다. 시장전체로 보면, 생산량과 거래량이 가격상한제 실시 전보다 $(Q_0 - Q_1)$만큼 줄면서 음영이 칠해진 삼각형 $\mathrm{A'EB'}$의 면적에 해당하는 만큼 사중손실이 생긴다. 따라서 가격상한제는 장기적으로 보면 후생의 손실과 비효율을 발생시킨다.

5) 가격상한제는 결국 아파트의 가격시세를 더 상승시키는 주범이 된다.

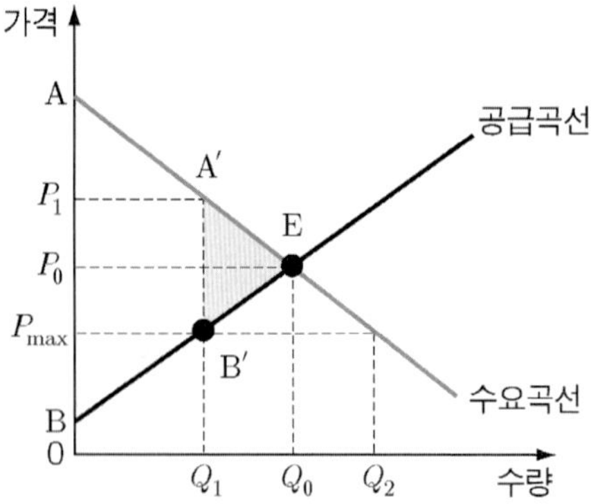

아파트 가격상한제의 장기효과

경기불황 등으로 주택공급을 담당하는 건설업체들이 어려움을 겪고 있을 때는 이와 같은 인위적인 가격상한제가 건설업체들의 이윤을 줄임으로써 어려움을 더욱 가중시킬 수 있다. 그리고 건설업은 특성상 경기파급효과가 크기 때문에 이와 같이 잘못된 정책은 나라 전체의 경기에도 부담을 줄 수 있다.

수요자들을 위해 아파트 가격을 낮추려한다면, 최상의 방법은 공급확대를 통해서이다. 아파트 공급업체에 대해 금융, 도로, 주변의 주요시설, 택지공급 등에서 지원을 하거나, 정부가 직접 공급하는 주택의 수를 늘리면,[6] 아래 그림에서처럼 공급곡선이 오른쪽으로 이동할 것이다. 이때 균형점이 E점에서 E′점으로 옮겨지면서, 자연스럽게 가격이 P_0에서 P_1으로 하락할 것이다. 그리고 거래량이 Q_0에서 Q_1으로 늘어나기 때문에 음영을 칠한 삼각형의 넓이만큼 후생이 증가한다.

아파트 공급을 증가시키기 위해 정부가 금융, 토지, 기반시설 등을 지

6) 건설업체에 대한 금융지원이나 정부가 공급하는 주택의 수를 늘리는 것도 주택시장에 대한 정부의 간여로 볼 수 있다. 여기서는 이러한 점에 대한 논의는 생략하기로 하자. 저소득층을 위한 정부의 임대주택공급은 일종의 보조금이라 할 수 있기 때문에, 공급목적이 일반 아파트와는 다를 수 있다.

원해줄 때, 여기에 소요된 비용보다 공급증가로 인한 아파트시장에서의 후생증가가 더 크지 않으면, 정부의 인위적인 아파트 공급증가정책은 나라 전체의 후생을 증가시켜주지 않는다.

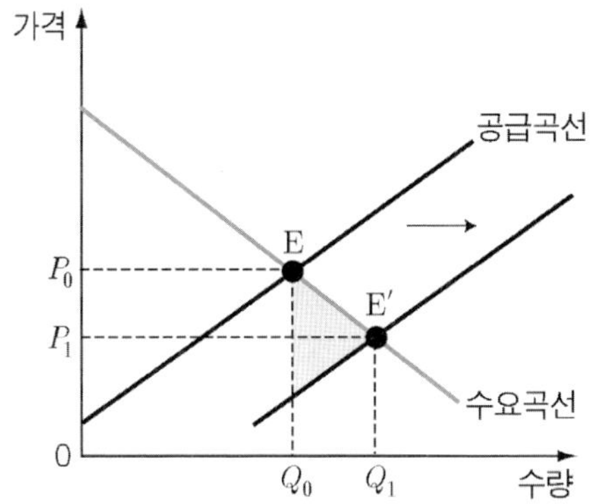

공급증가로 인한 가격인하

❖ 아파트에 대한 투기?

한동안 우리나라에서는 신규아파트에 대한 투기열풍이 수도권을 비롯한 몇몇 지역을 휩쓴 적이 있다. 아파트 가격이 시장균형가격보다 훨씬 낮아서 아파트에 당첨되기만 하면 큰 시세차익이 확실하였기 때문이다. 이는 청약경쟁률을 높여, 막상 실수요자들이 아파트 추첨에서 당첨되기가 어려워지는 부작용이 나타나게 하였다. 그리고 불로소득을 챙겨가는 투기꾼들을 매우 부정적인 시각으로 바라보았다.

잠깐 투기(Speculation)가 무엇인지 짚고 넘어가자. 원래 투기란 고위험(High risk), 고수익(High yield)의 성질을 가지는 투자의 일종이다. 예를 들어, 정기예금이나 국채는 은행이나 국가가 채무불이행 상태인 디폴트(Default)에 빠지지 않는 한 손실의 위험(Risk)이 없는 사실상 무위험자산이지만, 수익률이 낮다. 반면에 일반 주식은 국채보다 기대수익률이 높은 반면,

손실의 위험이 크다. 벤처회사는 생존확률이 상대적으로 낮지만, 잘 될 경우 모든 손실을 만회할 만큼의 대박을 터뜨릴 수 있다. 즉, 위험이 매우 크지만, 기대수익률도 매우 높다. 대부분의 사람들은 위험을 싫어하기 때문에,[7] 투자의 위험이 클수록 높은 수익률로 보상받으려고 한다.

실제로 투기는 고도의 지식과 경험을 갖춘 전문가들마저도 매우 어려워하는 투자방법이다. 하물며 소위 복부인이라 일컫는 사람들이 넘볼 수 있는 영역이 절대 아니다. 그리고 이러한 투기는 도덕적 판단의 대상도 아니다.[8]

세상에는 여러 수준의 기대수익률과 위험으로 조합된 투자대상이 존재한다. 이렇게 다양한 성격을 가진 투자대상이 많을수록, 투자자들은 자신에게 가장 적합한 수익률과 위험의 조합을 선택할 수 있다. 어느 정도 잃어도 크게 상관없을 만큼의 여유자금이 있는 층이거나 손실을 만회할 시

---

7) 즉, 대부분의 사람들은 위험기피자들이다. 만일 퇴직 후 10억원의 자금으로 여생을 보내야 한다고 생각해 보라. 이때 국채나 정기예금의 수익률이 연 4%라 하자. 또한 어떤 펀드는 50%의 이익이 날 확률과 42%의 손실이 날 확률이 똑같이 0.5라 하자. 이때 이 펀드의 기대수익률은 국채와 마찬가지로 4% [$=50\%\times0.5+(-42)\%\times0.5$]가 된다. 국채로부터 연간 이자수입은 4천만 원이므로 그런대로 살아갈 수 있다. 그런데 위험이 큰 펀드의 경우는 1년 후 자본총액이 운이 좋으면 15억원이 되지만, 운이 없으면 5억 8천만 원이 되어버린다. 만일 2년 연속 운이 없으면, 총액이 3억 3,640만 원이 되어 버린다. [2년 연속 손실을 볼 확률은 0.25($=0.5\times0.5$)이므로, 4명 중 1명꼴이다.] 만일 펀드가 3년 연속해서 동일한 손실을 기록하면, 총액이 1억 9,511만원 정도가 되어버린다. [3년 연속 손실을 볼 확률은 0.125($=0.5^3$)이므로, 8명 중 1명꼴이다.] 이렇게 되면 생계마저 곤란해 질 수도 있다. 이러한 상황에서 국채나 정기예금을 선호하는 사람을 위험기피자라 할 수 있고, 위와 같은 펀드를 선호하는 사람을 위험애호자라 할 수 있다.

대부분의 사람들은 위험기피자들이기 때문에, 펀드의 수익률이 월등히 높지 않은 이상, 위험이 작은 채권이나 정기예금을 선호할 것이다. (반면에 사람들이 로또를 구입하는 것은 그들이 리스크를 좋아하는 위험애호자라서기보다, 로또 구입비용이 소액이기 때문에 부담이 작으며, 실낱같은 확률일지라도 기대감 자체가 주는 짜릿함이나 재미 때문이라 할 수 있다. 만일 이러한 실낱같은 기대감에 별로 의미를 두지 않는 사람들이라면, 당연히 로또를 구입하지 않을 것이다.)

8) 대학원생으로 미국에 거주하는 동안 미국의 매스컴이나 주위의 미국인 누구라도 투기에 대해 도적적인 판단을 내리는 것을 본 적이 없다.

간과 기회가 있는 젊은 층이라면, 자신의 자산 중 일부 여유자금으로 고위험, 고수익 투자를 자신의 포트폴리오에 포함시킬 수 있다. 시장에서 투기자들이 많을수록 거래량이 증가하기 때문에, 투자자들이 원할 경우 투자자금을 회수하기가 쉬워진다. 즉, 시장에서 유동성(Liquidity)이 증가하기 때문에, 그만큼 투자상품을 사고팔기가 수월해지며, 매입가와 매도가의 차이인 스프레드(Spread)가 작아진다. 이는 더 많은 투자를 유치하는데 도움이 된다. (만일 한번 투자한 자금을 중간에 회수하기가 엄청 어렵다면, 투자가 상당히 꺼려질 것이다.) 즉, 그만큼 더 투자시장이 효율적이 된다.[9] 이와 같이 투기는 오히려 투자의 효율성을 높이는 순기능을 한다.

그런데 왜 우리나라에서는 투기에 대해 비난일색일까? 높은 경쟁률로 당첨가능성이 매우 희박한 가운데, 당첨되기만 하면 확실시되는 시세차익을 노린 아파트청약을 진짜 투기라고 부를 수 있을까? 가격상한제와 아파트 청약제도가 맞물려 확실한 시세차익이 보장된다면, 이는 무위험(No risk), 고수익(High yield)의 성격을 가진다. 이러한 것을 우리는 무엇이라고 부르는가? 그렇다. 로또(Lotto)라고 부른다. 즉, 아파트시장에서 복부인들을 비롯해서 시세차익을 노린 투자자들을 우리는 투기꾼이 아니라 로또꾼이라 불러야 할 것이다. 정부의 간여 없이 시장에서 가격의 기능이 잘 작동한다면, 수요량과 공급량이 같은 지점에서 아파트의 가격이 형성되기 때문에, 주택시장에서 이러한 로또가 존재할 수 없다. 이와 같은 아파트 가격규제는 실수요자와 생산자잉여의 일부를 로또꾼의 잉여로 옮겨버리는 기능을 하게 될 뿐이다.

그리고 1장에서 본 대로, 외부간섭 없이 수요자들과 공급자들의 자유로운 거래 결과 생기는 시장균형점에서 전체의 후생은 최대가 된다.

정부는 특정지구에서 아파트 공급량에 비해 수요자들이 지나치게 많이 몰린다 싶으면, 투기과열지구로 지정해 가격통제, 구입 후 일정기간 매매금지 등 여러 가지 규제정책을 써왔다. 이러한 정책들은 시장가격을 왜곡

---

9) 일반적으로 부동산시장은 주식시장에 비해 유동성이 떨어지므로, 스프레드가 더 커진다.

시키므로, 시장경제에서는 절대로 시행해서는 안 되는 것들이다. (시장경제를 떠받치는 큰 두 축은 가격기능과 개인의 소유권임을 항상 기억할 필요가 있다. 매매를 통한 개인재산의 행사권을 제한하는 것도 소유권에 대한 침해이다.)

우선 왜 투기가 과열될까? 공급가격이 시장균형가격보다 지나치게 낮기 때문이다. 즉, 어떠한 이유로 시장의 가격기능이 제한되어 제 기능을 발휘하지 못하고 있기 때문이다. 시장에서 가격기능이 잘 발휘될 수 있도록 모니터링 하는 것이 바로 정부가 해야 할 일이다. 가격기능이 잘 발휘되지 못하도록 규제하고 제한을 가하는 것은 정부가 해야 할 일이 아니다.

사람들은 아파트 분양 시 투기꾼들이 많이 몰리면, 아파트 가격이 상승할 것을 염려한다. 만일 시장이 스스로 가격기능을 잘 발휘하고 있다면, 이러한 염려는 근거가 없게 된다. 정부간여 없이 시장기능이 잘 발휘되어 아파트 공급가격이 시장균형점에서 형성되면, 무위험 프리미엄이 사라져 버린다. 이때 투기꾼이 아파트를 구입하면, 그것은 그대로 위험을 감수한 투자가 되어버린다. 이렇게 해서 이익을 남겼다면, 그것은 위험을 감수한 데 따른 보상이자 그 사람의 투자에 대한 재능, 감각, 능력에 따른 것이므로 정당한 것이다. 설사 지나치게 많은 투기꾼들이 몰리더라도, (아파트 가격 상승률이 물가상승률보다 높을 확률이 절반, 낮을 확률이 절반이라고 하면) 그 중 절반가량은 결국 손해를 볼 것이다.

정부가 분양자격 제한을 통해 더 많은 수요자들이 분양시장에 못 오게 하여 수요를 위축시키고 아파트 가격을 낮추려 한다면, 그것이 오히려 불법적인 행위일 수 있다. 많은 수요자들이 몰린다는 것은 아파트의 입지선정이 괜찮고 품질이 우수할 것으로 기대하거나, 그에 따른 아파트 가격의 상승을 예상하기 때문이다. 그렇기 때문에 정부간여가 없는 자유로운 시장경제하에서, 많은 수요자들이 몰려 아파트 분양가격이 오르면서 생산자들이 그만큼 이익을 보는 것은 매우 당연한 일이자, 생산자들의 권리이기도 하다. 좋은 품질의 제품을 공급하여 높은 가격을 받는 것을 정부가 어떤 형태로든지 제한하는 것은 생산자들이 그들의 재능과 수고로 인해 당연히 누려야 할 것을 빼앗아 제품의 품질향상과는 아무런 관련이 없는 다른 사람들에게 그냥 줘 버리는 (좀 심하게, 그러나 너무나도 정확하게 말한다면) 약탈이라고 할 수 있다. 이러한 약탈이 성행할수록, 시장경제에서 효율성과 발전에 가장 중요한 작용을 하는 유인체계(Incentive system)가 심각하게 훼손되어 버린다.

정부는 현재 아파트의 가격이 서민들의 주머니 사정에 비해 지나치게 높다는 생각이 들어서, 시장에 간여를 하여 강제로라도 가격을 낮추었으면 좋겠다는 생각이 들 수도 있다. 하지만 정부의 간여 없이 시장균형에서 정해지는 가격이 비록 그것이 비싸다는 생각이 들어도, 현재 주어진 경제여건에서는 최선의 가격이다. 어쩔 수가 없다. 괜히 건드려봤자 운좋게 당첨된 (로또꾼들을 포함한) 몇몇 사람들을 빼면, 전체적으로 손실이 더 큰 패배자의 게임(Losing game)이 될 뿐이다. 그럼에도 불구하고 정말 아파트 가격을 낮추고 싶으면 (이러한 것이 선거철 표를 의식한 인기영합주의에 따른 일과성 정치적 결정이 아니기를 바라지만), 근본적으로 아파트의 공급량을 더 늘려서 공급곡선을 오른쪽으로 이동시키는 수밖에 없다. [즉, 수요자에 대한 규제정책이 아니라 공급자에 대한 지원정책을 쓰거나, 정부가 직접 양질의 (임대)아파트를 공급해야 한다.]

어떤 아파트단지에서 백 사람이 각각 한 채씩 구입해서 살든지, 한 사람이 100채를 전부 구입하여 전부 세를 놓든지, 기회비용을 고려하면 각 개인에게 사실상 아무런 재무적인 차이가 없다. 자신의 집에 살더라도 임대료만큼의 기회비용이 발생하기 때문이다. (즉, 자신이 소유하는 아파트에 살고 있으면, 세를 놓았더라면 받을 수 있는 임대료를 희생하고 있기 때문이다.) 특히 수십 년 정도의 장기임대만 보장되면(다만, 월세의 경우 세입자가 원하는 경우는 1개월 전쯤의 통고 후 이사갈 수 있으며, 월세의 최대상승률을 전년도 물가상승률로 제한하는 임대계약을 체결하는 경우), 자기집에 사나 세를 들어 사나 사실상 재무적으로 동일하게 되어 버린다.

❖ 정말로 아파트 투기가 쉬운 것일까?

만일 아파트 가격이 정부의 간여 없이 자유롭게 시장균형에서 형성되었다면, 아파트에 투자해서 손쉬운 이익을 챙기기가 매우 힘들게 된다. 예를 들어, 1년 동안 가격이 5% 상승할 확률이 절반, 2% 하락할 확률이 절반이라면, 기대되는 연간수익률이 1.5%[$= 5\% \times 0.5 + (-2\%) \times 0.5$]밖에 되지 않는다. 이때 연간 물가상승률이 3%라면, 명목수익률에서 물가상승률을 뺀 실질수익률은 -1.5%가 되기 때문에 오히려 손해가 되어버린다. 3%의 물가상승률에서 본전이 되려면, 8%의 수익이 날 확률이 절반이 되어야 한다. 기대수익률이 그 이상이라 할지라도, 여전히 투자가 쉽지 않다. 왜냐하면 여전히 2%하락할 (즉, 물가상승을 고려한 실질수익률이 -5%가 되는[10]) 가능성이 절반을 차지하는 등 리스크가 크기 때문이다.

그럼에도 불구하고 정부간섭 없는 자유로운 아파트시장에서 투기를 하는 사람들은 유동성을 늘려주므로 오히려 고마워해야 될 존재라 할 수 있다. 유동성이 큰 아파트단지일수록 아파트의 거래량이 늘어나서 아파트의 매입가와 매도가의 차이인 스프레드가 좁혀지기 때문에, 사정이 있어서 아파트를 팔고 이사를 갈 때 보다 손해를 덜 보고 쉽게 팔 수 있다.

■ 원룸의 공급

얼마 전에 대학가 원룸의[11] 공급과잉으로 원룸 임대가격이 떨어지고 있으므로(그럼 돈 없는 대학생들과 젊은 직장인들에게 좋은 일 아닌가?), 향후 정부가 원룸신축 요건을 까다롭게 하는 등 인허가를 제한하여 원룸의 공급을 축소하는 정책을 고려 중이라는 기사를 읽은 적이 있다. 물론 원

10) 만일 국채나 정기예금 수익률이 3%라면, 아파트를 사지 않고 그런 곳에 투자하면 동일한 수익률을 얻으면서도 리스크가 더 작아진다. 그러한 기회비용까지 고려하면, 경제적 손실이 5%가 아닌 8%가 되어버린다.

11) 우리에게 익숙해진 용어인 원룸(One room)은 콩글리쉬이다. 미국에서는 원룸을 스튜디오(Studio)라 하고, 거실과 방이 각각 하나씩인 투룸(Two room)을 원 베드룸(One bedroom)이라 한다.

룸 임대사업자의 수익이 줄어드는 것은 안 됐지만, 어쩔 수 없는 일이다. 사업을 하거나 주식투자해서 손해를 봤다고, 정부가 손실을 메워주지 않는 것처럼. 만일 원룸 임대가격 하락의 주된 원인이 경기불황이라면, 지금 위축시켜놓은 원룸공급이 나중에 경기가 살아난 후 원룸 임대가격을 폭등시키는 원인이 되면 그때는 또 어떻게 하겠는가?

정부의 가격통제와 기타 인위적인 시장간섭은 가격의 조정기능을 훼손시키고, 사중손실을 발생시킨다는 것을 항상 명심해야 한다. 이와 같이 잘못된 정부정책은 지금 당장 몇몇 대상에게는 이로움을 주는 것처럼 달콤해 보일지도 모르나, 결국은 전체적으로 더 큰 손실을 끼치게 되는 정부실패로 이어져 버린다.

■ 아파트 평수 규제

예전에 30 ~ 40평대(대략 100 ~ 160m^2 정도)의 중형 또는 50평(165m^2) 이상의 대형 아파트가 수익성이 더 좋아 공급이 중대형 쪽으로 치우치고 소형 아파트의 비율이 줄어들자, 정부는 종종 소형평수의 아파트를 장려하는 정책들을 실시해 오고 있다. 특히 전용면적 26평(85m^2) 이하의 소형 아파트에 대해서는 세제상의 혜택을 주거나, 신규 또는 재건축 아파트단지에 대해 일정비율 이상은 26평 이하의 소형 아파트를 짓는 것을 의무화하는 소형평수 의무비율까지 실시하고 있다.

아파트 면적도 가격과 마찬가지로 시장에서 결정되도록 하는 것이 가장 효율적이다. 중대형 아파트의 공급이 늘었다는 것은 그 만큼 수요가 있다고 기대했기 때문이다. 만일 중대형 아파트에 대한 수요가 적은데 공급량만 많다면 가격이 떨어져 수익성이 악화될 것이므로, 중대형 아파트를 많이 지으려하지 않을 것이다.

물론 소득 하위계층의 서민들이나 막 자립한 사회초년생들은 분양가나 관리비에서 경제적 부담이 덜 가는 소형평수를 찾을 수밖에 없다. 그런데 소형평수의 아파트 공급자들이 일정한 수익을 얻을 수 있을 만큼의 분양가를 수요자들이 부담할 수 있으면, 소형평수 아파트의 공급도 얼마든지 늘어날 수 있다. 즉, 중대형 아파트를 많이 짓기 때문에, 소형평수 아파트의 공급량이 줄어드는 것이 아니라는 말이다.[12] 즉, 소형 아파트의 공급이 부족하면, 그것은 소형 아파트를 구매할 의사가 있고 구매력을 갖춘 유효수요가 부족하기 때문이다. 따라서 소형평수의 비율이 낮은 것은 (소득이나 구매력 등) 현재 주어진 경제여건이 결정한 현상일 뿐이다. 즉, 아무리 그 비율이 낮아 보이더라도, 그것은 시장에서 결정된 최적의 비율이라는 것이다. 정부가 시장에 개입하여 아파트 평수가지고 강제로 어떻게 한다고 해서 전체적인 효율성을 증가시킬 수는 없는 것이다. 정부가 간여하게 되면, 현재 경제상태에서 경제주체들이 하는 최선의 선택마저 왜곡시키게 된다.[13]

---

12) 우리나라에서 아파트를 지을 수 있는 건설회사는 상당히 많다. 상장된 건설회사는 물론 비상장 회사 중에서도 중소형 아파트 단지를 지을 여력이 있는 건설회사는 적게 잡아도 수백 개 이상이 되는 등 상당한 숫자에 이른다. 우리나라에서 원룸 등 소규모 건물을 지을 수 있는 개인건설업체까지 포함하면 건설업체의 수가 무려 수만 개에 이르기도 한다.

이와 같이 우리나라에서는 다른 어느 나라에 비해서도 건설부문에서 (적어도 물량 면에서만 보면) 충분하고도 남을 공급능력을 가지고 있다. 수요자들의 구매력만 받쳐주면, 얼마든지 아파트의 공급이 가능하다. 중대형 아파트를 많이 짓는 바람에 주택건설자원이 부족하여, 소형 아파트 공급량을 늘리지 못하는 것이 아니라는 것이다.

13) 정부는 저소득층에 대한 금융지원으로 저소득층의 아파트 구매력을 늘려보려는 정책을 시도하기도 한다. 예를 들어, 아파트담보대출에 관한 금융권의 이자율이 5% 이상임에도 2~3%로 (은행의 손익에 상관없이) 대출해주도록 정부가 강요하는 것이다. 이는 저소득층에 대해 보조금을 지급하는 것과 같다. 저소득층이 금융시장에서 대출을 받을 때는, 상환능력으로 인한 리스크 때문에 더 높은 가산금리가 적용되어, 시장이자율보다 더 높은 이자율을 물어야 하는 것이 일반적이다. 그럼에도 불구하고 2~3%의 이자율을 부과한다면, 그 차이만큼 보조금을 지급하는 것과 마찬가지다. (보조금은 소득재분배의 역할을 하지만, 그 자체가 사중손실을 발생시킨다는 것을 1장에서 보았다.)

자금의 가격이라 할 수 있는 이자율에 대해 이렇게 정부가 간섭하는 것은 심각한 가격의 왜곡을 초래하는 등 시장가격기능을 크게 훼손시킨다. (시장체제의 두 축은 시장가격의 자유로운 조정기능과 개인소유권이라는 것을 앞서 보았었다.) 물론 이는 금융자율권을 크게 손상시키는 행위이기도 하다.

또한 시장이자율보다 인위적으로 이자율을 낮추면, 자신의 최적대출수준 현재 정부의 정책을 보면 20~30평대 또는 40평대의 아파트가 궁극적으로 대다수의 국민들이 살아가야할 공간처럼 여겨진다. 그런데 지금 당장은 경제력 등을 고려하여 어쩔 수 없이 그 정도 면적의 아파트에서 살아가고 있는 사람들이 많겠지만, 정말 그 정도의 넓이가 4인 가족이 쾌적하게 살 수 있는 공간이 될까?[14)]

예를 들어, 30~40평대 아파트에 방이 3개라고 해보자. 그 중 1개는 부모가 쓰고, 나머지는 방은 자녀 1명이 각각 1개를 사용하거나 자녀 2명이 1개를 공유할 것이다. 30~40평대 아파트의 경우, 자녀들의 방은 서너 평에 불과하고 넓어봤자 대여섯 평 정도밖에 안 된다. 그 정도 넓이의 방에는 1~2인용침대 또는 2층침대 1개(침대 두 개 놓기는 어려울 것이다.), 책상 1~2개, 속옷/양말/기본적으로 입는 옷들을 수납하는 작은 옷장 1개 정도만 들여놓아도 방이 꽉 차는 느낌이 들 것이다. 남는 여유공간이 별로 없이 매우 협소하며 답답하기까지 할 것이다.

미국에서 살면서 그들의 의식주 중에 가장 부러웠던 것 중의 하나가 주택과 주거환경이었다. 미국을 보면 뉴욕의 맨해튼이나 L.A. 등 대도시에서도 도심지를 제외한 지역과 웬만한 중소도시나 시골은 콘도나 시니어 시티즌을 위해 특별히 지은 시설을 제외하면, 대부분 우리나라와 같은 아파트가 아닌 개인주택에 산다. 전형적인 주택이라 하면 조그만 잔디 앞마당과 집 정면에서는 안 보이지만 잔디와 나무가 있는 상당히 넓은 뒷마당을

과 상환능력에 비해 과도한 대출로 이어지기 쉽다. 과도한 대출은 수요를 증가시켜 저소득층이 구매하려는 주택을 더 비싸게 만들어버린다. 그 결과 시간이 지날수록 차입자들이 가계빚에 허덕이는 덫에 빠지게 할 수도 있다.

정부가 이자율을 위한 별다른 조치를 취하지 않고 있으면, 마치 저소득층을 외면하는 무심한 정부처럼 보일지 몰라도, 결국은 그런 정부가 저소득층 주택수요자들로 하여금 시장에서 결정된 이자율로 자신의 능력에 맞는 최적 대출을 할 수 있게 하는 것이다. 그리고 오히려 그것이 저소득층 주택구매자들을 궁극적으로 돕는 길이다.

14) 우리나라의 1인당 주거면적은 25.0m^2 정도로 미국의 절반에도 못 미치며, 대부분의 유럽 선진국들보다 좁으며, 심지어 도심의 집들이 협소하기로 유명한 일본(비록 작은 도시나 시골의 집들은 훨씬 더 넓지만)의 평균치보다 약간 더 좁은 정도이다.

갖춘 1층 또는 2층 목조주택이라 할 수 있다. 웬만한 중산층들의 주택들은 들어가 보면 꽤 넓다. 방도 대여섯 개 정도 되는 경우가 많다. 자녀들의 방도 꽤 넓어서 침대, 책상, 옷장(혹은 붙박이 옷장)이 다 있는데도 (흔히 카펫 바닥의) 방이 꽤나 넓다. 거기서 온갖 종류의 로봇들을 조립한다든지, 천체망원경을 갖다놓는다든지, 베이스볼 카드를 펼쳐놓는다든지, 동식물 컬러백과사전을 펼쳐놓고 있든지, 여러 종류의 악기를 두드리고 있든지 한다. 보통 부모들의 방은 1층에 있고, 자녀들의 방들은 2층에 있는 경우가 많은데, 이렇게 떨어져 있어서 방해받지 않고 비교적 자유롭게 각자의 취향이나 꿈을 추구할 수 있는 나만의 공간을 갖게 된다.

그러한 모습을 보면서 우리나라의 주거환경을 떠올릴 때마다, 우리나라의 자녀들이 너무 안쓰럽다는 생각이 들었다. 우리나라 아파트가 그러한 정도의 여유공간을 자녀들에게 주려면, 아파트의 넓이가 어느 정도나 되어야 할까? 우리나라 아파트의 공유면적을 고려하면, 아무리 작아도 70~80평 이상은 되어야 하지 않나 싶다.

그리고 전원주택과 같은 개인주택은 현관만 나서면 바로 마당이 펼쳐지기 때문에 같은 면적이라도 아파트보다 갇혀있다는 느낌이 덜 들고 훨씬 더 넓고 트인 느낌이 든다. 시간이 흐를수록 우리는 좀 더 쾌적하고 더 나은 삶을 추구한다. 그런 면에서 좀 더 넓고 좋은 시설의 주택으로 방향을 설정하는 것은 그러한 우리의 본성과 욕구에 보다 부합하는 것이라 할 수 있다. 정부는 좀 더 장기적인 안목에서, 보다 나은 삶에 대한 진지한 고민과 함께, 더 효과적이고 나은 것을 위한 정책적 선택을 해주기를 바란다.

아동들이 자신의 꿈을 펼치고 창의력을 키워가려면, 적어도 그 정도의 공간은 필요하지 않을까? 창의력은 무조건 재능교육만으로 길러지는 것은 아니라고 본다. 여러 가지 문화적인 요인들도 있지만, 우선 쾌적하고 넓은 자신만의 공간부터 마련해줘야 되지 않을까?

우리나라도 얼마 전까지만 해도 점점 더 많은 아파트 수요자들이 좀더 큰 대형평수에서 살 수 있기를 바랐었다. 물론 현재의 소득수준에서는 좀 더 큰 아파트를 살 경제적 여력이 되지 않더라도, 정부정책은 점차 더 많은 국민들이 경제적으로 무리하지 않고서도 좀 더 넓은 집에서 살 수 있도록 방향설정을 하여야 한다. 대형 아파트의 공급량이 더 늘어남에 따라 가격이 하락할 것이기 때문에[15], 향후 경제성장에 따른 소득증대로 더욱 많은 사람들이 좀 더 넓은 1인당 공간을 누리며 살기를 바랄 뿐이다.

그런데 정부의 정책은 항상 더 넓은 공간을 지향하는 것에 대해 세금 등으로 페널티를 물리고, 보다 작은 공간을 지향하는 것에 세금 등에서 혜택을 주어왔다. 즉, 수요 쪽에서는 점점 더 넓은 공간의 추세를 따라가려고 하는데, 정부가 인위적으로 그러한 추세에 역행하는 정책을 펼쳐왔던 것이다. 그러다 최근 주택경기가 가라앉음에 따라 수요 쪽에서마저 작은 평수로 유턴하는 것 같다. 참으로 안타깝다. 정부는 이러한 점들을 잘 생각해보고 발상의 전환을 하여, 보다 나은 방향으로 선회하기를 바란다.

❖ 아파트 소형평수 의무비율의 비효율성

신규 또는 재건축 아파트는 건축 시 일정비율 이상을 전용면적 85m^2(25.8평) 이하의 소형 아파트로 지어야 하는 소형평수 의무비율의 규제를 받는다. 바로 앞에서 언급한대로 우리의 본성은 좀 더 넓고 쾌적한 주거공간을 원한다. 어느 정도 넓이의 아파트를 원하느냐는 구매력을 가진 수요자들이 정하게 하는 것이 최선이다. 그럼에도 불구하고 정부가 굳이 한 아파트 단지 안에서 일정비율의 소형 아파트 건축을 강제한다면, 그것이 가지는 비효율성을 증명해보이고자 한다.

2장에서 코즈(Coase)에 의해 제시된 바와 같이, 긍정적 또는 부정적 외부성이 존재하여 비효율이 발생하더라도, 정부의 간여 없이 민간의 자발적 거래에 의해 효율성이 달성될 수 있다. 이러한 코즈의 정리가 주택시장에서 어떻게 적용되는지 한 가지의 예를 들어 살펴보자.

현재 40평형 1,000가구 아파트 단지를 짓는다고 하자. 아파트 하나당 기

15) 아파트 시장이 정부의 간여 없이 충분히 시장기능을 회복한다면, 시간이 흐를수록 보다 좋고 보다 저렴한 가격의 아파트들이 등장할 수 있다. (아파트 가격의 거품에 대해서는 뒤에 언급되어 있다.)

대되는 가격은 5억 원이다. 그런데 바로 옆에 15평형 임대아파트 단지 100가구가 계획 중에 있으며, 아파트 하나당 기대되는 가격이 1억 5천만 원이다. 그런데 임대아파트가 들어서면 40평형 아파트의 가격이 4억 5천만 원으로 하락한다고 한다. 이때 40평형 단지에서 예상되는 손실액은 500억 원(=5천만 원×1,000)이 된다. 반면에 임대아파트의 총가치는 150억 원이다. 따라서 임대아파트를 지으면 사회적으로 350억 원만큼 후생의 손실이 발생한다. 즉, 임대아파트를 40평형 단지 바로 옆에 지으면, 부정적인 외부효과가 생기게 되어 비효율이 발생한다. 이때 40평형 아파트 단지에서 건축 예정된 임대아파트 단지를 150억 원에 모두 사버린 후 임대아파트를 짓지 않으면, 40평형 단지는 총 500억 원의 손실을 막을 수 있으며, 여기서 임대아파트 단지 매입비용 150억 원을 빼면, 350억 원이 더 남는다. 즉, 파레토 개선이 된다.

이와 같이, 정부의 간여 없이 민간의 자발적인 거래에 의해 사중손실을 초래하는 부정적 외부효과를 제거하고 효율성을 달성할 수 있다. 만일 임대아파트단지 예정지에 350억 원 한도 내에서 공원이나 생활체육시설을 짓는다면, 40평형의 아파트 가치는 5억 원보다 더 상승할 수도 있다. (물론 임대아파트는 150억 원의 비용으로 다른 곳에 지으면 된다. 그렇게 해도 임대아파트로서는 특별히 손해볼 것이 없다. 물론 계획된 임대아파트 단지를 새로운 곳으로 옮기는 유인을 주기 위해, 150억 원보다 좀 더 많은 매입비용을 제시할 수도 있다.) 또한 소득계층에 따라 원하는 근린시설의 형태나 생활패턴 등의 차이로 말미암아, 같은 단지 내에 있거나 바로 옆에 인접한 중대형 아파트와 소형 아파트는 또 다른 불편과 후생의 손실이라는 비효율을 발생시킬 수 있다.

신규 아파트 단지나 재건축 아파트 단지를 지을 때 정부가 소형평수 의무비율을 강제하면, 이와 같이 부정적인 외부성을 발생시킨다. 외부비경제의 정도는 전체 아파트 단지에서 소형평수 의무비율이 높을수록, 그러한 소형 아파트들이 중대형 단지 안에 들어와 있을 때 주택시장에서 평가하는 가치절하의 정도가 클수록 증가할 것이다. 따라서 아파트단지 신축이나 재건축 시 정부에 의해 강제되는 이러한 소형평수 의무비율은 후생

의 손실과 비효율을 발생시키므로, 폐지되어야 한다.16)

■ 재건축 규제

정부는 기존 아파트 단지를 허물고 새로 짓는 재건축을 지은 지 수십 년 이상이 되었거나 안전진단에서 문제점이 드러날 경우에만 허가해주고 있다.17) 그 이유는 두 가지로 요약될 수 있다. 완공된 지 오래되지 않은 아파트를 재건축하는 것은 자원의 낭비라는 것과, 인기가 좋은 재건축 아파트 단지의 경우 아파트 가격이 오를 것이 염려된다는 것이다.

이 두 가지의 이유가 모두 경제적으로 보면 심각한 오류에 기인한다. 첫째, 왜 우리는 자원을 쓸 데 없이 낭비하지 않기를 바라는가? 자원을 낭비하면 우리의 후생수준이 감소한다고 기대하기 때문이다. 물론 자원을 잘 활용하지 않고 그냥 낭비해 버린다면 그럴 수 있다. 그런데 아파트 단지를 재건축을 했을 때 기대되는 수익이 재건축비용을 초과하면 이는 파레토 개선과 같다. 즉, 후생이 증가한다. 다시 말해, 재건축을 추진하는 것은 당사자들의 기대수익이 비용을 초과하여 이익이 발생하기 때문이다. 따라서 정부가 자원의 낭비를 내세워 재건축을 막을 아무런 이유가 없다. [아파트 재건축을 제한하여 후생의 증가를 막는 행위는 아무런 이유 없이

---

16) 다시 한번 강조하지만, 소형 아파트의 공급이 늘지 않는 것은 건설업체들이 중대형 아파트만을 지어서가 아니다. 소형 아파트를 지어도 충분한 수익이 날만큼의 가격을 지불할 여력이 저소득계층에서 아직 부족하기 때문이다. 수익만 나면, 소형 아파트를 건축할 건설업체들이 현재 중대형 아파트 건축에 참여하는 건설업체 말고도 우리나라에 얼마든지 있다.

  중대형 아파트단지의 건축으로 가치가 상승한 해당지역에 소형평수 의무비율로 무임승차하려는 소형 아파트의 꼼수는 경계해야 한다. 이는 정당한 대가를 치르지 않아 시장체제를 왜곡시키고 비효율을 초래하는 것이기 때문이다.

17) 최근에는 용적률을 증가시키지 않고, 기존 아파트 가구 수와 재건축 아파트 가구 수가 같게 되는 1:1 재건축에 대해서는 재건축 허가조건을 완화해 주기도 한다.

자원을 낭비하여 후생을 감소시키는 것과, 후생의 순증가(Net increase) 면에서 보면, 본질적으로 아무런 차이가 없다. 즉, 정부가 자원의 낭비를 내세워 내구연한이 짧은 아파트 단지의 재건축을 제한하면, 이와 같은 자가당착에 빠지는 셈이다.] 수십 년이 된 아파트를 허물고 재건축을 하든지 어제 지어진 아파트를 허물고 재건축을 하든지 그것은 전적으로 아파트 소유자들이 결정할 문제이다. 방금 지어진 아파트를 허물고 재건축을 한다면 그것은 수익이 비용을 초과하여, 그만큼 더 이익이 되리라는 기대 때문이다.[18] 즉, 재건축 결과 사회 전체의 후생이 증가하게 된다. 따라서 정부가 이런 후생의 증가를 지속적으로 막는다면, 지속적으로 비효율을 발생시키게 된다. 즉, 정부실패가 지속된다는 것이다.

둘째, 인기가 높은 재건축 단지일수록 아파트 가격이 크게 오르기 때문에 물가상승에 부담을 준다는 것이다. 그런데 인기가 좋은 재건축 단지의 아파트 가격이 왜 크게 오를까? 그것은 용적률의 증가나 재건축 후에 업그레드 된 아파트의 품질을 미리 반영했기 때문이다. 예를 들어, 재건축 후에 가구당 면적이 좀 더 늘어나는 동시에, 훨씬 업그레이드 된 집 구조, 훨씬 넓어지고 편해진 지하주차장, 이전에 없었던 공원, 생활체육시설, 세련된 근린편의시설 등에 대한 기대감이 클수록 아파트 가격은 더 오르게 된다.[19] 즉, 가격이 그냥 오른 것이 아니라 미래에 증가할 가치를 반영했기 때문이다. 가치가 증가한 것에 대한 보상을 해주지 않고 그냥 싼 가격으로 가져가겠다는 생각이 바로 약탈심리이다. 정부는 오히려 그러한 약탈을 조장해서는 안 된다. 정부가 재건축 아파트시장과 가격기능에 간섭

---

18) 이미 투자된 매몰비용은 의사결정과정에서 배제해야 합리적인 결정을 내릴 수 있음을 앞에서 보았다.

19) 놀이터나 생활체육시설 또한 법이나 규정상의 요건만 맞추는 식이 아니라, 누가 보아도 좋고 이용하고 싶은 마음이 들 정도로 잘 지어놓은 것을 말한다. 또한 근린시설들도 대충 지어 놓은 촌스런 상가건물에 입주해 있는 우중충한 가게들이 아니라, 보다 산뜻하고 편리하고 아름답게 지어져 가게에서 쇼핑하는 것 자체가 쾌적하고 즐거움마저 느낄 수 있도록 많이 고민하고 노력한 흔적이 보이는 시설들을 말한다.

을 하는 것은 전체적인 후생을 떨어드리고 비효율을 발생시키는 것 외에, 추가로 시장경제체제 하에서 용납되어서는 안 될 개인소유권의 침해라는 도덕적 잘못까지 범하는 것이 되어 버린다.

재건축 관련당사자들이 아닌 제3자의 입장에서는, 가만히 앉아서 창졸지간에 막대한 이익을 챙기는 이웃 때문에 배가 살살 아플 법도 하다. 몇 년이 지나 옆에 멋진 아파트 단지가 들어서면, 그 일대의 안구정화효과로 인해 자신이 사는 아파트 가격도 수천만 원이나 오른다 해도 말이다.

재건축으로 큰 이익을 챙기는 당사자들은 그들만의 복일뿐이다. (God bless you!) 보다 엄밀히 말하면, 그것은 복이라기보다 누구에게나 불확실한 미래지만 재건축의 가치상승에 대한 신념을 가지고 주민들의 뜻을 모은 후, 좋은 건설사를 선택하고, 좋은 아파트 구조나 새로운 시설물에 대한 선택을 합리적으로 잘한 결과이다. (이 모든 과정이 항상 쉽지만은 않다.) 다른 사람들이 시기하거나 방해할 대상이 아닌 것이다.

재건축도 잘못 추진하면 경제적으로 큰 손실을 입을 수가 있다. 재건축 주민들이 큰 이익을 얻는다면 그들이 멋진 재건축으로 미래에 창출하게 되는 가치에 대한 반대급부일 뿐이다. 이웃의 질투심이 (어떤 명분을 갖다 붙인다 해도) 정부를 움직여 후생증가와 효율성을 방해하게 해서는 안 된다. (남들의 행복을 방해함으로써 질투의 욕망을 충족시킨 것도 후생이 증가한 것이 아니냐고? 다같이 한마디만 해주자. 고마해라!)

이와 같이 재건축대상 아파트의 가격이 재건축의 삽을 뜨기도 전에 폭등한다 해도 그것은 미래가치 증가분을 현재가치로 반영한 것일 뿐, 우리가 염려하는 물가상승과는 거리가 멀다. 재건축 계획도 없고 그냥 가만히 있는 아파트의 가격이 물가상승률 이상 오른다면, 우리는 그 아파트의 가격이 물가상승에 기여했다고 말해도 좋다. 그렇지만 미래에 생길 멋진 아파트 때문에 오른 재건축 아파트의 가격이 비록 물가통계상의 수치를 아무리 높여 놓을지라도, 그것은 진정한 물가상승과는 아무런 상관이 없다. 말 그대로 그냥 통계상의 숫자일 뿐이다. 아무런 문제가 안 된다.

우리가 왜 인플레이션을 염려하는가? 물가가 오르면, 우리의 소득이나 돈이 가지는 구매력이 줄어버리기 때문이다. 예를 들어, 피자 가격이 1만 원일 때는 10만 원 가지고 피자 10판을 사먹을 수 있었는데, 피자 가격이 2만 원이 되어버리면, 5판밖에 사먹지 못한다. 그래서 우리가 매월 또는 매년 발표되는 소비자물가지수에 촉각을 곤두세우는 것이다. 그런데 피자에 보다 양질의 치즈를 듬뿍, 큼지막한 소고기를 듬뿍, 파인애플 등 소비자가 좋아할만한 토핑을 듬뿍 가미해 가격이 2만 원으로 올랐다면, 그래서 통계숫자상으로 물가상승에 기여했다 할지라도, 우리의 구매력이 줄었다고 말하기는 어렵다.

정부는 물론, 특히 매스컴은 이와 같이 진정한 구매력의 감소와는 전혀 상관이 없는 재건축아파트의 가격상승을 가지고, "가격폭등"이라는 살 떨리는 어휘를 구사하거나 "우리의 근로소득이 얼만데......"와 같이 낙담유발형 비교심리를 무차별적으로 자극하는 어구의 기사들로 아직 경제적 지식이 부족하고 트레이닝이 덜 된 대부분의 국민들을 선동하여, 그것이 정부와 정치인들에게 압력을 가하게 되고, 결국 재건축시장에 간여하거나 간섭하는 법률이나 조례를 제정하여 재건축을 막음으로써 후생의 감소와 비효율을 초래하고, 시장경제의 가치를 훼손시키는 일을 하지말기를 간절히 바랄 뿐이다. 언론이 경제적 마인드가 미성숙 된 대부분 독자들의 주의를 끌기 위해 그러한 어구 등으로 언론플레이를 하면, (언론의 자유는 보장하되, 필요하면 토론이나 재교육을 통해서라도) 그것에 대해 올바른 사실을 깨닫게 해주거나, 옐로우카드를 주는 것이 정부가 해야 할 일인 것이다.

정부는 국민들이 시장에서 자유로운 최적선택을 할 수 있도록 지킴이가 되어야 한다. 재건축에 관련하여 실제로 있었던 사례를 하나 들어보자

☞ 압구정 현대아파트의 재건축 불발 사례

2000년대 초 서울의 대치동에 지어진 고층 아파트 형태의 타워팰리스[20]가 수년이 지나 큰 성공을 거둔 것으로 판명이

나자, 압구정동 강변에 위치한 낡고 오래된 현대아파트 등지에서 이를 벤치마킹하여 재건축을 시도하였었다. 그러자 8억~10억 원 정도 하던 30~40평대의 아파트가 하루아침에 십 수억에서 20억 원에 이를 정도로 가격이 폭등하였다.

당시 현대아파트는 지어진지 오래되어 많이 낡은 아파트임에도 불구하고, 동네의 위치, 그것이 가지는 강남에서의 상징성 등으로 꽤 부유한 아파트 단지로 알려져 있었다. 하지만 오래된 아파트이다 보니 아파트 구조나 시설은 요즘 짓는 아파트에 비하면 훨씬 불편하고 낙후되어 있다. 한 예로, 주차장만 하더라도 지하주차장이 없다. 처음 아파트가 지어졌을 때보다 우리나라의 자동차 수가 급증했기 때문에, 퇴근시간 이후가 되면 주차장에 주차된 차 바로 뒤에 겹쳐서 주차해놓는 2중 주차 때문에 주차에 큰 불편을 겪고 있었다. 또한 외관상 낡아서 가끔 외국인들이 차를 타고 그곳을 지나면서 빈민가(Slum)냐고 묻는 일마저 있었다고 한다.

그래서 타워팰리스처럼 고층 아파트로 재건축하고, 지하 2~3층에 이르는 넓은 지하주차장을 만들고, 남은 땅에 잔디, 숲, 인공호수가 있는 공원을 조성하는 등 아파트의 질을 획기적으로 개선시키겠다는 구상을 하였다. 그렇게 되면 아파트 단지의 풍경이 완전히 바뀌게 된다. 지나다니는 운전자들, 승객들, 행인들이 보기에 꽉 막혀 보이지 않던 한강이 높이 솟은 건물들과 나무들 사이로 보일 정도로 시야가 탁 트이게 된다. 건물들 사이로 강의 모습이 눈에 들어오고, 세련되고 멋진 건물들과 조화를 이루는 녹지와 나무들을 보면서

20) 타워팰리스는 50~60층 이상의 고층으로 창문을 활짝 열 수 없기 때문에 자연환기가 되지 않고 내부의 배관을 통한 기계식 환기를 하고 있는 제약이 있음에도 불구하고, 이전에 우리나라 아파트에서 볼 수 없었던 상당히 세련된 경비원들과 경비시스템, 입구를 들어서자마자 호텔처럼 크고 호사스럽게 지어진 로비, 아파트 내부에 있는 고급식품마트, 조촐하게나마 마련된 생활체육 시설, 그러한 것들이 가져다 준 비교적 높은 사회문화적 위치의 인사들의 군집효과 등으로 평수에 따라 가격이 십 수억 원에서 수십억 원에 이르기까지 수년간에 걸쳐 상승하였다.

지나다니는 행인들은 자신의 눈이 즐거워지며, "같은 대한민국 안에 이런 곳도 있었네. 많이 발전했네!"와 같은 뿌듯함을 느끼게 되는 등 긍정적인 외부효과까지 생겼을 것이다.

그런데 재건축을 추진 중인 현대아파트 단지의 가격이 폭등하자 이것이 매스컴에서 이슈화되었고, 급기야 정부가 아파트 재건축을 불허하는 등 제동을 걸게 되었다. 그 이유는 아파트 가격 상승으로 인한 물가상승의 부담 때문이라는 것이었다. 이 사례의 바로 앞에 적혀있는 내용들을 이해했다면, 이와 같은 명분이 얼마나 터무니없는 것인지 이미 알아차렸을 것이다. 그냥 터무니있다(?)는 억지를 받아들인다 해도, 그러한 재건축이 가져다 줄 엄청난 가치의 증가와 긍정적인 외부성은 그런 억지들이 주장하는 손실에 비할 바가 아니었다.

그 당시 재건축의 효과나 후생증가에 대한 명쾌한 경제적 분석을 아무도 못했는지, 누군가 했더라도 그러한 분석이 담당자들의 두꺼운 머리를 통과 못했는지, 통과했더라도 (경제적 지식이 부족하여) 마냥 질투심에만 매달려 배 아파하던 이웃이나 각종매체 독자들의 눈치를 담당자들이 본 것인지는 아직까지도 명확하게 알려진 바가 없다. 다만 많은 국민들이 소화제를 사러 가려다가, 안 가도 돼서 흐뭇해했다는 후일담 정도는 들을 수는 있었다.

재건축 불발에 대해 속으로 통쾌해하면서 쾌재를 불렀을 타 지역 주민들이 정말 그 쾌재가 제대로 된 쾌재였었는지 한번 반추해보는 것이 향후의 보다 나은 합리적 선택을 위해 좋을 것 같다.

만일 압구정 현대아파트가 예정대로 재건축을 하여 성공하였더라면 어땠을까? 물론 현대아파트 주민들은 대박을 맞았을 것이고, 타 지역들의 약국매출이 소소하게 올라갔을 것이다. 그건 그렇다 치고, 그 뒤에 또 어떻게 되었을까? 여기서 잠깐 한 가지를 짚고 넘어가자. 우리나라 사람들이 평균적으로 보면 굉장히 머리가 좋다고 생각한다. 미국에서 대학원에 다니는 동안 (머리가 따라주지 않으면, 절대 몸이 안 따라주는 과목인) 학부나 대학원의 수학이나 과학과목들에서 한국인들이 (물론 일본인과 중국인 등 극동 아시아출신 학생들을 포함하여) 단연 두각을 나타내는 걸 직접 봤기 때문이다.[21] 아쉽게도 그것이 여태 우리나라에서 새로운 이론이나 물건을 발견하거나 발명하는 등 창의력으로 크게 꽃 피우기 보다는, 남이 해서 잘된 것을 모방하는데 천재적인 능력을 발휘하게 하였다는데 토를 달 사람은 그리 많지 않을 것이다.

만일 타워팰리스에 이어 압구정동의 현대아파트마저 재건축 성공신화를 쓰고, 그리고 (재건축 성공시대의 초창기에 등장하는 사람들의 속앓이 성의 불평과 민원에도 불구하고) 정부가 꿋꿋하게(?) 재건축에 초를 치지 않았더라면, 우리나라 사람들의 천재적 모방능력이 그 잠재력을 십분 발휘할 기회를 계속해서 주었을 것이다. 많은 사람들이 부러워하는 타워팰리스를 훨씬 능가하는 대규모의 멋진 아파트 단지들이 압구정동뿐만 아니라 강남, 강북을 가리지 않고 우후죽순처럼 생겨났을 것이다. 그리고 그러한 단지들의 수가 수십 군데를 초과하기 시작하면, 성공신화를 썼던 기존의 타워팰리스나 (가상의) 압구정 현대아파트 단지의 아파트 가격이 어떻게 되었을까? 십 수억 원에서 50억 원이나 하는 가격을 유지할 수 있었을까? (즉, 평당 2천만~3천만 원 정도) 절대 아니라고 본다. 아마 그냥 수억 원 정도에서 비싸야 20억 원을 좀 넘는 수준이 되지 않았을까 추측한다.[22] 이는 시장의

---

21) 물론 교과서가 아닌 자연현상 등에 끊임없이 의문을 품고, 따져서 분석하는 등 창의력과 관련된 능력은 수직적, 가부장적이고, 남보다 튀지 않으려는 집단주의적 유교문화권에서는 잘 배양이 안 되는 관계로, 새로운 수학이론을 처음으로 개발하는 것과 같은 것에는 좀 약한 부분이 있지만.

22) 이 부분에서 약간 안색이 변할 기존의 타워팰리스의 주민 분들께서는 전혀 그럴 필요가 없다. 비슷한 유형의 모든 아파트 가격이 그대로인데 자신의 아파트 가격만 떨어지면 물론 그럴 수 있다. 그런데 다른 모든 단지의 아파트 가격이 함께 떨어지면, 개인의 후생에 별다른 영향을 주지 않는다. 어차피 같은 아파트에 평생 사는 사람은 당연히 그렇고, 이사 가는 사람도 현 거주지와 새 거주지의 가격이 같이 움직이기 때문에 그렇다.

물론 현재의 아파트를 팔고 그것으로 다른 일을 벌이려는 사람들과 여러

공급곡선이 오른쪽으로 이동하는 것을 생각해보면, 자명한 일이다. 타 지역 주민들은 그림의 떡처럼 쳐다보던 타워팰리스가 이제는 도전해볼만한 곳이 되었을 것이다.

예를 들어, 서초동의 낡은 아파트 주민들이 타워팰리스나 그 정도 급 이상으로 수도권 각처에 새로 지어진 대규모단지로 이주하려 하였을 것이다. (물론 현 거주지 가격도 함께 떨어졌을 것이기 때문에 약간의 어려움을 느꼈을지도 모른다. 하지만 자신의 아파트와 선망의 대상이었던 아파트 사이의 가격의 절대적 차이는 많이 줄어들었을 것이다.) 서초동의 낡은 아파트들이 그런 식으로 공동화되면서 자연히 가격이 떨어질 것이고, 이번에는 영등포의 기존아파트 주민들의 서초동 아파트로의 이동이 시작되었을 것이다.[23] 영등포 아파트의 가격이 떨어지면, 이전에는 아파트라면 꿈도 못 꾸던 낡은 다세대주택 주민들이 좀 분발하여 영등포의 아파트로 이동을 시작하였을 것이다. 그다음 달동네에 살던 주민들이 가격이 폭락한 다세대주택으로 가서 자리를 잡을 수 있었을 것이다. 이와 같은 연쇄반응을 거쳐, 모든 사람들의 주거환경의 질이 향상되었을 것이다. 이는 실로 방대한 규모의 후생증가였을 것이다.

다시 처음으로 이야기를 되돌려보자. 압구정동 현대아파트 단지가 재건축 허가를 받지 못했을 때, 재건축 반대여론에 참예한 바 되었던 타 지역이나 다른 아파트단지의 사람들이 얼마나 큰 복을 차버렸던가. 우리나라 속담에 "자식 이기는 부모 없다."는 말이 있다. 과연 "시장 이기는 정책이 있을까?" (2장에서 거론된 특별한 경우인 불완전경쟁, 외부성, 공공재, 정보비대칭의 경우를 제외한 일반적인 경우에서 말이다.)

채의 주택을 가지고 임대수익을 올리는 사람들은 약간 인상을 찌푸릴 수 있다. 하지만 시대적인 상황변화에 따라 생기는 어쩔 수 없는 변화는 그냥 담담히 받아들이는 것이 전체 국민의 후생과 자신의 정신건강에 더 유익하지 않나 싶다.

23) 서울의 동네들을 한 줄로 세워 놓고 비교할 생각은 추호도 없다. 지금 거론된 동네들은 그냥 비유를 위해 든 것일 뿐이다.

❖ 아파트 리모델링이 재건축의 대안이 될 수 있을까?

최근에는 재건축대신 기존 아파트 건물형태를 유지한 채 내부수리와 개선을 통한 리모델링을 하는 경우도 있다. 물론 재건축 허가에 관계없이 비용 등의 측면을 고려해서 그렇게 하는 경우도 있지만, 많은 경우는 재건축을 하고 싶은데 정부에서 허가를 내주지 않아, 그냥 살기는 너무 불편하고 할 수 없이 차선책으로 하는 경우가 많다.

그런데 리모델링은 제약이 많다. 우선 구조변경을 제대로 하기 힘들 뿐만 아니라, 기존의 건물 아래 땅을 파게 되면 안전을 장담할 수 없기 때문에 지하주차장을 만들기가 거의 불가능하다. 즉, 오래된 아파트의 비좁은 현재의 주차장을 계속해서 이용할 수밖에 없다. (바쁜 출근 시간에 2중으로 주차된 차를 옆으로 밀어낸다든지, 급히 핸드폰을 꺼내 차 앞 유리에 남겨둔 번호로 연락해 "차 좀 빼주세요!"를 반복하며 살아야 될 것이다.)

■ 아파트 분양방식의 비효율성

우리나라에서는 새로 짓는 아파트 단지의 아파트를 구매하려면, 아파트 계약 시부터 완공될 때까지 2~3년간에 걸쳐 구입대금을 나누어 낸다. 이와 같이 아파트 완공 전에 구입대금을 미리 내는 방식을 선분양제라 한다. 반면에, 아파트가 완공된 후 아파트를 구매하고 구입대금을 내는 방식을 후분양제라 한다. 선분양제 하에서는 아파트가 완공된 후 몇 동, 몇 층, 몇 호를 분양받느냐는 전체 입주민을 대상으로 일괄적으로 추첨하여 결정한다. 이와 같은 분양방식은 다음과 같은 문제점과 비효율을 발생시킨다.

❖ 선분양제의 제품에 관한 위험

선분양제로 인해 아파트가 완공되기 전 아파트계약을 하고 대금을 납부하기 때문에, 계약하기 전에 미리 자신이 살게 될 아파트를 살펴볼 수가 없다. 만일 후분양제라면, 계약하기 전에 입지와 주변환경, 조망, 아파트

주변의 편의시설, 건축자재와 마감재, 소음정도, 하자여부 등을 미리 살펴보거나 점검해볼 수 있다. 후분양제가 실시되면, 소비자가 정확하게 체크하기 힘든 사항까지 포함해 점검하고 평가해주는 전문회사가 생겨, 소정의 수수료를 받고 각동의 특정 아파트에 대해 보다 꼼꼼하고 정확한 정보를 제공해 줄 수도 있다. 보다 정확한 자료와 정보를 알고 아파트를 구매해야, 소비자들은 자신이 원하는 것에 대한 최선의 선택을 할 수 있다. 물론 아파트의 세세한 특성에 대해 그다지 민감하지 않은 소비자들은 그런 서비스를 받지 않고, 그냥 자신이 판단하여 구입여부를 결정할 것이다.

일반적으로 소비자들이 아파트의 면면에 대한 정보가 부족할수록, 나중에 후회하거나 비효율적인 선택을 할 가능성이 크다. 모델하우스에서도 대략적인 아파트의 구조를 알 수가 있지만, 실제로 지어진 아파트에 들어서면, 채광이나 조망 등 여러 가지 요인들이 추가되기 때문에 또 다른 느낌을 받을 수 있다. 그렇기 때문에 실제로 완공된 아파트를 둘러본 후 구입여부를 결정해야 자신이 원하는 아파트를 구입할 가능성이 더 커진다.[24)]

선분양제에서는 아파트의 실제모습이나 품질에 대한 리스크를 소비자가 고스란히 떠안을 수밖에 없다. 완공된 아파트를 둘러본 후, "이럴 줄 알았더라면 계약하지 않았을 텐데......"라는 생각이 드는 소비자들은 후분양제라면 생기지 않았을 큰 후생의 손실을 감수할 수밖에 없다. 가끔 완공된 아파트의 벽에 금이 가 있다든지, 누수가 생긴다든지, 진입로주변의 교통이 불편하다든지, 계약 당시 제시한 아파트주변의 기반시설이 미흡하다든지 등등의 이유로 아파트 공급자와 입주민들 사이에 분쟁이 생기는 경우도 있다. 이러한 분쟁 역시 후분양제였다면, 생기지 않았을 것이다.

---

24) 자신이 구입할지도 모를 아파트에 다른 사람들이 선택하느라 들락거리는 것이 찜찜하면, 바닥을 깔고 벽지를 바르기 직전에 분양을 하면 될 것이다. (또는 바닥에 두꺼운 골판지 등을 깔아놓아도 된다.) 그리고 한 세대 정도에 견본으로 바닥과 벽지를 완성해놓고, 세세한 사항들을 체크해볼 수 있게 하면 된다.

❖ 선분양제의 재무위험

선분양제는 우리나라에서 아파트를 분양할 때 실시되는 독특한 제도라 할 수 있다. 미국을 비롯한 다른 나라에서는 개인주택이든 공동주택이든 다 지어놓은 후 수요자들이 둘러보고 구매여부를 결정한다. 우리나라에서 선분양제를 실시하게 된 주된 이유는 건축자금의 확보였다. 즉, 과거 고성장시기에 산업자금의 수요가 높아 금융권으로부터 아파트 건설자금의 마련이 쉽지 않았기 때문에, 주택 구매자로부터 직접 자금을 확보하는 것이 더 쉬웠었다. 이러한 선분양제는 건설회사가 져야할 재무적인 리스크를 전부 소비자에게 전가해버린다. 아파트를 짓는 중간에 건설회사에 문제가 생겨 공사가 중단되는 바람에, 아파트 구매자들이 엄청난 피해를 입게 되는 사례가 종종 보도되곤 한다. 한평생 모은 돈으로 아파트를 샀는데, 이런 경우를 당한 개인들은 정말이지 하늘이 무너져 내리는 것 같은 심정일 것이다. 선분양제가 계속 실시되는 한, 이러한 위험은 사라지지 않을 것이다.

지금은 과거와 같은 고성장기도 아니며, 오히려 자금은 풍부한데 마땅히 투자할 곳을 못 찾고 있는 경우도 많다. 그리고 선진국에서는 건설회사가 건설자금이 부족하면 금융권이나 프로젝트 파이낸싱을 통해 자금을 조달하기도 한다.[25] 이와 같이 아파트 건축 시 재무적 위험(Financial risk)은

---

25) 우리나라에서 최근 중소규모의 건설업체에게 프로젝트 파이낸싱을 해 준 저축은행들이 건설경기가 침체하자 자금의 회수가 어려워져 부도가 나는 바람에, 사회적으로 큰 물의를 일으킨 사례가 있었다.

선진국의 경우 프로젝트 파이낸싱은 오랜 역사를 가지고 있으며, 부동산과 투자부문에 대한 고도의 지식과 전문성을 갖추고 있다. 그래서 투자 시 투자대상 뿐만 아니라 경제상황에 대한 포괄적인 분석과 중장기 예측까지 하는 등 수익이나 리스크에 대한 분석을 빈틈없고 철저하게 수행한다. 금융선진국들의 여느 투자전문기관과 마찬가지로, 세계적인 유명 프로젝트 파이낸싱 회사들도 부동산 관련 전문가, 투자분석가(Analyst)나 경제학자(Economist)들로 이루어진 전문가집단이나 태스크포스(Task force)가 있다.

이에 배해 부동산, 투자, 경제에 대한 전문성이나 분석능력이 떨어져 대충감으로 부동산 관련 대출을 하면, 예측하지 못한 변수들이 발생하기 쉽고 이에 대한 대처능력이 떨어져 낭패를 볼 위험이 커진다.

최종소비자가 아닌 건축을 담당하는 생산자들이나 투자와 리스크관리에서 보다 전문성을 갖춘 금융권에서 떠안는 것이 정상적이다. 전문성을 갖춘 투자자는 리스크관리에서도 전문성을 갖추고 있다. 프로젝트 파이낸싱 회사의 경우 한꺼번에 다양한 건설관련 프로젝트를 수행하며, 어느 하나의 프로젝트에 문제가 생기더라도 그 문제를 해결하는데 도움을 주거나 재무적으로 리스크 회피(Risk hedge)장치가 잘 구축되어 있다. 이에 비해 개인은 그러한 문제해결 능력도 리스크를 회피할 수단도 없으므로, 건설회사 부도와 같은 이유로 발생하는 리스크를 절대 개인에게 떠넘겨서는 안 된다. 주택구입 시 이와 같은 문제가 발생할 때 그 손실규모가 개인들에게는 인생을 송두리째 날릴 만큼 크기 때문에 반드시 국가가 간여해서 개인들에 대한 리스크를 사전에 차단해줄 필요가 있으며, 발생한 문제에 대해서는 국가가 나서서 중재해 줄 필요가 있다.[26)]

아파트를 구입하는 개인들이 재무적인 리스크를 지지 않게 하는 가장 확실한 방법은 후분양제를 실시하는 것이다. 이는 국가가 강제로 실시하게 해도 될 것 같다. 선분양이나 후분양 여부를 그냥 시장에 맡겨놓고 각 공급업체들이 알아서 정하게 하여 계속해서 선분양제가 실시된다면, 리스크 관리능력이 거의 없는 개인들의 고통이 너무 극심해질 수 있기 때문이다.

아파트나 일정 규모이상의 주택이 계속 건설된다면, 금융과 리스크 관리에 고도의 전문성을 갖춘 프로젝트 파이낸싱 전문회사들이 하루 빨리 우리나라에서 탄생되기를 간절히 바란다. 그렇다고 프로젝트 파이낸싱을

---

26) 그렇다고 건설회사부도로 인한 개인의 손실을 언제까지나 국가가 무조건 전부 다 배상하라는 것은 아니다. 그렇게 되면, 심각한 도덕적 해이가 발생할 수 있다. 즉, 생산자나 소비자나 그 누구도 위험을 줄이려는 노력을 하지 않는 등 리스크 관리에 문제점이 생기기 쉽다. 그리고 자격미달의 건설회사가 퇴출되지 않고 국가의 배상을 빌미로 계속 남아있게 된다. 다만 실제로 아파트 건축 중간에 문제가 발생하면, 건설회사가 신실한 회사이며 어느 정도의 지원만 해주면 회생가능한지를 전문가적 시각과 실사를 통해 판단한 후 지원하여 구제해야 한다. 그리고 이러한 문제해결도 궁극적으로는 국가보다는 전문화된 프로젝트 파이낸싱 회사를 통해 민간차원에서 하는 것이 바람직하다.

국가가 맡아서 하라는 것은 아니다. 다만, 정부는 불필요한 규제들이 있는지 잘 살펴서 폐지할 건 폐지하고, 필요한 지원, 자문, 간편한 행정절차 등을 통해 프로젝트 파이낸싱 회사가 잘 성장할 수 있는 토양을 마련해주어야 한다.

❖ 추첨을 통한 분양방식의 비효율성

아파트 단지 완공 후 입주민들은 추첨을 통해 각 동, 층, 호를 분양받는 경우가 많다. 이러한 추첨제는 다음과 같은 심각한 문제가 있다. 예를 들어, 조용한 곳을 찾는 사람, 교통이 편한 곳을 찾는 사람, 높은 층을 선호하는 사람, 낮은 층을 선호하는 사람 등 입주민들의 기호(Taste)는 매우 다양하다. 그렇기 때문에 각 수요자들의 기호를 무시한 추첨제는 처음부터 문제를 가질 수밖에 없다.

아래 그림의 한 아파트 단지의 예를 보자. 교통이 편한 곳을 선호하며 주로 지하철을 이용하는 사람들은 1동을 원할 것이며, 버스를 주로 이용하는 사람들은 2동이나 3동을 원할 것이다. 반면에 도로와 좀 멀더라도 지나다니는 자동차 소리가 싫고 조용한 곳을 원하는 사람들은 7~9동 중 한 동을 원할 것이다. 또한 교통과 조용한 곳을 절충하여 4~6동 중 한 동을 원하는 사람들도 있을 것이다. 소음에 매우 예민한 사람들은 한밤중에 조그만 자동차소음에도 깊은 잠을 못 자 낮에 피곤해할 수 있다. 더구나 가끔씩 지나다니는 차동차소음이 아니라, 24시간 내내 소음이 지속되는 대로변이라면 더욱 그럴 것이다. 그리고 조용한 곳이라면 여름에 굳이 에어컨을 켜지 않고 창문만 열어놓아도 되는데, 소음에 민감하여 그럴 수 없는 사람이 대로변과 인접한 1~3동과 같은 곳에 배정받으면, 후생의 손실이 클 것이다.

또한 이 아파트의 층수가 25층이라 할 때, 전망이 좋은 곳을 선호하는 등 높은 층을 좋아하는 사람들은 대개 20층 이상을 원할 것이다. 또한 평소에 엘리베이터 앞에 서서 대기하는 것을 싫어하는 사람들은 계단을 이용하기를 원하여 3 ~ 4층 이하의 층을 원할 수도 있다. 또한 5 ~ 10층 정도의 중간층을 원하는 사람들도 있을 것이다. 이와 같이 층 하나만 봐도 기호에 따라 원하는 층이 다양할 수 있다.

그럼에도 불구하고 컴퓨터 추첨으로 무작위로 배정해 버리면, 각 사람들의 기호와 실제로 배정받는 아파트의 위치가 매스매치 되기가 쉽다. 이러한 사람들이 많을수록 후생의 손실은 커진다. 각 사람들이 자신이 원하는 위치의 아파트를 자유롭게 선택하게 하는 것이 후생 면에서 최선이 된다. 그렇기 때문에 트럼프를 섞는(Shuffle)식의 무작위 추첨에 의한 배정방식은 후생 면에서 보면 최악의 방법이라 할 수 있다.

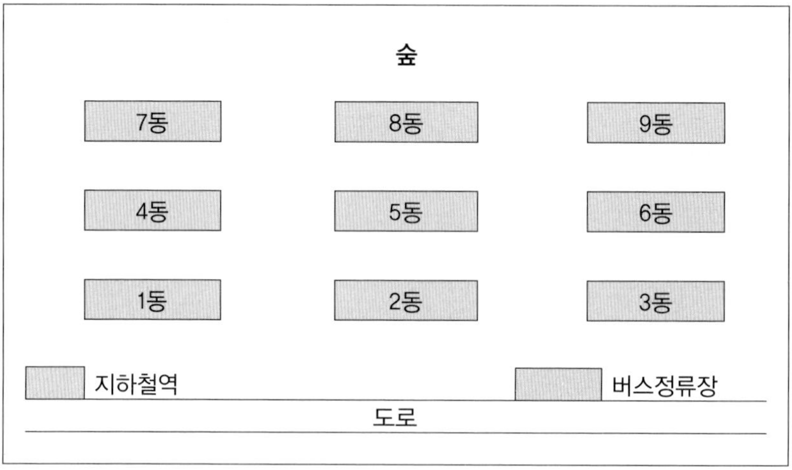

한 아파트단지의 예

만일 후분양을 하면 이러한 미스매치의 문제를 깔끔하게 해결할 수 있다. 예를 들어, 5억 원 정도하리라 예상하는 아파트라면, 준공 후 분양을 시작할 때, 가격을 일단 5억 5천만 원으로 책정할 수 있다.[27] 이 가격으로 구

27) 실제로 정확한 시장가격을 건설업체가 예상하는 것은 쉬운 일이 아닐 수 있다. 그래서 처음에 6억 원을 책정해도 상관이 없다. 만일 하루 이틀 동안 아무도 구입하지 않으면, 가격을 낮추면 된다. 이런 식으로 하다 보면 시장균형

입한 몇몇 사람들은 자신이 원하는 동, 층, 호를 가장 먼저 선택하게 된다. 그 다음 가격을 낮추어 5억 4천만 원을 책정해 볼 수 있다. 이런 식으로 가격을 낮추어 가다가 시장균형가격인 5억 원 근방에서 많은 사람들이 구매를 결정할 것이다. 물론 개별 아파트의 위치는 구매한 순서대로 먼저 정하게 한다. 그리고 맨 마지막에 구매한 사람들은 5억 원보다 싼 가격에 구매하지만, 위치에 대한 선택을 거의 못할 수도 있다. 즉, 5억 원보다 더 낸 금액은 위치선택이라는 프리미엄을 구입한 가격이 된다. 분양 후 아파트 매매가격은 각 가구의 위치에 따라 다를 것이다. 이때 5억 원보다 더 주고 산 사람일지라도 나중에 실제 매매가격이 자신이 지불한 가격보다 더 높으면, 자신의 선택에 대한 자부심을 가질 수도 있을 것이다. 물론 그렇지 않더라도, 그곳에서 사는 동안 계속 얻게 될 위치선택으로 말미암은 추가잉여가 5억 원보다 더 낸 추가금액보다 클 것이므로, 후생 면에서 전혀 손해를 본 것이 아니다. 그렇지 않았더라면, 처음에 그 가격으로 그 위치의 아파트를 구입하지 않았을 것이다.

❖ 국민주택채권제도의 비효율성

우리나라에서 85m²(25.8평)를 초과하는 아파트를 구입할 때, 아파트 가격의 2~3%에 해당하는 국민주택채권을 구입해야 한다. 국민주택채권은 종류에 따라 만기가 5~10년이며, 국민주택채권의 이자율이 시장의 무위험 이자율보다 낮을 경우 지금 당장 채권을 판매하려면 할인하여 판매할 수밖에 없다. 국민주택채권을 매입한 자들은 거의 대부분 즉시 팔아버린다. 그때 할인율은 시기에 따라 변하며, 최근에는 대략 채권매입가의 5~6% 정도이다.

만일 5억 원 또는 10억 원 하는 아파트를 구입하면, 할인금액이 50만 원

가격의 탐색이 가능해진다. 정해진 가격으로 일괄적으로 분양하는 선분양제에서는 이와 같은 균형가격의 탐색이 불가능해진다.

그리고 아파트를 건축하는 2~3년의 기간 동안 물가상승률 등 외부환경이 예상과 많이 다르면, 선분양제 하에서는 막상 입주할 때 구입가격과 시장균형가격의 괴리가 커질 수밖에 없다. 이러한 가격괴리의 가능성은 판매자와 구매자 모두에게 리스크 요인이 된다.

(= 5억원 × 0.02 × 0.05)에서 180만 원(= 10억원 × 0.03 × 0.06) 정도가 된다.[28] 즉, 그만큼 세금을 더 내는 것과 같다고 할 수 있다. 물론 아파트 구입 시 이와 같은 준조세를 포함한 총세율이 높을수록 아파트의 거래량은 줄어들고, 사중손실은 커진다.

또한 국민주택채권은 주택 구입자로부터 채권매입자에게로 잉여의 일부분을 이전시키는 역할을 하게 된다. 물론 국민주택채권 매입제도는 국가의 주택사업을 위한 재정확보 측면이 있다. 그렇더라도 국민주택채권에 해당하는 금액만큼 일반 국채로 전환하고, 국민주택채권제도를 폐지하는 것이 바람직하다. 만일 국민주택채권제도를 폐지하고 그 대신 국민채권 매각할인으로 생겼던 손실액만큼 취득세를 인상한다고 해도, 주택구매자들의 부담은 변하지 않지만, 국민주택채권 취급에 관련된 행정상의 번거로움은 덜어질 것이다. 즉, 국민주택채권 제도는 비효율적인 제도이다. 또한 50만 원이나 180만 원은 일반 중산층들의 한 달 급료를 생각할 때, 결코 무시할 만큼 작은 돈이 아니다.

❖ 미분양 아파트 문제의 해결

최근 들어 전국에 수만 가구 이상의 미분양 아파트에 대한 기사가 자주 등장한다. 미분양 아파트란 아파트 준공 이후에도 팔리지 않은 아파트를 말한다. 별다른 규제가 없는 시장의 균형에서는 이와 같이 미분양이라는 초과공급이 계속 존속할 수가 없다. 그런데 왜 미분양이 오랜 기간 동안 해소되지 않는 걸까? 그것은 당연히 현재의 판매가격이 시장균형가격을 초과하기 때문이다. 초과공급이 발생하면 당연히 가격이 떨어져야 되는데, 왜 가격은 떨어지지 않고, 오랜 기간동안 아파트들이 미분양인 채로 남아 있을까? 더구나 미분양이 발생하면, 건설업체들이 자금압박을 받기 때문에 가격을 낮추어서라도 팔고 싶어 하는데 말이다.

그 이유는 이미 미분양 아파트단지의 기존 입주자들이 가격을 낮추지

28) 위의 국민채권구입 비율과 할인율은 대략적인 수치이지, 정확한 수치는 아니다. 이러한 비율들은 정부의 정책과 시간에 따라 변동한다. 자세한 수치는 국토교통부 홈페이지에 나와 있다.

못하도록 강한 압력을 행사하기 때문이다. 초과공급분의 아파트가 자신들이 지불한 가격보다 싼 가격에 판매되면, (남이 더 싸게 구입하니까 기분이 언짢은 것도 있고) 자신들의 아파트 시세가 떨어진다고 생각하기 때문이다. 그래서 미분양 아파트를 더 싸게 팔면 건설업체에 소송도 불사하겠다고 위협하는 경우까지 있다. 따라서 초과수요나 초과공급 시 가격이 자유롭고 신속하게 움직여 새로운 균형에 도달해야 하는데, 그렇지 못하게 되어 버린다. 이와 같이 가격기능을 훼손시키는 행위는 시장자본주의의 근간을 흔드는 일이며, 큰 후생의 손실을 발생시킨다.

간혹 건설사는 이러한 가격경직성을 우회해서, 미분양 잔량을 해소하기 위한 편법들을 쓰기도 한다. 예를 들어, 미분양 아파트 가격을 낮추는 대신, 무료로 인테리어 등을 업그레이드 해준다든지, 시장금리보다 낮은 금리로 아파트 담보대출을 해준다든지 한다. 이러한 방법은 명목상의 아파트 가격을 낮추지는 않았지만, 본질적으로 가격을 낮추는 것과 다르지 않다. 다만 명시적으로 가격을 낮춘 것이 아니기 때문에 외부인이 보면 마치 아파트 가격이 떨어지지 않은 것 같은 착시현상을 줄 뿐이다. 그러나 그러한 착시현상 때문에, 외부에서 바라보는 일반 수요자들이 보다 합리적이고 경제적인 판단을 하기가 쉽지 않을 수 있다. 즉, 실질적으로 가격을 낮추었음에도, 소비자들은 가격이 떨어지지 않은 것으로 판단하여 초과공급이 해소되지 않는 것이다. 결국, 그냥 자유롭게 판매가격을 낮추는 것이 편법으로 실질적인 가격을 낮추는 것보다 덜 번거롭고 효과도 좋을 것이다.[29)]

---

29) 기존 입주자들은 자신들의 아파트 구입비용이 매몰비용(Sunk cost)라는 것을 알아야 한다. 합리적이고 경제적인 판단을 하려면, 어떤 의사결정을 할 때 기회비용은 고려하되 매몰비용은 고려하지 않아야 한다.

예를 들어, 기업이 연구개발에 이미 100억 원을 투자했다고 하자. 그렇게 개발된 제품이 추가적인 비용을 들이지 않고 향후 5년 동안 판매가 가능하며, 예상되는 총수입의 현재가치가 50억 원이라고 한다. 이때 그 제품을 생산해야 하는가? 비용이 100억 원인데 비해, 수입이 50억 원밖에 안되므로 생산하지 말아야 한다고 생각하는 사람이 있을지도 모른다. 하지만 100억 원은 이미 투자하여 회수가 불가능한 상태다. 그러므로 생산을 하여 50억 원만큼의 수입이라도 생겨야 손실을 절반으로 줄일 수 있다. 따라서 생산을 하는 것이 합리적인 결정이다.

경제 전체로 보면, 아파트의 판매가격이 시장에서 자유롭게 정해질 때, 가격은 본연의 역할 중의 하나인 제품가치에 대한 신호역할을 제대로 수행할 수 있다. 가격이 주는 정보가 불확실하거나 부정확하면, 합리적 선택을 하는데 방해가 되거나 정보비용이 발생한다. 어떤 종목의 주식을 구입한 후 그 종목의 가격이 주식시장에서 떨어졌을 때, 그 종목의 매매가격을 외부에 공시하지 못하도록 압력을 행사한다고 생각해보라. 시장에 큰 혼란과 정보비용을 초래할 것이다. 정부는 이러한 시장가격의 움직임을 제한하는 행위가 절대로 발생하지 않게 감시하고, 시장에서 가격의 기능이 최대한 발휘되도록 해줘야 한다.

■ 주택에 대한 세금에 관한 고찰

우리가 주택을 구입하면 취득세를 내고, 보유기간 중에는 재산세를 내고, 판매하면 (판매가가 구입가를 초과하는) 양도차익에 대한 양도(소득)세를 낸다. (단, 2년 이상 보유했으며 판매가가 9억 원 이하인 1세대 1주택은 양도세가 면제된다.) 주택관련 세율과 면세기준 등은 부동산 경기나 부동산 정책에 따라 종종 바뀌어왔다. 현행 주택 관련 조세는 아래의 박스에서 보듯이 상당히 복잡하다.

또 다른 예를 들면, 1만 원을 주고 극장표를 사서 영화를 보는데, 30분 정도 보고 있으려니 너무 재미가 없어 나가고 싶다. 이때 나가는 것이 합리적일까? 극장표가 아까워 못 나가겠다는 사람이 있을지도 모른다. 하지만 도중에 나가서 나머지 1시간을 더 유용하게 쓸 수 있다면, 나가는 것이 더 경제적이다. 왜냐하면 극장 안에 계속 있으면, 지루함이라는 비용을 더 치러야하고, 대신 극장 밖에서 할 수 있는 일의 즐거움이라는 기회비용까지 발생하기 때문이다. 즉, 이미 지불한 매몰비용은 잊어버리고, 지금 어떤 선택을 하는 것이 더 나을지(즉, 기회비용을 따져) 판단하고 행동하는 것이 보다 합리적이고 경제적이며 자신의 후생을 더 높일 수 있다.

이처럼, 기존의 입주자들은 이미 지불한 비용에 연연해하면서 다른 사람들의 구입비용과 비교하여 괴로워할 것이 아니라, 향후 내가 현재의 아파트에 살면서 느낄 즐거움이나, 투자에 관심이 많은 사람이라면 다른 아파트의 가격동향이나 제품정보에 초점을 맞추는 것이 더 낫다.

취득세

주택의 취득세율은 취득가격 6억 원 이하, 9억 원 이하, 9억 원을 초과하는 주택에 대해 (누진세 방식이 아니라) 그냥 단순히 각각 1.1%, 2.2%, 3.3%가 적용된다. (1%, 2%, 3%의 기본세율에 지방교육세 0.1%, 0.2%, 0.3%가 추가된 것이다.) 또한 주택의 전용면적이 85m^{2}를 초과하면, 농어촌특별세 0.2%가 추가된다. 즉, 취득세율이 1.3%, 2.4%, 3.5%가 된다.

예를 들어, 2억 원, 5억 원, 10억 원, 20억 원의 주택을 구입하면(2억 원 주택의 전용면적만 85m^2 이하라고 하면), 취득세는 각각 220만 원, 650만 원, 3,500만 원, 7,000만 원이 된다.

재산세

주택에 대한 재산세는 공시가격의 60%에 해당하는 과세표준에 대해 6천만 원 이하~3억원 초과 구간별로 0.1%~0.4%의 누진세율로 부과된다. 이같이 결정된 세액의 20%만큼 지방교육세가 추가로 부과된다. 또한 과세표준에 대해 0.14%의 도시지역분(과거의 도시계획세)이 부과되며, (상하수도와 소방서비스가 제공되는 지역에 대해) 과세표준 600만 원 이하~6,400만 원 초과 구간별로 누진세율 0.04%~0.12%의 지역자원시설세가 부과된다. (도시지역분과 지역자원시설세의 일부를 지방자치단체가 경감해줄 수 있지만, 최근 들어 지방자치단체들의 재정이 어려워짐에 따라 경감해주는 예를 찾아보기는 쉽지 않다.)

예를 들어, 위와 같은 2억 원, 5억 원, 10억 원, 20억 원의 주택에 대해 (위의 모든 종류의 세금들을 더한) 연간 총재산세는 각각 약 46만 원, 144만 원, 366만 원, 810만 원이 된다. (5억 원 주택의 경우 재산세와 지방교육세를 합쳐 68.4만 원, 도시지역분이 42만 원, 지역자원시설세가 33.23만 원이다.)

또한 주택의 합산 공시가격이 6억 원(1세대 1주택의 경우 9억 원)을 초과하는 금액의 80%에 해당하는 과세표준에 대해 6억 원 이하~94억 원 초과 구간별로 0.5%~2%의 누진세율을 적용하여 종합부동산세가 추가로 부과된다. 이렇게 계산된 액수에서 종합부동산세 대상이 되었던 금액에 대한 재산세 납부액(지방교육세 등을 제외한 기본재산세)을 세액공제 해준다. (이는 이중과세를 방지하기 위함이다.)

단, 1세대 1주택의 경우 장기간 보유자와 고령자에 대해 추가적인 세액공제를 해준다. (5년 또는 10년 이상 보유주택에 대해 각각 20% 또는 40%

의 공제를 해주며, 60세, 65세, 70세 이상의 소유주에게 각각 10%, 20%, 30%씩 공제를 해준다.)

이렇게 산출된 종합부동산세(국세)의 20%만큼 농어촌특별세(지방세)가 가산된다.

예를 들어, 45세의 가장이 4년 동안 보유한 1주택의 공시가격이 10억 원이라면, 재산세의 과세표준이 6억 원이므로 기본재산세는 177만원이다. 종합부동산세의 기본세액은 (9억 원을 초과한) 1억 원의 80%인 8천만 원의 과세표준에 대해 40만 원(=8천만 원×0.5%)이 된다. 여기서 재산세 공제금액은 4,800만 원(=8천만 원×60%)의 0.4%인 19.2만 원이므로(재산세 공제액을 계산할 때 세율은 항상 0.4%를 적용한다.), 종합부동산세는 20.8만 원(40만 원−19.2만 원)이 된다. 여기에 20%의 농어촌특별세를 추가하면, 최종재산세는 24.96만 원(=20.8만 원×1.2)이 된다. 그러므로 이 주택의 경우 재산세(지방교육세 포함), 도시지역분, 지역자원시설세, 종합부동산세(농어촌특별세 포함)를 모두 포함한 연간 주택보유세는 약 391만 원(=177만 원×1.2+84만 원+69.23만 원+24.96만 원)이 된다.

또한 동일한 조건의 20억 원의 주택이라면, 재산세(지방교육세 포함), 도시지역분, 지역자원시설세, 종합부동산세(농어촌특별세 포함)를 모두 포함한 연간 주택보유세는 1,422만 원(=417만 원×1.2+168만 원+141.23만 원+510만 원×1.2)이 된다.

양도세

2년 이상 보유한 판매가 9억 원 초과 주택과 다주택에 대한 양도세는 실거래 매각가격과 매입가격의 차이인 양도차액에 대해 부과한다. 과세표준을 구할 때 3년~10년 이상 보유한 주택에 대해서는 장기보유 특별공제를 해주는데, 공제율은 1세대 1주택이 24%~80%이며, 다주택이 10%~30%이다. 그리고 추가로 (보유기간에 관계없이) 250만 원의 양도소득 기본공제를 해주면, 과세표준이 된다. 일반소득세와 마찬가지로 과세표준 1,200만 원 이하~1억 5천만 원 초과 구간별로 6%~38%의 누진세율이 적용된다. 단, 보유기간이 1년 미만이면, 40%의 양도세율을 적용한다. 이와 같이 계산된 양도세액에 대해 10%의 지방소득세가 추가된다.

조세 자체가 주는 사중손실은 이미 앞에서 살펴봤기 때문에, 여기서는 특별히 주택에 대한 세금이 어떤 의미를 가지는지 살펴보자.

❖ 취득세

주택을 구입할 때 내는 취득세는 거주이전의 자유를 제한하는 면이 있다. 예를 들어, 어떤 사람이 아파트를 새로 구입했는데, 층간소음이 유달리 심하게 느껴져 스트레스를 받는다면, 다른 곳으로 이사 가고 싶을 것이다. (많은 경우 층간소음은 직접 살아보기 전까지는 잘 알 수가 없다.) 이사 온 지 얼마 안 되어 현재의 아파트를 팔고 다시 옮기면 또다시 취득세를 내야하므로, 자신이 원하는 곳으로 새로 이사하는데 큰 제약이 된다. 그렇지 않아도 이사하려면 부동산중개수수료, 이사비용, 새로운 곳을 알아보기 위한 시간과 노력이 든다. 이 모든 것을 감수하고서라도 층간소음이 없거나 덜한 새로운 곳으로 옮기려 하는데, 2억 원/5억 원/10억 원짜리 아파트의 경우 취득세로 각각 220만 원/650만 원/3,500만 원을 내어야 한다. (이때 2억 원 아파트의 전용면적만 85m^2 이하라고 가정함.) 만일 계속 더 나은 집을 구하느라 몇 번만 이사했다간, 웬만한 근로자의 1년 연봉 중 상당액 또는 전부가 취득세로만 다 날아갈 판이다. 따라서 취득세는 국민들의 거주지 이전의 자유를 사실상 심각하게 침해한다.

살기 좋은 나라는 내가 원하면 언제든지 몇 번이더라도 큰 비용부담 없이 자신이 원하는 보다 살기 좋은 곳으로 옮길 수 있는 곳일 것이다. 그런데 취득세는 거의 모든 사람들에게 근원적으로 이러한 자유를 빼앗아버린다. 공산주의국가에서처럼 물리적으로 거주이전의 자유가 봉쇄당하는 것뿐만 아니라, 자유와 시장경제를 표방하는 국가에서 이와 같이 세금 때문에 거주이전의 자유를 사실상 제한받거나 박탈당하는 것도 큰 문제다. 사상/언론/행동의 자유, 직업/신앙/배우자 선택의 자유, 거주이전/여행의 자유 등은 인간의 행복을 결정하는 가장 본질적인 요소들이다. 그러므로 (적어도 1가구 1주택에 대해서는) 취득세가 폐지되어야 한다.

그리고 현행 취득세율은 누진세율이 아니기 때문에 과세금액의 절벽이 생겨버린다. 예를 들어, (편의상 전용면적 85m^2 이하의) 6억 원 주택의 취득세는 660만 원인 반면, 6억 100만 원 주택의 취득세는 1,322만 원이 되어버린다. 단지 집값이 100만 원 증가되었을 뿐인데, 취득세가 662만 원 증가해 버린 상황은 절대로 합리적이라고 할 수 없다.[30] 즉, 가치의 증가가 100만 원인데, 세금의 증가가 662만 원이 되어버린 것이다. (누가 냉장고를 100만 원 주고 사는데, 세금을 662만 원 내라고 하면 어떻겠는가? 또한 6억 100만 원만큼 벌어서 그 가격의 주택을 산 사람이 가지는 순가치가 6억 원을 벌어서 그 가격의 주택을 가지는 사람이 가지는 순가치보다 작다는 것은 납득하기가 힘들다.) 세금은 추가로 창출한 가치의 일부분에 대해서 내어야 한다. 100이라는 가치를 새로 창출했는데 100보다 더 많은 세금을 내라고 한다면, 아무도 그만큼의 새로운 가치를 창출하려고 하지 않을 것이다. 따라서 세금절벽은 유인체계를 훼손시키며, 조세체계에 중대한 결함이 있음을 스스로 드러내어 준다고 할 수 있다. 취득세를 완전히 폐지해버리기 전이더라도, 주택가격에 따라 취득세율의 차등을 두는 현행제도 아래에서라면 적어도 주택가격 구간에 따른 누진세가 되게는 해야 한다.

❖ 재산세

현행 재산세는 누진세로서 주택가격이 상승할수록 세율이 높아진다. 앞에서 아파트 평수규제를 논할 때 언급되었듯이, 국민들이 보다 높은 수준의 삶을 영위하고 자녀들이 창의력을 마음껏 펼치게 하려면 우리나라 대부분의 주택이나 아파트들보다 훨씬 넓은 공간이 필요하다. 주택이나 아파트의 공간이 넓어질수록 당연히 가격이 올라간다. 따라서 누진세율을 부과하는 재산세는 보다 넓은 공간에 대해 벌칙을 가하는 것과 같다. 보다 넓은 공간을 장려하지는 못할망정 이와 같이 벌칙을 가하는 것은 바람

30) 물론 2014년에 주택 취득세율을 인하할 때 주택가격 구간에 따라 차별적으로 경감해 주면서, 현행과 같이 된 점은 있다. 하지만 이것이 현재 엄연히 존재하는 세금절벽을 (수학적으로나 논리적으로) 정당화해 주지는 않는다.

직해 보이지 않는다. 예를 들어, 도심의 70~80평 대 아파트나 외곽의 좀 넓다 싶은 2층 정도의 전원주택일지라도 미국에서 흔히 보는 일반 중산층의 주택 사이즈에 지나지 않거나 그보다 작은 정도이다. 그리고 평생 알뜰히 모아 전원에 10억~20억 원 정도의 꿈의 주택을 마련한 후 은퇴 후 별다른 소득 없이 연금 등으로 근근이 살아가고 있는데, 391만 원~1,422만 원에 이르는 주택보유세는 생활에 상당한 부담을 주게 된다. 서울 외곽 등지에서 (대부분의 아파트들처럼 거실 하나를 사이에 두고 모든 방문이 배치되어 있는 단순한 구조를 떠나) 1층이나 2층에 따로 독립된 공간이나, 자녀들의 방이나, 음악, 미술 또는 아늑한 독서전용 공간이라도 마련하려면, 주택가격이 10억 원~20억 원을 초과해야 하는 경우가 많다. 이때 재산세는 (재벌이나 상당한 재력가를 제외한) 일반시민들이 이처럼 이상적인 주택에서 살아보려는 꿈을 무참히 짓밟을 수 있다. (특히 집의 가격에 비해 소득이 낮은 경우는 더욱 그렇다.) 향후 1가구 1주택에 대해서는 재산세를 폐지해버리는 것이 어떻겠는가?

❖ 양도세

현재 2년 이상 보유한 판매가 9억 원 이하인 1세대 1주택은 양도소득세가 면제된다. 그 외의 경우 현재의 양도세는 다음과 같은 문제를 안고 있다. 예들 들어, 1세대 1주택자인 어떤 사람이 10억 원 주고 주택을 매입하여 10년간 살다가 14억 원에 팔았다고 해보자. 그 기간동안 연평균 물가상승률이 3.5%라면, 10년간 물가상승률은 41% 정도가 된다. (즉, $1.035^{10} = 1.41$) 따라서 집의 실질가치가 전혀 변동이 없으면, 10년 후의 집값은 약 14억 1천만 원(= 10억 원×1.41) 정도가 된다. 따라서 매각가격이 14억 원이라면, 주택매매로 전혀 이익을 얻은 것이 없으므로, 양도세를 내지 않아야 한다. (즉, 매각가격이 14억 1천만 원을 초과할 때 양도세를 내는 것이 정상적이다.) 하지만 현행 세법에 의하면 무조건 매매차액 4억 원에 대해 양도세 1억 4,482만 원(지방소득세 포함)을 내야하며, 이는 양도차액의 36.2%에 해당한다. (만일 10년 후까지도 장기보유 특별공제율이 존속하면, 1세대 1주택의 양도세액은 1,472만 원이며, 2번 째 주택부터 양도세액은 9,466만 원이 된다.) 집의 실질가격이 전혀 상승하지도 않았는데도, 이와 같은 거액의 양도세를 내야 한다는 것은 상당히 불합리해 보인다.

그래서 주택을 되팔 때, 소비자 물가상승률을 고려해 매입가를 재산정하는 것이 보다 합리적이다. 10년 후에 물가상승을 고려한 매입가격은 14억 1천만 원이기 때문에, 매매차액은 마이너스 1천만 원(=14억 원－14억 1천만 원)이 되어 오히려 손실을 입은 셈이 되어버린다. 따라서 이 사람의 집값은 실질적으로 1% 하락하였다고 볼 수 있다. [(주택이 감가상각을 만회할 만큼 새롭게 단장되어, 주택의 실질가치가 변함이 없다는 전제 하에) 이렇게 실질적으로 가격이 하락한 주택에 대해서 정부가 보상을 해줄까? 그런 정부는 이 지구 상에 아마 없을 것이다.] 주택을 구입한 날로부터 10년간 물가상승률이 π_1, π_2, ⋯, π_{10}이었다면, 과세표준으로 쓰이는 매매차익은 다음과 같이 되어야 한다.[31] [이때 마지막 연도의 물가상승률(π_{10})은 매월 또는 분기별로 정부에서 발표하는 추정치를 쓰도록 한다. 추정치를 정하는 또 다른 방법 중의 하나는 그냥 바로 전 해의 물가상승률을 그대로 쓰는 것이다. 즉, $\pi_{10} = \pi_9$.]

$$\text{매매차익} = \text{판매가} - \text{매입가} \times (1+\pi_1)^{t_1}(1+\pi_2)\cdots(1+\pi_9)(1+\pi_{10})^{t_{10}}$$

(단, t_1: 매입일로부터 그 해 마지막 날까지 남은 날수를 365로 나눈 수,
t_{10}: 10년 째 첫 날로부터 판매일까지의 날수를 365로 나눈 수)

31) 이와 같이 매입가를 각 연도의 물가상승률을 고려하여 재조정하는 것을 물가에 대해 연동(Inflation indexing)시킨다고 한다. 그리고 첫 해와 마지막 해와 같이 한 해의 중간에 매입이나 매각이 된 경우는 날수를 고려해 물가상승률을 산정하면 되는데, 이를 일할계산(Pro rata)이라 한다. 매입가에 대한 물가연동 계산의 간단한 예를 하나 들어보자. 10억 원의 주택을 2014년의 165일째 되는 날 구입해서, 2016년 100일째 되는 날 매각하였다. 소비자물가지수는 2014년, 2015년, 2016년에 각각 3.8%, 3.2%, 4.0%라 해보자. (단, 4.0%는 추정치임.) 이때 물가연동 매입가는 10억 6,469만 원(=10억 원$\times 1.038^{\frac{200}{365}} \times 1.032 \times 1.04^{\frac{100}{365}}$ =10억 원$\times$1.064686)이 된다.

과거에는 컴퓨터가 발달하지 않아 이러한 계산이 꽤 번거로울 수 있었지만, 요즈음에는 자동프로그램화하여 주택의 매입날짜와 매각날짜, 매입가격과 매각가격만 입력하면 물가연동된 매입가격과 양도세액을 쉽게 구할 수 있다. 그리고 그러한 계산에 관한 전산서비스를 국세청을 비롯한 각종 사이트에서 제공하여, 소비자들이 편리하게 양도세를 알아볼 수 있도록 해주면 좋을 것이다. 수년 후 주택을 팔 때 이와 같이 매입가에 물가상승을 연동시켜주지 않으면, 물가상승률이 높을수록 부당하게 양도세를 내게 된다. 이러한 것을 인플레이션 세금(Inflation tax)이라 한다. 인플레이션 세금은 사유재산권을 침해하는 역기능을 가지고 있다.[32]

❖ 주택에 대한 합리적이고 간편한 세제의 필요성

현행 재산세와 종합부동산세의 계산방법은 상당히 복잡하다. 예를 들어, 주택에 대한 재산세, 지방교육세, 도시지역분, 지역자원시설세 (또는 종합부동산세) 등에 대한 세율들을 적용하고 최종 납세금액을 계산하는 것이 매우 복잡하고, 번거롭다. 이에 대한 정확한 계산방법은 웬만한 사람들은 물론 (종종 세법이나 부동산 관련 전문가들이나 관련 공무원들조차) 헷갈리곤 한다.[33] 부동산이나 주택의 가격과 세금은 부동산이나 주택을 선택하는 매우 중요한 기준이 된다. 그런데 주택보유로 인해 발생하는 세금이

---

32) 양도세의 경우 매입가를 물가에 연동시켜 놓지 않으면, 이와 같이 실질적인 양도소득의 발생이 전혀 없는데도 양도소득세를 물게 되는 폐단이 생긴다는 점에서, 다른 조세들보다 심각성이 더 부각된다.

33) 예를 들어, 공시가격 10억 원의 1세대 1주택의 경우 (지방교육세나 농어촌특별세 등 다른 세금은 모두 무시하고) 기본적인 재산세와 종합부동산세만 계산한다고 해보자. 재산세와 종합부동산세의 징수주체가 분리된 현행제도 아래서는 일단 10억 원에 대해 재산세를 부과하는 동시에 (10억 원 중 9억 원을 초과하는) 1억 원에 대해 종합부동산세를 부과한 후 (이중과세를 방지하기 위해) 다시 1억 원에 부과되는 재산세를 빼주는 식으로 한다. (이러한 과정들을 모두 오류 없이 정확하게 파악하기란 국세청의 일부 전문상담사들을 제외한 거의 모든 세무서 직원들마저도 쉽지가 않다. 더구나 이러한 것을 처음 대하는 일반국민들은 마치 블랙박스처럼 느껴질 것이다.)

이 경우 9억 원에 대해서 재산세(지방세이며 구청 등에서 징수)를 납부하게 하고, 1억 원에 대해서 (세율이 더 높은) 종합부동산세(국세이며 세무서에서 징수)를 납부하게 하는 것이 종합부동산세를 만든 본래의 취지이다.

라는 비용을 (복잡한 세율과 제도 때문에) 미리 쉽고 간편하게 알 수 없다면, 보다 합리적인 선택에 방해가 된다.

또한 취득세와 재산세는 지방세여서 지방자치단체에서 관할하고, 양도소득세와 종합부동산세는 국세여서 국세청 또는 세무서에서 관할하기 때문에, 일반국민이 문의사항이 있을 경우 각각 따로 문의해야 하는 등 불편을 겪어야 한다.

재산세, 지방교육세, 도시지역분, 지역자원시설세, 종합부동산세와 같은 주택보유 관련 세금들은 모두 통합하여 재산세 하나로 일원화하여 보다 간편한 조세가 되게 하자. (재산세의 세율을 그에 맞추어 조정해주면 된다. 그리고 교육세 등의 목적세는 일반조세수입에서 중앙정부가 적절히 배분해주면 된다.) 조세제도는 국민들의 편의에 초점을 맞추어 국민들에게 보다 쉽고 간편할수록 바람직하다.

주택에 대한 재산세는 주택을 과세기준일인 6월 1일 당시 보유한 사람이 (단 하루를 보유했더라도) 1년 치를 모두 납부해야 한다. (즉, 재산세는 기간과세가 아닌 시점과세이다.) 물론 주택 거래 시 이를 고려하여 주택가격에 반영시킬 수도 있지만, 만일 이를 잘 모르고 있었다면 불공정하게 재산세를 물 수 있다. 이보다는 주택을 구입한 당해연도의 재산세는 주택구입일로부터 연말까지의 기간에 비례하여(즉, 일할계산을 하여) 납부하게 하는 것이 보다 공정하고 합리적이다. 요즘의 전산망이라면, (주택을 구입한 당해연도라면 주택 구입일과) 주택 가격의 입력으로 재산세액을 쉽게 알 수 있을 것이다.

향후에는 궁극적으로 모든 종류의 소득세와 재산세 등에 관한 업무를 국세청과 각 지역 세무서에서 전담하여 보다 쉽고 간편한 납세와 세무상담이 이루어지도록 하고, 각 지방자치단체에는 인구에 비례하여 예산과 재원을 배분해주는 것이 가장 이상적이다. 미국의 국세청(IRS: Internal Revenue Service)과 마찬가지로 우리나라의 국세청은 모든 종류의 세무에 관한 업무를 총괄하고[34], 시청이나 구청과 같은 지방자치단체는 각종 민원이나 인허가 업무에 집중하는 것이 보다 효율적이다. (이 과정에서 지방자치단체의 세무담당직원들은 각 지역 세무서를 확대하면서 이관하면 된다.)

❖ 1가구 1주택에 대해서는 무조건 모든 세금을 면제해야 하는 이유

주택에 대한 취득세는 자주 이사하는 것을 어렵게 만듦으로써 사실상 거주이전의 자유를 제한한다. 또는 취득세를 피하기 위해 자신의 주택을 임대해주고 다른 주택을 임대해야 하는 번거로움을 겪게 하기도 한다. 그리고 재산세와 종합부동산세는 괜찮은 주택을 가지고 있음에도 소득이 낮은 계층이 그러한 주택에서 계속 살아가기 어렵게 만들어 버린다.

양도세의 경우는 앞서 본 대로 주택 구입가격이 주택 보유기간 동안의 물가상승률에 정확하게 연동된다면, 별 상관이 없다. 하지만 현재의 제도 아래서는 주택가격 상승률이 물가상승률 이하가 되어 실질가격이 그대로이거나 하락해도, 명목가격만 상승하면 양도소득세를 내야 한다. 따라서 수년 후 기존 주택을 팔고 새로운 주택을 구입하는 사람들에게는 큰 부담이 될 수 있다. 그렇기 때문에 주택 구입가에 대한 물가연동이 안 된 양도세도 거주이전의 자유를 제한하게 된다. 즉, 취득세가 거주기간에 상관없이 거주이전의 자유를 제한한다면, 현 제도 아래서의 양도세는 보다 장기간 거주 후의 거주이전의 자유를 제한한다. 그러므로 양도세를 부과할 때 주택 구입가격을 물가상승률만큼 올리거나, (1가구 1주택에 대해서는) 주택가격에 상관없이 양도세를 폐지하는 것이 바람직하다.

---

34) 물론 미국의 경우도 아직 소액의 주세(State tax)나 지역세(Local tax)가 남아있기는 하지만, 이는 워낙 넓은 땅에서 (과거 서부개척시대의 불편한 통신과 교통이라는 한계 때문에) 주(State) 단위로 지방자치가 발달하면서 생긴 잔재이다. 게다가 각 주는 각종 법률이나 제도가 어떻게 보면 하나의 독립된 국가처럼 제각각이기도 하다. 하지만 우리나라 전체는 마치 미국의 하나의 주처럼 동질성을 가지고 있기 때문에, 굳이 복잡하고 번거롭게 지방과세를 따로 할 필요가 없다. 향후 시간이 지나면 미국의 세금납부방식도 보다 통일되고 간략하게 되지 않을까 기대해본다.

만일 정부가 (완전한 사유재라 할 수 있는) 주택시장에 전혀 간여하지 않는다면, 앞서 보았듯이 (고위험/고수익의) 투기(Speculation)라 할 수 있는 단기매매로 이익을 올리는 것은 매우 어렵고, 상당한 리스크가 따른다. 그러한 상황에서도 아파트 투기로 이익을 얻었다면, 마치 선물(Futures)과 같은 파생상품시장에서의 투기로 이익을 얻은 것처럼 투자에 대한 특별한 재능을 가졌거나 매우 운이 좋은 경우일 것이다. 그러한 사람들이 이익을 챙긴다면, 그것은 그러한 재능이나 리스크를 짊어진 것에 대한 보답일 뿐이다. 정부가 그동안 투기를 잘못 이해하면서 크게 우려해온 무위험/고수익의 아파트 로또(Lotto)와는 그 성격이나 차원이 완전히 다른 것이다. 따라서 투기근절이 양도세 등의 주된 목적이었다면, 주택시장을 완전히 자율화하고(이때 아파트 로또는 사라진다.), 차라리 양도세를 완전히 폐지하는 것이 낫다.

❖ 다주택자에 대한 중과세는 정당한가?

1가구 다주택자들의 주택에 대해 1주택자들과 동일한 세율을 적용하거나 비과세해야 한다고 말한다면, 얼핏 듣기에 상당히 불합리해 보일 수 있다. 왜냐하면 추가주택으로 인한 임대수입은 마치 불로소득처럼 느껴지기 때문이다. 하지만 주택은 생산시설을 위한 설비나 기계와 마찬가지로 자본(Capital)에 속하며, 신축주택이나 건물은 국민소득계정에서 자본의 증가로 분류된다. 설비나 기계는 일정기간 동안 제품이라는 부가가치를 창출한다. 마찬가지로 주택이나 건물은 일정기간 동안 주거 또는 사무실 공간 이용이라는 부가가치를 창출한다. 눈에 보이는 재화는 가치가 있는 것이고, 눈에 보이지 않는 서비스에 대한 가치를 폄하하는 것은 근본적으로 무지에서 비롯된다.[35)]

---

35) 우리는 사과를 먹든지(재화 소비), 자동차를 타든지 영화를 보든지(서비스 소비) 효용을 느끼게 된다. 우리의 두뇌는 미각, 촉각, 시각, 청각, 후각의 감각을 통해 효용을 느낀다. 그것이 어떤 형태를 통해 전달되든 두뇌를 자극하여 효용을 증가시키는 면에서는 동일하다. 즉, 특별히 미각을 통해서 전달되는 효용은 가치가 있고, 다른 감각을 통해 전달되는 효용은 가치가 없는 것이 아니라는 것이다.

만일 어떤 사람이 보다 많은 기계와 설비에 투자하여 재화의 생산량을 증가시킬수록 더 높은 세율로 중과세해야 한다고 주장하면, 상당히 황당하게 들릴 것이다. 여러 채의 주택을 가지고 있거나 건물을 소유한 사람에게 더 높은 세율로 중과세해야 한다고 하면, 마찬가지로 상당히 황당한 것이다. (여태까지의 고정관념이나 감상적 관념을 틀을 벗어나 보다 철저하게 이성적이고 합리적인 틀에서 생각해보면, 이는 너무나 당연한 논리다.) 경제 내에서 (재화를 생산하기 위한) 생산설비와 (서비스의 생산을 위한) 주택/건물 사이에서 투자를 결정할 때, 양 부문 사이에서 한계생산성이나 (최종소비자들이 느끼는) 한계효용이 동일하도록 투자를 배분하는 것이 경제전체적으로 최적배분이며, 효율성이 가장 높아진다.[36] 그런데 주택 등의 특정부문에 대한 (자본)투자를 (다주택이라 하여) 고율의 세율로 중과세한다면, 부문간 자원의 최적배분에 실패하게 만들어 버린다. 즉, (단순히 많은 주택을 가진 사람에 대한 중과세라는 지극히 감상적인 정서가 만들어낸) 이와 같은 주택시장에 대한 정부의 개입은 상당한 비효율과 정부실패를 초래하게 된다.

작년까지만 해도 다주택에 대해 양도세에서 기본세율(6%~38%)보다 높은 세율로 중과세하였으나, 금년 들어 이를 기본세율과 같게 하였다. 이는 바람직한 변화라 할 수 있다. 하지만 아직도 1세대 1주택에 비하면, 다주택은 양도소득세의 과세여부나 종합부동산세에서 차별을 받는다.

다주택자들은 여분의 주택을 임대해주는 경우가 많은데, 그것이 취득세든, 재산세(또는 종합부동산세)든, (물가상승에 연동되지 않은) 양도세든 주택관련 세금은 당연히 세입자들에게로 전가되어 버린다. 다주택자들에

---

36) 만일 현재 추가적인 1억 원의 투자로 인한 사람들의 궁극적인 효용의 증가가 생산설비부문보다 주택부문이 더 크다면, 생산시설에 대해 1억 원만큼 투자를 줄이고 주택에 대해 1억 원만큼 투자를 늘리는 것이 전체의 효용을 더 크게 해준다. 왜냐하면 생산시설에서 1억 원의 투자 감소로 인한 국민들의 효용 감소보다 주택부문에서 1억 원의 투자 증가로 인한 효용 증가가 더 크기 때문이다.

대한 중과세라는 현행제도는 (무주택) 세입자들이 생각하기에 자신과 아무런 관련이 없는 것 같으나, 실제로는 세입자가 다주택자들의 주택에 부과하는 중과세를 집주인과 함께 납부하는 것과 마찬가지라는 것을 알아야 한다.

❖ 왜 주택에 대한 과세는 정당성을 잃는가?

우리나라에서 냉장고를 구매하면, 10%의 물품세(즉, 부가가치세)를 낸다.[37] 만일 냉장고의 수명이 20년이라면, 물품세는 20년 동안 매년 냉장고가 제공하는(즉, 생산하는) 서비스라는 가치에 대한 세금을 현재가치로 할인한 것과 동일한 것이다. 즉, 냉장고 구입 시에 물품세(취득세와 같은 성격)를 부과하든지, 물품세를 부과하지 않고 매년 냉장고 사용에 대해 보유세(재산세와 같은 성격)를 부과하든지 재무적인 차이가 없다. 다만 자동차의 경우는 취득세와 보유세(매년 내는 자동차세)를 모두 내게 하고 있다. 자동차의 경우는 도로를 이용하기 때문에, 도로건설과 보수비용을 위해 보유기간 중에 보유세를 따로 내게 한다고 할 수 있다.[38]

---

37) 참고로 미국의 경우 주(State)나 도시에 따라 차이가 있지만, 주(State)와 지방(Local)이 부과하는 것을 합친 전체 물품세(Sales tax) 세율은 대개의 경우 6% ~ 9% 정도이다. 몇몇 주들에서는 평균 물품세율이 4% ~ 5% 정도밖에 안 되거나, 9%를 조금 넘기기도 한다. 그리고 뉴햄프셔(New Hampshire), 델라웨어(Delaware), 오리건(Oregon)과 같은 주에서는 물품세가 부과되지 않는다. 또한 비가공 식품, 신발이나 옷 등에 대해 물품세를 면제시켜 주는 주들도 있다.

38) 물론 따로 보유세를 내게 하지 않고, 일반국세에서 일정부문을 도로건설과 보수에 배분해도 된다. 그럼에도 불구하고 자동차 보유세를 부과하는 것은 (경제적으로 보면) 자동차를 보유한 사람과 보유하지 않은 사람 간에 보다 공정한 조세부과를 위해서라고 할 수 있다. 하지만 최근 우리나라 거의 모든 집이나 사람들이 자동차를 보유하는 추세이기 때문에, 자동차 보유세는 그 존재 의의가 옅어진다.

고가의 벤츠든지 저가의 프라이드 차종이든지 취득세는 자동차 가격에 비례하여 다를 수 있지만, 취득세를 낸 후 매년 납부하는 보유세에 대해 차종에 따른 차이를 두는 것은 정당하지 않다. 벤츠든 프라이드든 도로를 차지하는 면적은 거의 동일하다. (다만 취득세를 부과하지 않고 대신 그것과 재무적으로 동일한 정도의 보유세만 매년 부과하는 경우라면, 차종 간에 보유세의 차하지만 주택은 자동차와 달리 특별히 도로를 주행할 일이 없다. 따라서 굳이 보유세(즉, 재산세)를 따로 징수해야 하는지 의문이 든다. 물론 주택도 일반 상품처럼 취득세(즉, 부가가치세)만 징수할 수도 있으나, 취득세는 앞서 지적한 대로 거주이전의 자유를 심각하게 침해한다.[39)]

주택에 대한 세금은 앞서 보았듯이 매우 복잡한데, 이는 각종 명분의 세금이 추가되고 징수의 주체가 중앙정부와 지방정부로 이원화되어 있는 탓도 있지만, 1세대 1주택 여부나 보유기간 등에 따른 혜택과 조정을 거치는 등 미세조정(Fine tuning)을 하느라 더욱 그렇게 되었다. 주택 하나를 가지고 이렇게 세금체계가 어지럽고 복잡한 것도 큰 문제이지만, 더욱 큰 문제는 이렇게 세분화된 주택에 대한 세금은 우리의 선호(Preference)를 왜곡시켜 후생을 떨어뜨린다는 것이다.

우리가 몇 채의 주택을 가지고 있거나 어떤 주택에 얼마 동안 사는지는 우리자신의 효용이나 개인사정 등에 비추어 우리가 결정하는 것이 가장 효율적이고 국민 전체로 봐서도 후생이 극대화된다. 자가주택이든 임대주택이든 (기회비용을 고려한) 거주비용이 동일하므로 재무적인 면에서 차이가 없다는 것은 앞서 살펴본 바가 있다. (특히 서구처럼 주택임대계약이 10 ~ 20년 이상의 장기계약이 일반화되면, 더욱 그렇다.) 따라서 다주택에 대해 세금 등으로 정부가 간여하는 것은 타 부문에 비해 주택부문에 대한 투자를 위축시켜 부문간 자원의 최적배분 실패를 초래하게 된다.

이를 두어도 된다.) 이에 반해, 자동차 사고 시 수리비나 부품비가 훨씬 많이 나오는 벤츠 등에 대해서는 예상금액에 정확하게 비례하여 자동차 보험료를 납부하게 해야 한다. 즉, 자신 또는 다른 사람의 과실로 인한 벤츠의 수리비가 일반 차종의 10배라면, 당연히 벤츠의 연간 보험료도 다른 차종의 10배가 되어야 한다. 이것이 (자동차 보유세에 차등을 두는 것보다) 더 합리적이며 사유재산권을 침해하지 않는다. 미국의 경우는 보유세로 차등하지 않고, 민간의 보험회사들이 자동차의 예상수리비에 정확하게 비례하여 보험료를 징수하고 있다. 우리나라의 민간보험회사들도 그렇게 하는 것이 보다 합리적이다.

39) 동일한 현재가치의 취득세와 재산세가 재무적으로는 같은 것이지만, (재산세 납부가 현재처럼 6월 1일 한 시점 보유 기준이 아닌 정확히 보유기간에 비례하는 것이라면) 그나마 보유세가 거주이전의 자유를 덜 제한하기는 한다.

그리고 주택보유기간에 따른 혜택은 (마치 3장에서 본 보조금과 같이) 한 주택에서 보다 오래 살라는 제약을 하나 더 주는 것과 같다.[40] 정부가 세금을 가지고 되도록 한 주택에 오래 거주하도록 강요하는 것은 우리의 선호를 왜곡시킬 뿐이다. 어떤 사람들은 한 주택에 오래 있으려는 성향이 있지만, 어떤 사람들은 일생 동안 다양한 지역과 다양한 주택에 사는 경험을 선호하기도 할 것이다. 그리고 시간이 지나 보다 향상되거나 새로운 개념의 주택이 등장하면, 거기에서 살아보기를 원하는 사람들도 나올 것이다. 그리고 직장, 교육, 생활여건 등의 변화로 새로운 곳으로 이주해야 되는 사람들도 있을 것이다.[41] 이와 같이 다양한 이유로 한 곳에 오래 살 수 없는 경우가 있는데, 정부가 일방적으로 주택 보유기간에 따른 차별을 하면 주택보유자들(그리고 세금이 전가되는 세입자들)의 선호를 왜곡시켜 결국 후생을 감소시키는 정부실패를 초래할 뿐이다.

국민 전체의 최대효용과 효율성을 목표로 한다면, 정부는 주택가격/주택보유수/보유기간/보유자 나이/주택구입 횟수 등 모든 면에 대한 차별을 완전히 없애고, 주택이나 부동산에 대한 세금과 납세체계를 최대한 간략하고 쉽게 하여야 한다.[42] (그리고 궁극적으로 가격에 따른 차등세율과

40) 현금보조나 소득세가 (특정 재화를 더 사용하거나 덜 사용하라는 추가제약을 주는) 가격보조나 물품세보다 후생 면에서 더 낫다는 것은 이미 3장에서 살펴보았다.

41) 우스개 소리로 한국사람들은 직장을 옮기면 집을 옮기고, 미국사람들은 집을 옮기면 직장을 옮긴다고 한다.

42) 이러한 논리는 자동차용 휘발유나 자동차구입에 대한 세금도 마찬가지다. 현재 우리나라 정유사의 휘발유 공급가격에 대한 (교통세/교육세/주행세/부가가치세를 모두 합한) 세율은 총 104% 정도며, 경유 공급가격에 대한 세율은 총 74% 정도다. 반면 미국의 휘발유에 세율은 주(State)에 따라 10 ~ 20%정도이다. 또한 미국의 경우 대기오염물질을 더 많이 배출하는 경유에 대한 세율이 휘발유세율보다 약간 더 높다.

그리고 자동차를 구입 할 때, 공장공급가격에 개별소비세(5%)와 교육세(개별소비세의 30%)가 붙고, 부가가치세(공장공급가격, 개별소비세, 교육세의 합에 10%), 취득세(부가가치세만 제외한 가격에 7%)가 붙기 때문에, 승용차의 공장공급가격이 100이라면 총 세율은 24.2% 정도가 되어 최종 차량가격은 124.2가 된다. 또한 경차가 아닌 보통 사이즈의 승용차의 경우 (부가가치세만 제외

누진세율을 단순한 단일세율로 바꾸어야, 보다 많은 가치를 창출한 사람들에게 벌칙을 주는 것을 막을 수 있다.)

❖ 가장 합리적인 조세를 위하여

소득세든, 물품세든, 재산세든 가장 단순하면서도 쉬운 조세체계가 가장 효율적이고 국민들에게도 가장 낫다. 과세대상, 조세의 종류, 세율, 과세방법, 징수주체 등에서 보듯이 현행 조세체계는 지나치게 복잡하다.[43] 이럴 경우 재화의 선택을 위한 정확한 총금액과 (세금)비용의 예측력이 떨어지기 때문에 합리적 소비에 그 만큼 걸림돌이 되기 쉽다.

한) 자동차 가격의 (배기량기준에 따라 지방자치단체가 제각각 정하는) 비율만큼 채권(도시철도채권이나 지역개발채권)을 구입하여야 한다. 거의 모든 사람들이 (싼 이자율의 채권을 만기까지 소지하지 않고) 그 자리에서 처분해 버리는데, 이때 할인가격으로 손해 보는 수십만 원이 국고에 귀속된다. 따라서 채권할인액도 일종의 준조세가 되어 버린다.

자동차는 이제 우리나라 거의 모든 가정이 소유하는 생활필수품이 되어 버렸는데, 구입 시 (개별소비세를 포함한) 고율의 세율을 부과하는 것은 부당하다. 또한 자동차가 유발하는 외부효과(공해나 소음)와 도로건설과 유지비용을 충당하기 위해 매년 자동차 보유세를 지불하고 있다. 그리고 도로건설과 유지를 위한 목적세 취지로 자동차 취득세에 대해 고율의 세율을 매기는 것보다, 그때그때 필요에 따라 일반 국세에서 도로건설과 유지비용을 배분해주는 것이 부문간 자원배분에서 보다 효율적이다. (자동차 취득세나 보유세로 걷힌 세금총액 수준에서 도로의 한계생산성이 타 부문의 한계생산성과 같아진다는 보장이 전혀 없다.)

43) 예를 들어, 새로 구입했거나 하려는 자동차의 세전 공급가격에 각종 세금들과 채권구입액이 정확하게 어떤 세율들로 어떤 방식으로 부과되는지 알아보는 미션을 한 번 수행해보라. 그리고 추가로 우리가 차에 넣는 휘발유에는 어떤 종류의 세금들이 얼마나 붙는지 정확하게 파악하려고 해보라. 인터넷 등의 정보는 도움이 될 때도 있지만, 이미 변경된 옛날 정보이거나 부정확할 때도 많다. 그리고 징수주체나 담당기관이 여러 군데이기 때문에 (그리고 막상 통화하거나 방문해서 물어보면, 늘 하고 있는 세금 수납 등의 업무 외에 담당 재화의 정확한 세금결정 과정이나 메커니즘을 모르는 경우가 거의 대부분이어서, 원스톱 상담으로 해결하기는 거의 불가능하다.) 상당히 긴 시간 동안 어렵게 고생하다 지치거나 제풀에 포기할 사람들도 꽤 많을 것이다. 아무튼 우리나라의 조세체계는 너무 지나치게 복잡다단하다. 그래서 직접 물품을 구매하여 세금계산서를 떼기 전에, 미리 정확한 세금액수를 예측한다는 것은 거의 불가능한 일(Mission impossible)이 되어 버려, 톰 크루즈(Tom Cruise)라도 불러와야 되지 않나 싶은 생각이 들 정도이다.

우리는 왜 이렇게 (지나치게 복잡한 조세체계가 강요하는) 어설프고 두루뭉술한 논리에 길들여지고 아무 저항 없이 그날그날 살아가고 있는 걸까? 물론 조세제도를 만들거나 집행하는 일이 단순히 경제적 균형(Economical equilibrium)에 의해서가 아닌 여러 부처, 이해관계자, 국민들의 눈치 보기(이 경우는 표면적으로 보이는 세율보다 감추어진 세율이 상당히 클 수 있다.) 등을 모두 함께 고려하다 보니 세금체계가 점점 복잡하게 되어온 감이 있다. 실제로 내는 조세 중에는 소비자들에게 겉으로 잘 드러나지 않고 감추어진 조세나 (자동차 구입 시 채권할인액과 같은) 준조세의 액수가 상당한 경우도 있는데, 이때 표면적으로 쉽게 드러나는 세금만 작게 보이게 만드는 정부의 꼼수는 모든 국민들이나 소비자들이 경계해야 한다. 그래야 향후 조세제도가 보다 합리적이고 간편하게 변할 수 있다. 그리고 국민들은 정부가 (눈에 잘 띄는) 표면적인 세율을 인상했다고 해서 (비합리적이고 복잡한 곁가지 세율이나 준조세를 폐지하거나 인하하였음에도 불구하고) 눈에 쌍심지를 켜고 정부에게 불평을 늘어놓아서는 안 된다. 국민들도 보다 합리적이고 정확한 판단을 할 수 있어야 정부가 (그리고 입법기관과 정치인들도) 그에 발맞추어 변하려는 유인이 커진다. 그 결과 우리는 보다 좋은 제도를 향유할 수가 있는 것이다.

세금의 종류와 가지 수는 될 수 있는 한 줄여 최소한이 되게 하고, 각종 목적세는 폐지한 후 중앙정부에서 알맞게 배분하게 해야 한다. 또한 지방자치단체가 부과하는 각종 명목의 세금이 난립하는 것보다, (좁은 땅에 인구가 밀집된 우리나라는) 기본적으로 간소한 형태로 징수한 중앙정부의 세금에서 각 지방자치단체에게 인구비례로 배분해주는 것이 훨씬 더 효율적이다. (그리고 지방자치단체의 소규모 지역으로까지 지나치게 세분화된 의회나 정치적 기구도 정리해야, 효율성을 높일 수 있다.)

그리고 정부지출에 비해 예산이 심각하게 부족하여 증세가 필요할 경우는 특별한 목적을 가지는 세금을 신설하거나 세율을 올릴 수도 있으나, 이때는 항상 그러한 조치에 수년 정도의 유효기간(Expiration date)을 두어 한시적인 성격을 가지게 하는 것이 더 낫다. 즉, 그러한 세금들은 일정 기간이 경과하면, 자동적으로 없어지게 하는 것이다. 세금이라는 것은 일단 한번 만들어 놓으면, 폐지할 때 각 정부부처나 민간의 이해관계자들이 복잡하게 얽혀 있어서 다시 없애거나 경감하거나 조정하는 것이 쉽지 않다. 그렇기 때문에 날이 갈수록 세금체계가 점점 더 복잡해지고 비효율적으로 되는 것이다. 즉, 현행의 세금체계는 필요할 때마다 그때그때 생겨난 세금들과 세율이나 공제방식의 미세조정(Fine tuning)으로 인해 흉측하게 변해버린 괴물과도 같아 보인다.

이제는 정말 합리적이고, 간편하고, 쉬운 조세제도와 징수방법 등을 강구할 때이다. 여기에 대해 관료들이나 정치인들은 물론, 일반 국민들도 (너무 근시안적으로 자신의 동전만 세고 있지 말고) 적극적으로 성원을 보내주어야 할 것이다.

■ 부동산관련 대출

요즘 들어 부쩍 가계부채 문제가 불거지고 있다.[44] 왜 이런 문제가 불거졌을까? 가계부채에서는 주택구입을 위한 금융권으로부터의 주택담보대출이 큰 몫을 차지한다.[45] 많은 사람들이 걱정하는 바는 최근 주택가격의 하락으로 주택의 대출금을 상환하면 별로 남는 것이 없다는 것이다. 이러한 상황에서 정말 근본적인 문제가 무엇인지 짚고 넘어갈 필요가 있다. 만일 정상적인 상황에서 각 개인들이 합리적인 선택을 하여[46] 이런 결과가 초래되었다면, 정부로서는 "혹시 현재 살고 있는 주택이 과소비에 해

44) 현재 우리나라의 가계부채는 1,000조 원에 이른다. 참고로, 우리나라 GDP는 1300조 원 정도이다.

45) 가계부채에서 차지하는 주택담보대출의 비율이 최근 70%에 육박하고 있다.

46) 현재소비와 미래소비에 대한 시점간 선택(Intertemporal choice)을 하는 것을 말한다. 즉, 주어진 일생의 소득 범위 안에서 현재소비와 미래소비의 양을 개인의 효용이 최대가 될 수 있도록 합리적으로 선택한다는 것이다. 주택담보대출 같은 가계대출을 늘린다는 것은 좀 더 나은 현재 소비를 위해 미래의 소득과 소비를 어느 정도 희생한다는 것이다.

당하는 것은 아닌지 점검해 보라."는 정도의 캠페인밖에 더 이상 할 것이 없다.[47] 소비자가 주택관련 대출량을 정할 때의 시장이 왜곡됨이 없는 정상적인 상황이었을까? 아쉽게도 결론은 부정적이다. 그것도 상당히. 왜 그런지 살펴보자.

이야기는 1997년 말 우리나라의 IMF 외환위기 당시로 옮아간다. 그 당시 많은 사람들이 경제적으로 어려움을 겪는 중에, 주택 구입자금이나 전세 자금이 부족하게 되었다. 이때 정부는 그들의 부담을 덜어주기 위해 시장 이자율을 밑도는 이자율로 대출해줄 것을 금융권에 지시하였다. 그런데 주택의 소비자들을 구제하기 위한 것처럼 보이는 이러한 정책이 시간이 흐르면서 오히려 소비자들에게 독소가 되었다.

예를 들어, 당시 서울에서 1억 원의 전세 아파트에 살고 있던 가구가 더 이상 1억 원을 감당하지 못하여 서울외곽의 7천만 원짜리 전세 아파트로 옮겨야 될 처지에 놓여 있었다고 해보자. 정부는 그들의 그러한 불편을 덜어주기 위해 주택관련대출 이자율을 인위적으로 낮추어 보다 쉽게 적은 비용으로 대출이 가능하게 하였다. 그래서 그 가구는 싼 이자율로 3천만 원을 쉽게 대출받아 그대로 살던 집에 살 수 있었고, 이사를 가지 않아도 되었다. 그런데 만일 정부가 시장균형이 최선임을 믿고, 그러한 인위적인 정책을 펴지 않았더라면 어땠을까? 당연히 1억 원의 전세금을 감당하지 못해 외곽으로 이사 가는 가구들이 나타나는 등, 적어도 초기에는 어려움을 겪는 소비자들이 있었을 것이다. 이때 전셋집의 주인은 새로운 세입자를 구해야 되는데, 다들 비슷한 상황에서 새로운 세입자를 구하는 데 어려움을 겪었을 것이다. 1억 3천만 원의 전세 아파트에 살던 사람이

47) 하지만 정부가 정확하고 철저한 이론적, 실증적 분석을 해보지도 않고, 현재의 소비자 선택이 최적선택이 아니라고 미리 판단해버린다면, 오류를 범할 수 있다. (소비자의 마음이 주관하는 선호를 파악하는 것은 결코 쉽지 않다. 그냥 현재의 소비자 선택이 현시되어 나타난 것을 가지고 판단하는 수밖에 없는데, 만일 소비자의 선택이 정부의 주택이나 금융관련 정책들로 인해 영향을 받은 것이라면, 현시된 자료를 가지고 소비자의 선호를 파악하거나 현재의 결과가 최적상태인지 판단하는 것은 상당히 왜곡된 결론을 도출하게 된다.)

1억 원의 전세 아파트로 옮아올 것이 아니냐고 반문해 볼 수도 있다. 그렇다면, 또다시 1억 6천만 원 전세에서 1억 3천만 원 전세로, 2억 원 전세에서 1억 6천만 원 전세로 계속 이동이 되다가, 결국 맨 위쪽 가격대의 전세 아파트가 세입자를 구하는데 곤란을 겪기 시작할 것이다. 아파트를 비워둘 수는 없기 때문에, 맨 위쪽 가격대의 아파트부터 전세가격을 인하할 것이다. 그러면 같은 금액을 주고 그보다 밑의 아파트에 가려던 사람을 다시 끌어올 수 있다. 이렇게 계속하다 보면, 1억 3천만 원 전세에서 1억 원 전세로 옮기려던 사람들도 구태여 1억 원 전세로 옮길 필요가 없게 된다. 결국 1억 원 전세 아파트의 주인은 전세가격을 인하할 수밖에 없다. 그렇게 되면, 원래의 세입자가 인하된 7천만 원으로 전세계약을 연장할 수 있었을 것이다. 왜냐하면 경제적으로 동일한 계층의 세입자들이 평균적으로 비슷한 정도의 경제적 곤란을 겪는 상황에서, 1억 원의 전세 아파트에 대해 7천만 원보다 더 주려는 세입자가 많지 않았을 것이기 때문이다.

즉, 아래 그림과 같이 소득의 감소로 전세시장에서 수요곡선이 아래로 이동함에 따라, 균형점이 E에서 E′으로 옮겨지며, 결국 균형전세가격은 1억 원에서 7천만 원으로 하락하게 된다. 새로운 균형에 도달하기의 전 얼마간의 조정기간 동안은 불편을 겪었을 소비자들도 있었겠지만, 정부가 인위적인 대출정책을 쓰지 않았더라면, 결국은 대부분의 사람들이 새로운 균형점에서 낮아진 전세금액으로 계속 살던 아파트에 거주할 수 있었을 것이다. 단기적으로는 전세의 공급량이 고정되어 있기 때문에, 시장에서 균형전세가격을 정하는 것은 오로지 수요곡선이다. 즉, 수요자들이 경제적으로 어려워 어떤 아파트에 대해 최대한 지불하려는 전세가격이 낮아지면, 실제 전세가격도 결국은 그만큼 하락할 수밖에 없다. 즉, 단기적으로 전세가격은 최종소비자(End user)인 소비자들에 의해 결정된다. 그렇지만 정부가 인위적인 대출지원으로 수요곡선을 원래의 수요곡선으로 되돌려 놓으면, 전세가격이 다시 1억 원을 유지하게 된다. 이때 세입자들은 같은 집에 전세 들어 살면서 결국 3천만 원의 빚을 지게 된다.

이러한 논의는 그 당시 어려움을 겪었던 모든 계층의 세입자들에게 적용된다. 그 당시 정부로서는 세입자들을 도와주려고 했던 것인데, 결과적으로 그들로 하여금 같은 아파트에 살면서 빚만 잔뜩 늘리게 만들어 버렸다. 만일 이러한 정책을 실시하지 않았더라면, 대부분의 전세 수요자들이 결국에는 같은 아파트에 거주할 수 있게 되면서, 빚을 지지 않아도 되었을 것이다. 이는 전형적인 정부실패의 사례였다고 할 수 있다. 어떠한 정부정책이든 표면상으로 괜찮다고 여겨진 정책이 실제로는 이와 같이 비효율을 초래하는 등 독이 될 수 있다.

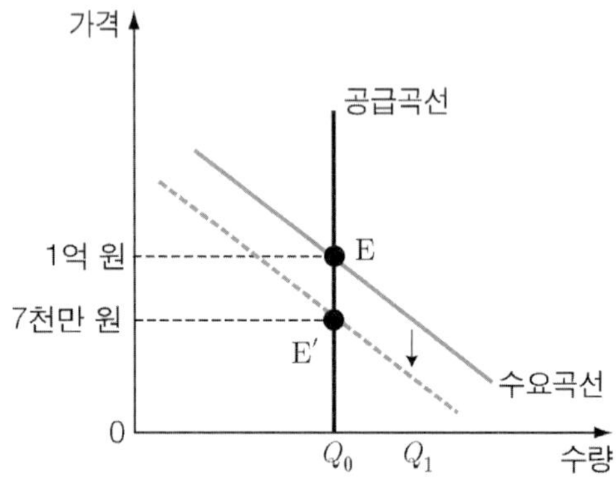

균형전세가격의 하락

정부는 어떤 경제정책의 시행을 결정하려면, 정확하고 냉철한 경제적 논리를 따진 후 합리적으로 시행해야 한다. 어떠한 정책이든 당장 눈앞에 보이는 현상만 보고 민원이나 불편을 처리해주려고 끌려 다니다 보면, 결국 정부실패로 이어지기가 쉽다. (물론 합리적인 민원이라면 신속하게 처리해주어야 한다.) 따라서 정책결정에 영향을 줄 수 있는 어떠한 위치의 관료들이나 정치인들도 기본적인 경제적 이해능력을 갖추어야 할 것이다. (이는 국가를 위해 정말 중요한 일이다. 잘못되거나 어설프고 부적합한 경제지식이 아닌 정확한 경제적 지식을 갖추어야 한다. 시중에는 잘못된, 어떤 경우에는 바람직한 경제적 방향과 정반대의 논리를 펴는 경제서적들마저 나와 있다. 좋은 서적을 선별하여 찾아서 읽든지, 좋은 경제관련 스승을 만나려고 하는 등 노력을 해야 할 것이다.)

그 후 계속해서 정부는 전세나 주택구입과 관련해서 시장균형이자율보다 낮은 수준의 이자율을 금융권에 지시하는 등 시장간섭을 계속해오고 있다. (듣기 좋은 소리는 아니지만, 이러한 것이 관치금융이다.) 소비자들은 표면적으로는 균형이자율보다 낮은 비용으로 주택관련 대출을 받았다고 마냥 좋아할 수 있다. 하지만 위의 경제적 적응과정을 이해했다면, 다음의 사실을 알 수 있을 것이다. 국가로부터 받는 주택과 전세관련 금융지원이 주택가격이나 전세가격을 균형가격 위로 상승시켜 버린다는 사실을. 즉, 더 싸게 구입할 수도 있었을 주택이나 전세를 돈을 빌려 더 비싸게 구입했음을.

이후 계속되는 경기불황과 함께 주택가격의 거품이 꺼지기 시작하면서 주택가격의 정체나 하락으로 이어지게 되었다. 특히 2008년 미국 금융위기의 영향으로 우리나라의 주택가격은 더욱 하락하기 시작하였다. 이에 따라 많은 사람들이 우려를 하게 되었고, 아파트를 팔아도 대출금을 다 갚고 나면 남는 것이 별로 없다든지, 집은 있는데 실제로는 가난한 하우스푸어(House poor)란 말까지 생겨났다. 이에 따라 이번에는 정부가 주택가격을 부양시키려는 유혹을 받고 있다. 그래서 얼마 전까지 주택구입 시 취득세나 양도세를 한시적 또는 영구적으로 감면해주려고도 하였다.

그런데 지금 주택가격이 하락하는 것은 그동안 정부의 주택관련 대출지원으로 말미암아 인위적으로 부양된 주택가격이 자연스럽게 제자리를 찾아가는 과정이다. 그러므로 주택가격 하락을 막으려 또 다시 주택가격 부양정책을 쓰는 것은 과거의 실패를 되풀이하는 셈이 되어버린다. 주택가격이 지금보다 어느 정도 하락해야 정상적이라 할 수 있을까? 이를 알려면, 우선 주택의 가치가 어떻게 정해지는지 살펴볼 필요가 있다.

6-3 정상적인 주택가격

■ 아파트 가격은 얼마가 되어야 정상인가?

주택가격은 마치 경기가 변동하는 것처럼 시기에 따라 일정기간동안 정상적인 가격보다 높을 수도 있고 낮을 수도 있지만, 특별한 외부의 교란이 없는 한 시장의 힘이 작용하므로 시간이 지남에 따라 정상가격을 찾아가게 된다. 즉, 주택가격이 변동하더라도 정부의 개입이 없으면, 대개는 정상가격을 중심으로 약간의 진폭만을 가지고 위 아래로 등락한다는 것이다.

우선 아파트의 정상적인 가격이 어느 정도 되는지 한번 살펴보기로 하자. 우리나라의 중산층 주택이라 할 수 있는 30~40평형대의 아파트를 놓고 보자. 주택가격을 결정하는 것은 여러 가지 요인들이 있지만, 여기서는 주택을 임대했을 때 생기는 미래의 수익을 바탕으로 정상적인 주택가격을 추정해보기로 하자. 정상가격은 다른 부수적인 요인들을 배제하면, 주택으로부터 나오는 수익의 현재가치이다. 즉, 정상적인 주택가격은 아래의 식으로 산출할 수 있다.

$$\text{주택가격} = \frac{R_1}{1+r} + \frac{R_2}{(1+r)^2} + \cdots + \frac{R_n}{(1+r)^n}$$

여기서 $R_1, \cdots, R_n$은 주택을 임대한 첫 해부터 주택의 잔여 내구연한인 n년까지의 연간 임대수입이며, r은 시장이자율이다. 즉, 내구연한 n년 동안 받을 수 있는 각 연도의 연간 임대수입을 시장이자율로 할인(Discount)한 현재가치(Present value)이다.[48] (편의상 임대료는 매년 1년을

---

48) 현재가치의 의미를 잠시 살펴보자. 연이자율이 10%일 때 100만 원을 1년 동안 예금하면, 1년 후에는 110만 원[= 100만 원× (1+0.1)]이 된다. 즉, 1년 후에 생기는 110만 원을 현재시점에서 본 현재가치는 100만 원$\left(= \frac{110\text{만 원}}{1+0.1}\right)$이

채운 후 낸다고 가정하자.)

시장의 관례에 따라 주택의 내구연한이 유상임대가 가능한 30년 정도라면, 시장이자율이 4%일 때, 현재 시가 5억 원 하는 30~40평대 아파트에서 기대되는 연간 임대수입이 얼마가 되는지는 아래의 식을 이용해 산출할 수 있다. (단, 물가상승률이 0%이어서, 연간임대수입은 30년간 동일하다고 가정하자. 만일 물가상승률을 고려한다면, 각 연도의 임대료가 예상물가상승률만큼 매년 상승하지만, 할인율도 예상물가상승률만큼 상승해버리기 때문에, 현재가치는 물가상승을 배제한 단순한 경우와 차이가 없게 된다.[49])

라는 것이다. 따라서 현재의 100만 원과 1년 후의 110만 원을 모두 현재시점에서 보면, 동일한 가치를 지닌다. 또한 100만 원을 2년 동안 예금하면, 2년 후에는 121만 원[= 100만 원 $\times (1+0.1)^2$]이 된다. 다시 말해, 100만 원이 1년 후에는 110만 원[= 100만 원 $\times (1+0.1)$]이 되고, 이 금액이 다시 1년 후에는 121만 원[= 100만 원 $\times (1+0.1) \times (1+0.1)$]이 된다. (원금 100만 원과 이자수입 10만 원을 합한 110만 원이 제2년째 초에는 새로운 원금이 된다.) 즉, 현재의 100만 원과 2년 후의 121만 원은 동일한 현재가치를 지닌다.

또 다른 예로, 2년 동안 영업이 가능한 상점이 처음 1년간 110만 원, 그 다음 1년간 121만 원의 수입을 올린다고 해보자. 그 상점의 현재가치는 200만 원 $\left[= \dfrac{110\text{만 원}}{1+0.1} + \dfrac{121\text{만 원}}{(1+0.1)^2}\right]$이 될 것이다. 따라서 상점매입비용이 200만 원보다 작으면 매입자는 이익을 볼 것이고, 상점매입비용이 200만 원을 초과하면, 매입자는 손해를 볼 것이다. (편의상 상점주인의 기회비용, 직원비용, 임대료, 광열비, 제품원가 등의 제반비용은 매입비용에 모두 포함시켜 놓았다고 가정하자.)

이와 같이 어떠한 실물 또는 금융상품이 미래에 일정한 수입을 발생시키면, 그러한 수입들을 시장이자율 등의 할인율(Discount rate)로 할인하면, 그 상품의 현재가치를 계산할 수 있다. 이러한 미래수입들을 현금흐름(Cash Flows)이라고도 부른다. 이러한 미래의 수익금이 확실하지 않고 위험(Risk)이나 변동성이 클수록, 할인율은 무위험 이자율(Risk-free rate)인 국채수익률 또는 정기예금이자율보다 커진다. 즉, "할인율 = 이자율(r) + 위험으로 인한 추가할인"이 된다. 본문의 주택 현재가치에 관한 식은 편의상 위험요소의 추가할인을 배제한 것이다.

49) 보다 엄밀히 말하면, 첫 해의 임대수입이 R이고 매년 물가상승률이 π일 때,

$$5억원 = \frac{R}{1+0.04} + \frac{R}{(1+0.04)^2} + \cdots + \frac{R}{(1+0.04)^{30}}$$

위의 식에 따르면, 연간임대수입(R)이 2,892만 원, 즉 월임대료가 241만 원이 되어야 한다. 만일 주택가격이 10억 원이라면, 위의 식 양변에 2를 곱하면 되므로, 연간임대수입과 월임대료는 주택가격이 5억 원일 때 비해 2배가 된다. 즉, 월임대료가 482만 원이 된다. 그리고 주택의 내구연한이 무한한 경우 이론적인 연간임대수입은 2천만 원이며,[50] 월임대료는 167만 원이 된다. 아래의 표는 현재 5억 원 하는 주택의 경우 각각의 시장이자율, 주택의 내구연한에 상응하는 월임대료를 보여준다.

5억원 아파트의 이론적인 월임대료

(단위: 만 원)

시장이자율	내구연한		
	30년	60년	∞
3%	213	151	125
3.5%	227	167	146
4%	241	184	167
6%*	303	258	250

(* 6%는 시장이자율과 위험할인율을 모두 포함한 할인율임.)

---

t년째 임대수입의 현재가치는 $\frac{R(1+\pi)^{t-1}}{(1+r)^t(1+\pi)^{t-1}} = \frac{R}{(1+r)^t}$이 되므로, 물가상승률이 0%인 경우와 아무런 차이가 없다.

50) 이는 다음과 같이 구할 수 있다. 우선 $S = \frac{R}{1+r} + \frac{R}{(1+r)^2} + \frac{R}{(1+r)^3} + \cdots$이라 하면, $(1+r)S - S = R$이 됨을 쉽게 알 수 있다. 따라서 $S = \frac{R}{r}$이 된다. 즉, $5억원 = \frac{R}{0.04}$으로부터, 연간임대수입(R)은 2천만 원이 된다. 또한 위의 공식은 무한등비수열 합의 공식인 $\left(\frac{초항}{1-공비}\right)$를 이용해 $\frac{\frac{R}{1+r}}{1-\frac{1}{1+r}} = \frac{R}{r}$과 같이 구해도 된다.

아파트의 내구연한이 현실적으로 꾸준한 임대수입을 받을 수 있다고 간주되는 30년이라면, 3~4%의 시장이자율에서는 월임대료가 213만~241만 원이나 된다. 만일 30년 동안 주택시장의 부침에 따른 월임대료의 변화가 심하다거나, 향후 화재나 건물의 손상 등으로 이 정도의 월임대료 수입을 안정적으로 받을 확률이 떨어진다고 기대되면, 이러한 위험(Risk)에 대한 추가할인을 적용해야 한다. 만일 시장이자율과 이러한 위험에 대한 추가할인율을 합한 할인율이 6%라 가정하여 이를 적용해보면, 월임대료가 303만 원이나 되어버린다. 물론 이러한 이론적인 임대료를 받을 수 있으려면, 주택임대시장에서 수요가 그러한 가격을 지지해 주어야만 한다. 즉, 세입자들이 그만큼의 임대료를 기꺼이 지불하려고 해야 한다.

30~40평대 아파트를 찾는 사람들이라면 우리나라의 중간계층이라 할 수 있는 중산층이 될 것이다. 보통 이들의 월급이 200만~500만 원 정도일 것이며, 또는 드물게 그보다 좀 더 많다 할지라도, 이들이 200만~300만 원이나 하는 월세를 내려고 할까? 아주 짧은 기간 동안 지극히 예외적인 경우가 아니라면, 거의 불가능할 것이다. 또한 아파트가 10억 원짜리라면, 월세가 400만~600만 원 정도가 되어야 한다. 대다수 중산층 세입자에게 이 정도의 월세는 불가능하다는 것은 누구나 느낄 수 있을 것이다.

자신의 집에서 사는 사람은 따로 월세를 내지 않기 때문에 이와 같은 논의와는 별개라고 생각을 할지도 모른다. 그런데 우리가 앞에서 살펴본 기회비용의 개념을 떠올려보라. 자신이 소유하는 5억 원짜리 아파트를 자신이 사는 대신 세를 놓았다면, 월 200만~300만 원 정도의 월세를 받을 수 있었을 것이므로, 자신의 아파트에서 산다면 결국 자신에게 월 200만~300만 원의 기회비용이 발생한다. (이는 전세를 놓더라도 마찬가지다. 전세금액을 은행에 저축해 놓으면, 매월 월세에 해당하는 만큼 이자수입이 나오기 때문이다.) 즉, 세를 놓아 매월 얻을 수 있는 200만~300만 원의 수입을 놓쳐버리는 것이다. 따라서 자기집에 사는 주인이 실제로 그만큼의 월세를 드러나게 지불하지는 않지만, 타인의 아파트에 세 들어 살면서 월 200만~300만 원을 주는 것과 재무적으로 동일하다고 할 수 있다. 그러므로 5억 원짜리 아파트의 경우, 자신의 아파트에서 살든지 세를 얻어 살든지 똑같이 200만~300만 원의 월세를 치르며 산다고 할 수 있다.[51] 즉, 자신의 아파트에서 자신이 살든지 세를 얻어 살든지, 그것으로부터 매월 발생하는 기회비용은 동일하다.

따라서 거주목적이든 임대목적이든 상관없이 한 아파트의 이론적인 가격은 그 아파트가 존속하는 동안의 총임대수입의 현재가치와 같다고 할 수 있다.

그런데 이와 같이 비현실적으로 높은 월세가 도출되는 것은 무엇 때문일까? 가장 큰 이유는 애초에 아파트의 가격이 잘못 책정되었기 때문이다. 만일 월임대료가 수요자들이 감당하기 힘든 수준이라면, 아파트 가격이 지나치게 고평가 되었다는 결론밖에 나오지 않는다.

우선 얼마 정도의 월세가 대부분의 중산층에게 적합한 수준일까? 월세는 사람에 따라 체감부담이 틀리므로 일률적으로 말할 수는 없지만, 대개의 경우 40만~60만 원 정도면 어떨까 싶다. 좀 더 여유가 있는 계층이라면 70만~120만 원까지도 감당할 수 있다고 생각하는 경우도 있겠지만, 오랜 기간동안 지속적으로 이 정도의 월세를 부담할 수 있는 사람들은 중산층에서는 소수일 것이다.

아래의 표는 이 정도의 월세를 가정하고, 총임대수입이 지지할 수 있는 이론적인 주택가격을 주택의 내구연한 30년과 60년으로 나누어 산출한 것이다. 궁극적으로 아파트의 정상가격은 이러한 이론가격에 가까워질 것이다. (물론 정부의 주택대출관련 특혜정책이 없다는 전제 하에. 즉, 주택담보대출이나 전세대출의 이자율이 정부의 지시로 억지로 낮춘 수준이 아닌, 정상적인 금융권의 대출이자율수준에서 결정된다는 전제 하에서.

51) 내구연한을 30년보다 길게 60년 또는 무한대로 잡으면, 월임대료가 더 낮아진다. 하지만 기간을 길게 잡을수록 동일한 임대료수입을 지속적으로 보장하기에는 불확실성이나 위험이 더 커지기 때문에, 할인율이 더 커져야 한다. 내구연한이 무한대인 경우, 이론적인 월임대료는 보다 현실적으로 6%의 할인율을 적용하여 250만 원이 된다. 물론 이보다 리스크가 더 크게 느껴지면, 더 높은 할인율을 적용해야 하므로, 이론적인 월임대료는 그보다 더 높을 것이다.

또한 할인율은 집주인의 기회비용을 나타내므로, 대출이자율이 아닌 예금이자율을 적용하면 된다.)

월임대료 수준에 따른 정상적인 주택가격 (내구연한: 30년)

(단위: 원)

월임대료	시장이자율		
	3%	4%	6%*
40만 원	9,408만	8,300만	6,607만
60만 원	1억 4,112만	1억 2,450만	9,911만
80만 원	1억 8,816만	1억 6,600만	1억 3,214만
120만 원	2억 8,225만	2억 4,900만	1억 9,821만

(* 6%는 시장이자율과 위험할인율을 모두 포함한 할인율임.)

월임대료 수준에 따른 정상적인 주택가격 (내구연한: 60년)

(단위: 원)

월임대료	시장이자율		
	3%	4%	6%*
40만 원	1억 3,284만	1억 859만	7,757만
60만 원	1억 9,926만	1억 6,289만	1억 1,636만
80만 원	2억 6,569만	2억 1,719만	1억 5,515만
120만 원	3억 9,853만	3억 2,578만	2억 3,272만

(* 6%는 시장이자율과 위험할인율을 모두 포함한 할인율임.)

위의 가격은 모두 내구연한이 30년 또는 60년 남아있는 새 주택의 경우이다. 중고주택의 가격은 위의 가격보다 낮아진다. 또한 임대수입을 받을 수 있는 내구연한을 통상적인 기준인 30년의 2배인 60년으로 잡으려면, 장기간 동안 주택의 감가상각 정도가 심하지 않고 시간에 따른 품질의 변화가 잘 느껴지지 않을 만큼 튼튼하고 잘 지어져야만 한다. 그리고 60년으로 잡을 경우 미래의 임대수익이 현재의 임대료(만일 인플레이션이 기대되면, 물가상승률만큼 상승한 금액)만큼 60년간 지속적으로 보장될 확률이 아무래도 더 작아질 것이다. 이러한 위험을 고려하면, 내구연한을 길게 잡을수록 할인율이 높아져야 할 것이다. 또한 내구연한이 길수록, 미래에 새로운 주거형태나 획기적으로 개선된 주택이 등장하여, 현재 아파트의 경쟁력이 떨어지고 임대수입이 급감할 수 있으므로, 더욱 큰 할인율을 적용하는 것이 타당해 보인다.[52] 즉, 현재의 시장이자율이 3~4% 정도라면, 내구연한을 60년으로 잡으려면, 위험요소를 가미한 6%의 할인율 또는 그 이상의 할인율을 적용하는 것이 보다 현실적일 것이다. 물론 내구연한 30년의 경우도 임대수입의 리스크가 없을 수 없으므로, 현행 3~4%의 이자율보다 높은 할인율을 적용해야 보다 현실적인 주택가격을 도출할 수 있을 것이다. 이 경우 이론적인 주택가격은 더욱 하락한다.

아파트의 가격이 정상가격으로 떨어지면, 아파트를 짓기 위한 대지가격도 함께 정상가격으로 떨어지게 된다. 왜냐하면, 아파트 가격이 내려가면서 땅에 대한 수요곡선도 아래로 이동하기 때문이다. 땅은 그 자체가 목적이 아니다. 농사를 짓든지, 건물이나 아파트를 짓든지, 경기장을 짓든지, 그로 인해 창출되는 수입이 대지가격을 결정한다. 아파트를 지을 때 대지가격의 비중이 매우 크다. 대지가격이 정상가격으로 떨어지면, 아파트를 짓는데 소요되는 비용도 크게 줄어든다. 그렇기 때문에 아파트 가격이 큰 폭으로 떨어져도, 건설업체는 여전히 아파트 건축으로 이익을 얻을 수 있다.

이렇게 볼 때 30~40평대의 아파트가 5억~10억 원한다는 것은 (월임대료가 위의 표에 표시된 40만~120만 원보다 수 배 이상이 되지 않는 한) 크게 고평가되어 있다는 것을 시사해준다. 즉, 정상가보다 2~5배 정도로 부풀려져 있다는 것이다. 이는 30~40평대뿐만 아니라 모든 평형대의 아파트에 적용된다. 현재로서는 부동산 거품(Bubble)이 엄청나게 심하다는 것이다.[53] 그렇기 때문에 아파트를 비롯한 주택가격은 지금보다 한참 아

52) 최근 크게 불거지기 시작한 아파트의 층간소음 문제도 시간이 지나 소득이 증가함에 따라 더욱 쾌적한 삶을 기대하기 때문에 그렇다. 1960~70년대를 떠올려 보라. 그 당시만 해도 그냥 아무 아파트만이라도 감지덕지 했을 것이다. 미래에 무소음 아파트가 등장한다면, 현재 아파트의 매매가격과 임대료는 폭락할 것이 불을 보듯 뻔한 일이다.

래로 떨어져야 정상가격에 도달할 수 있다. 그리고 지금 제대로 그러한 방향으로 가고 있는 것이다.[54] 따라서 정부가 이러한 정상적인 가격을 무시하고, 아파트 가격 지지정책을 펴는 것은 아파트 매매가격과 정상적인 아파트 가격과의 괴리를 더욱 크게 할 뿐이다. 즉, 시장균형을 더욱 벗어나게 한다. 시장가격을 왜곡시키는 정부의 정책은 심각한 후생의 손실과 비효율을 초래한다는 것을 앞서 여러 번 보았다.

결국, 정부의 인위적인 저금리 주택대출정책은 보다 싸게 구입할 수 있는 주택이나 전세를 보다 비싸게 만들 뿐이라는 것이다. 그리고 덤으로 수요자들이 심각한 주택관련 부채를 지게 하면서.

■ 적정월세가격

최근 우리나라에서 월세가 전세를 대체해 나가고 있는데, 이는 바람직한 변화이다. (미국 등 선진국에서는 임대주택은 모두 월세이며, 전세라는 것이 없다.) 전세는 세입자들이 큰 액수의 전세보증금을 집주인에게 맡기는 것이기 때문에, 계약 만료 후 전세보증금 반환이 잘 안 되는 경우 세입자가 큰 낭패를 볼 수 있다. 이와 같이 재무적인 리스크를 세입자가 고스

---

53) 우리가 지불할 수 있는 임대료로부터 산출한 정상적인 주택가격에 비해 훨씬 높은 주택가격이 어떻게 오랜 세월동안 유지될 수 있었을까? 우선 주택경기 활성화를 위한 정부의 주택자금대출이 초래한 주택수요의 인위적인 증가를 들 수 있다. 또한 주택구입자들이 위의 산출공식 등으로 정상적인 주택가격을 냉철하게 따져보지 않은 비이성적인 집단심리나 행동의 탓도 있다.

54) 이러한 소식은 주택소유자들에게는 우울하게 들릴지도 모른다. 하지만 앞에서 지적 했듯이 모든 주택가격이 함께 하락하면, 1주택 소유자의 후생은 영향을 받지 않는다. (다른 주택가격과의 상대가격은 그대로 임에도 불구하고, 자기집의 명목가격이 떨어졌다고 무조건 언짢아하지만 않는다면.)
한편, 모든 주택가격이 떨어진다는 것은 우리나라에서처럼 연봉대비 주택구입연한이 지나치게 길어 심한 좌절감을 느꼈던 모든 근로자들에게는 상당히 반가운 소식일 것이다. (이것이 궁극적으로 정부가 추구하는 바가 아니었던가?) 열심히 일해 수년간만 모으면 주택을 구입할 수 있는 나라와 수십 년 이상 모아야 겨우 집 한 채를 장만할 수 있는 나라 중에 어느 나라가 더 살기 좋은 나라일까?

란히 떠안는 전세제도는 폐지되는 편이 낫다. 단, 월세로의 전환 초창기인 요즈음 시장에서 월세가 지나치게 고평가되어 있는 감이 있다. 실제로 적정월세가격이 얼마인지 알아보자.

국채나 정기예금과 같은 안전금융자산의 시장이자율[55]이 r일 때, 적정월세수익률(월세/주택가격)을 구해보자. 연간월세수입을 R, 주택내구연한을 n, 주택가격 중 순수건축비용과 토지비용이 차비하는 비율을 각각 t와 $(1-t)$, 주택가격을 M이라 하자. 아파트 건축기간은 보통 3년 정도인데, 토지비용은 건축초기에 지불하고, 순수건축비용은 건축중간시점에 모두 지불한다고 하자. 이때 아파트 건축기간동안 수입 없이 건축비용이 묶여있는 평균기간은 2년 정도 된다.[56] 따라서 아파트의 경우 초기투자시점부터 첫 수입이 발생하기까지의 기간이 예금보다 2년 더 길다. 계산의 편의상 예금에 대한 이자와 주택의 월세는 1년분을 한꺼번에 후불로 지급한다고 하자. 이때 M원으로 주택을 짓든지 예금을 하든지, n년 동안 총수입의 현재가치가 아래의 식처럼 동일해야 한다.[57] 이때 할인율은 시장이자율을 적용하기로 한다.

$$\frac{R}{(1+r)^3}+\cdots+\frac{R}{(1+r)^{n+2}}+\frac{(1-t)M}{(1+r)^{n+2}}$$
$$=\frac{rM}{1+r}+\cdots+\frac{rM}{(1+r)^n}+\frac{M}{(1+r)^n}$$

---

55) 이를 무위험 이자율(Risk-free rate)이라 한다. 만일 연간 3%이면, $r=0.03$이 된다.

56) 아파트건축으로 돈이 묶여있는 기간은 토지비용이 3년, 순수건축비용이 1.5년이 된다. 만일 건축비 중 토지비용이 50%를 차지하면 돈이 묶여있는 평균기간은 2.25년(=3년×0.5+1.5년×0.5)이며, 토지비용이 30%를 차지하면 1.95년(=3년×0.3+1.5년×0.7)이다. 따라서 그 기간을 2년으로 통일해도 월세에 대한 계산결과는 크게 차이나지 않는다.

57) 그렇지 않으면, 차익거래(Arbitrage)가 발생하여, 결국 양변이 같게 된다. 예를 들어, 주택투자의 현재가치가 더 높으면, 자금이 주택 쪽으로 몰려 주택공급이 늘어남에 따라 임대료가 하락하므로, 주택투자의 현재가치가 양변이 같아질 때까지 낮아진다.

왼쪽 변은 아파트로부터 발생하는 임대수입과 아파트 수명이 다한 후 토지가격의 현재가치이고,[58] 오른쪽 변은 정기예금으로 발생하는 이자수입과 원금의 현재가치이다. (정기예금의 연간이자수입은 rM이다.) 이를 계산하여 다시 정리하면, 아래의 식이 된다.

$$R = (1+r)^2(1+A)rM \qquad \text{단, } A = \frac{[(1+r)^2-1]+t}{(1+r)^2[(1+r)^n-1]}$$

즉, 정기예금의 연간이자율이 r인데 비해, 아파트의 연간수익률은 $(1+r)^2(1+A)r$이 되어야 한다. 아파트는 건축기간동안 토지비용과 순수건축비용이 2년 동안 묶여있기 때문에 $(1+r)^2$배만큼 수익률이 증가되어야 하고, 정기예금에 비해 순수건축비용만큼 원금의 손실이 발생하기 때문에 $(1+A)$배만큼 수익률이 증가되어야 한다. 따라서 정기예금이자율 r에 비해 주택수익률(즉, 월세수익률)은 $(1+r)^2(1+A)$배 만큼 더 커야한다. [만일 내구연한을 무한대로 놓으면 $A=0$이 되므로, 월세수익률은 정기예금 이자율의 $(1+r)^2$배가 되면 된다.]

현재 아파트의 총건축비용에서 차지하는 토지비용이 대개 절반을 넘는다. 하지만 향후 가격거품이 완전히 빠지고 아파트 가격이 위에서 본 것처럼 정상가격으로 하락하고, 이와 함께 토지가격이 하락하면, 아파트의 총건축비용에서 차지하는 토지비용이 30%(즉, 순수건축비용이 70%) 정도가 된다고 가정하자. 아래의 표들은 정기예금 이자율이 주어졌을 때, 정기예금 이자율 대비 아파트의 월세수익률 프리미엄(배수)을 순수건축비 비중과 아파트 내구연한별로 구분하여 보여준다. 예를 들어, 정기예금 이자율이 3%일 때, 순수건축비 비중이 50%인 내구연한 30년 아파트의 월세수익률은 정기예금 이자율의 1.45배가 되어야 한다.

---

58) 이때 건물자체의 잔존가치는 0이라 가정한다.

아파트의 월세수익률 프리미엄 (순수건축비 비중: 50%)

(단위: 시장이자율의 배수)

정기예금 이자율	내구연한		
	30년	60년	∞
3%	1.45	1.18	1.06
4%	1.34	1.14	1.08
5%	1.28	1.14	1.10

아파트의 월세수익률 프리미엄 (순수건축비 비중: 70%)

(단위: 시장이자율의 배수)

정기예금 이자율	내구연한		
	30년	60년	∞
3%	1.59	1.22	1.06
4%	1.43	1.16	1.08
5%	1.34	1.15	1.10

이를 아파트 가격에 대한 월세수익률로 환산하면, 아래의 표와 같다. 예를 들어, 정기예금 이자율이 3%일 때, 순수건축비 비중이 50%인 내구연한 30년 아파트의 월세수익률은 4.4%(= 3% × 1.45)가 된다.[59]

59) 아파트의 경우 주택수선비는 장기수선충당금의 형태로 관리비에 이미 포함되어 있기 때문에 월세에 따로 포함시키지 않아도 된다.

세입자의 재정적인 능력이나 성실성이 떨어지면, 안정적으로 월세를 받는데 지장이 있을지도 모른다. 따라서 세입자 신용도의 상중하에 따라 주인이 0%, 0.5%, 1% 등의 가산수익률을 월세에 적용해 볼 수도 있다. (1%의 가산수익률도 적은 수치가 아니다.) 단, 세입자가 안정적인 직업을 가지고 있으며, 월세를 자동이체 시킬 경우는 가산수익률이 없어도 될 것이다. 더구나 세입자가 성실하고 정직한 사람이면, 더욱 그렇다.

월세수익률 (순수건축비 비중: 50%)

(단위: 주택가격의 백분율)

정기예금 이자율	내구연한		
	30년	60년	∞
3%	4.4%	3.5%	3.2%
4%	5.4%	4.6%	4.3%
5%	6.4%	5.7%	5.5%

월세수익률 (순수건축비 비중: 70%)

(단위: 주택가격의 백분율)

정기예금 이자율	내구연한		
	30년	60년	∞
3%	4.8%	3.7%	3.2%
4%	5.7%	4.6%	4.3%
5%	6.7%	5.8%	5.5%

현재 아파트의 토지비용과 순수건축비용이 절반씩이라고 하자. 정기예금 이자율이 3%이면, 월세의 정상적인 수익률은 아파트 내구연한 30년 또는 60년의 경우 각각 4.4% 또는 3.5%가 될 것이다. 만일 아파트 가격이 5억 원이라면, 월세는 내구연한에 따라 각각 183만 원(= 5억 원× 0.044/12) 또는 146만 원(= 5억 원× 0.035/12)이 된다.[60] 10억 원짜리 아파트의 월세는 2배가 되어, 각각 367만 원 또는 292만 원이 된다. 또한 시장이자율이 4%이면, 5억 원짜리 아파트의 월세가 225만 원 또는 192만 원이며, 10억 원짜리 아파트의 월세가 450만 원 또는 383만 원이 된다. 서울의 중산층 중 가격 5억~10억 원 정도의 아파트에 거주하는 경우도 많은데 (특히 서울의 강남이라면 이 정도 가격이면 주로 30~40평대 정도이다.), 이 같은 액수의 월세를 내고 살 수 있는 사람은 거의 없을 것이다. (그리고 자가주택일지라도, 기회비용이 이처럼 크다고 느끼지는 않을 것이다.)

60) 앞에서 본 월세의 이론가격은 미래의 현금흐름이라는 수익만을 기준으로 산출된 것이다. 반면에 지금 산출된 월세가격은 주택의 건축비용과 미래의 수익을 함께 고려하여 정기예금과의 차익거래로 도출한 것이다.

왜 이런 괴리가 생겼을까? 현재 대부분의 세입자들이 실제로 지불하는 월세가 정상적인 이론가격보다 지나치게 낮은 것일까? 절대 그렇지는 않을 것이다. 왜냐하면 거의 대부분 중산층이라면 (정기예금 이자율이 3~4%일 때) 내구연한이 30년인 30~40평대 아파트에서 월 183만~450만 원을 지불하면서 살려고 하지는 않을 것이기 때문이다. 진짜 이유는 처음부터 주택가격이 잘못 책정되었기 때문이다. 즉, 현재 주택가격의 버블이 엄청나게 심하다는 것이다.

아파트 가격의 거품이 제거된 후 앞에서 본대로 30~40평대의 아파트 가격이 1억~3억 원이 되면, 정상적인 월세가 얼마가 될까? 이때 땅값이 함께 하락하므로, 땅값을 제외한 순수건축비 비중을 70%라 하자. 정기예금 이자율이 3%라면, 적정월세는 아파트 내구연한 30년 또는 60년에 따라 1억 원짜리 아파트가 40만 원(=1억 원×0.048/12) 또는 31만 원(=1억 원×0.037/12), 2억 원짜리라면 80만 원 또는 62만 원, 3억 원짜리라면 120만 원 또는 93만 원이 된다.

만일 정기예금 이자율이 4%라면, 적정월세는 내구연한에 따라 1억 원짜리 아파트가 48만 원 또는 38만원, 2억 원짜리라면 95만 원 또는 77만 원, 3억 원짜리라면 143만 원 또는 115만 원이 된다. 여기서 아파트의 내구연한이 길어질수록, 월세가격이 하락하는 것을 알 수 있다.

따라서 향후 내구연한이 100년인 100년 주택이 나온다면, 3~5%의 정기예금 이자율에서 아파트의 월세수익률이 각각 3.3%, 4.4%, 5.5%가 되어 내구연한이 무한대인 경우와 거의 같아진다. 이때 정기예금 이자율이 3~5%라면, 1억 원, 2억 원, 3억 원짜리 아파트의 월세는 정기예금 이자율에 따라 각각 28만~46만 원, 55만~92만 원, 83만~138만 원이 된다.

■ 주택가격 버블의 원인과 버블붕괴

1960~70년대의 고도성장기부터 우리나라의 주택가격은 가파른 상승세를

이어왔다. 그 시절에는 주택 등의 부동산을 소유하고 있으면 큰 이익을 얻을 수 있었기 때문에, 부동산을 통해 자산을 축적한 경우가 많았다. 그 당시에는 경제성장을 위한 산업자금이 크게 필요하였는데, 외국으로부터의 차관이나 허리띠를 졸라맨 국민들의 저축이 상당한 기여를 하였다. 그럼에도 중화학 공업과 도로, 항만, 댐 등 사회간접자본을 모두 구축하는 데는 차관이나 국내저축이 제공하는 것보다 더 많은 양의 자금이 필요하였다.

이때 정부는 통화량을 늘려서 재원을 마련하는 소위 화폐증발의 방법을 쓰게 되었다. (즉, 국민들이 잘 알아차리지 못했지만, 인플레이션을 통해 국민들의 소비구매력을 떨어뜨리는 일종의 강제저축이었다.) 그 결과 물가상승률이 아래 그림에서 보듯이 심할 때는 20~30%에 이를 정도로 높았었다. 이렇게 높았던 물가상승률은 1980년대에 들어와서 화폐발행과 공급량을 줄이면서, 비로소 진정되었다.

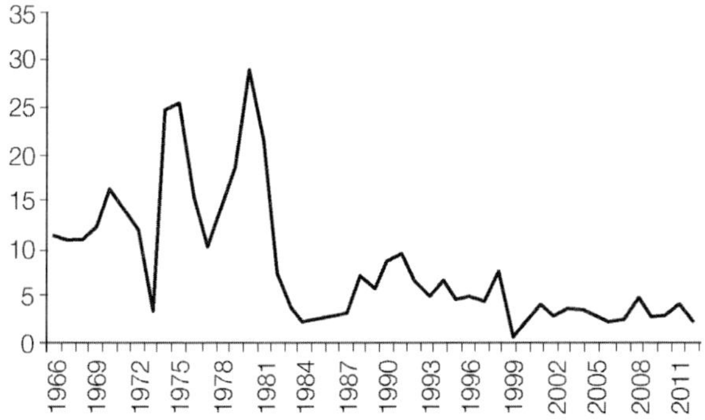

자료: 한국은행

소비자 물가상승률(%)

연간 물가상승률이 20%라 해보자. 만일 당시 100만 원짜리 주택을 소유하고 있었다면, 집의 실질가치가 변하지 않았더라도 1년 후에는 집값이 120만 원이 되었을 것이다. 이때 집주인은 이웃과 친지는 물론 직장동료 등 주변사람들에게 알게 모르게 자랑을 할 것이다. 집 때문에 20만 원 벌었다고. 당시 일반 사람들의 연봉이 기껏해야 10만~20만 원 정도였는데,

이 말을 듣는 사람들은 속이 뒤집혀 버리고 말 것이다. 물가상승률을 제외하면, 실제로 집값이 전혀 오르지 않았는데도 말이다.

경제학 교육을 받지 못한 일반 사람들은 물가상승률이나 자산의 실질가치 같은 개념들을 별로 생각지 않기 때문에, 이처럼 실질가치의 변화 없이 명목가치만 상승하더라도 큰 돈을 번 것 같은 착시에 빠져버리게 된다. 그래서 너도 나도 돈을 끌어다 집이나 부동산을 매입하려 하였다. 집에 거주하거나 땅을 이용하기 위해 매입하기보다 그냥 투자목적으로 매입하려는 것을 가수요라 한다. 이러한 가수요가 더해지면서 부동산시장에서의 수요가 더욱 증가하여, 평균적인 집값은 물가상승률보다 더 크게 증가하였다. 예를 들어, 집값이 연간 30% 상승하였다면, 물가상승률 20%를 뺀 후 실질적으로도 집값이 10% 상승한 셈이다. 그 결과 사람들은 더욱 부동산을 매입하려 하였고, 집값이나 기타 부동산 가격은 점점 더 상승하게 된 것이다. 이러한 과정을 거치면서, 시간이 흐를수록 주택가격이 정상적인 본질적 가치보다 훨씬 높아지는 거품(Bubble)이 생기게 되었다. 즉, 이러한 거품은 근본적으로 당시 정부의 화폐증발정책이 유발하였다고 할 수 있다.

아래의 그림은 당시의 화폐증발이 얼마나 심했는지 보여준다. M1(연말잔액 기준)이나 화폐발행잔액의 증가율이 거의 20 ~ 40%에 이를 지경이었다.[61] (이러한 추세가 1980년대 들어와서 완화되었다. 그러다가 1997년 말 IMF 외환위기가 터진 후 정부의 전세를 비롯한 주택관련 금융지원과 맞물리면서 한 때 화폐공급량이 급증하기도 하였다.) 주택가격이 단기간에 폭등한 이면에는 이처럼 통화량의 급증이라는 화폐적 요인이 있는 경

61) M1은 가계와 민간은행 등 민간이 보유하고 있는 현금과 요구불예금(보통예금)의 잔액을 더한 것이다. 요구불예금은 언제든지 자유롭게 찾아 쓸 수 있으므로, 저축성예금(정기예금, 적금 등)과 달리 현금으로 취급한다. 반면 M2는 M1에 저축성예금 등을 더한 것이다. M2의 양은 과거에는 M1의 2배 정도였으나, 오늘날에는 현금사용비율이 줄면서 4배 정도가 되었다. 화폐발행잔액은 정부가 발행하여 민간에 공급한 화폐량잔액에서 민간은행이 중앙은행에 예치해 놓은 시재금을 뺀 것이다.

우가 대부분이다. (화폐량이 아닌 실질적인 요인에 의한 주택가격의 변동은 주택의 명목가격 상승률에서 물가상승률을 뺀 실질가격 상승률에 반영되어 있다. 실질가격의 변동폭은 평균적으로 보면 그렇게 크지 않다.)

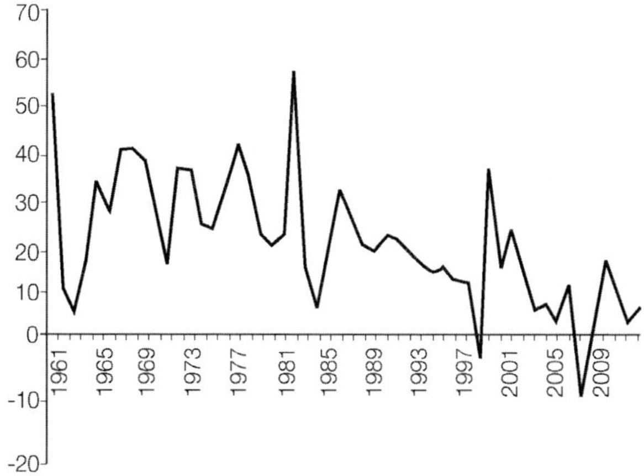

자료: 한국은행

M1 증가율(%)

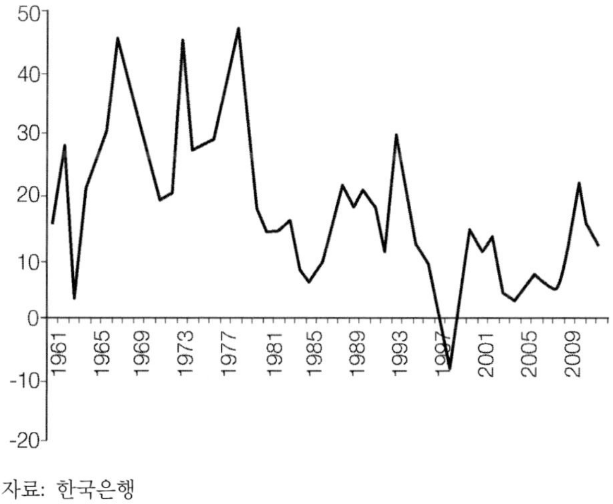

자료: 한국은행

화폐발행잔액 증가율(%)

보다 최근의 주택가격 상승률 추이를 보자. 아래 그림은 1980년대 말부터 전국의 도시소재 주택 및 서울 소재 아파트 가격의 추이를 보여주고 있다. 1980년대 말 당시 소득증가와 함께 아파트 등의 주거시설에 대한 수요가 증가하였음에도 공급이 따라오지 못해 높은 가격상승률을 보이고 있었다. 이러한 문제를 해결하기 위해 정부는 1990년대 초부터 수도권에 신도시들을 건설하면서 아파트의 공급량을 획기적으로 늘렸다. (이는 당시 "주택 200만호 건설"이라는 구호에 잘 나타나 있다.) 그 후 10여 년 동안 주택가격은 거의 상승하지 않았고(물가상승률을 고려하면 실질가격은 오히려 하락했을 정도이다.), 주택가격은 안정을 찾게 되었다. 그런데 1997년 말 IMF 외환위기를 맞아 1998년부터 시작된 전세자금과 주택담보대출 지원으로 촉발된 주택자금지원 정책이 수년간 지속되면서 아파트 가격의 폭등현상이 나타나게 되었다.

이것이 또 사회적으로 문제가 되자, 정부는 주택담보비율의 축소와 같은 주택관련대출 억제정책을 강구하였다. 그러다 주택가격이 하락하면, 다시 주택관련대출을 푸는 것을 반복하면서 2000년대에 주택가격은 몇 차례 등락하였다. 2008년 발생한 미국의 금융위기가 초래한 글로벌 금융위기로 주택경기가 위축됨에 따라 주택가격 상승률이 다시 하향국면을 그리면서 그 추세가 오늘날까지 이어지고 있다.

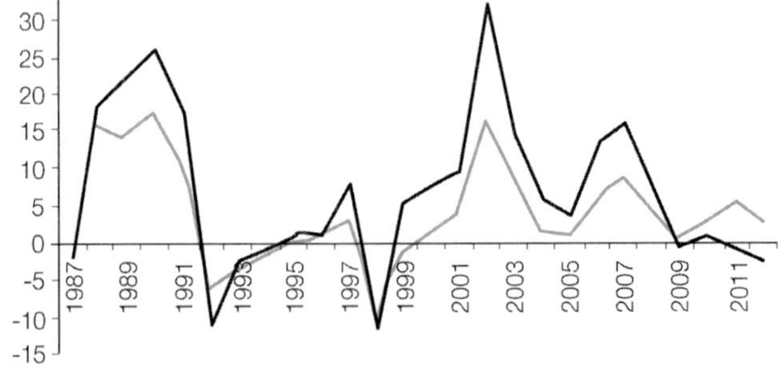

자료: 한국은행

주택 및 아파트 매매가격 상승률(%)

여기서 우리는 중요한 교훈을 얻을 수 있다. 주택가격이 폭등하거나 높은 상승률을 지속하는 이면에는 화폐증발이나 주택금융지원과 같은 정부의 정책이 있다는 것이다. 주택시장에 대한 정부의 간여가 주택가격의 변동을 더 심하게 만들어버린 것은 이와 같이 역사적 자료에서 명백하게 드러난다. 그리고 소득의 증가로 보다 업그레이드된 새로운 주택에 대한 수요가 증가함에도, 그러한 주택의 공급이 따라주지 못하는 것도 주택가격이 상승하는 이유가 된다.

그리고 이러한 추세는 시간이 지나면서 좋은 품질의 주택공급량이 확대되면서 진정된다. 이때 정부가 (좀 더 가시적인 성과를 내려고) 1990년대 초와 같이 대규모 주택공급사업을 선도할 수도 있다. 그러면 좀 더 빠른 시간 안에 주택가격을 낮출 수는 있다. 하지만 이렇게 대규모의 자금을 인위적으로 주택부문으로 돌려버리면, 다른 부문에의 투자가 그만큼 위축될 수밖에 없다. 타 부분에의 자금공급이 위축되면, 그만큼 그 부문에서 차입비용이 상승하기 때문에 관련업체들의 부담이 가중될 수밖에 없다. 어떤 부문을 지원하는 데는 이와 같이 다른 부문의 희생이 따르기 마련이다. 다른 부문의 수익률이 주택부문의 수익률보다 높으면, 자금이 보다 높은 수익률을 내는 산업으로 배분되어야 더 효율적이다. 자율적인 금융은 이와 같이 투자자금의 효율적 배분을 가능케 해준다. 그래서 전체적으로 본다면, 이러한 부문간의 자금배분도 금융시장이 결정하게 놔두는 것이 최선이다. 정부가 조급한 마음에서 인위적으로 부문간 자금의 배분을 조정하는 것은 자칫 후생의 손실과 비효율을 초래할 수 있다. (물론 과학, 기술, 교육과 같이 매우 큰 긍정적인 외부성을 가지는 부문에 대해서는 정부가 계속 지원을 해주는 것이 효율성을 제고시킬 수 있다.)

주택가격이 급등하여, 주택가격을 안정시킬 필요가 있을 때, 정부는 공급확대정책을 실시할 수도 있지만, 공급확대정책도 항상 그로 인해 생기는 주택 이외의 다른 부문에서의 득실을 함께 고려하여 신중하게 결정해야 한다.

이상의 논의를 종합해 보면, 정부는 주택가격에 관련하여 수요에 영향을 주는 정책은 절대 삼가야 한다. 수십 년에 걸친 자료에서 확인할 수 있듯이, 주택가격이 비정상적으로 상승하거나 하락한 것은 (주택시장 자체의 변동보다는 고도성장기의 높은 통화량증가율, 주택대출관련 정책, 세금을 통한 주택수요 억제정책 같은) 정부정책 때문이었다. 즉, 큰 폭의 주택가격변동은 거의 모두 정부실패에 기인한 것이라 할 수 있다.

■ 주택가격 하락에 대해 정부가 대책을 내놓아야 하는가?

최근 주택가격이 하락하는 것은 너무 긴 세월동안 형성되어온 거품이 꺼지고 정상가격으로 찾아가는 과정으로 보아야한다. 주택가격의 거품은 경제의 고성장 초기의 높은 인플레이션 정책과 IMF 금융위기 이후의 인위적인 저금리 정책으로 인한 주택관련 대출에 기인한다. 따라서 현재 지속적인 주택가격 하락추세는 본질적으로 바람직한 일이며, 정부가 간여할 필요가 없다.

과도한 대출로 주택을 구입한 사람들은 더 이상 미련을 갖지 말고 하루빨리 주택가격을 낮춰서라도 팔고, (주택의 크기를 줄이거나, 보다 외곽으로 나간다거나 하여) 주택을 다운사이징(Downsizing) 한 후 대출금을 청산해버리는 것이 최선이다. 물론 차입금 없이 자신의 주택에서 살고 있는 사람들은 모든 주택가격의 동시하락은 앞에서 말했듯이 자신의 후생에 별 영향을 주지 않으므로, 특별히 신경을 쓸 필요가 없다. 주택가격 하락에 대해 초조해하거나 염려하지 않아도 된다. (그냥 자신의 집값이 떨어지니까 기분이 좀 그래도, 제대로 합리적인 판단을 하면, 전혀 신경 쓸 필요가 없다.) 마찬가지로, 일단 주택대출금을 청산한 후 다운사이징한 주택일지라도 완전히 자신의 소유가 되면, 주택가격 하락에 전혀 신경 쓸 필요가 없어진다.

정부는 주택가격 하락 시 여론을 의식하여, 무언가 조치를 취하려는 유혹을 받기가 쉽다. 그러나 민간 주택시장에서는 어떠한 사태가 벌어져도, 그냥 초연히 간여하지 않는 것이 최선임을 정부는 항상 잊지 말아야 한다.[62] (심지어 하우스푸어, 가계대출 부실과 금융대란 등 별별 협박성 발언이나 논란이 생겨도 마찬가지이다. 주택가가격의 하락추세가 지속된다는 것은, 무리한 대출로 집을 구한 사람들에게는 주택을 다운사이징 하여 대출금을 청산하라는 강력한 신호이자 기회이다. 그렇게 되면, 하우스푸어, 금융대란 등이 생겨날 아무런 이유가 없으며, 나라 전체로서도 가계부채가 획기적으로 감소할 수 있다.)

■ 기타 주택금융 관련 정책들

가계부채에서 주택담보대출은 큰 몫을 차지한다. 그래서 정부는 가계부채의 지나친 증가를 막고자 주택담보대출비율(LTV: Loan to Value ratio)이라든가 총부채상환비율(DTI: Debt to Income ratio)을 가지고 주택관련 대출 억제정책을 실시하기도 한다.[63] 주택경기가 침체되어 주택경기를 부양시키려 할 때는 정부가 금융권으로 하여금 주택담보대출비율이나 총부채상환비율을 올리게 하고, 가계부채가 문제되어 주택관련대출을 억제할 필요성을 느끼면 정부가 금융권으로 하여금 이들 비율을 내리게 한다. 이들 비율은 보통 40 ~ 70% 사이에서 정해진다. [2008년 금융위기 직전 미국의 주택담보대출인 모기지(Mortgage)의 주택담보대출비율이 100%가 된 적도 있다.]

가장 이상적인 것은 이러한 비율을 대출기관 당사자인 은행이나 금융권에서 직접 정하는 것이다. 즉 시장에서 균형가격과 균형공급량을 정하는 것이 가장 후생을 높이고 효율적인 것처럼, 대출이자율이나 대출량을 정부간섭 없이 금융시장에서 자율적으로 정하는 것이 최선이다. 그럼에도

62) 주택과 아파트는 비배제성이나 비경합성이 전혀 성립하지 않는 완전한 사유재이다. 그러므로 정부의 간여 없이 항상 민간주택시장에서 자유롭게 가격이 결정되게 하는 것이 후생 면에서 최선의 결과를 가져다준다. 간혹 경제학에 무지한 정치인들이나 관료들이 주택이나 아파트를 공공재라고 하는 경우들이 있다.

63) 주택담보대출비율은 "주택담보대출액/주택가치"의 비율이며, 총부채상환비율은 "일정기간 동안 상환해야 될 원금과 이자율/일정기간 동안 소득"의 비율이다. 총부채상환비율은 상환능력의 확보를 더욱 강화하여 주택담보대출비율을 보완해준다.

불구하고 정부가 간섭하는 이유는 무제한적인 주택담보대출로 인한 은행의 부실과 파산을 방지하기 위한 감시와 감독을 하고자 함이다. (물론 이러한 감시감독이 정부가 금융권을 컨트롤하려는 권력의지에서 나온 것이어서는 안 되겠지만.)

만일 금융권이 대출을 남발하지 않고, 수익성과 안정성 면에서 스스로 최적수준을 선택할 수 있게 되면, 정부의 감독역할과 감시비용이 지금보다 훨씬 줄어들 것이다. 그리고 금융기관의 자율적인 결정이 보다 큰 효율성을 보장해줄 것이다. 그렇게 되려면 금융권의 영업실적과 성과가 궁극적으로 금융산업 종사자들의 이익에 합치하도록 유인체계(incentive system)를 구축하고 정비하여야 한다.[64)]

이와 같은 유인체계를 구축하려면 다음과 같은 두 가지가 선행되어야 한다. 첫째, 금융기관의 부족한 경쟁력이나 잘못된 영업으로 (예를 들어, 대출은 물론, 경기변동까지 고려한 리스크관리에 실패하는 것) 초래된 위기에 대해서는 정부가 공적자금 등을 투입하여 구제해주는 일이 절대 없어야 한다. 파산한 금융기관은 맨 위의 경영진들을 최우선적으로 모두 퇴출시킨 후 폐업시키거나, 정부가 헐값으로 매입하여 다른 금융기관에 매각하거나, 경쟁력 있는 다른 금융기관에 통폐합시켜 흡수되게 해야 한다. 그리고 그 금융기관의 주요 의사결정자들과 책임 있는 자리에 있던 자들은 모두 그 금융기관을 파산에 이르게 한 상세한 트랙레코드가 평생 따라다니도록 만들어야 한다. (비록 개개인에 대해 금전적인 손해배상까지 묻지는 않겠지만.)

둘째, 각 금융기관은 투자나 대출이 리스크관리에 연계되도록 보다 발전된 경영관리와 통제(Corporate governance) 시스템을 갖추는 것이다. 투자나 대출담당자들의 실적이 투자수익률이나 대출의 양만이 아니라 투자

64) 또한 진실함과 정직성, 도덕성, 어떤 경우든 남에게 피해를 주지 않으려 하는 성향, 개인의 이익을 추구하되 정당한 방법으로 하는 것, 당장 눈앞의 이익보다 장기적인 관점에서 판단하는 성향, 자신은 물론 자신의 주변이나 더 크게 사회 전체의 후생이 함께 최적화되고 발전하는 방향을 선호하고 선택할 수 있는 분위기와 문화가 자리 잡는 것도 매우 중요하다.

리스크(예를 들어, 투자수익률의 표준편차)나 대출금상환 리스크와 함께 평가되어야 한다. 또한 금융기관의 금융상품개발, 대출과 금리정책, 대출심사에 관한 주요 의사결정자들과 담당자들의 결정들이 전문성을 갖춘 독립된 부서의 리스크관리 담당자들에 의해 (형식적이 아니라 보다 치밀하게) 종합적이고 포괄적으로 체크되는 협업체제가 정립되어야 한다. 이러한 모습을 갖춘 금융기관들이 등장하여 발전해 나가면, 이 땅에서 관치금융의 그림자는 사라질 것이고, 우리나라의 금융기관들도 세계적인 경쟁력을 갖추게 될 것이다.

6-4 주택에 관련된 제언들

■ 주택임대와 관련하여 일반소비자들이 알아야 할 점들

❖ 주택가격 하락과 주택소유자의 후생

집을 구매할까 세를 들어 살까를 결정하는 것은 거주기간 등 다양한 요인을 고려하여 결정하게 되므로, 일률적으로 어떤 것이 더 좋을 것이라고 말하기는 힘들다. 다만 주택을 구입하여 소유할 경우, 주택가격이 상승하건 하락하건, 그것이 수도권 전체 또는 전국적인 현상이면, 주택가격의 등락에 일희일비할 필요가 없다. 현재 사는 집에서 평생 살 거라면, 주택가격의 변동은 자신의 후생에 아무런 영향도 주지 않는다. 만일 현재 사는 집을 팔고 다른 집으로 이사갈 거라면, 어차피 똑같이 집값이 변하기 때문에 후생에 별 다른 영향을 주지 않는다. 다만 전국의 주택가격이 하락하면, 새로 주택을 구입해야 하는 무주택자들의 후생이 증가할 것이다.

무리한 대출로 주택을 구입한 사람들은 주택가격이 떨어진다고 걱정만 하지 말고, 주택규모를 축소하거나 좀 더 외곽으로 나가는 것이 낫다. 몇 년이 지나도 주택으로 인한 대출액이 줄지 않고 있으면, 본인이 무리를 한 것이라고 봐야한다. 이때는 주택가격을 낮춰서라도 빨리 주택을 처분하고, 재무건전성을 회복하는 것이 낫다. 그리고 자신의 주택에 산다고 월세를 안 내니까 괜찮다는 생각은 완전히 틀린 생각이다. 예를 들어, 2억 원을 대출하여 5억 원짜리 주택에 살고 있다면, 2억원에 대한 이자와 3억 원에 대한 기회비용(예금하거나 다른 데 투자했을 때 얻을 수 있는 수익)을 합한 만큼의 월세를 내는 것과 같으며, 또는 그 집을 임대해주고 받을 수 있는 월세만큼 월세를 내는 것과 똑같다.

❖ 주택임대시장에서 세입자들이 취할 바람직한 행동

세입자들의 경우 전세나 월세가격이 물가상승률과 비교하여 지나치게 오르면, 발 빠르게 더 싼 곳으로 옮기는 편이 낫다. 즉, 규모축소(Downsizing)를 하라는 것이다. (다운사이징은 단지 주택의 크기만 줄이라는 것이 아니라, 시내중심부에서 좀 더 외곽으로 나가는 것 등을 포함한다.)

어떠한 임대용 주택이든 결국 최종소비자(End user)들이 있어야 전세든 월세를 놓을 수가 있으며, 최종소비자들이 감당하지 못하면 결코 전세가격이나 월세가격을 올릴 수가 없다. 세입자들이 가격에 민감하여 조금만 부담된다 싶으면 인터넷을 검색하거나, 관련종사자들의 조언을 구하거나, 발품을 팔아서 보다 저렴한 주택으로 움직이려는 성향이 강할수록, 임대가격은 급속하게 오르기 힘들게 된다. 반면, 귀찮아서 그냥 꾹 참고 좀 무리를 해서 차입을 하거나 정부의 저금리 주택 또는 전세대출을 이용하여 상승한 임대가격에 맞추려할수록, 임대가격은 오르기 쉽다.

아래 그림을 보면, 현재 주택임대시장 균형점은 E_0이며, 균형임대가격은 P_0이다. 이때 시장에서 공급자들이 (임대가격을 더 받으려고) 공급곡선을 위로 이동시킬 때, 수요자들이 가만히 있으면 균형은 E_1에서 결정되고, 임대가격은 P_1으로 상승하여 버린다. 하지만 수요자들이 적극적으로 다른 곳으로 옮기려 하면, 해당지역의 수요가 감소하고, 그 결과 수요곡선이 아래로 이동한다. 이때 균형은 E_2에서 결정되고, 임대가격은 P_0에 그대로 머물러 있을 수 있다.[65]

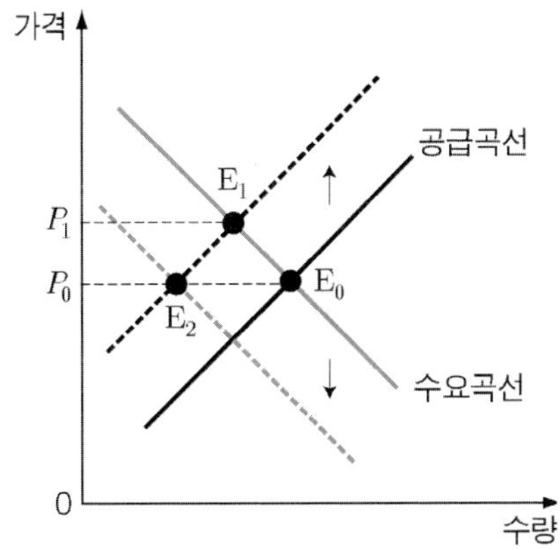

세입자들의 성향이 임대가격에 주는 영향

주택임대가격이 1년 동안 물가상승률(최근의 추세대로라면 연 2 ~ 3%대) 만큼만 오른다면 큰 상관이 없다. (대개의 경우 자신의 급료도 물가상승률만큼 오를 것이므로.) 하지만 (집이나 주변을 레노베이션 하는 것과 같은 특별한 일 없이) 그 이상으로 오른다면, 다른 곳으로 이동하는 것이 더 낫다. 물론 시장에서 임대가격이 조정 중인 초기에는 아직 임대가격이 균형가격으로 떨어지지 않았을 수도 있기 때문에, 이사하느라 중개수수료나 이사비용도 발생하고 옮기느라 불편을 겪기도 하겠지만, 궁극적으로는 무리하게 임대료를 올려버리는 현상이 대폭 줄어들거나 사라지게 된다. 또한 당장 얼마간 편하자고 차입을 해서라도 크게 오른 임대료를 내게 되면, 나중에 재정적인 면에서 큰 독소로 작용할 수 있으므로, 정말 특별한 사정이 있지 않는 한 절대로 그렇게 하지 않아야 할 것이다. (그러한 사정도 지나고 보면, 별 것이 아니었던 경우가 많다. 또한 처음 다른 곳으로 이사하거나 집을 알아보려하면, 막연한 두려움과 불확실성이 크게 느껴져, 옮기는데 따른 불편을 세입자들이 과대평가하는 수도 있다. 하지만 막상

---

65) 만일 단기간에 주택임대 공급량이 변하지 않으면(즉, 공급곡선이 수직선이면), 임대료를 올리려는 시도가 수요를 감소시켜(즉, 수요곡선을 아래로 이동시켜), 임대료를 오히려 이전수준(P_0)보다 떨어지게 할 수도 있다.

실천에 옮기고 나면, 그러한 주관적인 비용이 사라지게 되는 수가 많다.)

주택임대가격이 오른다고, 정부는 주택임대에 대한 지원정책을 쉽게 시행해서는 안 될 것이다. 그것은 수요곡선이 아래쪽으로 이동하지 못하게 막는 역할을 해버리기 때문이다. 결국은 정부가 나서지 않아도 해결될 일에 정부가 나섬으로써, 차입자들의 가계부채만 늘려놓을 뿐이다.[66] 그리고 금융권은 금융권대로 후에 주택대출관련 부실채권으로 골머리를 앓을 수 있다.

❖ 월세는 많은데 전세가 없어서 걱정이다?

예금이자율이 거의 물가상승률 수준으로 하락하여 실질금리가 0에 가까워지자, 최근 많은 주택들이 전세에서 월세로 전환하고 있다. 그래서 세입자들은 전세를 구하기 힘들게 되고, 전세가격이 계속 고공행진을 하고 있다. 그래서 전세를 구하는 사람들의 시름이 깊어지고 있다. 그런데 이러한 시름은 할 필요가 없다. 그냥 월세로 가면 된다. 다만 현재 과도기에서 월세가격이 지나치게 높은 감이 있는데, 일단 수요자들이 무리해서 거기에 맞추어주지만 않는다면 월세가격이 보다 낮은 가격으로 조정될 수밖에 없다. 그러한 조정이 이루어지기 전까지는 월세주택을 다운사이징하는 편이 낫다. 거의 모든 세입자가 이런 마인드를 가지고 있으면, 월세가격의 조정기간이 굉장히 짧아지게 된다.

전세에 살고 있으니까 일단 월세를 안 내어 돈을 절약한다는 생각은 완전히 틀린 생각이다. 대출받은 전세대금이라면 대출액에 대해 내는 이자가 월세가 되며, 전세대금이 자신의 돈이라면 예금하거나 다른 데 투자했을 때 생기는 수익이라는 기회비용이 월세와 같다. 즉, 본질적으로 전세

66) 수요자들의 이러한 자각이 향후 좀 더 경제적인 선택을 하는데 도움이 되기를 바란다. 그리고 정부는 이러한 점을 소비자들에게 설득해야 한다. 소비자들이 이러한 점을 이해하게 되면, 어려운 일이 닥칠 때마다 정부로 하여금 대책을 내어 놓으라고 압력을 행사하여 정부가 잘못된 정책을 시행하게 되는 일이 없어질 것이다. 즉, 시장의 힘에 의해 움직이는 가격에 대해 정부가 간여하지 않는 것이 최선임을 정부나 국민 모두가 명확하게 알고 있어야 한다.

와 월세는 재무적으로 아무런 차이가 없다.[67] 다만 전세의 경우, 내 지갑이나 통장에서 돈이 나가는 것이 눈에 보이지 않기 때문에 비용이 안 든다는 생각은 심리적인 착각일 뿐이다. 정확하고 합리적인 판단을 하는 사람들이라면, 이러한 착각 때문에 자신의 선택을 좌지우지 하지는 않을 것이다.

오히려 전세는 계약기간 만료 시 전세금 반환에 대한 리스크만 있을 뿐이다. 그리고 대개의 경우 새로운 전세입자가 생겨야 전세금을 반환받을 수 있기 때문에, 나가는 세입자와 들어오는 세입자가 서로 이사하는 날짜를 맞추어야 하는 등 불편만 가중시킬 뿐이다. 하지만 월세의 경우, (현재 미국 등 선진국에서 가장 보편적인) 1 ~ 2개월 치 월세에 해당하는 보증금이라면 보다 쉽게 반환받을 수 있으며, 잘못되어도 전세금만큼 손실이 크지 않다. 또한 월세의 경우는 계약날짜 이전이라도 사정이 생기면 이사가는 것이 보다 수월할 수 있다. (미국의 경우, 몇 년간의 계약기간 중에 집주인은 계약을 해지할 권한이 없으나, 세입자는 1개월 정도 전에 통보하면 얼마든지 계약을 해지하고 이사갈 수 있다.) 따라서 모든 주택임대시장이 월세로 전환되는 것이 효율성을 높일 수 있다.

■ 전세와 월세가격 상한제의 비효율성

만일 정부가 주택이나 아파트의 전세나 월세가격에 대해 상한제를 실시

---

67) 이는 자신의 집에 살든지 전세나 월세로 살든지 모두 마찬가지다. 다만 자신의 집에 사는 사람은 주택의 실질가격 등락에 따른 자본이득이나 손실을 볼 수 있다는 차이뿐이다. (이러한 자본이득이나 손실도 1주택 소유자에게는 앞서 보았듯이 후생에 아무런 영향을 주지 않는다.)

만일 주택을 소유한 사람이 자신의 주택을 월세주고, 자신이 다른 집에 월세로 살아도 그냥 자신이 소유하는 집에 사는 것과 재무적으로 아무런 차이가 없다. 주택이라는 자본을 소유하는 것도 동일하고, (기회비용을 포함한) 월세라는 비용이 발생한다는 것도 동일하다. (단, 집주인이 부동산보유세를 내야하므로 세입자에 비해 불리하지 않을까 생각할지도 모른다. 하지만 집주인은 임대료에 부동산보유세를 반영시켜버리므로, 세입자가 지불하는 임대료와 집주인의 기회비용은 본질적으로 차이가 없다.)

하면 어떻게 될까? 우선 그냥 현재시세만으로는 어느 정도의 임대가격이 적정가격인지 파악하는 것부터 쉽지 않다. 주택임대료는 수요와 공급에 의해 정해지며, 경제상황이나 정부의 전세자금 대출정책 등에 의한 수요변동에 따라 수시로 변한다. 만일 억지로 특정시기의 가격을 참고하여 상한제를 실시한다면, 조금 시간이 흘러 상황이 변했을 때, 시장균형 임대가격과 정부가 설정한 상한가격 사이에 괴리가 생겨 비효율이 발생할 것이 뻔하다. (만일 상한가격이 시장균형가격보다 높으면, 정책의 실효성이 없게 된다. 만일 상한가격이 시장균형가격보다 낮으면, 전세나 월세 아파트에 대한 초과수요를 발생시키며, 1장의 최고가격제에서 보았듯이 여러 가지 부작용과 사중손실을 발생시킨다.)

또한 정말 전세나 월세 아파트가 필요하거나 절박한 사람들은 정부가 정한 상한가격보다 더 지불하고서라도 임대하기를 원하지만 임대를 못하고, 덜 절박한 사람들이 임대해 버리기도 한다. 다시 한번 강조하지만, 정부의 인위적인 정책은 아무리 그럴듯해 보여도 그냥 시장에 맡겨두는 것보다 항상 더 못한 결과를 초래할 뿐이다.

■ 주택의 품질에 대한 몇 가지 제안들

❖ 주택에 관한 지식공유

아파트, 빌라, 일반개인주택, 전원주택 등 모든 종류의 주택에 관해 그동안 개발되고, 축적된 주택건축의 방법(Know-how), 기술, 단열재, 방음재 등 건축재료 정보, 설계사무소/건축업체 정보와 평점, 주택건축 시 유의해야 할 크고 작은 점들, 제도적인 것 등 주택에 관한 유용한 지식들을 모두 체계적으로 분류하고 망라하여, 국가가 운영하는 사이트에서 공개하여 건축업체는 물론 일반인들이 누구나 열람할 수 있고, 참고할 수 있게 하여 광범위한 지식의 공유가 이루어지면, 좋을 것이다.

그리고 건축업자 등이 수시로 자신의 새로운 지식을 그 사이트에 업로드 한 후, 서로 실험과 검증을 해본 후, 괜찮은 아이디어는 다시 정부에 제공하여 편람에 추가하고 공개하는 식으로 하면 많은 도움이 될 것이다. 이러한 것을 효율적으로 할 수 있도록, 누구에게나 알려진 유명한 온라인 주택편람 같은 것이 생겨났으면 한다.

그리고 전원주택 등에 대해 제법 괜찮고 표준화할만한 (다양한) 설계도면을 무료로 공개하여 누구나 사용할 수 있도록 하면, 자금이 풍족하지 않은 수요자들이 평균적인 개념의 주택을 짓는데 많은 도움이 될 것이며, 비용절감과 후생 면에서 크게 도움을 줄 것이다. 물론 재정적인 여유가 있거나 자신만의 취향을 반영한 주택을 짓고 싶으면, (정부의 인터넷 사이트나 주택편람 등에 소개된 내용을 참조하여) 전문 설계사무소나 건축업체를 선정하면 된다.

❖ 무소음 아파트는 가능한가?

우리나라에서 피아노 등 기악을 전공하는 학생들이나 음대교수들 중 아파트의 방 하나에 대해 '24시간 방음시공'을 하기도 한다. 방음시공 후에는 심지어 한 밤중이나 새벽에 그랜드 피아노로 대곡들을 크게 친다 해도, 이웃이나 위 아래층의 아파트에서는 피아노를 치는지도 전혀 알 수 없을 정도가 된다고 한다. 시공비용은 업체마다 틀리지만 4~6평 방 하나에 대략 800백만 원 정도 소요된다고 한다. 단, 방음재 때문에 방의 위아래, 앞뒤, 좌우로 각각 30~45cm 정도의 공간이 줄어든다고 한다. 따라서 방의 높이가 60cm 이상 줄어들어, 매우 답답한 느낌을 줄 것이다. 또한 여름에도 창문을 못 열어 놓기 때문에 에어컨을 켜 놓아야 한다. (에어컨을 켜놓으면, 소음 때문에 보다 높은 수준의 연주에 방해가 된다.)

이러한 방음시공을 처음 아파트를 지을 때 설계단계서부터 아파트 전체에 적용시켜보자. 아랫집과 윗집 중 어느 한집의 바닥이나 천정에 이와 같은 방음재가 들어가면 되므로, 아래층과 위층 사이의 두께가 지금보다 30~45cm 더 두꺼워지면 될 것이다. 아파트바닥에서 천정까지의 높이를 230~240cm 정도라 하면, 이러한 방음을 하면, 아파트의 전체 높이에서 쓸 수 있는 공간이 대략 12~18% 정도 줄어든다. [단, 기존 아파트의 층간

슬래브(slab) 두께를 15 ~ 20cm] 정도라 하였다.] 이때 25층 아파트를 짓는 대신 20 ~ 22층 아파트를 지으면 된다는 계산이 나온다. 물론 이렇게 한다면, 각 가구의 바닥과 천정 사이의 높이는 원래 높이 그대로 230 ~ 240cm를 유지할 수 있기 때문에, 답답한 일은 없을 것이다.

원래의 아파트 한 채의 가격을 5억 원이라 하면, 줄어든 층수로 말미암아 한 채당 가격이 5억 6천 8백만 ~ 6억 2천 5백만 원 정도로 상승한다. 또한 방음공사를 아파트단지 건축초기단계서부터 전체 아파트에 시공하게 되므로, 기존의 개인아파트에 시공할 때보다 비용이 크게 할인될 것이다. 5평당 5백만 원(이것도 좀 과한 느낌이 들지만)으로 잡으면, 30 ~ 40평형대의 아파트라면, 가구당 방음재료 가격으로 3천만 ~ 4천만 원이 추가로 소요된다. 따라서 아파트 가격은 대략 6억 ~ 6억 7천만 원 정도가 된다. 실제로 완전방음 아파트의 가격이 평균 잡아 6억 3천만 원이라고 해보자. 5억 원 주고 층간소음이 있는 아파트에 살 것인지, 6억 3천만 원 주고 층간소음이 전혀 없는 아파트에 살 것인지 선택하라면 대부분의 수요자들은 어떻게 할까? (물론 위에서 살펴본 대로 아파트 정상가를 2억 원이라 가정하면, 무소음 아파트는 대략 2억 6천만 ~ 2억 9천만 원이 된다.) 진동이나 소음에 둔감한 사람들이라면 구태여 소음 때문에 돈을 더 쓰고 싶어하지 않을 수도 있다. 하지만 어느 정도 경제적 여유가 있는 사람들이라면, 분명히 층간소음이 전혀 없는 6억 3천만 원(또는 거품이 빠진 후 2억 7천만 원 정도) 하는 아파트를 선택할 것이다.

그런데 아직 우리나라에서 무소음 아파트가 지어졌다는 소리를 한번도 들은 적이 없다. 왜일까? 이것은 여전히 큰 미스터리이다. (최근에 건설관련 연구기관과 유명 건설업체의 담당자에게 물어보니, 아무래도 수요자들이 가격에 부담을 가질까 염려스러워 안 짓는다는 것이다. 즉, 가격 때문에 미분양이 될까봐서란다.[68] 그들이 이러한 '24시간 방음'에 대해 상세히 알고 있는지 물어보지는 않았다.)

---

68) 하지만 그러한 예상과는 달리, 신규아파트 단지 내에 무소음 아파트를 1개 동만 지었을 때, 일찌감치 품절되어버리고, 거액의 프리미엄까지 붙을 수도 있다.

물론 건설회사가 한 단지 내 모든 아파트에 대해 무소음 시공을 하면, 큰 모험을 하는 것일 수도 있다. 그렇더라도 10 ~ 20개동 중에 1 ~ 2개 동 정도라도 무소음 아파트를 지어 적극 홍보한 후 분양해보면 어떨까? 만약 대박을 친다면, 그 다음에는 어떻게 될까? 이전에도 지적했듯이 우리나라 사람들은 모방의 천재들이다. 그 다음 얘기는 굳이 안 해도 될 것 같다. 그렇게 해서 세월이 흐르면, 층간소음이 존재하는 아파트의 가격은 폭락해버리고 말 것이다. 이때 수많은 국민들은 그토록 지긋지긋한 층간소음의 공포에서 벗어나게 되고, 각 가정의 아이들은 아래 층 눈치 보지 않고 마음껏 뛰어다닐 수 있게 될 것이다. 생각만 해도 유쾌해질 정도로 후생의 증가가 있을 것이다.

아파트는 벽식보다는 기둥식이 진동과 소음이 덜 전달된다고 한다. 또한 위에서 거론한 무소음 시공방법이나 재료도 향후 계속 발전할 소지가 많다. 그래서 보다 저렴한 비용이 들고 부피를 줄인 재료나 방법들이 계속 개발될 것이다. 이러한 지식들이 축적되면, 향후 무소음 아파트가 정상적인 표준이 될 것으로 믿는다. 이러한 것에 대한 연구, 개발로 축적된 지식을 정부가 무료로 공개하면, 이러한 지식은 공공재적 성격을 가진다. 따라서 이 같은 무소음 아파트를 보다 쉽게 적은 비용으로 지을 수 있도록 연구, 개발하고, 권장하는 일을 국가가 주도적으로 해주기를 바란다. 물론 그 후 시공은 민간 건설회사들이 할지라도.

❖ 주차장 넓이

어떤 아파트에 가보면 각각의 차량을 위한 주차공간을 매우 좁게 만들어 놓은 곳이 있는 반면, 어떤 곳은 보다 넓고 편하게 만들어 놓은 곳이 있다. 주차장은 거의 매일 이용하는 곳이므로, 이용하기에 편할수록 이용자들의 후생을 크게 증가시킨다. 새로 짓는 아파트들은 과감하게 대당 주차공간을 넓게 설정하는 것이 더 나을 수 있다. 예를 들어, (미국의 일반적인 주차장에서의 한 대당 주차넓이와 비슷해 보이는) 코스트코의 주차장 정도만 되어도, 참 좋을 것 같다. 차들 사이로 주차할 때에 매일 반복되는 스트레스를 줄일 수 있으니까.

또한 요즈음 대부분 그렇게 짓고 있지만, 각 동의 지하를 모두 터서 연결함으로써, 보다 넓은 공간을 확보할 수 있다. 또한 웬만하면 지하층 2개층 이상을 주차장으로 만드는 수가 많다. 특히 지상과 지하주차장 사이의 출입구나 통로가 넓고 차들이 다니기에 편하도록 동선과 통로의 설계에 보다 많은 신경을 써야 할 것 같다. 아직도 그러한 것이 불편한 곳이 많기 때문이다. (심지어 유명 대형마트들의 경우도.)

많은 아파트들이 가구당 주차대수, 1대당 주차넓이, 주차장 출입구와 동선 등에서 보다 개선되고 편안함을 제공하여, 그러한 것들이 최소한의 기본으로 인식되기를 바란다. 그래야 새로 짓는 다른 아파트들도 최소한 그 정도나 그 이상의 시설을 제공하려 할 것이다. 따라서 어떤 아파트에서 주차장을 잘 짓는 것은 긍정적인 외부효과를 가진다.

❖ 아파트의 기계소음과 진동소음

아파트 단지 내에는 수돗물을 아파트 위층까지 공급하기 위한 대형 전기펌프들이 지하층에 설치되어 있다. 아파트 건축 초기단계서부터 그러한 대형 모터 아래에 진동흡수 시설을 설치하고, 모터실 벽면에는 소음방지 시설을 꼼꼼하게 해주면 좋을 것 같다. 대형 펌프와 모터에서 발생하여 벽을 타고 전달되는 저주파 진동소음은 모터실에 인접한 동과 층의 주민들 중 소음이나 진동에 민감한 사람들의 숙면을 방해하여 스트레스를 줄 수 있기 때문이다. 이와 같은 것은 국가에서 신경을 써서 미리 규제해도 괜찮을 것 같다.

아파트 시공사들은 여기에 대해 소상히 알고 있으리라 기대되지만(하지만 간혹 상당히 큰 업체들도 이 부분에 대해 잘 인식하지 못하고 별로 신경을 안 쓰는 경우도 있다.), 대부분의 소비자들은 이러한 기술적인 부분에 대한 지식이 없다. (인터넷을 검색해보면, 저주파소음을 측정하거나 해결방법을 제시해주는 국내의 소음진동 전문업체들도 있다.) 즉, 정보비대칭의 경우가 되어버린다. 따라서 이 같은 문제는 정부가 규제하거나 간여하여 해결해주어도 괜찮을 것 같다.

❖ 각 방의 온도조절기

아주 옛날에 지어진 아파트를 보면, 중앙난방식에 집집마다 따로 온도조절기가 없다. 그래서 겨울철에 어떤 사람들은 춥다고 하는 반면, 어떤 사람들은 너무 더워 창문을 열어 놓기 때문에 에너지 낭비가 생기기도 한다. 최근에 지어진 아파트일수록 자동온도조절기를 갖추어 놓았다. 예를 들어, 겨울에 섭씨 23도로 맞추어 놓으면 ±1 ~ 2도 정도의 범위에서 자동으로 난방이 가동되었다가 멈추었다가 한다. 예를 들어, 실내온도가 22도 아래로 떨어지면 난방이 가동되고, 24도에 도달하면 난방이 멈추고 하는 식이다.[69)]

요즈음의 많은 주택들에서는 각 방마다 자동온도조절기가 설치되어 있으므로, 각 방에서 자신의 취향에 따라 온도를 세팅해 놓을 수 있다. 그러면 당장 모든 식구들의 후생이 높아지고 효율성이 증가한다. (가끔 각 방마다 설치된 자동온도조절기의 성능이 떨어져, 온도조절기의 숫자상 온도와 실제 온도가 제법 차이가 나는 경우도 있다. 아파트 수요자들은 아파트를 구입할 때 꼼꼼하게 묻고 체크해 볼 필요가 있다.)

❖ 단열재

단열재를 잘 쓰면, 한 여름에도 (마치 동굴에 들어온 것처럼) 시원하기 때문에, 에어컨을 거의 틀지 않고 지낼 수 있다.[70)] 또한 창문을 마주보고 내면 맞바람이 불어 더욱 시원하다.[71)]

---

69) 이러한 기능을 가진 장치를 서모스탯(Thermostat)이라 한다. 원리는 의외로 간단하다. 양쪽 면에 온도에 따라 휘는 정도가 틀린 금속을 서로 맞댄 바이메탈(Bimetal)을 사용하는 것이다. 서모스탯 가격은 하나당 수만 원 정도밖에 되지 않기 때문에 새로 짓는 아파트라면, 자동온도조절기를 각 방에 설치해도 설치비용이 크게 들지 않는다.

1990년대에 지은 수십억 원대의 고가의 주상복합 아파트 중에 자동온도조절기가 거실 한 곳에만 설치되어 있는 곳도 있다. 그 아파트에서는 할머니 방을 위해 늘 높은 온도에 맞춰놓기 때문에, 대학생인 손자가 너무 더워 자신의 방의 조그만 창문을 항상 열어놓고 지내는 경우도 있다.

70) 여름의 더위에는 특히 지붕과 천정의 단열재가 매우 중요하다. 지붕은 햇볕이 곧장 내리쬐는 곳이기 때문이다.

정부는 여름에 전력부족으로 각 가정에 대해 (거의 수탈에 가까운) 과도한 전기요금 누진제를 실시한다거나 대형마트에서 에어컨 온도를 올리도록 강제하여 시민들을 불편하게 하지 말고, 처음에 주택을 지을 때 단열재의 종류/효과/가격/판매처 등에 대한 정보를 주택공급업자나 일반인들이 쉽게 접할 수 있도록 홈페이지 등에 공개하면 큰 도움을 주게 될 것이다.

여름철에 실내가 후덥지근하지 않고 시원한 것이 쾌적함은 물론 공부나 독서와 같은 지적활동의 효율성을 크게 증진시키기 때문에, 가정용 또는 사무용 전기에 대한 누진세는 크나큰 비효율을 발생시킨다. 정부는 에너지를 좀 아껴보려다, 수많은 사람들로 하여금 후덥지근하고 끈적거리고 잡생각이 나게 만들어 지적능률이 저하되거나 지적활동을 포기하도록 만드는 우를 범하지 말아야 한다.

❖ 수도와 난방파이프 동파방지

겨울철 혹한기에 가끔 수도와 실내바닥의 난방파이프가 얼어서 동파되는 경우가 있다. 아파트 수도의 경우는 동파로 인해 물이 아래층으로 떨어져 가구 등이 손상되면 변상을 해줘야 하고, 난방파이프가 동파되면 바닥을 다 뜯고 파이프를 새로 교체해야 하므로 큰 비용과 불편을 감수해야 한다. 온 가족이 겨울철에 해외여행을 하거나, (요즈음 증가하고 있는) 1인 가구의 경우 장기출장이나 여행을 갔다 올 경우, 동파를 방지하기 위해 부재기간 동안 수돗물을 조금 틀어 놓는다든지, 온도조절기의 온도를 외출 또는 그 이상으로 맞춰놓고 간다.

요즈음에는 수도관의 일부나 바닥의 난방파이프를 열선으로 감싼 후 약한 전류를 통하게 하여, 동파를 방지하기도 한다.[72] 사용전류의 양도

71) 마주 보는 창문들 사이에 여닫이문이 있다면, 바람으로 인해 갑자기 쾅하고 닫히는 경우 문틈 사이로 아이들 손이 다칠 위험이 있으므로, 천천히 닫히도록 별도의 장치를 달거나 문을 열어놓았을 때 벽에 고정시킬 수 있는 장치 같은 것이 있어야 될 것이다.

72) 단, 열선은 과열로 인한 화재가 발생하지 않도록 해야 한다. 그러기 위해서는 무조건 값싼 제품을 사용하기보다 공인된 제품을 사용해야 한다. 불량제품은

적고, 부재기간 중에만 열선이 작동되도록 스위치를 켜고 가면 되기 때문에, 추가전기료 부담도 별로 크지 않다고 한다. 부재기간 중에 물이나 난방연료를 낭비하지 않아도 되고 보다 확실하게 동파를 방지할 수 있으므로, 새로 짓는 주택에 적용하면 좋을 것 같다. 그러면 사람들이 마음 놓고 여행이나 출장을 갈 수 있게 될 것이다.

❖ 식기세척기와 세탁기/건조기

요즈음은 식기세척기(Dish washer)가 많이 보급되었다. 하지만 아직 가족이나 손님들과 식사 후 힘들게 손으로 설거지하는 경우가 많다. 식기세척기는 뜨거운 물과 식기세척용 세제를 사용하므로. 마른 밥풀까지 불려서 세척한 후 뜨거운 바람으로 뽀송뽀송하게 말려서 나온다. (손으로 하는 것보다 훨씬 깨끗하고, 뜨거운 물로 소독도 된다.) 또한 여러 끼의 식사 후 그릇들을 식기세척기 안에 넣어뒀다가 한꺼번에 세척해도 되므로, 식사 때마다 설거지를 안 해도 된다. 그러면 그릇들을 싱크대 위에 보기 흉하게 쌓아놓을 필요도 없을 것이다. 식기세척기가 있으면, 시간도 절약되고 무척 편리하다.[73] 물론 혼자 간단히 해먹는 경우는 굳이 식기세척기를 쓰지 않으려고 할 것이다. 하지만 많은 그릇을 두고 부담스러워 하면서도 식기세척기를 쓰지 않는 것을 보면, 많은 양의 빨래를 세탁기를 사용하지 않고 손으로 하는 것만큼이나 답답해 보인다. 아파트에 충분히 큰 용량의 성능 좋은 식기세척기가 붙박이형(Built-in)으로 미리 설치되어 있거나 설치할 공간을 마련해 놓으면, 매우 편리할 것이다.

또한 요즈음 세탁기와 건조기가 일체형으로 된 드럼세탁기[74]를 쓰거나

열선의 온도가 섭씨 60도를 넘어가는 경우가 있으나, 공인된 제품은 30도를 넘어가지 않는다고 한다.

73) 만일 설거지를 집안가장인 남자들이 하는 것이 우리나라의 문화였다면, 지금쯤 거의 모든 가정에 최고성능의 식기세척기들이 설치되어 있지 않았을까 하는 생각이 든다.

74) 드럼형 세탁기는 세탁 시 빨래를 위로부터가 아닌 옆으로 집어넣기 때문에, 불편을 느끼는 사람들도 있다. 그럴 경우 기존 방식대로 빨래를 위에서 집어넣는 세탁기를 쓰되, 빨래를 옆으로 집어넣어야 하는 건조기를 따로 설치할

세탁기 옆에 따로 건조기를 두거나 하는 경우가 많다. 이때 식기세척기나 빨래건조기에서 나오는 뜨거운 바람이 내부에 머물지 않고 곧장 아파트 외부로 빠져나올 수 있게 (그리로 역으로 벌레가 아파트 안으로 들어오지는 못하게) 설계해야 할 것이다.

❖ 주택부문의 발전과 품질향상을 원한다면 정부는 민간주택시장의 가격과 수요/공급에 간섭하지 말아야 한다.

우리나라 대부분의 국민들이 거주하는 아파트는 대체로 모양이나 구조가 비슷하여, 성냥갑 또는 토끼장이라 혹평받기도 한다. 우리나라에 아파트가 생긴지 50년이 넘어선 지금 과거에 비해서는 내부구조 등이 많이 좋아졌지만, 아직도 내부나 외부가 더 다양하거나 개성이 없다. (물론 층간소음과 외부소음을 완전히 차단한 아파트도 아직 보지 못했다.)

아파트는 관리의 편리성이 있지만, 흙을 밟지 못하고 살아야 하는 결정적인 단점이 있다. 전원주택 같은 개인주택은 현관문만 나서면 곧바로 흙을 밟을 수 있고, 자연과 접할 수 있어 사람의 마음이 푸근하고 편안해진다. 이는 자연에서 나서 자연으로 돌아가는 인간의 필연적인 본성이랄 수 있다. 그리고 아이들이 마음껏 자연 속에서 뛰놀 수 있으며, 부모들도 밖에서 놀고 있는 아이들에 대한 걱정이 도시에서보다 덜 된다.

옛날보다 1인당 GDP가 상승했음에도 최근 우리나라의 자살률이 세계 최고가 된 것은 시멘트에 갇혀 사는 것과 무관해 보이지 않는다. (우리나라 같이 아파트 거주비율이 높은 나라는 세계 어디에도 없다.) 그럼에도 사정상 어쩔 수 없이 아파트에서 살아야 한다면, 최대한 넓고 다양한 설계로 들어서자마자 참 쾌적하고 좋다는 생각이 저절로 들 정도로 지어져야 한다. 여기에 아파트 생산자들의 창의성과 꿈이 최대한 발휘되고 끊임없이 펼쳐져야 한다. 정부가 민간아파트에 대해 가격이나 수요와 공급 중 어느 쪽이든 간여하거나 간섭할수록, 아파트의 품질을 향상시키거나, 새로운 개념의 아파트를 구상하고 지으려는 생산자들의 유인(Incentive), 창의성

수 있는 공간도 함께 마련해 주면 더 좋을 것이다.

(Creativity), 혁신(Innovation)을 무참히 짓밟아버리는 꼴이 되어버린다.

시장금리보다 인위적으로 낮춘 금리의 주택관련대출, 정부에 의한 아파트 가격 지지나 억제정책, 재건축 통제, 분양자격 제한, 청약통장과 아파트의 추첨배분, 아파트 공급량 통제, 소형평수 의무비율 등 수많은 규제들을 깨끗하게 청산해버리는 것이 가장 최적이며, 이러한 규제의 존재 유무로 인한 전체 후생의 차이는 시간이 흐를수록 점점 더 크게 벌어지게 된다.

❖ 도심의 다세대주택과 개인주택의 재건축

대도시나 중소도시에 있는 대부분의 다세대/다가구 주택이나 개인주택들이 밀집해 있는 곳은 주차장이 매우 협소하고 진입도로가 좁은 경우가 많다. 주차공간이 모자라서 앞뒤의 주차공간이 겹치는 식으로 배치되어, 앞차의 주차공간을 비워줘야 뒤에 주차된 차가 나올 수 있는 등 생활하기에 매우 불편한 경우가 많다. 이렇다보니 그런 곳에서는 쾌적한 삶을 영위하기가 어렵다. 이는 개인주택을 허물고 다세대/다가구 주택으로 재건축할 때, 기존 개인주택의 영세한 작은 지번면적에 제한되다 보니 어쩔 수 없었던 측면이 있다.

앞으로 난개발 지역, 기존의 개인주택, 다세대/다가구 등의 주거지역을 재개발할 때는 이처럼 각 개인이 개별 주택별로 하는 것보다, 일정 규모 이상의 큰 구획을 정해 그 안의 모든 주택을 공동으로 개발하여, 보다 향상되고 세련된 형태의 대규모 단지 또는 개성 있는 여러 구획들의 중간규모 단지들로 나누어진 다세대/다가구 주택으로 건축하는 편이 훨씬 좋을 것이다.[75] 즉, 규모의 경제라는 이점을 누릴 수 있게 하는 것이다. 이때

---

75) 대규모 또는 중간규모의 단지는 일단 지어지면, 다시 짓기가 매우 힘들고 큰 비용이 든다. 그러므로 난개발 개인주택 및 다세대/다가구 지역을 재개발/재건축할 때는, 값싸게 아무렇게나 짓기보다는, (국가가 정보를 제공하여) 최고 실력의 건축가들과 전문가들을 초빙해서라도 정말 좋고 편리한 건축설계, 구조, 건물배치, 녹지공간, 편의시설, 기타 부대시설 등을 창출할 수 있도록 하는 것이 백번 낫다.

주택형태와 구조, 외부소음과 층간소음에 대한 방음과 단열재, 진입도로와 주변도로, (요즈음 아파트처럼 단지 내 모든 건물 아래 2~3개 층의 공간을 모두 튼) 지하주차장, 단지 내 공동 수도펌프 등의 진동흡수/방음 시설, 지상의 여유공간, 휴식 및 녹지시설 등 모든 면을 훨씬 좋게 개선할 수 있다.

재개발 전 각 가구의 지분과 재산권을 전문가들이 객관적이고 공정하게 평가하여 재건축 된 전체 다세대/다가구의 지분을 할당하되, 재건축된 한 가구의 지분이 분할된 경우에는 한 사람이 나머지 지분을 사들이든지 월세수익금을 분할하든지 하면 될 것이다.

다세대/다가구 주택의 재개발 시 층수를 기존 다세대/다가구 주택의 3~4층을 완고하게 고집하지 말고 5~7층 정도의 중층까지 허용해주면(기존 다세대/다가구 주택처럼 다닥다닥 붙은 것이 아닌 대규모 단지에서 그 정도의 층수는 충분히 가능하다.), 가구 수나 건축바닥의 총면적이 늘어나므로 설계와 건축비용, 이사와 임시주거비용 등을 충당할 수 있을 것이다. 물론 기존의 개인주택단지를 재개발하는 경우에는 이보다 낮은 층수도 괜찮을 것이다.[76)]

---

76) 난개발 형태의 개인주택 또는 다세대/다기구 주택의 재개발/재건축 시 무조건 고층 아파트로 지어 더 많은 수익을 남기려는 유혹이 있을 수 있다. 이때 국가가 그러한 지역에 대해서는 일정 층수의 제한을 두는 것도 괜찮다. 만일 도시의 모든 지역이 개인주택이나 저층의 공동주택이 하나도 없이 고층 아파트만 있으면, 매우 삭막해질 것이다. 즉, 재개발/재건축 시 개인들의 수익과 도시 전체의 균형 및 조화가 서로 상충하게 된다. 따라서 이러한 재개발/재건축은 도시 전체에 대해 외부성을 가지게 된다. (그리고 땅을 밟을 수 있거나 땅과 가까운 저층의 세련되고 잘 지어진 공동주택들은 지나다니는 사람들이 보기에도 즐겁고, 심리적인 안정감을 더 주기 때문에 주민들은 보다 쾌적한 삶을 누릴 수 있다.) 따라서 개인주택들이나 다세대/다가구 주택의 재개발/재건축 시 국가가 (층수 등에서) 어느 정도 관여하는 것이 정당화될 수 있다.
  도시의 거의 대부분 지역이 고층 아파트로만 되어 있다면, 전원주택 형태의 개인주택이나 (세련되고 잘 지어진) 저층의 다세대주택의 상대적 가치가 더 증가할 수 있다. 그리고 무엇보다도, 평생 어느 한 곳에서 살아야 한다면, 현관문만 나서면 땅을 밟을 수 있거나 땅과 가까운 형태의 주택에 사는 것이 심리적 안정감과 후생 면에서 훨씬 더 낫다. 수익만 쫓아 막상 콘크리트의 고층 아파트로 재건축 한 뒤 거기서 평생 살아야 한다면, "이는 누구를 위한 집인가, 정말 내가 평생 살기를 원하는 집인가?"라고 반문해볼 필요도 있다.

이러한 방식의 개발은 개인들끼리 하기에는 재개발/재건축 계획과 의견 취합, 자금, 건축기술, 재무관리, 지분배분 등 여러 가지 면에서 어려움과 난관이 있을 것이며 엄두가 잘 나지 않기 때문에, 국가나 지역사회에서 주도하여 개발을 제안하고 리드해주는 역할을 하는 것이 바람직할 것이다. (물론 강제가 아닌 지역주민들의 동의가 선행된 후 시행되어야 한다. 예를 들어, 주민의 80% 이상.) 또한 경우에 따라서 이러한 지역들을 재개발할 때 모든 가구를 다세대나 다가구주택으로 지을 필요는 없다. 어느 정도 여유가 있거나 지역주민들의 선호에 따라서는 대규모 재개발지역을 개성 있는 전원주택형태의 개인주택단지로 조성해도 매우 좋을 것 같다. 또는 다세대주택과 전원주택들을 적절한 비율로 지을 수도 있을 것이다. 상당히 불편하고 꼬질꼬질한 많은 지역의 난개발 주택들이 이와 같은 과정을 거쳐 산뜻하게 거듭나면, 많은 사람들의 후생과 편의성이 증가하고 도시의 미관이 더욱 아름답게 변모할 것이다.[77]

6-5 정부가 주택시장에서 하지 말아야 할 일과 해야 할 일 (요약)

■ 하지 말아야 할 일

주택은 비배제성이나 비경합성의 성질을 가지지 않는 완전한 사유재이

77) 이와 같은 재건축은 소득 최하층의 달동네가 아닌 중산층 또는 그보다 약간 아래 소득계층에 해당하는 것이다. 달동네의 경우는 세련된 형태의 재건축을 해도, (재건축 지분의 분배에도 불구하고) 건축비용과 생활비 등을 감당할 재정능력이 안 되어 재입주가 힘들 수 있다.(국가에서 웬만큼 주택관련 융자를 해줘도 그럴 것이다.) 그럴 경우, 도심 달동네의 재개발 시 건축의 형태는 위와 같이 세련되고 좋게 하되, 기존 주민들은 대거 다른 곳으로 정부가 지은 임대주택 등으로 이전하는 것이 낫다. 그리고 필요한 경우에는 국가가 그곳에 그들의 소득에 적합한 규모의 상업지역 등을 조성해주어, 그곳으로 이전하는 영세서민들의 생활터전을 마련해주어야 한다.

다.[78] 그런 경우 가격과 공급량을 완전히 시장에 맡겨두는 것이 가장 후생을 크게 하고 효율적이다. 정부가 민간의 주택시장에 간여를 하면, 오히려 사중손실을 발생시킬 뿐이다. 그래서 다음과 같은 시장간섭을 하지 않아야 한다.

첫째, 주택가격(또는 임대가격) 상승 시 가격상한제, 양도세 중과 등 부동산 관련 세금 인상, 투기과열지구 지정, 아파트 청약자격 제한 등 정부가 시장에 간섭하는 일을 하지 말아야 한다. 또한 민간 아파트의 분양은 오로지 자유롭게 시장에서 이루어지게 놔둬야 한다. 즉, 현행 주택청약통장 제도를 폐지해야 한다. 주택을 구입하려는 사람은 모두 차별 없이 동일한 조건에서 구입해야 하며, 정부는 어느 누구에게도 분양 시 특혜나 불리함을 줘서는 안 된다.

또한 주택가격 하락 시 주택공급의 축소를 부추긴다든지[79] 시장금리보다 낮은 금리의 주택관련 대출지원 등을 통해 인위적으로 수요를 부추기려고 하지 말아야 한다. 그리고 화폐공급량의 과도한 증가를 막아 항상 낮은 물가상승률을 유지함으로써, 높은 물가상승률로 인한 주택가격상승이라는 착시현상이 생기지 않도록 해야 한다.

어떠한 일이 있어도 민간주택의 공급과 수요부문에는 정부가 끼어들지 말아야 한다. 그래야 시장가격의 왜곡이나 사중손실을 막을 수 있다. 그리고 더욱 중요하게, 발전과 혁신을 훼손하는 동태적 비효율성을 막을 수

---

78) 다만 아파트의 경우 주변교통을 좀 더 혼잡하게 할 수 있고, 근처 주택이나 건물의 일조권을 침해할 수 있는 등 외부성을 지닐 뿐이다. 이때는 아파트 시공사가 주변 도로를 확장하거나, 일조권에 대한 보상을 해준다든지 하여 외부성 문제를 해결할 수 있다.

79) 정부가 수요를 컨트롤하기 위해 시장에 간여하는 것도 큰 문제이지만, 이와 같이 공급에 대한 간섭은 최악의 선택이 되어 버릴 것이다. 공급에 대한 간섭은 민간 생산자의 품질향상노력, 새로운 제품개발, 혁신, 창의성, 투자의욕 등에 미치는 효과가 수요에 대한 간섭보다 직접적이며, 시간이 지날수록 그 폐해가 최악으로 치달을 것이 뻔하기 때문이다. (생산을 통제하고 국유화한 공산주의 경제의 말로가 어땠는지 다시 한번 상기해보면, 정부가 올바른 판단을 하는데 많은 도움이 될 것이다.)

있다.

둘째, 정부에 의한 수요교란이 아닌 주택시장에서의 본질적인 변수들(Fundamentals)을 반영한 수요와 공급에 의해 결정된 주택가격이나 임대가격이 지나치게 높거나 낮다고 판단되더라도 절대로 (세금 등의 방법으로) 간섭하는 정책을 펴서는 안 된다. 임대시장에서 집주인이나 세입자에게 세금공제 등의 혜택을 주어 임대가격상승에 대처하게 하는 것도 사실상 주택관련대출정책과 동일하다. (이 정책의 부작용과 비효율성에 대해서는 이미 살펴보았다.) 또한 시장이자율보다 낮은 이자율에서의 장기 모기지(Mortgage) 주택금융도 시장가격을 왜곡시켜 비효율을 발생시킨다. 그리고 이것을 금융기관에게 강제하면, 금융기관이 손실을 보게 되며, 관치금융을 벗어나 발전해나가기 힘들어진다. (미국의 2008년 금융위기가 지나치게 금리를 낮춘 서브프라임 모기지로부터 발단되었다는 것도 기억해야 한다.)

다만 주택가격이나 임대가격이 지나치게 높으면, 정부가 주택공급을 늘리는 정책을 실시해도 좋다. 특히 저소득층에 대한 장기임대주택이라면 더욱 그럴 수 있다. 이러한 사회적 또는 분배적인 측면에서의 정책결정을 할 때도, 정부주도의 주택공급에 따른 다른 산업이나 분야에 대한 투자자금의 상대적 감소로 인한 득실을 냉철히 따져봐야 한다.

셋째, 어디에 어떠한 평수의 아파트를 몇 개를 짓느냐는 시장의 결정에 맡겨두어야 한다. 작은 평수에 혜택을 주어 작은 평수를 시장에서 원하는 것보다 더 많이 짓도록 인위적으로 유도하는 것은 매우 큰 비효율을 초래하므로 삼가야 한다. 특히 특정한 평수를 기준으로 과세기준이 달라지거나, 신규 또는 재건축 아파트단지에 소형평수 의무비율을 부과하는 정책을 실시해서는 안 된다.

또한 성냥갑 같이 획일적인 모양의 아파트가 아니라, 각 층의 높이나 소음차단을 포함한 모든 면에서 한층 다양한 모습과 특성을 가진 아파트들이 나와 다양한 소비자들의 욕구를 만족시켜줄 수 있도록, 안전문제나 일조권 같은 외부비경제를 발생시키는 것들에 대한 규제 외에는 건축 시 어떠한 규제도 하지 말아야 한다.

넷째, 현재의 주택청약제도와 추첨식 분양제도는 큰 후생의 손실을 발생시키므로, 폐지되어야 한다. 아파트의 분양은 시장에서 자유롭게 정한 가격으로 자유로운 방식으로 하도록 놔둬야 한다. 누구나 원하는 사람은 아무런 제한 없이 아파트를 구입할 수 있어야 하며, 정부는 투기를 구실로 간섭하지 말아야 한다. 아파트시장에서 정부의 시장간섭이 없으면, 정부가 우려하는 무위험 고수익의 로또열풍이 처음부터 생길 수가 없다.

■ 해야 할 일

정부는 아파트 등의 주택에 대해 다음과 같은 일을 해야 한다.

첫째, 지금도 당연히 정부가 하고 있는 일이지만, 안전기준을 마련하고 건축 시 부실공사가 되지 않도록 관리와 감리가 철저히 시행되도록 해야 한다.

둘째, 아파트의 개인수요자들이 리스크를 지지 않아도 되는 후분양제가 실시되도록 유도해야 한다. 이를 위해서 필요하다면, 건설회사들이 건설자금을 마련하는데 도움 줄 수 있는 보다 선진적인 프로젝트 파이낸싱 관련 주택금융기관이 들어설 수 있도록 제도적 장치를 마련하거나 지원하는데 역점을 둬야 한다.

셋째, 아파트 단지의 경우 주변도로, 마트, 학교, 병원 등 필수적인 생활근린시설이나 기간시설들이 균형 있게 들어설 수 있도록 지원하는 일이다. 도로 등은 공공재적인 성격을 가지므로, 민간보다는 정부가 맡아서 하는 편이 낫다. 또한 부정적인 외부효과를 발생시키는 일조권 등의 문제가 발생하지 않도록 미리 설계단계서부터 자문해주고, 만일 후에 문제가 발생하면 적절한 중재자 역할을 해야 한다.

넷째, 일단 아파트를 다 짓고 나면, 층간소음을 대폭 줄이기가 매우 힘들고 비용도 커지는 등 후생과 비용 면에서 비효율이 발생할 소지가 높다. 따라서 정부는 되도록 층간소음을 줄이기 위한 방법에 대한 연구와 자문 역할을 할 필요가 있다. 그리고 보다 효과적이고 검증이 된 방안들을 정부의 인터넷 홈페이지 등에 누구나 쉽게 볼 수 있도록 공개하여야 한다. 소음을 줄이는 데 대한 연구와 실험 등은 일단 성공하면, 누구나 함께 공유하여 혜택을 볼 수 있는 등 공공재의 성격을 가지기 때문에, 반드시 정부가 심혈을 기울여 수행해야 한다. 그리고 주택과 아파트 건축에 도움이 되는 모든 사항들을 정부의 홈페이지 등에 체계적으로 공개하여 지식을 공유하면, 많은 생산자와 소비자들에게 도움을 줄 수 있다.

다섯째, 아파트나 개인주택 건축 시 보다 효과가 큰 단열재와 2중 또는 3중으로 된 유리창을 적극개발, 보급, 권유하여, 냉난방에서 단열의 효율을 극대화시킬 필요가 있다. 한 여름 대낮에 에어컨을 틀지 않으면 푹푹 찔 정도로 열기가 느껴지는 아파트와 주택들이 있는가 하면, 어떤 집이나 아파트는 굳이 에어컨을 켜지 않아도 될 만큼 별로 덥지가 않다. 심지어 어떤 집들은 한 여름에도 마치 동굴에 들어온 것처럼 시원하기까지 하다. 이런 집들을 보면 지붕부터 벽과 창문에 이르기까지 단열이 매우 잘 되어 있다. 특히 최근 들어 정부는 에어컨을 많이 가동하는 한여름의 전력수급에 대한 우려를 표시하며, 에너지절약 캠페인을 벌이곤 한다. 그런 캠페인도 당장으로서는 어쩔 수 없겠지만, 보다 근본적으로 주택의 단열에만 좀 더 신경을 써도 에너지 소비량을 크게 줄일 수 있을 것이다.

여섯째, 겨울철에 가족전체가 해외여행을 가거나 1인 가구 거주자가 여행이나 장기출장을 갈 때 굳이 수돗물을 조금 틀어놓거나 실내온도를 높게 설정하지 않더라도 수도관이나 바닥의 난방파이프가 동파되지 않도록,

수도관이나 난방파이프를 약간의 전기가 흐르는 열선으로 감싸놓는 것과 같은 방법을 정부가 권유해볼 수도 있다. 장기간 집을 비울 때 열선의 스위치를 켜놓기만 하면 되기 때문에, 매우 편리하다.

일곱째, 난개발 지역이나 진입로와 주차시설 등이 불편한 도심의 다세대/다가구 또는 개인주택들을 일정 규모 이상의 보다 세련되고 개성 있는 다세대 또는 개인주택 단지로 재개발하여, 주택의 형태와 구조, 방음과 단열재, 도로, 주차시설, 녹지 등에서 한층 개선된 주거시설로 거듭나는데 정부가 리드해주는 역할을 하여야 한다. 그렇게 되면, 많은 사람들의 삶이 훨씬 더 나아질 것이며, 도시는 보다 산뜻하고 아름다워질 것이다.

맺음말

경제활동은 자유롭게 시장에 맡겨두어야 효율성과 후생이 극대화되는 최적상태가 된다. 시장에 대한 정부의 간여는 비효율을 초래하게 되고, 이러한 비효율은 시간이 지날수록 더 확대된다. 반대로 정부가 꼭 간여해야 효율성과 후생이 극대화되는 경우는 독과점, 외부성, 공공재, 정보비대칭과 같은 몇몇 경우로 제한된다. 이는 사회나 문화 등의 활동에도 그대로 적용된다.

경제는 물론이고 사회와 문화의 모든 부문은 거미줄처럼 복잡하게 엮여 있는 경우가 많다. 어느 작은 한 면만 보고 실시한 잘못된 정부정책은 다른 면에서 훨씬 더 큰 비효율과 폐해를 초래할 수 있다. 미묘하고 복잡하게 얽혀있는 현대의 경제사회에서 정부가 할 수 있는 최선의 선택은 위의 네 가지 영역 외의 모든 부문을 시장에 맡겨두는 것이다.

잘못된 정부정책이나 규제의 폐해는 당장의 정태적 비효율에 그치지 않고 시간이 지남에 따라 그 폐해가 점점 커지는 동태적 비효율을 초래하게 된다. 또한 새로운 상품개발, 새로운 산업의 등장, 경제와 사회의 전반적인 발전을 가로막는 심각한 위협이 된다. 따라서 정치인, 관료, 기업인들은 기본적인 경제논리를 반드시 알고 있어야 한다. 또한 학생들이나 일반 국민들도 제대로 된 경제지식이 있어야 정부정책을 올바른 방향으로 가게 할 수 있다. 적어도 정부정책이 경제적 지식이 없는 사람들에게 겉으로는 그럴싸해 보이지만 실제로는 완전히 잘못된 방향으로 가는 것은 막을 수 있게 된다.

주요 의사결정을 할 수 있는 위치에 있거나 권력을 가진 사람들이나 각종 집단이나 이익단체들은 그들의 이익을 위해 또는 국민을 위한다는 명분으로 자칫하면 시장에 간섭하려고 할 수 있다. 정확한 경제논리는 이러한 비효율적인 시장간섭을 예방해주는 역할을 한다. 인간은 기본적으로 자유를 누리면서 시장경제가 가져다주는 효율성 아래 풍요로운 소비를 통해 높은 삶의 질과 후생을 누릴 수 있다. 사유재산권과 시장은 이를 보장해주는 가장 효과적인 수단임을 이론과 역사를 통한 실증이 보여주고 있다. 역사적으로 인류는 소중한 자유를 얻기 위해 많은 피를 흘려왔었다. 마찬가지로 자유로운 시장도 항상 그냥 주어지는 것은 아니다. 시장은 정확한 지식을 가지고 우리 모두가 함께 지켜나가야 되는 것이다.

시장실패 정부실패 (상)

—정부가 꼭 해야 할 일들과 해서는 안 될 일들

초판 인쇄 / 2014년 6월 16일 초판 인쇄
초판 발행 / 2014년 6월 20일 초판 발행

지은이 / 박도준
펴낸이 / 오판근
펴낸곳 / 교우사
출판등록 / 1994년 3월 24일 제6-0256호
주소 / 서울특별시 동대문구 약령시로 8 교우빌딩 2층
전화 / 02)925-2861(대표), 02)925-2825(편집부)
팩스 / 02)925-2860

kyowoo@kyowoo.co.kr
http://www.kyowoo.co.kr

ISBN 979-11-251-0044-7 (04320)
979-11-251-0043-0 (세트)

가격 **20,000**원